COLLECTION

COMPLETE

DES MÉMOIRES

RELATIFS

A L'HISTOIRE DE FRANCE.

P. de L'Estoile, tome 1.

DE L'IMPRIMERIE DE RIGNOUX.

COLLECTION

COMPLÈTE

DES MÉMOIRES

RELATIFS

A L'HISTOIRE DE FRANCE,

DEPUIS LE RÈGNE DE PHILIPPE-AUGUSTE, JUSQU'AU COMMENCEMENT
DU DIX-SEPTIÈME SIÈCLE;

AVEC DES NOTICES SUR CHAQUE AUTEUR,
ET DES OBSERVATIONS SUR CHAQUE OUVRAGE,

Par M. PETITOT.

TOME XLV.

PARIS,
FOUCAULT, LIBRAIRE, RUE DE SORBONNE, N° 9.
1825.

MÉMOIRES

POUR SERVIR

A L'HISTOIRE DE FRANCE,

ET

JOURNAL

DE HENRI III ET DE HENRI IV;

PAR PIERRE DE L'ESTOILE.

ÉDITION PUBLIÉE D'APRÈS LES MANUSCRITS AUTOGRAPHES DE LA
BIBLIOTHÈQUE DU ROI.

NOTICE

SUR

PIERRE DE L'ESTOILE

ET SUR SES OUVRAGES.

Pierre de L'Estoile n'a jamais pris aucune part active aux affaires publiques, et son nom n'est pas même cité dans les Mémoires du temps. On n'a sur lui d'autres détails que ceux qu'il nous a laissés; mais, soit qu'il parle de ce qui l'intéresse personnellement, soit qu'il raconte les événemens dont il a été le témoin, il ne cherche ni à se mettre en scène, ni à se donner une importance politique qu'il n'avoit pas. Nous ne nous occuperions donc pas de l'histoire de sa vie, qui n'offre d'ailleurs rien de remarquable, s'il n'étoit utile de bien connoître sa position dans le monde, ses relations, ses principes, ses goûts, ses habitudes et son caractère, pour pouvoir apprécier la manière dont il a envisagé et présenté les choses.

Sa famille étoit fort ancienne : son grand-père et son père avoient été présidens aux enquêtes du parlement de Paris; sa mère étoit fille de François de Montholon, président à ce parlement, puis garde des sceaux. Devenue veuve en 1558, elle se remaria à François Tronson, grand audiencier à la chancellerie; elle devint encore veuve, et épousa en troisièmes noces André

Cotton, maître des requêtes, et président au grand conseil. Pierre de L'Estoile, qui étoit le seul fils qu'elle eût eu de son premier mariage, naquit un an avant la mort de François 1, en 1546. Son père, sous les yeux duquel il étoit élevé, sentant sa fin approcher, le fit venir avec son précepteur, auquel il parla en ces termes : « Maître Matthieu, mon ami, je vous recom-
« mande mon fils que voilà; je le dépose en vos mains
« comme le plus précieux gage que Dieu m'a donné.
« Je vous prie surtout de l'instruire en la piété et
« crainte de Dieu; et pour le regard de la religion
« (connoissant bien ledit maître Matthieu), je ne veux
« pas que vous me l'ostiez de ceste Eglise; mais aussi
« ne veux-je pas que vous le nourrissiez aux abus et
« superstitions d'icelle. » Nous croyons inutile de faire observer que, par les mots *abus* et *superstitions*, il désignoit les pratiques de l'Eglise romaine. Ces dernières paroles d'un père mourant ne frappèrent malheureusement que trop l'imagination du jeune de L'Estoile, qui étoit alors dans sa douzième année; il ne les oublia jamais; et à l'âge de soixante-cinq ans il les rapporte dans son Journal, comme lui ayant servi de règle en matière de religion pendant toute sa vie.

Lorsqu'il eut terminé ses premières études, on l'envoya à l'université de Bourges, où il eut pour *précepteur et conducteur* le savant Arbuthnot, qui avoit alors vingt-sept ans, et qui, quelques années après, abjura la religion catholique [1]. Le précepteur dut nécessai-

---

[1] Alexandre Arbuthnot, né en Ecosse. Il avoit étudié le droit à Bourges sous Cujas. Il joignoit beaucoup d'amabilité à une vaste érudition. Après avoir embrassé la religion protestante, il joua un grand rôle dans les querelles de religion que cette secte fomenta en

rement affermir son élève dans les injustes préventions qu'on lui avoit données contre l'Eglise romaine; ces préventions furent successivement augmentées par les massacres de la Saint-Barthelemy, par les superstitions et les débauches de la cour de Henri III; par les excès de la Ligue, formée sous prétexte de maintenir la religion; par les diatribes que les prédicateurs débitoient en chaire contre l'autorité légitime, et par l'influence que les papes prétendoient exercer dans le royaume pour placer une princesse étrangère sur le trône de Henri IV. L'Estoile, fortement imbu des premières impressions qu'il avoit reçues, témoin et victime des maux faits à la France au nom de la religion, penchoit pour le protestantisme, sans néanmoins vouloir abjurer : il désiroit une réforme qui rapprochât la religion catholique des sectes nouvelles. Dans les dernières parties de son Journal surtout, il s'occupe beaucoup de ces projets de réforme, et il s'élève avec force, souvent même avec tout l'aveuglement de la passion, contre ceux qu'il considère comme étant le plus opposés à ses vues. La plupart des morceaux consacrés aux discussions de cette nature ne se trouvent dans aucune des éditions que l'on a données jusqu'à ce jour. Nous les avons rétablis, parce qu'ils font connoître non-seulement les opinions personnelles de l'auteur, mais aussi celles de plusieurs hommes distingués de cette époque, qui comme L'Estoile ont cru voir dans une réforme religieuse [1] un remède aux plaies de l'E-

Angleterre, et fut deux fois membre des assemblées générales. On a de lui des discours latins sur l'excellence du droit.

[1] Il falloit, disoient-ils, *rendre la catholique bien réformée, et la réformée catholique.*

tat, ne réfléchissant pas que les changemens qu'ils désiroient auroient été la source de nouveaux troubles et de nouveaux déchiremens.

En quittant l'université de Bourges, L'Estoile revint à Paris, et il épousa en 1569 la fille de Jean Baillon, baron de Bruyère, trésorier de l'épargne. Il est probable que ce fut vers cette époque qu'on lui acheta une charge d'audiencier de la chancellerie de Paris [1]. Cette charge étoit assez conforme à ses goûts, en ce qu'elle ne le mettoit point dans la nécessité de se mêler aux factions qui désoloient le royaume. Plus tard, lorsque la Ligue se forma, lorsque la carrière fut ouverte à toutes les ambitions, il ne chercha pas à sortir de sa sphère; il détesta la domination des Seize, mais ne se crut pas appelé à contribuer autrement que par ses vœux à leur renversement, et au rétablissement de l'autorité du Roi. Il gémit sur les maux de sa patrie, mais il gémit toujours en secret, et ses *registres* furent les seuls confidens de son indignation, de ses craintes et de ses espérances. Il n'étoit pas né pour les temps de troubles; son caractère s'opposoit également à ce qu'il fût chef de parti, et à ce qu'il se soumît à l'impulsion des autres. Voici comment il se peint lui-même : « Mon « ame, dit-il, est libre et toute mienne, accoutumée à « se conduire à sa mode, non toutefois méchante et

[1] Il n'y avoit eu d'abord qu'un seul grand audiencier pour toutes les chancelleries de France. Henri II supprima cette charge, et créa six audienciers. Le premier étoit attaché à la chancellerie du Roi, le second à celle de Paris, les quatre autres aux chancelleries de Toulouse, de Dijon, de Bordeaux et de Rouen. Les audienciers avoient le titre de notaires et secrétaires du Roi; ils signoient toutes les lettres de chancelleries, étoient chargés des recettes, etc. (*Histoire de la chancellerie*, de Tessereau.)

« maligne, mais trop portée à une vaine curiosité et
« liberté dont je suis marry, et à laquelle toutefois qui
« me voudroit retrancher feroit tort à ma santé et à
« ma vie, parce que si je suis contraint, je ne vaux
« rien, estant extrêmement libre et par nature et par
« art; et me suis logé là avec le seigneur de Montagne
« (mon *vade mecum*), que, sauf la santé et la vie, il
« n'est chose pour quoy je veuille me ronger les ongles,
« et que je veuille acheter au prix du tourment de l'es-
« prit et de la contrainte. » Ce passage explique sa
conduite pendant les troubles, et la liberté qui règne
dans ses écrits.

Il avoit cru assurer son repos en ne se déclarant
ouvertement pour aucun parti, et en évitant avec le
plus grand soin toute démarche qui pût le compro-
mettre. Jamais il ne se trouva aux assemblées des
bourgeois, qui, jusqu'à la réduction de Paris, tentèrent
à différentes fois de soulever le peuple contre les chefs
de la Ligue, et d'ouvrir à Henri IV les portes de la capitale. Il étoit si peu disposé à se réunir à eux, qu'il
traite de folies ces entreprises, qui furent à la vérité
presque toujours mal concertées, et dont les principaux moteurs agissoient avec plus de zèle que de pru-
dence. Il craignoit tellement de paroître opposé aux
factieux, que, vers la fin de 1589, il fit partir son fils
aîné pour l'armée de la Ligue. « Je fus comme forcé,
« dit-il, de le laisser aller, pour éviter à plus grand
« inconvénient; le malheur du siecle étant tel qu'un
« homme de bien ne pouvoit estre en seureté, s'il ne
« connivoit aux armes et rebellions qui se faisoient
« contre le Roy. »

Son extrême circonspection ne le mit cependant pas

à l'abri des persécutions qui étoient dirigées contre tous les gens de bien. Au milieu des dissensions civiles, il est rare que le parti dominant se contente d'une obéissance passive : il exige qu'on se prononce, et ceux qui veulent rester neutres courent presque autant de périls que les ennemis déclarés. La liberté de L'Estoile fut plusieurs fois menacée; il fut réduit à se cacher, et peu de temps avant la réduction de Paris, son nom avoit encore été porté sur une liste de proscription.

Issu d'une famille parlementaire, lié par l'amitié et par la parenté avec un grand nombre de membres de la magistrature, on devoit croire qu'il partageoit, et il partageoit en effet les opinions de cette partie du parlement de Paris qui étoit restée dans la capitale, et qui, après s'être d'abord déclarée contre Henri IV, avoit été obligée de recourir à lui pour se soustraire à la tyrannie des chefs de la Ligue et de la faction espagnole. Ces magistrats se divisoient en deux classes. Les uns, dès le règne de Henri III, tout en désapprouvant les projets ambitieux des Guise, s'étoient élevés avec raison contre les désordres et les dilapidations de la cour, contre l'influence funeste des favoris, et avoient voulu profiter des circonstances pour attribuer au parlement une portion de l'autorité royale. Au commencement du règne de Henri IV, ils ne s'étoient occupés que des intérêts de leur corps; leur vanité avoit été flattée de se voir pour ainsi dire appelés à disposer seuls de la couronne. Les autres, entraînés par la crainte, avoient cédé à l'impulsion du parti dominant. Tous ne tardèrent pas à être punis de leur ambition et de leur pusillanimité. Les factieux, qu'ils avoient imprudemment servis, les proscrivirent lorsqu'ils essayèrent de revenir sur leurs pas. Le président Brisson, Larcher et Tardif périrent malheureuses victimes de cette fausse politique. Cependant le parlement de Paris fit oublier ses torts en luttant avec courage contre la faction espagnole, et en maintenant la loi salique. Il contribua puissamment au rétablissement de l'ordre et à la soumission de Paris; mais il étoit jaloux de ceux de ses membres qui s'étoient rendus auprès du Roi, et qui avoient fait partie du parlement de Tours : cette jalousie augmenta lorsqu'ils se virent obligés de prendre des lettres de réhabilitation, et de céder le pas à leurs confrères. L'Estoile se trouvoit à peu près dans la même position qu'eux; il n'avoit pas quitté Paris : sa place d'audiencier avoit été remplie à Tours par un nommé Cognier, dont il rapporte la mort à la fin d'octobre 1610, et contre lequel il ne peut s'empêcher d'exhaler sa haine. Il ne se contente pas de relever le parlement de Paris, il s'attache à dénigrer celui de Tours. « Ceux « de Tours, fait-il dire au Roi, ont fait leurs affaires, « et ceux de Paris ont fait les miennes. » Henri IV avoit voulu que le parlement de Tours fît une entrée solennelle : L'Estoile jette du ridicule sur ces magistrats. « Ils etoient environ deux cents de troupe, dit-il, et « entrerent confusément et en mauvais équipage; on « les disoit si chargés d'écus qu'ils n'en pouvoient plus. » Ainsi, tout en étant bon serviteur du Roi, comme on l'a dit dans toutes les notices qui ont été faites sur lui, il est certain non-seulement qu'il ne le servit jamais d'une manière active, mais qu'il fut toujours uni d'opinion avec ceux des membres du parlement qui, sans être ennemis du trône, manifestoient un esprit d'opposition, et tendoient à augmenter leur autorité au détriment du pouvoir royal.

L'Estoile, par sa position, ne pouvoit pas être initié au secret des affaires : il ne connoissoit pas les ressorts que l'on faisoit mouvoir, il ne savoit en général que ce qui circuloit dans le public; mais sous ce rapport personne n'étoit mieux instruit que lui. Sa principale occupation étoit d'aller à la recherche de toutes les nouvelles; il étoit au courant de tous les bruits qui couroient parmi le peuple, et il avoit soin d'écrire jour par jour tout ce qu'il avoit appris. Souvent il lui arrive de raconter des bruits absurdes; mais quand il est mieux informé, et qu'il n'est pas dominé par l'esprit de parti, il n'hésite pas à rétracter ce qu'il a adopté trop légèrement. « J'en écris plus que je n'en crois, « dit-il, et seulement pour passer mon temps, non « pour le faire passer aux autres, auxquels je conseil- « lerai toujours de le mieux employer qu'en telles fa- « dezes. » Ailleurs il avoue qu'il a la manie d'écrire, qu'il ne peut y résister; et il ne trouve pas mauvais que les autres s'en moquent, puisqu'il s'en moque lui-même. Il rapporte souvent dans son Journal de longues conversations que le Roi est censé avoir eues tête à tête avec les principaux personnages de l'Etat; et pour qu'on ne puisse les révoquer en doute, il a soin de dire *qu'il les tient de bonne source, de gens qui n'en étoient pas loin.* Il emploie ordinairement cette petite ruse, très-commune d'ailleurs aux auteurs de Mémoires, lorsqu'il veut donner du poids aux opinions qu'il a adoptées.

Il ne se bornoit pas à recueillir les nouvelles et les bruits populaires. S'il arrivoit un événement dans la ville, il se transportoit sur les lieux pour en avoir le détail ; il assistoit aux cérémonies, même aux exécutions ; il alloit entendre les sermons des prédicateurs renommés ou par leur talent ou par la véhémence de leurs opinions, et en faisoit l'analyse en rentrant chez lui. Il aimoit la littérature, étoit lié avec beaucoup d'hommes qui la cultivoient, et qui étoient comme lui amateurs des nouveautés ; il connoissoit tous les imprimeurs, tous les libraires, et se procuroit des premiers tous les ouvrages, toutes les *portraitures* qui paroissoient ; il achetoit tous les édits, tous les arrêts, toutes les *fadezes* que l'on crioit dans les rues. S'il ne pouvoit acheter un livre rare, il l'empruntoit et en faisoit des extraits. Il avoit ainsi réuni près de quatre mille pièces relatives aux affaires du temps. Il avoit en outre le goût des curiosités ; il s'étoit formé un cabinet qui contenoit des objets assez rares : il plaisante souvent dans ses Mémoires sur sa manie d'acheter des médailles sans s'y connoître. « J'ai vendu à un curieux, « *id est* à un fol comme moy, dit-il, de vieilles mé- « dailles de bronze qu'on tenoit pour antiques (car « de moy je confesse que je n'y connois rien du tout ; « il n'y a que l'opinion en cela). » Mais il n'en cédoit pas moins à sa manie ; et lorsqu'il manquoit d'argent pour faire de nouvelles emplètes, il vendoit une partie de ses collections.

En se livrant ainsi à des goûts futiles et dispendieux, il avoit négligé ses affaires et dérangé sa fortune ; il s'étoit défait de sa charge d'audiencier en 1601, et avoit été obligé de soutenir un long procès pour en toucher le prix, dont il avoit perdu une partie. D'autres procès avoient troublé sa tranquillité et augmenté sa gêne. Dans son Journal, il n'épargne pas les gens contre lesquels il a eu à plaider; il s'en prend surtout aux procureurs, et veut à peine reconnoître qu'il y en ait un seul à Paris qui soit honnête homme. Il ne traite guère mieux ses créanciers, et se plaint de leur dureté avec beaucoup d'amertume. On ignore quelle étoit sa fortune; mais il dit lui-même qu'il étoit *inops in divitiis*. Ne trouvant pas son revenu suffisant, il aliénoit ses contrats de rentes, et diminuoit ses ressources pour l'avenir; malgré sa détresse, il ne pouvoit s'empêcher d'acheter chaque jour des livres, des brochures et des *curiosités*.

Il fut avant l'âge de soixante ans tourmenté par des infirmités graves qui le retenoient chez lui pendant des mois entiers, et qui ne lui permettoient plus d'être au courant des nouvelles : il étoit naturellement frondeur, son humeur devint chagrine; et quoiqu'il affecte dans son Journal une grande résignation aux volontés de la Providence, on s'aperçoit qu'il n'est plus le même; on remarque de l'aigreur dans ses récits et dans ses réflexions, et il ne garde plus aucun ménagement lorsqu'il parle des corps ou des individus qui ont des opinions opposées aux siennes. Mécontent du présent, inquiet de l'avenir, il cherche en vain des consolations dans la religion. Flottant toujours entre le catholicisme et les sectes nouvelles, il rêvoit le retour de la primitive Eglise, et ne pouvoit parvenir à fixer ses idées. Il faisoit venir un confesseur, argumentoit contre lui, disputoit le terrain pied à pied, consentoit à déclarer qu'il mourroit dans la religion catholique. « Pour le regard de
« la romaine, dit-il, je le lui passois sous garantie qu'on
« me feroit voir que la doctrine et tradition de l'Eglise

« romaine d'aujourd'hui estoient en tout et partout
« conformes à celles de l'antique et vieille romaine qui
« estoient du temps des apostres et de saint Pol. » Il
revient souvent sur cette matière, déclame avec violence contre ce qu'il appelle l'Eglise romaine d'aujourd'hui, répète et commente complaisamment les contes
les plus absurdes, lorsqu'ils peuvent jeter de la défaveur ou du ridicule sur elle et sur ses défenseurs; mais
on voit qu'il n'est pas tranquille, et qu'il ne sait comment concilier la volonté où il est de mourir dans le
sein de l'Eglise, avec la résolution qu'il a prise de ne
pas croire ce qu'elle prescrit. Il mourut au commencement du mois d'octobre 1611, à l'âge de soixante-cinq ans, et fut enterré sur la paroisse de Saint-André-des-Arcs.

Sa première femme étoit morte vers la fin de l'année 1580. Si on en croit un sonnet composé sur sa mort, et qui se trouve dans un volume des recueils manuscrits de L'Estoile,

> Tout ce que peut Nature à orner une femme
> L'avoit dessus son front couché de son pinceau;
> Et en nous envoyant ce chef-d'œuvre nouveau,
> Anima ce beau corps d'une plus belle flamme.

Il ne tarda pas cependant à se consoler de la perte de ce *chef-d'œuvre nouveau*, car il se remaria dès le mois de janvier 1582, et épousa la fille de Marteau de Gland, qui lui survécut. Il avoit eu de son premier mariage un fils et trois filles. Son fils, qui s'appeloit Louis, avoit commencé à servir dans l'armée de la Ligue en 1589; on ignore l'époque à laquelle il prit parti dans l'armée royale: il fut tué devant Dourlans, en 1595. L'Estoile rapporte l'affaire où périt son fils sans témoigner aucune douleur, ni même aucun regret; il se contente de dire à la fin de l'article : « J'y perdis « mon fils aîné Loys, qui y fut vendangé des premiers. » Ses trois filles étoient mariées; ses gendres se nommoient de Grainville, de Poussemothe (1) et Duranti. Il avoit six fils et deux filles de son deuxième mariage; l'aîné, nommé Pierre, fut avocat; Matthieu, le second, embrassa l'état ecclésiastique, devint prieur d'Hornoy, et secrétaire du cardinal de Lyon, frère du cardinal de Richelieu. Un troisième de ses fils, nommé Claude, s'adonna à la littérature, et fut membre de l'Académie française à sa première formation. « Il n'eut, dit Pé- « lisson, d'autre emploi que celui des belles-lettres et « de la poésie. » Il fut un des cinq poètes que le cardinal de Richelieu employoit pour composer les pièces de théâtre dont il fournissoit le canevas (2). On n'a aucun détail sur les trois autres fils de L'Estoile (Matthieu, François et Jérôme), qui étoient fort jeunes quand il mourut. Il paroît, d'après son Journal, que ses deux filles Louise et Marie n'étoient pas mariées.

On a vu L'Estoile ne donner aucun signe de sensibilité en parlant de la mort de l'aîné de ses fils; il ne se montre pas beaucoup plus sensible pour sa femme et pour ses autres enfans. Il est moins occupé d'eux que de ses livres et de ses *curiosités*; il se félicite toujours lorsqu'il peut augmenter sa bibliothèque et ses collections; il se plaint souvent de l'embarras que lui cause sa nombreuse famille.

(1) Le fils de Poussemothe fut abbé de Saint-Acheul. — (2) Voyez, sur sa vie et sur ses ouvrages, l'*Histoire de l'Académie française*, de Pélisson.

Nous croyons devoir jeter d'abord un coup d'œil sur l'ensemble de ses Mémoires, et faire remarquer ce qui les caractérise en général; nous examinerons ensuite les différentes parties dont ils se composent.

Les Mémoires de L'Estoile ont beaucoup de rapports avec les chroniques de Jean de Troyes sur le règne de Louis XI. Ces deux écrivains rapportent les événemens tels qu'ils sont parvenus à la connoissance du public, et peignent l'effet qu'ils ont produit sur les esprits. Ils donnent une juste idée des bruits populaires, de leur origine souvent si incertaine, et de leur chute plus rapide encore que leur accroissement ; ils ne cherchent ni à expliquer les faits, ni à remonter aux causes. La lecture isolée de leurs Mémoires ne procureroit que des notions très-imparfaites sur l'histoire du temps; mais elle devient aussi curieuse qu'instructive lorsqu'on a lu les relations des hommes d'Etat qui présentent les choses sous leur véritable point de vue, qui dévoilent les ressorts secrets de la politique, les intérêts opposés des factions, et les motifs particuliers qui font agir les divers personnages. Alors on est à même de bien apprécier le jeu des intrigues, dont le résultat trompe si souvent ceux qui les ont dirigées avec le plus d'habileté.

On trouve dans L'Estoile, ainsi que dans Jean de Troyes, des détails précieux sur les mœurs, les habitudes, les usages et la vie intérieure des habitans de Paris. Aucun ouvrage ne fait mieux connoître la capitale telle qu'elle étoit sous Louis XI, sous Henri III et sous Henri IV. L'Estoile, qui n'a commencé à écrire que cent ans après Jean de Troyes, a de grands avantages sur lui. Son style est plus piquant et moins diffus; les récits de Jean de Troyes sont presque toujours monotones: il y a du mouvement dans ceux de L'Estoile; sous l'apparence de la naïveté et de la bonhomie il cache un caractère caustique, et laisse rarement échapper l'occasion de lancer un trait malin. Dans ses Mémoires, les affaires de l'Etat sont confondues avec les affaires de famille, avec les morts, les mariages et les naissances; on y trouve pêle-mêle les prix des denrées, les bonnes et les mauvaises récoltes, les maladies épidémiques, les phénomènes, les procès fameux, les exécutions, les cérémonies publiques, les fêtes, les anecdotes de la cour, les événemens gais ou tragiques, les bons mots et les pièces de vers auxquels ils ont donné lieu, des jugemens sur les ouvrages marquans, etc.

On connoît la merveilleuse facilité qu'avoit Henri IV pour répondre sur-le-champ et d'une manière originale aux demandes ou aux remontrances qu'on lui faisoit : L'Estoile rapporte un très-grand nombre de ces réponses, dont plusieurs sont peu connues. Enfin ses Mémoires ressemblent à une conversation, où l'on passe alternativement d'un objet à un autre sans presque s'en apercevoir; et comme L'Estoile a l'art de piquer la curiosité du lecteur, on quitte difficilement le livre quand on l'a commencé. On lui a reproché avec raison d'avoir fait quelquefois des remarques grossières, de n'avoir pas été toujours très-scrupuleux sur le choix de ses expressions, et de s'être laissé entraîner à des détails peu convenables, par la manie de conter des anecdotes. Nous n'essaierons pas de le justifier : nous ferons observer seulement que ces défauts, chez un homme grave par sa charge et par ses habitudes, contribuent à peindre les mœurs et l'esprit du temps.

On a prétendu que la vérité historique se trouvoit plus ordinairement dans les journaux écrits par des particuliers, qui ne les destinoient pas à être rendus publics, que dans les Mémoires des hommes d'Etat. Les auteurs de ces journaux, ne travaillant pas pour les autres, n'ont sans doute pas pu vouloir se tromper eux-mêmes. Mais s'ils n'ont eu aucun intérêt à déguiser la vérité, est-on certain qu'il leur ait été possible de la connoître? Ayant vécu éloignés des affaires, ils ont été réduits à répéter ce qu'ils entendoient dire, sans pouvoir jamais s'assurer de l'exactitude des faits. On sait que, lorsque plusieurs personnes racontent la même anecdote, elles varient toujours sur les détails ; si cette anecdote court le monde, en passant de bouche en bouche, elle se dénature bientôt au point de n'avoir presque plus aucune ressemblance avec le récit primitif. Les événemens qui touchent à la politique sont, surtout dans les temps de troubles et de factions, bien plus sujets à être dénaturés que les autres : chacun les modifie suivant ses préventions; on ne se fait même pas scrupule d'en inventer au besoin; et les contes les plus ridicules, lorsqu'ils flattent les passions, sont ceux qui obtiennent le plus de croyance. Ainsi, en supposant dans l'auteur d'un journal l'impartialité la plus absolue, il donneroit souvent malgré lui des bruits populaires pour des faits avérés, et l'opinion de ceux qu'il fréquente pour l'opinion générale. C'est ce qu'on pourra remarquer dans les Journaux de L'Estoile, avec cette différence que, tout en étant homme de bien, il se laissoit souvent emporter par la passion et par l'esprit de parti. Il avoit en politique et en matière de religion des idées indépendantes, qui étoient celles d'une partie de la magistrature : il aimoit trop sa tranquillité pour agir et même pour parler en public suivant ses idées; mais il les soutenoit avec chaleur dans ses *registres*. Autant il s'y montre indulgent pour ceux qui pensent comme lui, autant il est sévère à l'égard des autres; il insiste sur tout ce qui peut leur nuire : il interprète malignement leurs actions et leurs discours; il leur suppose des intentions qu'ils n'ont pas pu avoir; il pousse même quelquefois l'injustice jusqu'à leur imputer des crimes sans aucune preuve, et contre toute espèce de vraisemblance. Il faut faire observer en outre qu'étant naturellement frondeur, il s'attachoit plutôt à outrer qu'à adoucir la peinture des vices et des ridicules de son siècle. Mais, abstraction faite des exagérations qui tenoient à son caractère, ses Mémoires sont vrais, dans le sens qu'ils retracent fidèlement les opinions et la manière de voir d'une classe d'hommes considérables de cette époque.

Son Journal a été jugé diversement par les critiques; suivant les uns, cette relation est hardie, mais vraie: on n'y trouve ni l'enthousiasme de la passion, ni l'emportement de la satire [1] : l'auteur y peint son caractère propre, qui est celui de son style, libre, naturel, annonçant la probité, la candeur de l'écrivain, son zèle pour le bien public, son amour, sa fidélité pour le souverain [2]. D'autres n'y ont vu que des remarques grossières, présentées sans aucun ordre par un homme qui n'étoit pas initié aux affaires, et qui n'écrivoit que d'après les bruits répandus parmi le peuple. Les détails que nous avons donnés sur L'Estoile aideront le

---

[1] Journal de Trévoux. — [2] Journal des Savans.

lecteur à juger comme il doit l'être un ouvrage qui est d'ailleurs très-curieux.

La première partie de ses Mémoires a été d'abord seule imprimée en 1621, sous le titre de *Journal des choses advenues durant le regne de Henry* III, *roy de France et de Pologne*. Deux éditions en ont été faites en même temps, l'une in-4°, l'autre in-8°; elles ne portent pas de nom d'auteur, de ville, ni d'imprimeur. Le président Bouhier attribue la publication de ce Journal à Dupuy, qui, selon lui, en auroit retranché beaucoup de choses. En effet, un assez grand nombre d'articles ont été ajoutés, et d'autres plus développés dans les éditions qui ont été successivement données jusqu'en 1744 [1]. Comme on trouvoit en tête de quelques-unes des plus anciennes les initiales M. S. A. G. D. P. D. P., Le Duchat [2], et après lui Lacaille-Dufourny, ont cru y reconnoître *M. Servin, avocat général du parlement de Paris* [3]. On ignore ce que signifioient ces initiales; mais, dès l'année 1653, Pélisson avoit fait connoître le véritable nom de l'auteur dans son *Histoire de l'Académie*. Il dit en parlant de Claude de L'Estoile : « Son père, qui étoit audiencier à
« la chancellerie de Paris, avoit recueilli plusieurs
« Mémoires des affaires du temps, desquels un de ses
« amis auquel il les avoit prêtés tira le livre intitulé
« *Journal de ce qui s'est passé sous Henri* III. Ses
« enfants n'ont jamais voulu donner la suite de ces
« Mémoires, qui peut-être sont maintenant perdus. »

---

[1] Le texte se trouve augmenté de plus de moitié. Les additions les plus importantes ont été publiées par Godefroy (édition de 1719). — [2] Observations sur la satire Ménippée, édition de 1696. — [3] Histoire généalogique des grands officiers de la couronne.

Les différences notables qui se trouvoient entre la première édition et les autres donnoient lieu de croire que l'ouvrage avoit été refait par les éditeurs, et lui ôtoient tout son prix. « La question est de savoir, di-
« soit Bayle, si ceux qui ont manié le manuscrit avant
« qu'on le publiât, ou depuis qu'on l'eut publié la
« première fois, n'y ont rien ajouté, rien retranché,
« rien sophistiqué. » Le bruit couroit qu'il existoit un exemplaire du Journal de Henri III, enrichi de beaucoup de notes manuscrites tirées des manuscrits de Dupuy [1]; on espéroit qu'il seroit rendu public, mais on ne savoit pas ce qu'il contenoit. Ces différences, qui embarrassoient les critiques, et qui faisoient douter de l'authenticité de l'ouvrage, s'expliquent facilement aujourd'hui. L'Estoile avoit composé sur le règne de Henri III deux Journaux, dont l'un avoit beaucoup plus de développemens que l'autre. Nous en avons trouvé la preuve dans les derniers volumes de ses manuscrits originaux, qui n'ont point été connus jusqu'à ces derniers temps, et dont nous parlerons plus tard.

On y lit, à la date du 14 décembre 1606 : « J'ay pres-
« té et consigné entre les mains de M. Despinelle mon
« gros Journal in-folio, tout escrit de ma main, con-
« tenant les choses advenues sous le regne de Henri III,
« où le bon et le mauvais, le véritable et le médisant
« sont pesle-meslés ensemble ; *et dont j'ay fait un livre*
« *à part du meilleur, qui est pour moy seul, et non*

---

[1] La bibliothèque Sainte-Geneviève possède un exemplaire de l'édition in-4° de 1621, dont les marges sont surchargées d'articles nouveaux ou d'additions aux anciens, et dans lequel on a intercalé plusieurs feuillets manuscrits. Les additions se trouvent dans les éditions ultérieures.

« *pour autre.* » Et à la date du 20 octobre 1607 :
« Presté à M. Dupuy mon Journal du regne du feu
« Roy, qui n'estoit jamais sorti de mon estude ; il me l'a
« rendu le 5 novembre. » Dupuy avoit eu plus de temps
qu'il n'étoit nécessaire pour prendre copie de ce dernier
ouvrage, qui, dans l'édition in-4° de 1621, remplit à
peine cent dix neuf pages imprimées en fort gros caractères. Despinelle avoit gardé le *gros Journal* pendant près de deux mois, et il avoit eu également le
temps de le transcrire. D'un autre côté, les manuscrits
de L'Estoile nous apprennent qu'il faisoit lui-même tirer de ses Journaux des copies qu'il vendoit ou qu'il
échangeoit contre des relations ou des recueils d'anecdotes. Il n'est donc pas étonnant que le Journal de
Henri III ait été imprimé quelques années après la mort
de l'auteur, sans l'aveu de sa famille, sans même qu'elle
en ait eu connoissance, et qu'on en ait publié plus tard
d'autres versions qui sont également de lui, quoiqu'elles
n'aient que peu de rapport avec l'édition de 1621.

Dans cette édition et dans celles de 1662, 1664,
1693, 1699, 1706 et 1720, le Journal commence à
la mort de Charles IX ; mais, dans l'édition donnée par
Godefroy en 1719, il remonte jusqu'à l'avénement
de François I, c'est-à-dire jusqu'à plus de trente ans
avant la naissance de l'auteur. Il n'y a, il est vrai, que
très-peu de détails sur les règnes de François I, de
Henri II, de François II et de Charles IX ; et L'Estoile aura pu les puiser dans quelque manuscrit du
temps. Son Journal ne commence véritablement qu'au
dernier jour de mai 1574 : il avoit alors vingt-huit ans.
Lenglet-Dufresnoy, qui a publié une dernière édition
en 1744, a non-seulement adopté le texte de Gode-

froy, *qui est le plus ample*, suivant l'expression de cet éditeur, mais il y a fait encore des additions qu'il dit avoir puisées dans un manuscrit authentique.

Comme il nous a été impossible de découvrir aucun manuscrit du Journal de Henri III (1), nous n'avons pas été à même de vérifier quelle étoit celle des éditions qui méritoit le plus de confiance. Nous avons remarqué seulement que chaque éditeur faisoit la critique de ceux qui l'avoient précédé, et prétendoit donner un texte beaucoup plus parfait, d'après un manuscrit original. Nous avons donc choisi la dernière édition, comme devant être la meilleure et la plus complète; nous avons seulement eu soin de mettre entre deux crochets [ ] les articles ou les passages que Lenglet-Dufresnoy a ajoutés à l'édition de Godefroy.

On a toujours placé à la suite du Journal de Henri III différentes pièces relatives aux affaires du temps. On en trouve trois dans la première édition; on en a ajouté un grand nombre dans les autres, et Lenglet-Dufresnoy en a rempli plus de trois volumes. Ces pièces, qui peuvent être quelquefois bonnes à consulter, ne devoient point entrer dans notre Collection, qui ne se compose que de Mémoires historiques. Nous n'en avons conservé que deux. La première est intitulée

---

(1) Dans la dernière édition de la Bibliothèque historique de France, il est dit que le manuscrit original se trouvoit en 1777 à la bibliothèque de l'abbaye de Saint-Acheul, et qu'il étoit intitulé *Registre-Journal d'un curieux, de plusieurs choses mémorables advenues et publiées librement à la françoise pendant et durant le regne de Henry III, roy de France et de Pologne*, lequel commença le dimanche 30 may, jour de Pentecoste 1574, *sur les trois heures après midy, et finit le mercredy 2 aoust 1589, à deux heures après minuit*. On ignore ce que ce manuscrit est devenu.

Procès-verbal de Nicolas Poulain, lieutenant de la prévoté de Paris. Poulain avoit d'abord été un des principaux agens des ligueurs : il s'étoit associé à eux de bonne foi ; mais bientôt éclairé sur leurs desseins, il donna à la cour les avertissemens les plus utiles. Son *Procès-verbal* est une espèce de journal qui commence le 2 janvier 1585, et qui se termine le 12 mai 1588, à la journée des Barricades. La seconde pièce que nous avons conservée est une relation très-détaillée et très-intéressante de la mort du duc et du cardinal de Guise, par Miron, médecin de Henri III. Nous avons placé ces deux morceaux entre le Journal de Henri III et celui de Henri IV.

Il n'y avoit aucune note dans les premières éditions du Journal de Henri III. Godefroy a ajouté à l'édition de 1719 des éclaircissemens historiques, des détails généalogiques, et même des notices fort étendues sur tous les personnages dont il est fait mention dans les Mémoires (1). Lenglet-Dufresnoy a conservé toutes les notes de ses prédécesseurs, il leur a donné plus de développement, et il en a fait un si grand nombre de nouvelles, qu'elles excèdent de beaucoup la longueur du texte. Elles se composent en général d'extraits et même de fragmens des Mémoires contemporains. Ces notes, qui sont en général trop diffuses et trop multipliées, pouvoient cependant être considérées comme utiles dans une édition isolée du Journal de Henri III. Mais dans notre Collection ce Journal se trouve placé à la suite de Mémoires très-détaillés sur l'époque ; tous les

---

(1) Le Duchat a fourni quelques notes peu importantes pour une autre édition.

personnages importans sont déjà connus, soit par ces Mémoires, soit par les notes que nous y avons jointes; nous avons donc dû nous borner à de simples indications, lorsque les titres ou la ressemblance des noms pouvoient laisser quelque doute au lecteur. Quant aux éclaircissemens historiques, nous n'en avons eu que très-peu à donner sur des événemens qui avoient été déjà discutés et présentés sous leurs différens points de vue; et il eût été ridicule de reproduire dans des notes le texte des Mémoires que nous avons déjà publiés.

Le Journal de Henri IV n'a paru qu'en 1719. C'est Godefroy, directeur de la chambre des comptes de Lille, qui le premier l'a fait connoître en réimprimant le Journal de Henri III (1). Il dit dans sa préface qu'il les a *tirés* du propre manuscrit de l'auteur : ce qui autorisoit à croire qu'il n'avoit pas suivi exactement le texte du manuscrit, et qu'il n'en avoit fait qu'un extrait. « Il seroit à souhaiter, ajoute-t-il, que l'on eût « pu remplir le vide qui se trouve depuis le mois de « mars 1594 jusqu'au 4 juillet 1606; on a cherché le « volume où il doit être, sans le découvrir; il étoit, « en 1700, entre les mains du sieur Langlois, maistre « d'hostel du Roi, parent de l'auteur. » Ce Journal se lie à celui de Henri III; il commence à la mort de ce prince, et se prolonge, après la mort de Henri IV, jusqu'au 27 septembre 1611.

En 1732 on a publié trois fragmens du Journal de Henri IV, par L'Estoile (2). Le premier va du 22 mars

---

(1) *Mémoires pour servir à l'histoire de France, contenant ce qui s'est passé de plus remarquable dans ce royaume depuis* 1515 *jusqu'en* 1611. Cologne, 2 vol. in-8°. — (2) *Journal du regne de Henry IV,*

1594 au 31 décembre 1597; le deuxième, du 8 mars 1602 au 18 mars 1607; le troisième, du 15 mai 1610 au 27 septembre 1611. Ces fragmens, qui laissoient encore une lacune de quatre ans et quelques mois dans le Journal, formoient d'un autre côté double emploi avec l'édition de Godefroy, depuis le 4 juillet 1606 jusqu'au 18 mars 1607, et depuis le 15 mai 1610 jusqu'au 27 septembre 1611. Mais les articles n'étant pas toujours les mêmes, et les faits qui se trouvoient dans les deux ouvrages étant souvent rapportés avec des circonstances ou des réflexions différentes, l'édition de 1732 a été considérée comme un supplément à celle de 1719. On lit dans la préface qu'un magistrat [1], respectable par ses charges et par son mérite personnel, a bien voulu communiquer ce qu'il possédoit des manuscrits de L'Estoile, et qu'on espère que le reste pourra se recouvrer.

Deux volumes contenant d'autres fragmens ont été imprimés en 1736, sous le titre de *Supplément au Journal du regne de Henri* IV [2]. L'éditeur prétend les avoir *tirés* de deux manuscrits du temps. « On ne « croit pas, dit-il, devoir s'étendre sur la vérité de ces « manuscrits : la simplicité du style, l'exactitude à mar- « quer les époques, enfin les expressions et les termes « ne permettent pas de douter que ces Mémoires ne « soient originaux. » Il y a dans cette édition trois frag-

---

roi de France et de Navarre, par M. *de L'Estoile*, *grand audiencier à la chancellerie de Paris*; 2 vol. in-12, sans noms de ville ni d'imprimeur. On attribue cette édition à l'abbé d'Olivet.

[1] Le président Bouhier. — [2] Deux vol. in-12, sans noms de ville ni d'imprimeur. Dans la Bibliothèque historique de France, on attribue cette édition au père de Bouges, augustin.

mens rédigés dans la même forme que le Journal de L'Estoile. Le premier commence le 2 août 1589, et finit le 30 mars 1594; le deuxième commence le 3 janvier 1598, et s'arrête au 27 décembre 1601; le troisième reprend au 1er janvier 1607, et se termine au 31 mai 1610. Si ces fragmens étoient de L'Estoile, ils rétabliroient tout ce qui nous manquoit de son Journal, à l'exception des mois de janvier et de février, et des sept premiers jours de mars 1602.

En 1741, Lenglet-Dufresnoy a publié une nouvelle édition du Journal de Henri IV [1]. Jusqu'à lui on avoit considéré le texte adopté par Godefroy comme étant tiré des véritables manuscrits de L'Estoile : il sembloit donc naturel qu'il lui donnât la préférence; néanmoins il a choisi celui des supplémens imprimés en 1736, dont il déclare lui-même que l'auteur est inconnu; et il ne dit pas les motifs qui ont déterminé son choix. Il ne cherche pas à jeter de la défaveur sur l'édition de 1719, il n'en parle pas; il est certain cependant qu'il la connoissoit, car il en avoit fait mention, douze ans auparavant, dans sa *Méthode pour étudier l'histoire*. Il a donc composé son édition avec les fragmens de 1732 et les supplémens de 1736, et il en a formé, à une légère lacune près, le Journal du règne de Henri IV, qu'il a publié sous le nom de Pierre de L'Estoile [2]. On a vu que le premier fragment, imprimé en 1732, alloit jusqu'au

---

[1] *Journal du regne de Henri IV, roi de France et de Navarre*, par M. P. de L'Estoile, grand audiencier en la chancellerie de Paris; avec des remarques historiques et politiques, par le chevalier C. B. A. La Haye, 4 vol. in-12. Quoique les initiales C. B. A. ne désignent pas Lenglet-Dufresnoy, il a été reconnu que c'étoit lui qui avoit donné l'édition, et fait les notes et remarques. — [2] Le Journal se prolonge jusqu'au 27 septembre 1611, comme dans l'édition de 1719.

30 mars 1594, et que le premier supplément de l'édition de 1736 remontoit au 22 du même mois. Lenglet-Dufresnoy a conservé les deux versions, comme si elles eussent fait partie du même texte. La première termine son premier volume, la seconde commence le deuxième; mais lorsqu'il a trouvé ailleurs deux versions dans les éditions de 1732 et de 1736, il les a fondues en une seule.

L'édition de Lenglet-Dufresnoy étant supposée complète et faite avec le plus grand soin, quoiqu'elle ne fût que le complément de celle de Godefroy, a cependant lutté avec avantage contre cette dernière, dans laquelle on regrettoit de trouver un vide de douze années; et presque tous les bibliographes la recommandent plus particulièrement à la curiosité des lecteurs.

Les éditions du Journal de Henri III avoient été plus ou moins *amples*, mais le fond de l'ouvrage y étoit toujours le même. Ici on avoit deux Journaux absolument distincts pour les cinq derniers mois de l'année 1589, pour les années 1590, 1591, 1592, 1593; pour les trois premiers mois de 1594; pour les six derniers mois de 1606; pour les années 1607, 1608, 1609, 1610, et pour les huit premiers mois de 1611. Il y avoit même en quelque sorte un troisième Journal du 22 au 30 mars 1564, du 1er janvier au 18 mai 1607, et du 15 au 31 mai 1610. Nous avons voulu connoître les opinions émises à ce sujet dans les journaux littéraires qui paroissoient à l'époque où les éditions de 1719, de 1732, de 1736 et de 1741 ont été publiées.

Selon le *Journal des Savans* (1), les fragmens qui ont été imprimés en 1732 sont de la même main que

(1) Février 1738.

les parties des Mémoires publiées en 1719. On y trouve même esprit, même goût, même style. Quant aux différences qui existent entre les deux éditions lorsqu'elles se rattachent aux mêmes époques, on les explique en présumant que L'Estoile relisoit souvent son Journal, qu'il rectifioit les faits aussitôt qu'il se croyoit mieux informé, et qu'il ajoutoit successivement à ses manuscrits les articles qu'il avoit oubliés d'abord.

En lisant les *Observations sur les écrits modernes* (1), on seroit fondé à croire que le rédacteur n'avoit pas connoissance de l'édition de 1719; il ne s'occupe que de celles de 1732 et de 1736 (2). « Vous savez, dit-il, « qu'en 1732 le Journal de L'Estoile parut, mais avec « des lacunes très-considérables; il y avoit douze an-« nées et demie sur lesquelles l'écrivain n'avoit fait « aucune observation. Heureusement on a trouvé, « dit-on, dans deux manuscrits du temps, la suite des « faits qui manquoient dans les Mémoires de L'Estoile: « ce qui me paroît un peu singulier. » Et, sans ajouter aucune autre réflexion, il passe à l'examen des Mémoires compris dans les deux éditions; il en parle comme s'ils étoient du même auteur.

Le Journal de Trévoux (3), après avoir rappelé qu'il y avoit une lacune de onze ans et demi dans l'édition de 1732, s'exprime ainsi sur les manuscrits dans lesquels l'éditeur de 1736 prétend avoir trouvé les supplémens au Journal de Henri IV: « Ces manuscrits sont-ils « vrais? C'est sur quoi nous ne voulons former aucune « chicane; nous convenons même avec l'éditeur que « le style en est simple; que l'exactitude à marquer les

---

(1) Lettre XXXIXe. Décembre 1735. — (2) L'édition qui porte la date de 1736 avoit paru avant la fin de 1735. — (3) Janvier 1736.

« époques y est grande; que les expressions enfin en sont
« naturelles, et conformes au génie de ce temps-là. Mais
« il nous paroît qu'on auroit pu prévenir quelques
« questions que le titre seul de l'ouvrage fait naître na-
« turellement. Ces manuscrits sont-ils de la même main
« que ce que nous avons déjà? Il falloit en avertir. Ne
« renferment-ils précisément que ce qui manquoit à ce
« qui a paru? Ce hasard singulier méritoit une obser-
« vation particulière. Enfin, s'ils sont d'un auteur dif-
« férent, outre ce qu'on donne aujourd'hui, ne con-
« tiennent-ils pas ce que l'autre Journal apprend? Dans
« ce cas-là on auroit pu les imprimer en totalité, etc. »

En faisant ensuite l'analyse détaillée de l'ouvrage, il remarque que le premier volume ne remplit que la première lacune de l'ancien Journal (1), c'est-à-dire depuis le 2 août 1589 jusqu'au 30 mars 1594. On peut en conclure qu'il ne connoissoit pas non plus l'édition de 1719, dans laquelle se trouve cette partie du Journal. La version n'est pas la même, à la vérité; mais l'authenticité du texte de l'édition de Godefroy n'ayant pas été contestée, il n'y avoit pas là de lacune à remplir: il ne restoit qu'à rétablir les articles omis.

Dans le *Journal des Savans* (2), où l'on avoit déjà rendu compte de l'édition de 1732, on jette un coup d'œil sur toutes les autres éditions du Journal de Henri IV, en examinant celle de 1741. On reconnoît de nouveau que le texte de Godefroy a été tiré des manuscrits authentiques de L'Estoile; on considère l'édition de 1732 comme également tirée des manuscrits du même auteur qui ont été découverts plus tard; on rapporte comment cette édition

---
(1) Edition de 1732. — (2) Octobre 1741.

a été faite pour remplir une partie des vides de l'édition de 1719. On fait remarquer que les supplémens publiés en 1736 ne remplissent pas d'une manière satisfaisante les lacunes qui restoient encore, parce que ces supplémens ne sont pas de L'Estoile, et qu'il est facile de s'en apercevoir en confrontant le style. Quant à l'édition de 1741, on fait observer qu'elle contient d'abord la partie du Journal imprimée en 1732, et que, pour former un texte continu, dont la narration ne fût pas interrompue, on y a joint un supplément tiré, non pas, comme on pouvoit le faire en plusieurs endroits de l'édition de 1719, mais du Journal anonyme de 1736 (1).

Ainsi tous les journaux sont d'accord sur les éditions de 1732 et de 1736; ils adoptent la première et élèvent des doutes sur la seconde. Le *Journal des Savans*, qui seul fait mention de l'édition de 1719, pense qu'elle a été tirée d'un manuscrit authentique; mais on ne connoissoit alors les manuscrits de L'Estoile que par ce qu'en avoient dit les éditeurs : on ne pouvoit donc se former une opinion qu'en examinant si les parties des Mémoires imprimées à différentes époques avoient le véritable coloris du temps, et si elles sortoient de la même main. On n'avoit aucun moyen de vérifier si le texte avoit été plus ou moins tronqué.

Pendant long-temps la bibliothèque du Roi n'avoit possédé aucun manuscrit du Journal de L'Estoile; elle en avoit eu un volume par suite des événemens de la révolution, et elle vient d'en acquérir quatre autres. En comparant avec soin ces manuscrits aux éditions de 1719, de 1732 et de 1736, nous avons reconnu

---

(1) Les textes réunis des éditions de 1719 et de 1732 ne laissoient qu'une lacune de quatre ans et deux mois.

que dans la première on a supprimé un très-grand nombre d'articles, et refait presque tous ceux qu'on a conservés ; qu'on a retranché tout ce qui a paru trop hardi, qu'on a abrégé les détails, et changé entièrement la physionomie de l'ouvrage.

L'édition de 1732 est assez conforme au manuscrit depuis le 22 mars 1594 jusqu'au 30 décembre 1597 ; mais, à dater du mois de juillet 1606, plusieurs articles ne sont plus les mêmes. Quant à l'édition de 1736, non-seulement elle n'a pas de rapport avec les manuscrits, mais elle est souvent en contradiction avec eux.

Ces manuscrits ne contiennent malheureusement pas le Journal complet du règne de Henri IV : ils laissent une lacune du 1er janvier 1598 au 4 juillet 1606 (1) ; mais, tels qu'ils sont, ils nous serviront à faire enfin connoître, pour la partie la plus intéressante de l'ouvrage, le véritable texte des Mémoires de L'Estoile, dont toutes les éditions publiées jusqu'à ce jour ne donnent qu'une idée très-imparfaite.

Avant d'exposer la manière dont sera composée notre édition, nous devons établir l'authenticité des manuscrits où nous puiserons notre texte, et montrer en quoi ils se rapprochent ou diffèrent des éditions précédentes.

Le volume que la bibliothèque du Roi possède depuis 1793 provient de la bibliothèque du président Bouhier. Une note de ce magistrat porte que le Journal est écrit de la propre main de l'auteur Pierre de L'Estoile ; qu'il fait suite au Journal de Henri III, et partie du

---

(1) En 1777, la bibliothèque de l'abbaye de Saint-Acheul n'avoit pas les manuscrits du Journal depuis l'année 1594 jusqu'à l'année 1606 (*Bibliothèque historique de France*, tome 5, édition de 1778).

Journal de Henri IV; qu'il avoit passé entre les mains de Langlois, maître-d'hôtel du Roi, qui descendoit de L'Estoile par les femmes, et que sa veuve lui en a fait présent en 1607. Cette note s'accorde entièrement avec la préface de l'édition de 1719, dans laquelle il est dit que Langlois possédoit, en 1700, les volumes qu'on n'avoit pas pu se procurer. Le manuscrit a d'ailleurs tous les caractères de l'authenticité; l'écriture en est la même que celle des autres manuscrits de L'Estoile; il y a des additions, des renvois, des ratures, des surcharges : ce qui prouve que ce n'est pas une copie, mais le manuscrit original. L'auteur lui donne pour titre : *Mémoires-Journaux depuis la réduction de Paris jusqu'à la fin de l'an* 1597; et il ajoute : *Mihi, non aliis*. Cette partie du Journal forme le premier fragment de l'édition de 1732. Le président Bouhier avoit communiqué le manuscrit à l'éditeur, qui y a fait quelques changemens.

Les quatre volumes manuscrits que la bibliothèque du Roi vient d'acquérir avoient appartenu à Pierre de Poussemothe, petit-fils de Pierre de L'Estoile, qui avoit été en 1667 abbé de Saint-Acheul, et qui les avoit donnés à la bibliothèque de cette abbaye. Il paroît qu'ils y avoient été entièrement oubliés, qu'aucun éditeur n'en a eu connoissance, et qu'ils n'ont été découverts qu'en 1777 [1]. A la deuxième page du dernier volume

---

[1] Ils ont été découverts dans cette bibliothèque par M. Fardet de Braine. M. de Fontette, qui les avoit parcourus à la hâte, s'exprime ainsi : « Ils m'ont paru contenir plusieurs choses qui ne sont pas
« dans les différentes éditions qu'on en a données. Je pourrai bien
« quelque jour, si ma santé me le permet, examiner avec soin ces
« curieux manuscrits de notre histoire, et en faire un supplément
« à l'édition de l'abbé Lenglet, qui n'a pas connu ces manuscrits,

se trouve une note de l'abbé de Poussemothe, qui, en déclarant que les manuscrits sont de L'Estoile, indique la date de sa mort, le lieu où il a été enterré, etc.

Les détails dans lesquels L'Estoile entre sur sa mère, sur sa seconde femme, sur ses beaux-frères, sur ses enfans, sur divers membres de sa famille, ne permettent pas d'attribuer le Journal à un autre qu'à lui. Son écriture est très-reconnoissable et ne peut être confondue avec aucune autre, parce qu'il a la manie de mêler dans le milieu des mots des caractères romains aux caractères ordinaires. Il y a, comme dans le volume dont nous avons parlé plus haut, des ratures et des renvois: ainsi tout concourt à prouver que ces manuscrits sont de L'Estoile, et que ce sont ses manuscrits originaux. Le premier volume est intitulé *Mémoires de P. D., depuis le 2 août 1589, jour de la mort du Roy, jusques au 22 mars 1594, jour de la réduction de Paris.* Voici comment l'auteur s'exprime lui-même sur ce Mémoire, à la date du 10 décembre 1607 : « J'ai presté
« à M. Dupuy mon registre journal de ce qui s'est
« passé de plus mémorable depuis la mort du feu Roy
« jusques à la réduction de Paris, c'est à dire de ce que
« j'y ay veu et remarqué curieusement estre avenu à
« Paris pendant ce temps de plus notable, comme ayant
« toujours esté dans la ville mesme, pendant le siege :
« mon naturel avec le loisir me portant à telles recher-
« ches que je me suis pleu à rédiger par escrit, la plus-
« part vaines mais veritables, et que j'avois designé de
« ne jamais communiquer à personne, comme escrites
« particulierement pour moy. Dans ce registre, où il y

« non plus que M. Godefroy. » (*Bibliothèque historique de France*, tome 5, édition de 1778).

« a mille fadezes et sornettes, principalement des beaux
« sermons de Paris contre le Roy, la pluspart desquels
« j'ay extrait de la bouche propre des predicateurs, que
« j'allois ouïr fort soigneusement; j'y ay mis la famine
« de Paris durant le siége, qui est notable et véritable;
« les conjurations des Seize contre les gens de bien et
« serviteurs du Roy (*et quorum pars magna fui*);
« leurs penderies de présidens et autres, et finalement
« la leur, par un juste jugement de Dieu qui se peult
« remarquer en tout le progrès de ces Mémoires, dont
« j'ay fait un gros livre petit in-folio, en ayant assez
« d'autres pour en faire un second encore plus gros, si
« le loisir me le permettoit; et l'ay consigné ce jour
« entre les mains du dit sieur Dupuy, à la charge qu'il
« n'y aura que lui témoin de cette vanité et curiosité.
« Il est relié en parchemin, tout escrit de ma main et
« fort griffonné, et où il y a des renvois qu'il est mal
« aisé d'entendre sans moy. » Tous les signes indiqués
par l'auteur se trouvent dans le volume que nous avons
sous les yeux : il est in-folio, relié en parchemin, d'un
format plus petit que les trois autres. On y remarque
des renvois qui se suivent dans les marges en remontant d'une page à l'autre, et qu'il est quelquefois difficile de lier ensemble.

Si ce manuscrit n'a pas été à la disposition de Godefroy, il est certain qu'il en a eu une copie dont il s'est servi pour son édition : car, bien que le texte ne soit pas le même, il est impossible de ne pas reconnoître la source où il a été puisé. Denis, père de Godefroy, et Théodore son grand-oncle, lui avoient donné l'exemple de rajeunir le style, et de resserrer le texte des anciens Mémoires historiques qu'ils publioient.

Comme il avoit étudié la manière d'écrire du temps, on ne remarque pas au premier coup d'œil trop de bigarrure entre les morceaux de L'Estoile qu'il a conservés en entier, et ceux qu'il a refaits; et on ne doit pas être étonné que d'habiles critiques aient cru qu'il avoit copié fidèlement le texte original.

Le cadre d'une notice ne nous permet pas d'entreprendre un examen détaillé de son travail : nous nous bornerons à deux observations. L'Estoile, qui fait un journal, et qui n'a pas la prétention d'écrire une histoire, commence ainsi le Journal de Henri IV : « Les « nouvelles de la mort du Roy (Henri III) furent sçeues « à Paris dès le matin du 2ᵉ d'aoust, et divulguées « entre le peuple dans l'après disnée. » Godefroy, sans aucun motif, reporte cet article et quelques autres au règne de Henri III, qu'il continue jusqu'à la fin du mois d'août. Il met en tête du Journal de Henri IV une espèce de préambule assez emphatique qu'on ne trouve pas dans le manuscrit, et qui, dès les premiers mots, donne une autre couleur à l'ouvrage.

On se rappelle que L'Estoile a intitulé le volume dont nous nous occupons : *Mémoires depuis la mort du Roy jusqu'au 22 mars 1594, jour de la réduction de Paris*; et en effet, le dernier article du Journal dans le manuscrit est du 21 mars au soir. De son côté, Godefroy a déclaré dans sa préface qu'il n'avoit pas pu découvrir les volumes suivans : dès-lors L'Estoile ne pouvoit plus lui fournir de matériaux passé le 21 mars; cependant il donne une relation très-détaillée de la journée du 22; il y fait même jouer un rôle à L'Estoile, qui, selon lui, *auroit pris ses armes et son écharpe blanche dès trois heures du matin, se seroit rendu sur le pont*

Saint-Michel, y auroit trouvé quatre ou cinq personnes, lesquelles l'ayant découvert et reconnu, lui auroient dit qu'il étoit trop matin, qu'il falloit se retirer chez lui pour demi-heure, etc. Il n'y a rien de tout cela dans le manuscrit que nous avons sous les yeux. Si L'Estoile, qui dans toutes les circonstances s'est toujours prudemment tenu à l'écart, avoit pris les armes à trois heures du matin pour favoriser l'entrée du Roi, il en auroit parlé dans la continuation de son Journal, où il donne de longs détails sur les événemens de la journée du 22 mars, et où il rapporte soigneusement tout ce qui le concerne.

Godefroy ne s'arrête pas au 22 mars : il poursuit le Journal presque jusqu'à la fin de 1594. Ses récits peuvent avoir été puisés dans quelques autres Mémoires du temps, mais ils ne sont pas dans les manuscrits de L'Estoile ; et, en continuant le Journal après le 21 mars, il se met en contradiction avec ce qu'il a dit dans sa préface.

L'éditeur de 1736 publie un Journal qui commence également au 2 août 1589, et qui se termine au 30 mars 1594; mais la relation n'a que peu de rapports avec le manuscrit et avec l'édition de 1719. On semble avoir cherché à faire un supplément, comme le titre l'indique: car on place, en général, des articles sous la date des jours auxquels aucun événement ne se rattache dans le véritable Journal ; et lorsqu'on rapporte les mêmes faits, on les présente avec des circonstances différentes. Aussi l'éditeur est-il souvent en contradiction avec L'Estoile. Nous en citerons un exemple. Après avoir raconté la mort du maréchal de Biron, tué devant Epernay en 1592, L'Estoile ajoute : « Les nouvelles en vinrent

« à Paris le mardi 14 de ce présent mois de juillet ;
« desquelles se monstrerent peu resjouis les ligueurs et
« les Seize, qui disoient tout haut qu'il eut esté de leur
« party, s'ils eussent eu de l'argent assez pour contenter
« son avarice. » L'éditeur de 1736 dit, au contraire, *que la nouvelle n'arriva à Paris que le 28 juillet, et que les ligueurs s'en réjouirent, estant par ceste mort délivrés d'un ennemi redoutable.*

La nuance d'opinion politique n'est pas non plus la même dans l'édition de 1736. Aussitôt que le parlement de Paris a proclamé roi le vieux cardinal de Bourbon sous le nom de Charles x, Henri iv n'est plus appelé que le roi de Navarre ou le Béarnais, et il ne devient un grand roi qu'après la réduction de Paris. En parlant du duc de Parme, il y est dit, à la date du 20 novembre 1592 : « On a reçu *l'heureuse nouvelle* que le
« duc de Parme s'avance avec huit mille hommes, etc.,
« et qu'il s'achemine à grandes journées pour favoriser
« l'élection d'un roi. » Lorsqu'on rapporte l'arrêt du 28 juin 1593, par lequel le parlement de Paris déclare nul tout ce qui sera fait contre la loi salique, on n'approuve pas même cet arrêt; on se contente de dire *qu'il a surpris tous les partis.*

L'Estoile, ainsi que nous l'avons déjà fait remarquer, ne s'est jamais prononcé publiquement pour Henri iv pendant les troubles : jamais il ne l'a servi d'une manière active; mais, dans son Journal, il le reconnoît toujours comme le souverain légitime; il l'appelle toujours *le Roi*; il y fait des vœux pour lui contre les ligueurs, ne considère pas comme une heureuse nouvelle l'annonce de la marche du duc de Parme, et applaudit de toutes ses forces à l'arrêt du parlement du 28 juin.

On a vu que L'Estoile, en parlant du volume de son Journal qui commence le 2 août 1589 et qui finit le 21 mars 1594, disoit, en 1607, qu'il avoit des matériaux suffisans pour composer sur la même époque un autre volume beaucoup plus considérable. Comme il rend un compte très-exact de tout ce qu'il fait jusqu'au 15 mai 1611 [1], et qu'il n'y laisse pas même entrevoir le projet de travailler à un supplément de cette partie de son Journal, on doit nécessairement en conclure qu'il ne s'est pas servi plus tard des matériaux qu'il n'avoit pas employés d'abord. Ces matériaux se composoient des notes et des extraits qu'il recueilloit chaque jour : Godefroy ne les a pas eus à sa disposition; il n'a pu faire l'édition de 1719 que sur une copie du Mémoire manuscrit dont nous avons l'original, car il ne donne que l'abrégé de ce manuscrit, et on ne trouve dans son édition, depuis le 2 août 1589 jusqu'au 21 mars 1594, presque aucun article qui n'en soit tiré. La différence de style et de manière de voir ne permet pas non plus de penser que l'éditeur de 1736 ait eu connoissance de ces matériaux, dont nous n'avons pu découvrir aucune trace.

Le manuscrit qui provient de la bibliothèque du président Bouhier, et le premier volume de ceux que la bibliothèque du Roi vient d'acquérir, sont de véritables Mémoires rédigés dans la forme d'un journal. L'Estoile n'y a inséré que la partie la plus intéressante de ses notes et de ses extraits. Comme on y remarque encore bien des détails qui seront jugés superflus et peut-être fastidieux par beaucoup de lecteurs, il ne

---

[1] *Environ quatre mois avant sa mort.*

paroît pas qu'on doive regretter la perte de ce qu'il a rejeté ; mais il est fâcheux que les manuscrits s'arrêtent au 30 décembre 1597. Nous ne savons pas où l'éditeur de 1732 a puisé les fragmens qu'il a publiés sur les neuf derniers mois de 1602, sur 1603, 1604, 1605, 1606, et les deux premiers mois de 1607. L'Estoile, qui parle souvent de ses autres Mémoires, ne dit nulle part qu'il ait composé quelque chose sur ces cinq années.

Dans les trois derniers volumes manuscrits de la bibliothèque du Roi, le Journal recommence au 4 juillet 1606, et il va jusqu'au 15 mai 1611. Ce ne sont plus des Mémoires : ce sont, comme L'Estoile le dit lui-même, des *registres-journaux* dans lesquels ses affaires particulières, la note des livres qu'il achète, de ceux qu'il prête ou qu'on lui emprunte, les visites qu'il fait ou qu'il reçoit, les vicissitudes de sa santé, tiennent beaucoup plus de place que les affaires publiques. Godefroy a choisi dans ces *registres* ou dans une copie de ces *registres* un certain nombre d'articles qu'il a rédigés à sa manière, et il en a fait un journal qu'il ne termine qu'au 27 septembre 1611, peu de jours avant la mort de l'auteur. Comme il avoit placé une espèce d'introduction à la tête des Mémoires, il y met pour conclusion un morceau qui se trouve à la date du mois de septembre 1610 dans le dernier volume du manuscrit. Les fragmens publiés en 1732 vont également jusqu'au 27 septembre 1611, mais il n'y a pas de conclusion comme dans l'édition de 1719, et plusieurs articles ne sont pas les mêmes. Quant aux supplémens de 1736, qui s'arrêtent au 15 mai 1610, pour démontrer qu'ils ne sont pas de L'Estoile et qu'ils n'ont pas même été écrits de son temps, il suffira de faire remarquer qu'à la date des 4 et 5 mai 1610, on donne les titres de *marquis* et de *maréchal de France* à Concini, qui n'a acheté le marquisat d'Ancre qu'après la mort de Henri IV, et qui n'a été fait maréchal de France qu'en 1615.

Pour former une édition des Mémoires de L'Estoile sur Henri IV, nous avions :

1° Deux volumes des manuscrits originaux de l'auteur pour les cinq derniers mois de 1589, pour les années 1590, 1591, 1592, 1593, 1594, 1595, 1596 et 1597;

2° Trois volumes de registres-journaux, également de la main de L'Estoile, mais surchargés de détails inutiles, pour les six derniers mois de 1606, pour 1607, 1608, 1609, 1610, et pour les quatre premiers mois et demi de 1611;

3° Des supplémens dont l'authenticité est justement contestée, pour la lacune qui se trouve dans les manuscrits depuis le 1er janvier 1598 jusqu'au 4 juillet 1606;

4° Les additions qui ont été faites dans les éditions de 1719, de 1732 et de 1736, aux parties des Mémoires dont nous avons les manuscrits.

Ayant pris l'engagement de donner toujours le texte original des Mémoires, nous avons fait copier tout ce que les manuscrits ont pu nous fournir; mais nous n'avons pas cru devoir priver les lecteurs des fragmens qui se trouvent dans les diverses éditions, et qui, sans être de L'Estoile, n'en offrent pas moins des détails curieux sur une époque intéressante de notre histoire.

Nous avons suivi la division adoptée par l'auteur,

et conservé à chaque partie des Mémoires le titre qu'il leur a donné. Ainsi la première partie sera intitulée *Mémoires de P. D. , depuis le 2 août 1589 jusqu'au 22 mars, jour de la réduction de Paris.* La deuxième : *Mémoires-Journaux depuis la réduction de Paris jusqu'à la fin de 1597.* A la suite de chaque mois nous donnerons, sous le titre de supplémens, les additions qui se trouvent dans les éditions de 1719, de 1732 et de 1736, en ayant soin d'indiquer l'édition qui aura fourni ces supplémens.

Les manuscrits du 4 juillet 1606 au 15 mai 1611, contenant une immense quantité d'articles qui ne pouvoient être utiles qu'à l'auteur pour l'ordre et l'arrangement de ses affaires particulières, il nous a été impossible de les publier en entier. Nous en avons extrait tous les morceaux qui pouvoient avoir quelque intérêt pour l'histoire et pour la littérature, ou qui pouvoient servir à peindre les mœurs, les usages et l'esprit du temps. Cette partie des Mémoires sera intitulée *Extrait des registres-journaux de L'Estoile sur le regne de Henri* iv *et sur le commencement du regne de Loüis* xiii. A la suite de chaque mois, on trouvera également des supplémens tirés des éditions de 1719, de 1732 et de 1736.

Quant à la lacune qui existe dans les manuscrits depuis le 1er janvier 1598 jusqu'au 4 juillet 1606, elle sera remplie par un supplément que nous fournira l'édition de Lenglet-Dufresnoy, qui n'a fait qu'un seul texte de ce que l'on trouve dans les éditions de 1732 et de 1736.

Enfin, du 15 mai 1611, où s'arrêtent les manuscrits de L'Estoile, jusqu'au 27 septembre suivant, nous adopterons le texte de l'édition de 1719, et nous donnerons à la fin de chaque mois les additions qu'on y a faites dans l'édition de 1732.

Par ce moyen on aura un journal complet du règne de Henri IV et des seize premiers mois du règne de Louis XIII, composé de tout ce qui se trouve, soit dans les manuscrits de l'auteur, soit dans les différentes éditions publiées jusqu'à ce jour; et le lecteur sera à même de juger jusqu'à quel point on peut attribuer à L'Estoile les supplémens que l'on a fait paroître sous son nom.

Godefroy a ajouté quelques notes à son édition : il n'y en a aucune dans l'édition de 1732, ni dans celle de 1736. Lenglet-Dufresnoy en a mis beaucoup plus encore au Journal de Henri IV qu'au Journal de Henri III; il ne se borne pas à faire des notices inutiles sur des personnages dont il a déjà parlé, à donner des éclaircissemens sur des faits qui sont expliqués dans le Journal : il copie de longs morceaux des Economies royales, des Mémoires de Bassompierre, etc. Nous n'avons dû mettre des notes que lorsqu'elles étoient absolument nécessaires pour l'intelligence du texte.

L'Estoile ne se contentoit pas de former des collections de toutes les brochures qu'il pouvoit se procurer : il copioit ou faisoit copier sur des *registres particuliers* toutes les pièces de vers ou de prose un peu marquantes qui n'avoient pas été imprimées, ainsi que toutes les lettres des hommes qui avoient quelque célébrité. La bibliothèque du Roi a trois de ces *registres*, qui ne sont pas sans intérêt pour l'histoire littéraire de cette époque.

La bibliothèque du Roi a acquis, en outre, une col-

lection que L'Estoile a faite des placards et gravures qui ont paru pendant la Ligue. Cette collection forme un volume grand in-folio. L'Estoile y a mis le titre suivant : « Les belles figures et droleries de la Ligue, avec les pein-
« tures, placards et affiches injurieuses et diffamatoires
« contre la mémoire et honneur du feu Roy, que les
« oysons de la Ligue appeloient Henry de Valois, impri-
« mées, criées, preschées et vendues publiquement à
« Paris, par tous les endroits et carrefours de la ville,
« l'an 1589; desquelles la garde (1) (qui autrement
« n'est bonne que pour le feu) tesmoigne à la postérité
« la méchanceté, vanité, folie et imposture de cette
« ligue infernale, et de combien nous sommes obligés
« à nostre bon Roy, qui nous a delivrés de la servitude
« et tyrannie de ce monstre. » La collection se compose de quarante-six pièces, dont quelques-unes sont fort curieuses.

En terminant cette notice, nous devons parler d'un manuscrit de la bibliothèque Sainte-Geneviève, qui est intitulé *Mémoires pour servir à l'histoire de France depuis 1562 jusqu'en 1611, contenus dans les Journaux et Mémoires de M. de L'Estoile*. Il a appartenu à l'abbaye de Saint-Acheul, d'où il a passé ensuite dans celle de Sainte-Geneviève vers l'année 1753, par les soins du père de La Barre. Une note, qui est inscrite à la première page, annonce qu'il a été copié sur les manuscrits de L'Estoile : ce n'est point une copie, mais un extrait fort abrégé. On y remarque, comme dans

(1) Il n'étoit pas sans danger de conserver ces pièces. Après la réduction de Paris, le lieutenant civil avoit ordonné qu'elles fussent toutes brûlées, et défendu sous les peines les plus sévères d'en garder aucune.

les manuscrits originaux de Saint-Acheul, une lacune depuis le 22 mars 1594 jusqu'au 4 juillet 1606 : ce qui prouve que la bibliothèque de Saint-Acheul n'a jamais possédé les manuscrits complets des Mémoires de L'Estoile sur Henri IV.

MÉMOIRES

POUR SERVIR

A L'HISTOIRE DE FRANCE,

DEPUIS 1515 JUSQU'A LA FIN DU MOIS DE MAI 1574.

MEMOIRES

POUR SERVIR

A L'HISTOIRE DE FRANCE.

[1515] Le grand roy François, pere et restaurateur des bonnes lettres, succeda au bon roy Louys, pere du peuple, au commencement de janvier 1515. Il fut sacré en ce mois à Rheims par l'archevêque Lenoncourt [1], et fit son entrée à Paris à la fin de fevrier. Le chancelier Du Prat [2] et autres luy firent faire de grandes fautes, dont la France se ressentira toujours.

En cette année, au mois d'octobre, il fut assailly par les Suisses à Marignan [3], près Milan. Il les vainquit, et en tua grand nombre; plusieurs seigneurs et gentilshommes françois furent tuez en ce combat.

Après une telle prouesse, le Roy se laissa gagner par le pape Leon x. Il l'alla trouver au mois de decembre à Boulogne, et par le conseil de son chancelier il con-

---

[1] *Lenoncourt*: Robert de Lenoncourt, archevêque de Reims en 1509, mort en 1532. — [2] *Du Prat*: Antoine Du Prat, seigneur de Nantouillet, chancelier en 1514, cardinal en 1527, mort en 1535. — [3] *A Marignan*: La bataille de Marignan fut livrée les 13 et 14 septembre.

sentit au concordat qui donne aux papes et aux roys de France ce qui ne leur appartient pas; et il ceda à l'importunité de Leon pour abolir la pragmatique. Quand le chancelier, qui après la sortie du Roy estoit resté à Boulogne pour achever le traité, fut revenu vers le Roy, Sa Majesté lui dit : « M. le chancelier, « j'ay grande peur que ces lettres nous envoyent tous « deux, vous et moy, en enfer. »

[1516] Le Roy, qui s'étoit obligé faire ratiffier le concordat par l'Eglise gallicane et publier en la cour de parlement, commanda qu'on le publiast et ratiffiast; mais les prelats, chanoines et suposts de l'Université, pareillement les presidens et conseillers, s'assemblerent à part pour deliberer ce qui étoit à faire; puis pour les gens d'Eglise, le cardinal de Boissy (1) dit au Roy que la matiere touchoit l'etat de l'universelle Eglise gallicane, et que sans icelle assemblée ne pouroient ratiffier les concordats : auquel le Roy en grand deplaisir fit réponse qu'il leur feroit bien faire, ou les envoyeroit à Rome pour disputer avec le Pape lesdits concordats. Le président Baillet (2) dit, pour les présidens et conseillers, qu'ils se conduiroient en sorte que Dieu et le Roy devroient estre contens. Lors le chancelier dit au Roy que ceux de sa cour l'entendoient bien; qui répondit telles parolles : « A ceux-là je leur « feray bien faire. »

[1517] Enfin après grandes menasses et jussions de la part du Roy, et après beaucoup d'excuses et de remontrances de la part de la cour de parlement, ladite

---

(1) *Le cardinal de Boissy :* Adrien Gouffier, grand aumônier de France, évêque d'Alby, cardinal en 1515, mort en 1523. — (2) *Le président Baillet :* il mourut en 1525.

cour fut contrainte d'accorder la lecture et publication desdits concordats, ayant auparavant fait déclaration et protestation de n'avoir pour agreable ces concordats, et de ne faire aucuns jugemens sur iceux, la lecture et publication ne se faisant de son vouloir et consentement, mais du commandement du Roy; ainsy declaré et protesté en parlement les 19 et 24 de mars 1517, avant Pasques, par-devant les greffiers et notaires du parlement : outre ce, appellation *ad Papam melius consultum et concilium generale*, en présence de messire Michel Boudet, évêque duc de Langres, maistre André Verjus, Nicole Lemaistre, François de Loyne, Nicole Dorigny, Jean de La Haye, conseillers et commis pour ce, firent bien leurs devoirs.

[1524] Le 9 d'aoust 1524, Jacques de Beaulne, seigneur de Samblançay (1), vicomte de Tours, conseiller chambellan du Roy, bailly et gouverneur de Touraine, ayant esté atteint et convaincu de larcins, faussetez, abus et malversations, fut condamné à être pendu et étranglé à Montfaucon; et le lundy 12, la sentence executée, maistre Jean Maillard, lieutenant criminel à ce faire commis, et le sieur de Gonais, confesseur, Chantereau, docteur prieur des Augustins, furent attachez au gibet ces deux vers :

Viscosas quicumque manus ad furta paratis,
Hujus vos memores convenit esse loci.

Aux mêmes tresoriers furent adressez les vers suivans :

O trésoriers! amasseurs de deniers,
Vous et vos clers, si n'étes gros asniers,

(1) *Samblançay* : ce surintendant des finances sous Charles VIII, Louis XII et François I, fut arrêté en 1522, accusé de péculat, et condamné le 9 août 1527 à être pendu.

Bien retenir devés ce quolibet :
Que pareil bruit avez que les meusniers.
Car pour larcin, un de ces jours derniers,
Vostre guidon fut pendu au gibet.

Ce guidon des voleurs avoit fait faire son tombeau, sur lequel Beze composa ces vers :

Hunc sibi Belnensis tumulum quem cernis inanem (1),
Struxerat, invidit cui laqueus titulum.
Debuerat certe sors omnibus ut foret æqua,
Tardius hic fieri, vel prius ille mori.

En la même année le chevalier Bayard fut tué, comme on sçait. Il etoit si renommé entre les Espagnols, que, faisans allusion à son nom, ils disoient qu'il y avoit en France plus de grisons que de Bayards.

En 1527, Charles de Bourbon (2), comme il entroit victorieux dans Rome par la porte, fut blessé à mort d'un coup de fauconneau, la ville ayant esté prise d'assaut par ses gens; duquel coup etant tombé, il dit : « Compagnon, je suis mort! Jette vitement ton man« teau sur moy, afin qu'on ne me reconnoisse, et que « ma mort soit cause de faire perdre le cœur au sol« dat. »

Unum Borbonio votum fuit arma ferenti :
Vincere vel morier; donat utrumque Deus.

En 1528, Odet de Foix de Lautrec (3) et Pierre de Navarre moururent en Italie. Ferdinand Consalve, par une generosité chretienne ou guerriere, leur fit dresser des tombeaux à Naples, avec ces epitaphes :

(1) *Inanem* : Samblançay avoit fait faire son mausolée long-temps avant sa mort. — (2) *Charles de Bourbon* : le connétable Charles de Bourbon. — (3) *De Lautrec* : il mourut le 15 août, au siége de Naples.

POUR ODET DE FOIX.

Fuxio Odetto Lautreccho
Consalvus Ferdinandus Ludovici filius,
Magni Consalvi nepos,
Cum ejus ossa quamvis hostis
In avito sacello ut belli fortuna tulerat, comperisset,
Humanarum miseriarum memor
Gallo duci hispanas princeps, P.

POUR PIERRE NAVARRE.

Ossibus et memoriæ P. Navarri Cantabri clarissimi,
Solerti in expugnandis urbibus arte,
Consalvus Ferdinandus Ludovici filius,
Magni Consalvi nepos,
Ducem Gallorum partes sequentem,
Pio sepulturæ munere honestavit.

En 1543, le president Gentil [1] fut pendu, un mardy 25 septembre, à Montfaucon, auquel jour et à pareille heure il avoit fait pendre le pauvre Poncher, innocent.

En 1546, François de Bourbon [2], duc d'Enghien, jeune et vaillant prince, fut en folatrant à La Rocheguyon, où étoit la cour, tué d'un bahu qui luy fut jetté d'une fenestre par le seigneur Corneille Bentivoglio, italien.

COMPARAISON DE LOUIS XII ET DE FRANÇOIS I.

Æger in extremis regnans Ludovicus in annis
Servavit felix seque regnumque suum :

---

[1] *Le president Gentil* : René Gentil ou Gentils, conseiller au parlement de Paris, et depuis président aux enquêtes. Il avoit été principal commis de Samblançay. — [2] *François de Bourbon, duc d'Enghien* : fils de Charles de Bourbon, duc de Vendôme, mort le 25 mars 1537. François de Bourbon dont il est ici parlé étoit frère d'Antoine de Bourbon, roi de Navarre.

Integer, et primis regnans Franciscus in annis,
Perdidit infelix seque regnumque suum.
Desine mirari; facti justissima causa est:
Consilio juvenum rexit is, ille senum.

En 1547, Henry II commença de regner; au commencement de son regne il accorda le duel entre Jarnac (1) et La Chasteigneraye (2) : ce que beaucoup dès lors interpreterent à sinistre presage, comme il advint; car le regne de ce Roy ayant commencé par un duel, finit aussy par un duel : ce qu'on trouve longtems devant avoir esté predit par Lucas Gauricus, celebre mathematicien (3).

En 1557, en la journée de Saint-Laurent (4), fut tué Jean de Bourbon (5), vraiment des Bourbons de cœur et de race : car repondant à coups d'épée à ceux qui lui parloient de se rendre, il mourut disant : « Ja « Dieu ne plaise qu'on die de moy que je me sois rendu « à des canailles ! »

Ce fut en 1559 que ce Roy, courant en lice dans la grande rue Saint-Antoine, vis à vis les Tournelles et de la Bastille, fut frapé à l'œil et rudement atteint

---

(1) *Jarnac* : Guy Chabot, comte de Jarnac. — (2) *La Chasteigneraye* : François de Vivonne, sieur d'Ardelay et de La Chasteigneraye. — (3) *Lucas Gauricus, celebre mathematicien* : L'auteur se trompe, aussi bien que de Thou (liv. 22 de son Histoire), en croyant que Luc Gauric avoit prédit le genre de mort de Henri II. Voici la prophétie telle que la rapporte Gassendi : *Constat ex ipso Gaurico Henricum II victurum felicissimè annos* LXX, *deductis duobus mensibus, si nutu divino superaverit annos insalubreis* LXIII, LXIV, *et semper vivet in terris pientissimus.* — (4) *La journée de Saint-Laurent* : la bataille de Saint-Laurent ou de Saint-Quentin fut livrée le 10 août, jour de la fête de Saint-Laurent. — (5) *Jean de Bourbon* : duc d'Enghien et d'Estouteville, comte de Soissons, frère d'Antoine roi de Navarre, et de Louis premier du nom, prince de Condé.

d'un coup de lance par le capitaine Lorges (1), capitaine de ses gardes. Ce seigneur fut comme forcé par le Roy de courir et tirer contre luy; S. M. luy fit même bailler une lance en disant : « Je ne courreray plus que « cette fois : c'est un coup de faveur. » Le Roy etant tombé du coup, il fut porté aux Tournelles, où il déceda onze jours après, scavoir le 10 juillet; et fut la salle du festin faite une salle de deuil pour le corps mort. Les huguenots observerent que le Roy fut blessé mortellement vis à vis de la Bastille, où étoient détenus plusieurs conseillers, et entr'autres Anne Du Bourg, que le Roy avoit juré qu'il verroit bruler de ses deux yeux, et lesquels le capitaine Lorges, par le commandement de Sa Majesté, avoit saisy.

Ludicra dum tractas impensius, en tibi vita
Stringitur, et miserœ mortis imago ruit.
Seria si regni memor egisses ut decuit te,
O Rex, vita magis, morsque beata foret.

En 1560, le 5 décembre, mourut à Orleans le roy François II, ayant regné dix-sept mois dix-sept jours dix-sept heures, et étant âgé de dix-sept ans. Il étoit né à Fontainebleau, et avoit eu pour pareins le pape Paul III, François I, et la seigneurie de Venise. Comme le coup d'œuil de son pere avoit ouvert les yeux à plusieurs, ainsy le coup d'oreille de cestuy-cy fit baisser les oreilles à beaucoup de gens et les crestes aux plus grands, causant par toute la France un notable changement.

(1) *Lorges :* Gabriel, comte de Montgommery, capitaine de la garde écossaise. Il a eu la tête tranchée en 1574.

MANES FRANCISCI II REGIS AD GALLIAM.

Mors mea vita tibi, pacem qui quærere regno
Vivus non potui, funere dono meo.
Sic visum superis unius morte redempta
Vita sit ut reliquis, et mihi parta quies.

Au même mois de décembre mourut à trente-huit ans le vidame de Chartres (1), seigneur fort magnifique. Il fut tiré de la Bastille, où il avoit esté mis parce qu'il etoit trop ataché aux princes de la maison de Bourbon et à la maison de Montmorency.

En 1561, Henry de Bourbon, marquis de Beaupreau (2), prince de grande esperance, fut dans Orleans tué d'un cheval, dans un tournoy.

Cur donant quæ mox repetant, lugendaque terris
Ostentant raptim gaudia falsa dii ?
An quia vel vidisse sat est, mediocribus uti
Nos sinit, atque sibi maxima numen habet ?
Luxisti toties, jam perfice, Gallia, talem
Materiam lacrymis non dabit ulla dies (3).

[1562] Le roy de Navarre (4), excusant le fait de Vassy à Theodore de Beze, qui lui en faisoit des plaintes et remontrances de la part de ses églises, et le roy de Navarre soutenant encor que ce que le duc de Guise avoit fait, il l'avoit pû justement faire, et que s'ils

(1) *Le vidame de Chartres :* François de Vendôme, vidame de Chartres, prince de Chabanais, colonel de l'infanterie française. Catherine de Médicis fut soupçonnée d'avoir avancé ses jours. —
(2) *Henry de Bourbon, marquis de Beaupreau :* Il étoit fils de Louis de Bourbon et de Louise de Bourbon, comtesse de Montpensier, et mourut à l'âge de quatorze ou quinze ans. — (3) Ces vers sont d'Etienne de La Boetie, conseiller au parlement de Bordeaux. —
(4) *Le roi de Navarre :* Antoine de Bourbon, père de Henri IV.

avoient esté maltraitez, leur insolence en avoit eté cause, luy declarant au surplus que qui toucheroit au bout du doigt au duc de Guise, qu'il appelloit son frere, le toucheroit au corps; ledit de Beze lui dit fort hardiment: « Sire, c'est à la verité à l'Eglise de « Dieu, au nom de laquelle je parle, d'endurer les « coups et non pas d'en donner; mais aussy vous plaira « t'il vous souvenir que c'est une enclume qui a déja « usé beaucoup de marteaux. »

La Reyne mere étant avertie de la fin proche de ce pauvre prince, le vint voir et lui dit ces mots: « Mon « frere, à quoy passés vous le tems? vous devriés vous « faire lire. — Madame, lui repartit-il, la pluspart de « ceux qui sont alentour de moy sont huguenots. — Ils « n'en sont pas moins, dit-elle, vos serviteurs. » Et de fait, s'en étant allée, il se fit mettre dans un petit lit bas près la cheminée; et commandant à un nommé Bezieres prendre la Bible, se fit lire l'histoire de Job, qu'il ouyt fort patiemment, ayant toujours les mains jointes et les yeux au ciel; puis dit à ceux qui lui assistoient: « Je sçais bien que vous direz par tout: Le roy « de Navarre s'est reconnu, et est mort huguenot; ne « vous souciez pas qui je suis, mais contentés vous que « je veux mourir en la confession d'Ausbourg, et que « si je puis rechaper je feray encore precher l'Evangile « en France. » Quant il fut prest de mourir, il fit venir Raphael son medecin, et lui fit faire la priere, à laquelle la pluspart de ceux qui etoient dans le basteau, même le prince de La Rocheguyon (1), se mirent à

---

(1) *La Rocheguyon*: Charles de Bourbon, prince de La Roche-sur-Yon, mort le 6 octobre 1565. Il étoit frère de Louis deuxième du nom, duc de Montpensier.

genoux. Ses derniers propos furent, en prenant un sien valet de chambre italien par la barbe : « Servés bien « mon fils, et qu'il serve bien le Roy. » Et ainsy rendit l'esprit le 17 novembre 1562, sur Seyne, vis à vis le grand Andely. Peu auparavant sa mort on avoit écrit sur le mur de sa garde robe :

> Ha ha ha, pauvre caillette,
> Tu sçauras bien mesouan
> Que valent prunes de Rouan,
> Pour avoir tourné ta jaquette.

Et après sa mort furent faits et publiés plusieurs ecrits par les huguenots contre ce bon prince, entr'autres ceux-cy, qui sont aussy contre Henry II et François II.

> Par l'œil, par l'espaule et l'oreille,
> Dieu a fait en France merveille;
> Par l'oreille, l'espaule et l'œil,
> Dieu a mis trois roys au cercueil;
> Et par l'œil, l'oreille et l'espaule,
> Dieu a tué trois roys en Gaule,
> Antoine, François et Henry,
> Qui de lui n'ont pas û soucy.

Jacques Dalbon, marechal de Saint-André (1), en la bataille de Dreux, le 19 décembre 1562, fut pris et lachement tué. Il etoit plus vaillant que pieux, et fut dechiré par les vers des huguenots.

Gabriel de Montmorency, seigneur de Montbron, fils du connestable, agé d'environ vingt ans, d'une valeur heroïque et rare, fut tué en cette sanglante bataille, en laquelle perit un grand nombre de noblesse françoise, et n'en echappa quasi de signalez qu'ils ne

(1) *Marechal de Saint-André* : il avoit été fait maréchal de France en 1547.

fussent tués ou pris, que le duc de Guyse auquel le champ de bataille demeura, après avoir rallié ses gens et usé de stratageme de grand capitaine, tel qu'il étoit.

M. de Nevers (1) y fut tué par un gentilhomme nommé des Bordes, son grand mignon et confident, auquel le pistolet, sans y penser, se debanda et en blessa ce pauvre seigneur, lequel, à la sollicitation de ce des Bordes, avoit abjuré la religion et retourné à la messe. Comme l'on portoit à Dreux ce seigneur mortellement blessé, M. d'Andelot (2) passant avec ses troupes demanda qui c'estoit; et ayant entendu que c'étoit M. de Nevers, ne voulut l'arreter ni le faire arrester, ains luy manda seulement par un des siens qu'il pensât à ses fautes, et qu'il estoit temps.

La Legende du cardinal de Lorraine (3) et de ses freres, imprimée à Reims, *hoc est* à Paris, porte que ledit cardinal ayant reçu nouvelles de la journée de Dreux, dit au porteur ces mots : « Tout va bien, puisque « mon frere est sauvé. Parle t'on plus à Paris de nous « faire rendre compte? » Puis se tournant vers un de ses familiers : « A ce que je vois, dit-il, monsieur mon « frere et moy oirons nos comptes tous seuls. M. le « connestable est prisonnier d'un coté, et M. le prince « de l'autre : voila où je les demandois. »

Le chancelier de L'Hôpital (4), qui avoit les fleurs

---

(1) *M. de Nevers* : François de Clèves, deuxième du nom, duc de Nevers et de Rhetelois. — (2) *M. d'Andelot* : fils de Gaspard de Coligny, maréchal de France, frère de l'amiral de Coligny et du cardinal de Châtillon. Il fut colonel général de l'infanterie française, et mourut à Saintes le 27 mai 1569. — (3) *La Legende du cardinal de Lorraine* : cette satire est une des plus ingénieuses de ce temps. — (4) *Le chancelier de L'Hôpital* : Michel de L'Hôpital fut fait chance-

de lys dans le cœur, ût des sentimens bien contraires : il deplora le malheur de la France ; et n'y pouvant donner ordre, dechargea sa douleur en faisant les vers suivans pour servir de tombeau à la France :

> *Pro patria pugnent, pugnæ quibus utilis ætas :*
> *Hanc fero nutanti quam queo gratus opem.*
> *Sin furiis accensa suis minus illa docentem*
> *Audiat, et præceps in sua fata ruat ;*
> *Et sim, quod nollem, patriæ sociisque superstes,*
> *Inscribam stratis sanguine corporibus :*
> *Hic jacet, a nullis potuit quæ Francia vinci,*
> *Ipsa sui victrix, ipsa sui tumulus.*

François de Guise (1), au mois de fevrier 1563, fut tué devant Orleans par Jean Poltrot de Meré : ce Poltrot etoit un gentilhomme huguenot petit et pauvre, mais d'un esprit vif et accort ; lequel dès son jeune âge ayant été en Espagne, en avoit tellement apris le langage, qu'avec la taille et la couleur dont il étoit, on l'ût pris pour un Espagnol naturel : dont il acquit le nom d'Espagnolet. Les huguenots, dont ce prince avoit été le fleau, aiguisoient leurs plumes contre sa mémoire, et voulurent faire peur aux autres princes lorrains.

> Autant que sont de Guisards demeurés,
> Autant a-t'il en France de Merés.

Les catholiques de leur coté firent des vers à sa louange.

---

lier de France le 30 juin 1560. On lui ôta les sceaux en 1568. Il mourut le 13 mars 1573, âgé de soixante-dix ans.

(1) *François de Guise :* Il étoit né à Bar-le-Duc, le 17 février 1519.

Dum res mole sua nostras, Francisce, ruentes
Sistis, et oppositis humeris prohibere ruinam
Tanti conaris regni, egregia en tibi merces
Mors infanda; Deus cœlo at tibi cernitur ultor.
(JANI PAULI SELVÆ.)

Si l'on en croit ses ennemis, quant on luy remontroit la difficulté de prendre la ville d'Orléans, il demandoit en jurant si le soleil n'y entroit pas; et que puisqu'il y entroit, il s'assuroit d'y entrer luy-même.

> L'an mil cinq cent soixante et quatre,
> Un grand hyver vint nous combattre;
> De cet an les trois premiers mois
> Tuerent arbres portant noix.
> On n'a pas vû dans la nature
> Jamais telle déconfiture.

Le 11 d'aoust, Vimont, comte de Morvillier, et de la garde ordinaire du maréchal de Montmorency, arriva à Rouen avec deux pistolets sans rouets, et y demeura jusqu'au mardy 14 suivant, que Villebon, bailly de Rouen et lieutenant general pour le Roy en Normandie, en l'absence du duc de Bouillon, envoya prendre au logis de Vimont ses deux pistolets, pendant qu'il étoit au palais; d'où il fut mandé de la part de Villebon, qui luy demanda s'il avouoit les deux pistolets siens. Les ayant avouez, il fut constitué prisonnier, et quant et quant envoyé querir par le lieutenant de Villebon, qui le condamna à être decapité l'aprèsdiner; d'où il appela au parlement, où il fut mené sur l'heure. Depuis, Villebon se souvenant que s'il l'ût condamné en qualité de lieutenant du Roy, il n'y avoit pas d'apel, partit incontinant après diner, et remontra à messieurs de la cour qu'il avoit, comme lieutenant et non comme bailly, condamné Vimont. Surquoy la cour, luy ayant repondu quelle en etoit saisie, attendit à lui donner un arrest jusqu'au jeudy ensuivant, à cause que le mercredy etoit jour de feste; auquel jour jeudy, Vimont, qui avoit été recommandé par un grand seigneur, fut condamné à trois cents livres d'amende envers le Roy. De quoi Villebon fort faché; et aussy de ce que le maréchal de La Vielleville (1), qui faisoit son propre fait de Vimont, lui avoit donné un coup d'épée sur le bras, pour un dementy couvert qu'il disoit luy avoir été donné par Villebon, tomba malade le vendredy 17 d'aoust, et mourut le lendemain.

>L'an mil cinq cens quarente six,
>Bien comptez avec deux fois dix,
>Les tresoriers urent la chasse;
>On descendit la belle chasse (2),
>Pour faire le tems pluvieux;
>Armez s'éleverent les gueux (3);
>Le bled fut cher, l'orge et l'avoine;
>Le seigle aussi : à grande peine
>En avoit-on pour de l'argent;
>Septembre fut chaud et fervent;
>Et pour fin de mauvaise année,
>On cueillit fort bonne vinée.

Le conseil etant assemblé à Moulins, le cardinal de Lorraine presenta une requeste adressante au conseil de la part de messieurs du parlement de Dijon, par laquelle ils requeroient que certain edit envoyé de la

---

(1) *La Vielleville* : François de Scepeaux, seigneur de Vielleville et de Duretal, fait maréchal de France en 1562, mort en 1571. — (2) *La belle chasse* : la châsse de sainte Geneviève. — (3) *S'éleverent les gueux* : la révolte des Pays-Bas commença cette année. Les seigneurs de ces provinces étant venus en corps faire des remontrances à la duchesse de Parme, gouvernante des Pays-Bas, elle demanda à Sainte-Aldegonde, l'un de ses ministres, ce que c'é-

part du Roy pour estre registré, portant qu'il etoit permis par tout le royaume à ceux de la religion reformée d'appeller aux lieux ausquels l'exercice de ladite religion n'etoit permis, toutes et quantesfois que bon leur sembleroit, les ministres de leur religion, pour être par eux consolez et endoctrinez et pareillement endoctriner leurs enfans, fut cassé et annullé comme pernicieux et contrevenant à l'edit de pacification : car par iceluy ce seroit tacitement permettre les preches secrettes; et à ce que j'ay pû en entendre, il etoit fait plus pour ceux de la religion qui sont à Paris que pour tous autres; laquelle requeste deux conseillers de laditte cour avoient presentée à tous les maistres des requestes qui sont en cette cour, lesquels n'en avoient voulu faire le raport, craignans facher le chancelier. Quoy voyans lesdits conseillers, s'adresserent à mondit sieur le cardinal, qui leur promit raporter laditte requeste au conseil privé, où etans les cardinaux de Bourbon et de Guyse, M. de Nevers, les maréchaux de Montmorency, de Bourdillon et de Vieilleville, les barons de La Garde et de Lansac, messieurs de Morvilliers, de Limoges, de Laubespine, de Valence, de La Caze-Dieu, president de Laubespine, etc., s'adressa au chancelier et à tous les maistres des requestes, leur remontrant qu'il s'ebayssoit fort de ce que les catholiques n'avoient aucun moyen en cette cour et conseil d'etre ouys, et qu'il ne sçavoit pas pour quelles raisons aucuns des maistres

---

toit que cet attroupement; il répondit : « Hé! madame, ce sont des « gueux, » nom que l'on donnoit aux protestans dans ces provinces. Les mécontens profitèrent de cette expression injurieuse pour rallier à eux les gens du peuple; et dans les médailles qu'ils firent frapper, ils prirent pour attribut une besace et une écuelle de bois.

des requestes n'avoient voulu raporter laditte requeste, laquelle lûe, les cardinaux de Guyse et de Bourbon et autres dirent qu'ils ne sçavoient que c'étoit dudit edit: ce que voyant le cardinal de Bourbon, se mit en grande colere, et dit que ce n'etoit bien fait au chancelier de faire tels edits, qui n'avoient eté passés au conseil; et puisqu'on fesoit telles choses, il ne faloit plus de conseil, et que pour luy il n'y assisteroit plus. Lors le chancelier dit au cardinal de Loraine ces mots : « Mon« sieur, vous etes déja venu pour nous troubler. » Auquel ledit cardinal repondit : « Je ne suis pas venu vous « troubler, mais empescher que ne troubliez comme « vous avez fait par le passé, *belistre que vous étes.* » Lors le chancelier repondit au cardinal de Lorraine : « Voudriez vous empescher que ces pauvres gens aus« quels le Roy a permis de vivre en liberté de leurs « consciences ne fussent aucunement consolés? — Ouy « je le veux empescher, dit le cardinal; car l'on sçait « bien que souffrant telles choses, c'est tacitement souf« frir les prêches secrettes, et l'empescherai tant que « je pourrai. Et vous qui etes ce que etes apresent, de « par moy, osés bien me dire que je viens pour vous « troubler : je vous garderay bien de faire ce que vous « avez fait par ci-devant. » Et pareillement M. le cardinal de Bourbon, se courouçant fort audit chancelier, luy demanda s'il lui apartenoit de passer quelque edit sans le conseil; et, de fait, se leverent tous deux en colere, et entrerent en la chambre de la Reyne, qui etoit malade, et les apaisa le mieux qu'elle put. Le Roy les renvoya au conseil, auquel M. le duc d'Anjou (1)

---

(1) *Le duc d'Anjou :* il a depuis été roi, sous le nom de Henri III.

vint et assista. Il fut arresté toutesfois par le Roy et la Reyne que ledit edit (¹) seroit cassé; et, au lieu d'iceluy, deffenses faites à tous ceux de la religion de frequenter és villes esquelles il ny a aucun exercice de ladite religion, et à eux deffendu de faire endoctriner leurs enfans par pedagogues de cette religion, ny en retenir aucun; en outre, deffendu au chancelier de sceller aucunes choses concernant l'Eglise et la religion sans le consentement du conseil.

Le conseil étant finy, arriva de bonne fortune l'ambassadeur d'Espagne, chargé d'un gros paquet adressant à la Reyne de la part du roy d'Espagne, contenant qu'il voit bien que les promesses qui luy ont eté faites ci-devant sont frivoles; qu'elle lui avoit mandé qu'en l'assemblée qu'elle a faite ces jours passés elle decideroit entierement du fait de la religion, faisant entretenir la vieille et catholique, annullant entierement la nouvelle; mais que tant s'en faut qu'elle a fait à la maison de Lorraine les plus grandes indignitez qu'il n'est possible de plus, et laquelle maison a soustenue seule la religion catholique, de maniere qu'il est deliberé de lui montrer par effet qu'il veut qu'elle lui tienne sa promesse. Desquelles lettres la Reyne fort étonnée dit au cardinal qu'il falloit bien qu'il en eut écrit au roy d'Espagne, et qu'elle s'étonnoit pourquoi il lui en avoit écrit, luy demandant : « Que vous ay-je fait, mon cou-« sin? » A laquelle il repondit qu'il ne lui en avoit écrit. Ce que l'ambassadeur ratifia, et dit que luy même, pour le service qu'il doit à son maistre, l'avoit averty de tout ce qui s'etoit passé en cette cour; et lors par-

---

(¹) *Ledit edit* : c'est l'édit du mois de mars 1563.

lementerent long-tems ensemble la Reyne et le cardinal, auquel étant sorty de là, l'ambassadeur presenta lettres du roy d'Espagne, par lesquelles il lui mandoit s'ebayr comme il a comporté les indignitez qu'il a comportées; auquel ambassadeur le cardinal repondit que les indignités qu'il a souffertes, il les a endurées par le commandement du Roy et de la Reyne, ausquels pour mourir il ne voudroit en rien desobeir; mais que ça esté toutesfois sous promesse de maintenir la religion catholique et abolir la nouvelle; et laquelle chose ne se faisant, il criera si haut que tous les princes de la terre en oyront parler. Depuis cela, la Reyne envoya l'évêque de Valence (1) vers madame de Guyse, et l'on presuposa que c'étoit pour trouver moyen d'apaiser le cardinal. Cette comedie s'est jouée à Moulins.

[1567] Le prince de Portian (2), jeune, martial et guerrier, mourut à Paris le 15 may, d'une fievre chaude causée d'une colere melée d'excès, qui fut qu'ayant joué à la paume tout le long du jour, il fut mandé le soir aux Thuilleries, où le Roy le tint deux heures decouvert dans le jardin à la lune et au serain, et lui tint des rudes propos, jusqu'à le menacer de la perte de sa teste, pour Linchamp, place frontiere qu'on avoit donné à entendre à Sa Majesté qu'il faisoit fortifier : car étant revenu en sa maison outré de depit, comme il avoit le cœur merveilleusement grand, envoya querir du vin, et étant en chaleur en but trois quartes, et mangea trois platelées d'amendes vertes, et s'en alla coucher là-dessus, qui fut le poison qu'on a dit lui avoir eté baillé.

(1) *L'évêque de Valence :* Jean de Montluc, frère de Blaise de Montluc, maréchal de France. — (2) *Le prince de Portian :* Antoine de Croy, prince de Porcian.

Sur la mort du connestable à la journée de Sainct Denys (1) le 10 novembre 1567 :

Vulnere qui cadit adverso, aversoque, fugitne?
Non, verum in mediis hostibus ille cadit.

[1569] Louis prince de Condé, genereux et magnanime s'il en fut oncques, se trouvant si engagé dans la bataille de Jarnac, qui se donna le 13 mars 1569, qu'il faloit de necessité fuyr ou combattre, encor qu'il l'ût fait par l'avis de son conseil et de l'admiral, hazarda avec peu de forces une bonne partie de sa noblesse, et joua par même moyen à trois dez toute la cause (qui sont tres grandes fautes en un chef de guerre, et qu'il ne peut faire qu'une fois). Mais son grand cœur en fut cause, aimant mieux y laisser la vie comme il fit que de reculer, usant de ces mots quant on luy en parla : « Ja « Dieu ne plaise qu'on die jamais que Bourbon ait fuy « devant ses ennemis! » Et fut pris prisonnier par Dargence, gentilhomme qui etoit tenu à ce prince de la vie, et qui fit aussy ce qu'il put pour le lui rendre; mais il ne luy fut possible, pour avoir eté decouvert par les compagnies de Monsieur frere du Roy, son ennemy, lesquels ce pauvre prince avisant venir de loin, et ayant entendu que c'etoient les compagnies du duc d'Anjou : « Je suis mort! dit-il; Dargence, tu ne me sauveras « jamais. » Comme aussy arriva incontinant Montesquiou (2), qui le tua de sang froid, par le commandement, dit-on, de son maistre; ce prince s'étant cou-

---

(1) *La journée de Sainct Denys :* le connétable Anne de Montmorency remporta la victoire; mais il reçut plusieurs blessures dont il mourut. Il étoit âgé de soixante-quinze ans. — (2) *Montesquiou :* capitaine des gardes du corps du duc d'Anjou.

vert la face de son manteau, comme fit autresfois Jules Cezar quant il fut tué.

Vivit adhuc, vivetque diu, qui vindice dextrâ
Annixus patriæ, ne cadat illa, cadit.

Furent adressés les vers suivans au cardinal de Bourbon, seul resté de cinq freres :

Quæritis in nostrum quid fati conscia possint
Astra caput : non prisca loquar, vulgata docebit
Borboniæ fortuna domus tot fratribus orbæ.
Ausonii terror Franciscus (1) *et horror Iberi,*
Invictus bello ludum dum ludit inermem,
Occidit, injectâ mediis cervicibus arcâ.
Quintini ad cladem circumveniente Philippo
Vinclorum impatiens, et nescia vertere terga
Theutonicis, Jani (2) *virtus est obruta tello.*
Trajectis humeris tormenti Antonius (3) *ictu*
Muros dum premit obsidione rebelles,
Communem hanc lucem et dotalia regna relinquit :
Dum veterum ritus convellit, et otia turbat
Tertia bella gerens patriæ funesta, sibique,
Diffudit vitam fractis Lodoicus (4) *in armis*
Dimidium justi vixerunt quatuor ævi,
Adversis rupti fatis florente juventâ;
Quum quintus fratrum è numero nunc, Carole, restes,
Si tibi fata velint detractos fratribus annos
Adjicere, explebis Pylii tria sæcula regis.

La veille de la bataille de Dreux, ce prince étant couché, dit à Beze (5) : « Il me sembloit cette nuit que « j'avois donné trois batailles et avois vû mes trois enne-« mis morts, mais que j'avois aussy eté blessé à mort ;

---

(1) *François :* tué à La Rocheguyon en 1546. — (2) *Jean :* tué à la journée de Saint-Quentin, en 1557. — (3) *Antoine :* roi de Navarre, mort d'une blessure au siége de Rouen, en 1562. — (4) *Louis :* tué en 1569, à la bataille de Jarnac. — (5) *Beze :* Théodore de Bèze.

« tellement toutesfois que les ayant fait mettre les uns
« sur les autres, on m'y avoit aussi mis par dessus, et
« que de cette façon j'avois rendu mon esprit à Dieu; »
laquelle vision il semble aux huguenots que l'effet ait
verifié, car ses trois ennemis furent entassez les uns sur
les autres, et luy sur eux, à la journée de Bassac ou
Jarnac. Ils dirent encore que ce prince passant un ruisseau près le chateau de Maintenon, une pauvre femme
le prit par la botte, en luy disant : « Va, prince, tu
« souffriras; mais Dieu est avec toy. » Mauvaise prophetesse! le connestable, le marechal de St. André et
François de Guise, ses trois ennemis, furent tués l'un
après l'autre avant luy.

Sebastien de Luxembourg, ennemy mortel des huguenots, se mocquant d'eux et des hymnes et pseaumes qu'ils chantoient, leur demandoit où étoit leur Dieu
le fort, et qu'il étoit à ceste heure leur Dieu le foible :
tenant lesquels propos, selon l'observation des huguenots, fut à l'instant dans la tranchée frapé d'un coup
de mousquet qui le coucha mort sur la place. C'étoit au
siege de St. Jean d'Angely.

Plus d'un an avant la boucherie de la St. Barthelemy, j'ay lû la prophetie d'un homme de la religion
étant au lit de la mort, peu avant la conclusion de la
paix faite l'année suivante, en ces termes : « La paix
« sera faite inopinement et assés à notre avantage. Nou-
« velles alliances, divers traités et voyages : durant ces
« menées, elle (1) viendra à Paris et y mourra; la no-
« blesse de l'un et l'autre party s'y assemblera (2); les

---

(1). *Elle :* la reine de Navarre, Jeanne d'Albret. — (2) *La noblesse de l'un et l'autre party s'y assemblera :* pour les noces de Henri, roi de Navarre, avec Marguerite de France.

« choses commencées se paracheveront. O quelle sou-
« daine mutation! quelles trahisons et cruautés ! (1) »

Au mois d'avril, le comte de Brissac (2), jeune seigneur de grande espérance, fut tué d'un coup de mousquet tiré de la petite ville de Mucidan, en reconnoissant cette bicoque que tenoient les huguenots, ausquels ce seigneur servoit de reveille matin, pour la generosité qui étoit en luy.

Le 11 juin, le duc des Deux-Ponts (3) passa de ce siecle en l'autre au pays de Limosin. Ce seigneur allemand, prince du S. Empire, après avoir amené, au très grand besoin de ceux de la religion, un brave et puissant secours depuis les bords du Rhin jusqu'aux dernieres limites du Limosin, non sans un extreme danger, et joint son armée à celle des protestans de France, malgré les forces du duc de Guise et du Pape, fut saisy d'une fievre chaude, causée d'avoir trop bu, et d'avoir trop fait karoux avec les François, pour la joye qu'il avoit de les avoir joints et etre venu à bout de son entreprise, de laquelle fievre il mourut; pourquoi fut fait sur sa mort le distique suivant :

Pons superavit aquas, superarunt pocula Pontem,
Febre tremens periit, qui tremor orbis erat.

De Vieux-Pont, gentilhomme agé de vingt-cinq ans, fut tué d'une arquebusade à la cuisse, à l'assaut de

(1) *Quelles trahisons et cruautés :* journée de la Saint-Barthelemy, en 1572. — (2) *Le comte de Brissac :* Timoléon de Cossé, comte de Brissac, colonel général de l'infanterie française, fils de Charles de Cossé, maréchal de Brissac. — (3) *Le duc des Deux-Ponts :* Wolfgang de Bavière, palatin. Il s'étoit distingué dans les guerres d'Allemagne.

Sancerre. Le lit d'honneur auquel il mourut, selon les maximes de la noblesse françoise, couvrit tous les vices qui regnoient dans ce jeune homme, tels et si grands que son bon homme de pere ne le vouloit ny voir ny rencontrer; aussy Dieu ne luy prolongea t'il pas ses jours: mais, selon la parole de l'Eclesiaste VIII, fuirent comme l'ombre, pour ce qu'il ne craignoit point la face de Dieu.

Elizabeth, fille de France (1), femme de Philippe II, roy d'Espagne, mourut au mois d'octobre. Le bruit fut qu'elle avoit eté empoisonnée; mais ce bruit de la cour fut plus artificiel que vray, et ne servit peu pour le dessein de la guerre de Flandres, qui s'executa contre l'admiral et les huguenots, qu'on vouloit principalement prendre par ce piege, comme on fit finalement.

Entre les choses memorables avenues en ce temps 1569, Marie Stuard, veuve de notre deffunt Roy (2) et reyne d'Ecosse, fit mourir le comte de Lenos, son mary, dans la maison où il étoit; laquelle ayant fait miner et renverser sans dessus dessous, accabla, tua et brula miserablement le comte son mary, et tous ceux qui étoient avec luy. Sur quoy messire Michel de L'Hopital, étant en sa maison de Vigny, composa des vers.

[1570] L'edit de la paix fut publié à Paris le 11 d'aoust, et dans La Rochelle le 26 en la place du chateau, devant le logis où étoit la reyne de Navarre aux fenestres, étant avec elle madame la princesse sa fille, et leurs demoiselles; et aussi y étoit M. de La Rochefoucaut, M. des Roches, premier ecuyer du Roy, et plu-

(1) *Fille de France*: cette princesse étoit fille de Henri II. Elle avoit été promise à don Carlos, prince d'Espagne, fils de Philippe II. — (2) *Notre deffunt Roy*: François II.

sieurs autres grands seigneurs et gentilshommes. Les deux trompettes du Roy sonnerent par trois fois, puis le roy d'armes Dauphiné, accompagné des roys d'armes d'Anjou et Bourgogne, lût et publia l'edit de pacification. Ce fait, la royne de Navarre fit faire la priere par Du Nort, ministre de l'Eglise de La Rochelle; et à la fin des prieres toutes les artilleries de La Rochelle tirerent.

En cet an mourut la comtesse de La Rochefoucaut[1], femme de celuy qui fut tué à la journée de St. Barthelemy. Elle mourut d'un mal de gorge qui luy serra tellement les conduits, que la viande n'y pouvoit passer; dont cette sage dame disoit en mourant que c'étoit grande pitié d'avoir soixante mil livres de rente, et toutefois mourir de faim.

[1572] Une paysanne de Chatillon, sujette de l'admiral, comme il fut prest de monter à cheval pour venir à Paris aux nopces du roy de Navarre, s'en vint à luy; et se jettant à ses pieds, et lui embrassant les genoux par grande affection: « Ah! s'ecria-t-elle, notre
« bon maistre, où vous allez-vous perdre? Je ne vous
« verray jamais, si vous allez à Paris; car vous y mou-
« rerez, vous et tous ceux qui yront avec vous. Au
« moins, disoit-elle en pleurant, si vous n'avez pitié de
« vous, ayez pitié de madame, de vos enfans, et de
« tant de gens de bien qui y periront à votre occasion. »
Et comme l'admiral la rebutoit et lui disoit qu'elle n'étoit pas bien sage, cette pauvre femme s'alla jetter

---

[1] *La comtesse de La Rochefoucaut :* Charlotte de Roye, comtesse de Roucy, sœur puînée d'Eléonore de Roye, princesse de Condé, et seconde femme de François, troisième du nom, comte de La Rochefoucaut et de Roucy.

aux pieds de madame l'admirale, la priant de vouloir garder son mary d'y aller, parce qu'elle étoit bien assurée que s'il alloit une fois à Paris, il n'en reviendroit jamais, et si seroit cause de la mort de plus de dix mil hommes après luy. Entendu de la bouche d'un, qui l'a vû et ouy.

Le jour que la reyne de Navarre arriva à Blois, le Roy et la Reyne mere, qui la fit empoisonner par René (1), son parfumeur luy firent tant de caresses,

(1) *Empoisonner par René*. Nous croyons devoir citer ici divers auteurs contemporains, sur la mort de la reine de Navarre. D'Aubigné (tom. 2, liv. 1, chap. 2) dit : « La reine de Navarre travail-
« lant à Paris aux préparatifs des nôces, se trouva prise d'une fièvre
« à laquelle elle ne résista que quatre jours. Sa mort, causée sans
« dissimuler par une poison que des gants de senteur communique-
« rent au cerveau, façon d'un messer René, florentin, execrable de-
« puis, mesmes aux ennemis de cette princesse, qui, proche de sa
« fin, dicta son testament...... Ainsi mourut cette Roine, n'ayant de
« femme que le sexe; l'ame entiere aux choses viriles, l'esprit puis-
« sant aux grandes affaires, le cœur invincible aux adversitez. »

On lit dans le *Recueil des choses mémorables*, de Jean de Serres :
« Au commencement de may, le Roy pria la roine de Navarre d'aller
« à Paris, afin de pourvoir à ce qui seroit nécessaire pour les nôces
« (de son fils le prince de Navarre). Elle y arriva le quinziéme
« avril, et le quatre de juin tomba malade au lict d'une fièvre conti-
« nuë, causée, disoit-on, d'un mal de poulmon, où de long-temps s'é-
« toient formés quelques apostemes, lesquels émeus et irrités par les
« grandes chaleurs d'alors, et d'un travail extraordinaire qu'elle
« print, lui enflammerent cette fièvre, dont elle mourut cinq jours
« après, au grand deuil de tous ses serviteurs. Trois jours après
« s'être allictée, elle fit, d'esprit fort rassis, un testament vrayment
« chrestien........ Elle étoit âgée de quarante-quatre ans, et mourut
« le 9 de juin. Aucuns ont assuré qu'elle fut empoisonnée par l'odeur
« de quelques gants parfumés; mais afin d'oster toute opinion de cela,
« elle fut ouverte avec toute diligence et curiosité par plusieurs doctes
« médecins et chirurgiens experts, qui lui trouverent toutes les par-
« ties nobles fort belles et entieres, hormis les poulmons, interessez
« du côté droit, où s'étoit engendré une dureté extraordinaire et

principalement le Roy, qui l'appelloit sa grande tante, son tout, sa mieux aimée, qu'il ne bougea jamais d'auprès d'elle à l'entretenir, avec tant d'honneur et de reverence que chacun en étoit etonné. Le soir en se retirant, il dit à la Reyne sa mere en riant : « Et puis, « madame, que vous en semble? joué-je pas bien mon « rollet? — Ouy, luy repondit-elle, fort bien; mais ce n'est « rien qui ne continue. — Laissez-moy faire seulement, « dit le Roy, et vous verrez que je les mettrai au filet. »

En même tems le Roy envoya par tout son royaume des lettres de confirmation de son edit de paix, et accordoit aux huguenots plus qu'ils ne luy demandoient, seulement pour les aprivoiser; car en derriere il disoit, se riant, qu'il faisoit comme son fauconnier, qui veilloit ses oiseaux.

« aposteme assez gros : mal qu'ils jugerent tous avoir été (quant aux
« hommes) la cause de sa mort. On ne leur commanda point d'ou-
« vrir le cerveau, où le grand mal étoit; au moyen de quoi ils ne
« purent donner avis que sur ce qui leur apparoissoit. »

Pierre Mathieu, dans son *Histoire de France*, tom. I, liv. 6, s'exprime ainsi : « La reine de Navarre, dit-il, vint à Paris pour donner
« ordre à l'appareil des nôces de son fils ; mais elle y devint malade
« au commencement du mois de juin, et mourut le neuviéme jour de
« sa maladie (le 9 juin, entre huit et neuf heures du matin). Le Roy
« témoigna beaucoup de douleur de cette mort; il en porta le deuil,
« et commanda que le corps fut ouvert, pour sçavoir la cause de sa
« mort. On trouva que, de longue main, les poulmons etoient ulce-
« rés; que le travail et les grandes chaleurs avoient allumé une fiévre
« continuë; mais plusieurs ont crû que le mal étoit au cerveau, et
« qu'elle avoit été empoisonnée en une paire de gants parfumés. »

De Thou (liv. 51) laisse la chose en doute; mais Claude Regin, évêque d'Oleron, dans son *Journal manuscrit*, loin d'en parler, ne donne même aucun lieu de former le moindre soupçon. Il dit seulement que cette Reine mourut le 9 de juin 1572, d'une pleurésie qu'elle avoit gagnée le 3 du même mois, pendant les préparatifs des noces de son fils Henri avec Marguerite de Valois.

La reyne de Navarre etant à Paris, lui parlant un jour de la dispense du Pape pour le mariage de son fils avec Madame sœur du Roy, et qu'elle en craignoit la longueur que le Pape, à cause de sa religion, se feroit tenir : « Non, non, dit-il, ma tante; je vous honore
« plus que le Pape, et aime plus ma sœur que je ne le
« crains. Je ne suis pas huguenot, mais je ne suis pas
« sot aussi. Si M. le Pape fait trop la beste, je prendray
« moy-même Margot par la main, et la meneray epouser
« en plein prêche. »

Parlant un jour à l'admiral de la conduite de l'entreprise de Flandres, et sachant bien que la Reyne mere luy étoit suspecte : « Mon pere, lui dit-il en ces ter-
« mes, il y a encor une chose en cecy à quoy il nous
« faut bien prendre garde : c'est que la Reyne ma mère,
« qui veut mettre le nez par tout comme vous sçavez,
« ne sache rien de cette entreprise, au moins quant au
« fond, car elle nous gâteroit tout. — Ce qu'il vous
« plaira, sire, repliqua l'admiral; mais je la tiens pour
« si bonne mere et si affectionnée au bien de votre
« Etat, que quant elle le sçaura, elle ne gâtera rien :
« au contraire elle nous y pourra beaucoup aider, ce
« me semble; joint qu'à luy celer j'y trouve de la dif-
« ficulté et de l'inconvénient. — Vous vous trompez,
« mon pere, lui dit le Roy; laissez moy faire seulement.
« Je vois bien que vous ne connoissez pas ma mere :
« c'est la plus grande brouillonne de la terre. » Cependant c'étoit elle qui faisoit tout, et le Roy ne tournoit pas un œuf qu'elle n'en fut avertie; mais voyant qu'elle avoit ja acquis la réputation de Clement son oncle (1),

---

(1) *Clement son oncle* : le pape Clément vii.

que promettant quelque chose, même en intention de le tenir, on ne la croyoit plus, elle faisoit jouer ce personnage au Roy, qu'elle habilloit et faisoit parler comme elle vouloit : d'autant qu'en telle jeunesse ses parolles étoient moins suspectes de feintise et dissimulation.

Une autrefois parlant à Teligny (1) fort privement, comme il faisoit à tous les huguenots, pour les endormir, et discourant avec lui de l'entreprise de Flandres, il luy dit : « Veux tu que je te die librement, Teligny ? « Je me deffie de tous ces gens cy : l'ambition de Ta-
« vanne m'est suspecte; Vieilleville n'ayme que le bon
« vin; Cossé est trop avare; de Montmorency ne se
« soucie que de la chasse et volerie; le comte de Retz
« est Espagnol; les autres seigneurs de ma cour et ceux
« de mon conseil ne sont que des bestes; mes secretaires
« d'Etat, pour ne rien celer de ce que j'en pense, ne me
« sont pas fideles : si bien qu'à vray dire je ne sçais
« par quel bout commencer. »

Le mercredy de devant la blessure de l'admiral, comme ledit seigneur voulut entretenir Sa Majesté d'aucunes affaires concernant le fait de la religion, il luy dit : « Mon pere, je vous prie de me donner quatre « ou cinq jours seulement pour m'ebattre; cela fait, « je vous promets, foy de roy, que je vous rendrai con- « tent, vous et tous ceux de votre religion. » Le contentement qu'il leur donna fut que le dimanche suivant il les fit tous massacrer.

Ce jour de mercredy, le capitaine Blosset, bourguignon et huguenot assés remarqué par le siege de Vezelay,

(1) *Teligny :* Charles, seigneur de Teligny. Il avoit épousé Louise de Coligny, fille de l'amiral.

qu'il deffendit vaillamment contre l'effort de l'armée catholique, prit congé de l'admiral de se retirer en sa maison; auquel l'admiral demanda pourquoy c'est qu'il vouloit s'en aller? « Pour ce, monsieur, répondit-il, « qu'on ne vous veut pas de bien icy. — Comment, « dit l'admiral, l'entendés-vous? croyez que nous avons « un bon Roy. — Il nous est trop bon, dit-il; c'est « pourquoy j'ai envie de m'en aller : et si vous en fai- « siez de même comme moy, vous feriez beaucoup pour « vous et pour nous. » Et ne fut jamais possible de l'arrester : dont il se trouva tres-bien.

Le lendemain de Saint-Barthelemy environ midy, on vit un aubespin au cimetiere Saint-Innocent. Si-tost que le bruit en fut répandu par la ville, le peuple y accourut de toutes parts en si grande foule, qu'il fallut y poser des gardes à l'entour : on commença aussy à crier miracle, et à sonner et carillonner les cloches de joye. Le peuple mutiné, croyant que Dieu par ce signe aprouvât les massacres, recommença de plus belle sur les huguenots; et s'en allant au logis de l'admiral après avoir coupé le nez, les oreilles et parties honteuses à ce pauvre corps, le traîna furieusement à la voirie; et parce qu'il y avoit tout plein de catholiques qui interpretoient le reverdissement de l'aubespin pour le reverdissement de l'Etat de France, et en brouilloient le papier, un méchant huguenot composa des epigrames, ne pouvant faire pis.

Æterni Christus soboles æterna parentis,
  In cruce pro nobis spinea serta tulit.
Quæ cum Parrysia cæsorum nuper in urbe
  Christiadum rursus sanguine sparsa forent,
Emisere suos alieno tempore flores.
  Hinc, quàm fœcundus sit cruor iste, nota!

Qui, reliquis herbis rabido morientibus æstu,
   Germinat, et cœlo semina digna movet.

Florescunt spinæ : caveant sibi lilia ; raro
   Lilia sub spinis surgere læta solent.

En ce tems, en derision de l'admiral et des huguenots massacrés avec luy, fut par quelque catholique à gros grain divulgué l'ecrit intitulé *Passio Gasparis Colligny, secundum Bartholomeum*, 1572. A la fin de ce bel écrit etoient ces mots : *Qui crediderit, et hugonotus non fuerit, salvus erit; qui vero non crediderit, condemnabitur; opera illorum sequuntur illos.* Autres pieces d'huguenots :

> On disoit dangereux comme feste d'apostres
> Ce que les huguenots estimoient un abus ;
> Mais saint Barthelemy pour lui et pour les autres
> Fit le proverbe vray : donc, qu'on n'en doute plus.

Gallia mactatrix, lanius rex, dira macellum
   Lutetia; ó nostri temporis opprobrium!

Un coquin nommé Thomas, vulgairement appellé le Tireur d'or, tua dans sa maison un nommé Rouillard, conseiller en la cour de parlement, et chanoine de Notre Dame, encor qu'il fût bon catholique : témoin son testament trouvé après sa mort; et après l'avoir gardé trois jours, lui coupa la gorge, et le jetta en l'eau par une trape qu'il avoit en sa maison. Ce bourreau, autorisé du Roy et des plus grands, se vantoit des grands meurtres qu'il faisoit journellement des huguenots, et d'en avoir tué de sa main pour un jour jusqu'à quatre-vingts; mangeoit ordinairement avec les mains et bras tous sanglants, disant que ce lui etoit honneur, parce que ce sang étoit sang d'heretique.

La Reyne mere, pour repaître ses yeux, fut voir le corps mort de l'admiral pendant au gibet de Montfaucon, et y mena ses fils, sa fille et son gendre.

Après que le Roy eut fait la Saint Barthelemy, il disoit en riant et en jurant Dieu à sa maniere accoutumée, et avec des paroles que la pudeur oblige de taire, que sa grosse Margot, en se mariant, avoit pris tous ses rebelles huguenots à la pipée.

Messire René, italien, étoit un des bourreaux de la Saint Barthelemy, homme confit en toutes sortes de cruautez et mechancetez, qui alloit aux prisons poignarder les huguenots, et ne vivoit que de meurtres, brigandages et empoisonnemens, aiant empoisonné entr'autres un peu avant la Saint Barthelemy la reyne de Navarre; et le lendemain du massacre, sous couleur d'amitié, aiant fait entrer en sa maison un jouallier huguenot qu'il connoissoit et feignoit vouloir sauver, après lui avoir volé toutes ses marchandises, faisant semblant de les acheter, lui coupa la gorge et le jetta en l'eau. Aussy la fin de cet homme fut épouventable, et toute sa maison un vray miroir de la justice de Dieu; car il mourut peu après sur le fumier, et consumé de vermines. Deux de ses enfans moururent sur la roue, et sa femme au bordeau.

Le jour du massacre, on écrivit au soir sur la porte de l'admiral :

Qui ter Mavortem sumptis patefecerat armis,
Tertia pax nudum perfidiosa necat.

Les catholiques et huguenots firent à l'envy des vers sur l'admiral, qui ne sont pour la pluspart que des redites et allusions fades.

De haut en bas Gaspar on a jetté,
Et puis de bas en haut on l'a monté.

EPITAPHE DE L'ADMIRAL.

Cy gist (mais c'est mal entendu,
Ce mot pour lui est trop honneste) :
Icy l'admiral est pendu
Par les pieds, à faute de teste.

Après le massacre, les huguenots firent faire des portraits de l'admiral, lesquels on distribua en divers lieux et pays aux amis du deffunt, en l'honneur de sa memoire. Entr'autres princes etrangers on en fit présent à l'Electeur palatin, qui le montrant à Monsieur quant il fut le voir passant pour aller en son royaume de Pologne, lui demanda s'il ne connoissoit point l'homme à son portrait. « Ouy, dit le Roy, c'est le feu amiral. — « C'est luy-même, répondit le palatin, le plus homme « de bien, le plus sage, et le plus grand capitaine de « l'Europe, duquel j'ay retiré les enfans avec moy, de « peur que les chiens de France ne les déchirassent, « comme ils ont fait leur pere. » Au bas du portrait étoit en distique :

Talis erat quondam vultu Collignius heros,
Quem verè illustrem vitaque morsque facit.

En ce tems, la bonne dame Catherine, en faveur de son mignon de Rets qui vouloit avoir la terre de Versailles, fit étrangler aux prisons Lomenie, secretaire du Roy, auquel ladite terre appartenoit [1], et fit mourir encore quelques autres pour recompenser ses serviteurs de confiscations.

---

[1] *Auquel ladite terre appartenoit :* d'Aubigné (tom. 2, liv. 1, chap. 4) dit que ce fut pour la terre de Versigny.

La veille de la Toussaints, le roy de Navarre jouoit avec le duc de Guise à la paulme, où le peu de compte qu'on faisoit de ce petit prisonnier de roitelet, qu'on gallopoit à tous propos de paroles et brocards, comme on ût fait un simple page ou laquais de cour, faisoit bien mal au cœur à beaucoup d'honnestes hommes, qui les regardoient jouer.

Au mois de novembre une nouvelle étoille se voyoit sur Paris et par tout, avec grande admiration de tout le monde. *Exorta est hæc stella in concavo Mercurii, mense nov.* 1572; *luminosa valdè erat : annum et dimidium fulsit, contra morem stellarum et cometarum, quæ tanto tempore videri non solent.*

Beze et autres poetes huguenots comparoient cette étoille à celle qui apparut aux Mages, et le roy Charles à Herode.

Caboche, secretaire de M. le prince de Condé, homme facetieux, parlant de la journée de Saint Barthelemy, où il avoit echapé belle, disoit qu'il avoit en sa vie joué et vu jouer à beaucoup de jeux; mais qu'il n'en avoit vu jouer un si vilain, si mechant et si traitre que celui de Saint Barthelemy. « Au surplus, disoit-il, « qu'on m'appelle vilain, larron, parricide, atheiste et « tout ce que l'on voudra, mais que l'on ne m'apelle pas « huguenot. » Ce bon compagnon étant prisonnier disoit : « Je siffle les pseaumes, parce que je ne les ose pas « chanter. »

AD GALLIAM.

Rex puer est, proceres scelerati, regia fallax,
    Fœdifragi cives, urbs laniena tua est.
Crudelis, nec jura timens, ac fœdera rumpens,
    Est bene de regno, Gallia stulta, tuo.

Quæ necat innocuos violato fœdere natos,
Gallia non mater, sed truculenta lupa est.

ALLUSION DES CATHOLIQUES SUR LE NOM ET LA MORT DE COLIGNY.

Infausto quod sim Colligny nomine dictus,
Hoc equidem dictum cœlitùs esse puto;
Seu collum ligno, seu corpus junxeris igni,
Conveniet rectè nominis hoc Ετυμον·
Nam mihi supplicium justè debetur utrumque :
Ut prædoni crux, ignis ut hæretico.

AUTRE.

Sic fatis placuit, nomen et omen ut esset
Igneus in vita, ligneus interitu.

(PASQUIER.)

Il courut après le massacre des vers mal faits sous le nom d'Edmond Auger, jésuite, qu'on dit avoir été basteleur de son premier metier; et y en a encor plusieurs vivans qui assurent l'avoir vû mener l'ours par les rues.

COMPARAISON DE CATHERINE ET DE JEZABEL.

L'on demande la convenance
De Catherine et Jezabel,
L'une, ruine d'Israel;
L'autre, ruine de la France.
L'une étoit de malice extrême,
Et l'autre est la malice même.
Enfin le jugement est tel :
Par une vengeance divine,
Les chiens mangerent Jezabel;
La charogne de Catherine
Sera differente en ce point,
Car les chiens n'en voudront point.

[1573] Extrait d'une lettre interceptée en septembre, ecrite de Paris par un courtisan. « J'ay vû nos trois roys, celuy de France, celuy de Pologne, et celuy de

Navarre; ils manderent à Nantouillet (1), prevost de Paris, qu'ils vouloient aller prendre la colation chez lui, comme de fait ils y furent, quelques excuses que sceut alleguer Nantouillet pour ses deffenses. Après la colation, la vaisselle d'argent de Nantouillet et ses coffres furent fouillés, et disoit-on dans Paris qu'on luy avoit vollé plus de cinquante mil livres, et qu'il ût mieux fait le bon homme de prendre à femme la Chasteauneuf, fille de joye du roy de Pologne, que de l'avoir refusée; qu'il ût mieux fait aussy vendre sa terre au duc de Guise, que de se laisser ainsy piller à de si puissans voleurs. Le lendemain le premier president fut trouver le Roy, et lui dire que tout Paris étoit ému pour le vol de la nuit passée, et que quelques-uns vouloient dire qu'il l'avoit fait pour rire, et que Sa Majesté y étoit en personne. A quoy le Roy ayant repondu en jurant par S. D. qu'il n'en étoit rien, et que ceux qui le disoient avoient menty; dont le president tres-content luy repondit : « J'en feray informer, sire, et en feray « justice. — Non, non, repondit le Roy, ne vous en « mettez pas en peine; dites seulement à Nantouillet « qu'il aura trop forte partie s'il en veut demander la « raison. »

En tous ces beaux jeux le seul prince de Condé (2) ne sy voyoit pas meslé, soit qu'il ût trop mal à la teste de sa femme, de laquelle Monsieur, qu'on nomme aujourd'huy roy de Pologne, portoit le portrait pendu à son col; soit qu'il fut trop empeché à ses devotions pour

(1) *Nantouillet*: Antoine Du Prat, quatrième du nom, seigneur de Nantouillet et de Precy, petit-fils d'Antoine Du Prat, chancelier de France sous François 1. — (2) *Le seul prince de Condé* : Henri de Bourbon, premier du nom, prince de Condé, né en 1552, mort en 1588.

faire croire qu'il est bon catholique, se signant à tous propos du signe de la croix, qu'il dit un jour à la Reyne mere que sa femme luy avoit apris à faire, tant la contrainte en matiere de conscience peut bien faire des hipocrites, et non pas des catholiques; de quoy le Roy se doutant bien a dit ces jours passés: « Par la M. D., « la messe ne le sauvera pas plus que les autres! » On s'esbayt icy de ce que ce jeune prince est venu icy sain et sauf de devant La Rochelle, veu que l'on ne l'y avoit envoyé que pour s'en dépescher; et ay sceu pour certain qu'un gentilhomme qu'il ayme luy dit avant que partir le dessein du Roy et de ses ennemys; mais que ce jeune prince lui avoit répondu qu'il en etoit bien averty, mais qu'il ne s'en donnoit peine aucune, et qu'il aimoit mieux une mort soudaine qu'une langueur persévérante; usant de ces mots: « Mes ennemys n'auront « que faire de m'envoyer à la breche et aux coups, car « j'iray devant eux, et m'hazarderay à toutes restes. » Le Roy avoit mandé par deux fois à son frere, etant dans son camp devant La Rochelle, qu'il ût à faire etrangler La Mole, gentilhomme provençal, favory du duc d'Alençon. Le Roy du depuis avoit fait dessein luy-même de l'étrangler dans sa cour, où La Mole étoit retourné après le camp de La Rochelle; et pour ce faire, sachant que La Mole etoit en la chambre de madame de Nevers dans le Louvre, il prit avec lui le duc de Guyse et certains gentilshommes, jusques à six, ausquels il commanda sur la vie d'etrangler celuy qu'il leur diroit, avec des cordes qu'il leur distribua. En cet équipage le Roy luy-même, portant une bougie allumée, disposa ses compagnons boureaux sur les brisées que La Mole souloit prendre pour aller à la chambre du duc d'Alençon son maistre; mais bien prit au pauvre jeune homme de ce que, au lieu d'aller à son maistre, il descendit trouver sa maistresse, sans rien sçavoir toutesfois de cette partie.

Le proverbe qui dit : *Telle vie, telle mort*, fut vérifié dans Etienne Jodelle, poëte parisien qui mourut cette année à Paris, comme il avoit vecu; car n'ayant pendant sa vie pas craint Dieu, il ne donna en mourant aucun signe de le reconnoître; et même en sa maladie comme il fut pressé de grandes douleurs, etant exhorté d'avoir recours à Dieu, il repondoit qu'il n'avoit garde de le prier ny le reconnoistre tant qu'il lui feroit tant de mal, et mourut de cette façon avec hurlemens épouventables. Il fut employé comme le poëte le plus vilain, à un vilain ouvrage, et mourut sur ce beau fait, qu'il laissa imparfait. Ronsard a dit souvent qu'il ût desiré, pour la memoire de Jodelle, que ses ouvrages ussent eté jettés au feu. Il estoit d'un esprit prompt et inventif, mais paillard, yvrogne, et sans aucune crainte de Dieu, qu'il ne croyoit que par benefice d'inventaire.

[1574] En cet an fut faite à Paris une signalée execution de deux gentilhommes, à sçavoir de Boniface La Mole et du comte Coconnas, tous deux exécutés en Gréve, où ils eurent les testes tranchées le dernier avril, à cause d'une prétenduë conspiration contre l'Etat, et d'avoir voulu emmener M. le duc en Flandres pour faire la guerre à l'Espagnol. Le premier qui fut exécuté fut La Mole (1), qu'on appelloit le baladin de la cour, fort aimé des dames et du duc son maître; et au contraire hay du Roy, pour quelques particularités plus

---

(1) *Le premier qui fut exécuté fut La Mole* : voyez les détails du procès dans les Mémoires de Castelnau.

fondées sur l'amour que sur la guerre, étant ce gentilhomme meilleur champion de Venus que de Mars : au reste grand superstitieux qui ne se contentoit d'une messe tous les jours, mais en oyoit trois et quatre, et quelquefois cinq et six, même au milieu des armées ; et lui a-t-on oui dire que s'il y eût failli un jour, il eût cru être damné. Le reste du jour et la nuit le plus souvent il l'employoit à l'amour, ayant cette persuasion que la messe ouye dévotement expioit tous les péchés ; de quoy le feu Roy bien averti a dit souvent que qui vouloit tenir registres des débauches de La Mole, il n'avoit qu'à compter ses messes. Ses dernieres paroles furent, sur l'échaffaut : « Dieu ait merci de mon ame, « et la benoiste Vierge ! Recommandez-moi bien aux « bonnes graces de la reine de Navarre et des dames ! » portant cependant au supplice un visage effrayé, jusqu'à ne lui pouvoir faire tenir ni baiser la croix, tant il trembloit fort. On lui trouva, quand il fut exécuté, une chemise de N. D. de Chartres, qu'il portoit ordinairement sur lui.

Mollis vita fuit, mollior interitus.

Incontinent après lui fut executé Coconnas, gentilhomme piemontois et de grande maison, miroir de la justice de Dieu, pour la cruauté qu'il commit à l'égard de ceux de la religion à la Saint-Barthelemy. Cet homme, tout au contraire de La Mole, étant fort peu superstitieux, comme n'ayant pas de religion, se montra assuré au supplice, comme meurtrier qu'il étoit, disant tout haut qu'il falloit que les grands capitaines, capables de grandes entreprises, mourussent de cette façon pour le service des grands, lesquels sçauroient bien avec le temps

en avoir la raison. Le Roy ayant entendu sa mort, rendit en presence de plusieurs à sa memoire un temoignage signalé, qui sert pour montrer que les roys, encor que souvent ils fassent faire le mal, toutesfois ils le hayssent, et que Dieu se sert ordinairement d'eux-mêmes pour en punir les executeurs. Il dit donc ces mots : « Co-
« connas étoit un gentilhomme vaillant et brave, mais
« méchant, voire un des plus méchants que je croy qui
« fut en mon royaume. Il me souvient luy avoir ouy
« dire entr'autres choses, se vantant de la Saint-Bar-
« thelemy, qu'il avoit racheté des mains du peuple jus-
« qu'à trente huguenots, pour avoir le contentement
« de les faire mourir à son plaisir, qui étoit de leur
« faire renier leur religion, sous la promesse de leur
« sauver la vie : ce qu'ayant fait il les poignardoit, et
« faisoit languir et mourir à petits coups cruelle-
« ment. Du depuis, dit le Roy, je n'ay jamais aymé
« Coconnas, et l'ay toujours tenu digne de la fin qu'il
« a eue. »

Le vendredy, dont le roy Charles mourut le dimanche ensuivant sur les deux heures après midi, ayant fait apeller Mazille, son premier medecin, et se plaignant des grandes douleurs qu'il souffroit, luy demanda s'il n'étoit pas possible que luy, et tant d'autres grands medecins qu'il y avoit en son royaume, luy pussent donner quelque allegement en son mal; « car je suis, « dit-il, horriblement et cruellement tourmenté. » A quoy Mazille repondit que tout ce qui dependoit de leur art ils l'avoient fait; et que même le jour de devant, tous ceux de leur Faculté s'étoient assemblés pour y donner remede; mais que pour en parler à la verité, Dieu étoit le grand et souverain medecin, en telles maladies, auquel il falloit recourir. « Je crois, dit le Roy, « que ce que vous dites est vrai, et n'y sçavez autre « chose. Tirez-moy ma custode, que j'essaye à reposer. » Et à l'instant Mazille étant sorty, et ayant fait sortir tous ceux qui étoient dans la chambre, hormis trois, savoir La Tour, Saint-Pris et sa nourice, que Sa Majesté aimoit beaucoup, encor qu'elle fut huguenote. Comme elle se fut mise sur un coffre et commençoit à sommeiller, ayant entendu le Roy se plaindre, pleurer et soupirer, s'approche tout doucement du lit; et tirant sa custode, le Roy commença à luy dire, jettant un grand soupir, et larmoyant si fort que les sanglots luy interrompoient la parole: « Ah! ma nourice, ma « mie, ma nourice, que de sang et que de meurtres! « Ah, que j'ay suivi un méchant conseil! O mon Dieu, « pardonne-les-moy, et me fais misericorde s'il te plaist! « Je ne sçais où j'en suis, tant ils me rendent perpleix « et agité. Que deviendra tout cecy? que feray-je? Je « suis perdu, je le vois bien. » Alors la nourice lui dit: « Sire, les meurtres soient sur ceux qui vous les ont « fait faire! Mais de vous, sire, vous n'en pouvez mais; « et puisque vous n'y prestez pas consentement et en « avez regret, croyez que Dieu ne vous les imputera « jamais, et les couvrira du manteau de la justice de « son fils, auquel seul faut qu'ayez vostre recours. Mais, « pour l'honneur de Dieu, que Votre Majesté cesse de « larmoyer! » Et sur cela, luy ayant eté querir un mouchoir, pour ce que le sien étoit tout mouillé de larmes, après que Sa Majesté l'ût pris de sa main, luy fit signe qu'elle s'en allât et le laissât reposer.

Le dimanche 30 may, jour de Pentecoste, sur les trois heures après midy, Charles IX, roy de France, attenué d'une violente et longue maladie de flux de sang, à raison de laquelle on avoit prévû son decès plus de trois mois auparavant, mourut au chastel de Vincennes, agé de vingt-trois ans onze mois et quatre ou cinq jours, après avoir regné onze ans six mois ou environ, en guerres et urgentes affaires continuelles; et laissa une seule fille d'Isabelle d'Autriche son epouse, nommée Marie Isabelle de France(1), agée de dix-neuf mois ou environ, et le royaume de France troublé de divisions et guerres civiles, sous prétexte de religion et du bien public, quasi par touttes les provinces d'iceluy. Il ût un fils de Marie Touchet, nommé duc d'Angoulesme. Ce Roy aimoit trop la chasse.

Durant sa vie et après sa mort parurent plusieurs pasquinades contre luy et sa mere.

Dum simili cultu Venerem dignorque Dianam,
Causa Venus mortis, causa Diana fuit.

DE QUADAM MAGA.

Esse quid hoc dicam : quondam Medicæa virago
  Usa fuit medicis, ut benè fœta foret.
Sicque virum medicè numerosa prole beavit,
  Sicque fuit natis illa beata novem.
Hanc tamen effœtam, medicè quos edidit antè,
  E medio medicè tollere fama refert.
Sic fœcunda parens usa est medicamine thusco,
  Ut Medæa foret, quæ Medicæa fuit.

François de Belleforest, commingeois, mit en lumiere en ce tems un livre intitulé *les neuf Charles*, où il raconte leurs proüesses et hauts faits, leur donnant

(1) *Marie-Isabelle de France :* elle mourut le 2 avril 1578.

titre des plus valeureux et sages roys que nous ayons eû en France, contre lequel, pour se mocquer de luy et montrer qu'au contraire tous les neuf Charles ont été fols, fut composé l'epigramme suivante :

Nostrorum evolvas annosa volumina regum,
  Et quæ sunt illis dicta, vel acta legas.
Regibus è Carlis dabitur cui tertia sedes,
  In vivis fatuus, vel furiosus agit.
A magno incipias et tertius ordine simplex;
  Tertius hunc sequitur, quem furor exagitat.
A sexto hunc numeres, est Carolus ordine nonus,
  In cædes hujus mens malè sana ruit.

FIN DES MÉMOIRES DE 1515 A 1574.

JOURNAL

DE

HENRI III,

ROY DE FRANCE ET DE POLOGNE.

JOURNAL

DE

HENRI III,

ROY DE FRANCE ET DE POLOGNE.

[1574] Le lundy dernier jour de may, au matin, la cour de parlement s'assembla au Palais, combien qu'il fut feste, et deputa certains presidens et conseillers d'icelle, pour aller au chastel de Vincennes supplier Catherine de Medicis, mere du feu Roy, d'accepter la regence, et entreprendre le gouvernement du royaume en l'absence et en attendant la venue du roy Henry son fils, etant en Pologne.

A même effect, ledit jour après disné, les prevost des marchands et eschevins de Paris (1), suivis de plusieurs conseillers et notables bourgeois de ladite ville, allerent audit chastel faire semblable priere et requeste à la Reyne mere, qui volontiers accepta ladite regence, suivant l'intention du feu Roy, qui, peu d'heures avant

---

(1) *Les prevost des marchands et echevins de Paris :* le président Charron, continué prévôt des marchands : il avoit été élu pour la première fois en 1572; Claude Daubray, secrétaire du Roi, et le sieur Guillaume Parfait, échevins : ils avoient succédé aux sieurs de Bragelonne et Danès.

son decès, l'avoit ainsi declaré et ordonné, y avoit enfin consenty.

Cette même après-disnée, le corps du feu Roy, qui par l'espace de vingt-quatre heures avoit demeuré mort en son lit, le visage découvert, où chacun le pouvoit voir, fut par les medecins et chirurgiens ouvert, et puis embaumé et mis en plomb.

[Le même jour, la Reyne depescha en Pologne un seigneur (1) de la cour, pour apprendre au roy de Pologne la mort du roy de France son frere, et le presser de tout quitter pour repasser en France.]

Le mardy premier jour de juin, la Reyne mere et tout le surplus de la cour vint coucher au chastel du Louvre à Paris, laissant le corps à Vincennes accompagné des seigneurs de Lansac et Rostain, et de religieux faisans les prieres le jour et la nuit.

Le mercredy deuxieme jour, la Reyne fit murer toutes les portes et entrées du Louvre, et n'y laissa autre entrée que celle de la grande porte qui est entre les jeux de paume, regardant vers l'hostel de Bourbon, de laquelle encor ne laissa-t-on que le guichet ouvert, avec grande garde d'archers par le dedans, et un corps de garde par le dehors ; même fait clorre de murs les deux bouts de la rue du Louvre ; et étoit bruit que ce faisoit-elle pour doute des entreprises et conspirations jà dez Pasques decouvertes, et pour raison desquelles, dès la fin d'avril, Tourtet (2), secretaire de Grandchamp, Co-

---

(1) *Un seigneur :* Mary de Barbezière, sieur de Chemerault ; deux jours après, Magdelon de La Fajole, sieur de Neuvy, fut expédié avec les mêmes ordres, afin de prévenir tous les accidens qui pourroient retarder le voyage de Chemerault. — (2) *Tourtet :* il est nommé Tourtay ou La Tourtaye, dans les Mémoires de Castelnau.

connas et La Mole avoient été decapités et mis en quatre quartiers à la place de Greve; et les maréchaux de Montmorency et Cossé, dès le 4 may, mis prisonniers en la Bastille.

Le jeudy 3, les lettres de la régence de la Reine furent publiées en la cour en pleine audience, entérinées, homologuées, et puis imprimées.

Le 4, furent dépêchés de la part de la Reine, de Monsieur et du roy de Navarre, trois signalés seigneurs, sçavoir Rambouillet (1) pour la Reine, le jeune d'Estrées (2) pour le duc, et Miossans (3) pour le roy de Navarre, pour aller en Pologne annoncer au Roy la mort du feu Roy son frere, lui congratuler l'adeption de la couronne de France, et le prier d'accelerer sa venue en son royaume.

Le samedy 5, commission fut decernée au seigneur Vialard president de Rouen, et Poisle conseiller de la grand chambre au parlement de Paris, pour aller faire le procès au comte de Mongommery, chef des huguenots, lequel après s'être emparé des villes de Saint Lo, Quarentan, et autres places de Basse Normandie, s'etant retiré à Damfront en Pissaie le jeudy 27 mai, avoit été pris par les seigneurs de Matignon, Fervaques, et autres capitaines catholiques, et mené au chasteau de Caen.

Le 6, le marechal de Retz (4) revint de Pologne, où

---

(1) *Rambouillet*: Nicolas d'Augennes, seigneur de Rambouillet, capitaine des gardes des rois Charles IX et Henri III. — (2) *D'Estrées*: Antoine d'Estrées, maître de l'artillerie de France, père de Gabrielle, duchesse de Beaufort. — (3) *Miossans*: Henri d'Albret, baron de Miossens. — (4) *Le marechal de Retz*: Albert de Gondy, duc de Retz, maréchal de France.

il étoit, dès le mois de decembre precedent, allé accompagner le Roy à sa reception et couronnement, et rapporta sureté pour le passage du Roy par l'Allemagne, revenant en France.

En ces jours se découvrirent plusieurs gens de guerre, tant de pied que de cheval, tenans les champs vers Trappes, Versailles, Ursines, Virofley et villages circonvoisins, et vivans à discretion, desquels on ne pût oncques sçavoir les noms ni l'entreprise.

Le 12 juin mourut à Paris l'ambassadeur de Mantoue, dont on fit saisir tous les meubles, et mettre en la main du Roy.

Le dimanche 13 juin, arriverent à Paris les nouvelles de la ville de Sainct Lo, prise d'assaut (1) par les catholiques, auquel moururent des assaillants beaucoup de braves soldats, et furent blessés le seigneur de Lavardin, Selles, avec quelques autres gentilshommes signalez du party du Roy. Mais enfin etant forcée après avoir soutenu plus de trois grosses heures, le capitaine Colombieres qui y commandoit ayant été tué sur la breche, et un sien fils auprès de lui, tout fut mis au fil de l'espée, jusqu'aux femmes, qu'on disoit durant le siege et audit assaut avoir fait merveille de bien secourir leurs hommes. Le jour precedent l'assaut, qui fut le jeudy 10, on y avoit mené le comte de Mongommery pour le montrer à Colombieres, afin de l'induire à se rendre : ce qu'aussi Mongommery, par l'induction de ceux qui le tenoient, tacha le plus qu'il put de lui persuader; mais l'autre lui fit cette reponse d'un capitaine determiné : « Non, non, mon capitaine, je n'ai pas le

---

(1) *Prise d'assaut* : Saint-Lo fut pris le 10 juin.

« cœur si poltron de me rendre, pour estre mené à Pa-
« ris servir de spectacle à ce sot peuple dans la place
« de Greve, comme je m'assure qu'on vous y verra
« bientost. Voilà le lieu (montrant la breche) où je me
« resous de mourir, et où je mourrai peut-estre dès
« demain, et mon fils auprès de moi. »

Le mardy 15 juin, mourut à Paris Charles de Gondy, seigneur de La Tour, maistre de la garde-robe du Roy nagueres deffunt, et frere de l'eveque de Paris et du comte de Rets, marechal de France, de dépit et melancolie, comme en fut le bruit tout commun, de ce qu'etant maistre de la garde-robe du Roy nagueres deffunt, il avoit esté privé des meubles et accoustremens du deffunt Roy, et autres droits à lui appartenans, par son frere ainé le comte de Rets, qui avoit voulu avoir la depouille et droits dessusdits, comme ayant baillé ou fait bailler audit La Tour son frere ledit etat de maistre de la garde-robe, etant cause de tout son bien et avancement.

Ce comte etoit fils aîné d'un banquier florentin de Lion, nommé Gondy, seigneur du Peron, duquel la femme italienne avoit trouvé moyen de passer au service de la reine Catherine de Medicis, et avoit eu la charge de la nourriture des enfans du roy Henry II et d'elle, en leur maillot; et même disoit-on qu'elle avoit aidé à la Reine, qui avoit demeuré dix ans mariée sans avoir lignée, à faire lesdits enfans; qui fut cause de la faire tellement aimer par la Reine, qu'après la mort de Henry II son mari, etant parvenue au gouvernement des affaires par le bas age de Charles son fils, en moins de quinze ans elle avoit si bien avancé les affaires des enfans de ladite Du Peron, qui au jour du decès du roy Henry n'avoient pas tous ensemble deux mille florins de revenu, et de patrimoine, leurs dettes payées, cent sols vaillant, que ledit comte de Rets, lors du decès du roy Charles, etoit premier gentilhomme de la chambre du Roy, et marechal de France; entre autres plusieurs etats, possedoit cent mil livres de rente pour le moins, et avoit en argent et meubles la valeur de quinze ou dix-huit cent mil livres; et son frere M. Pierre de Gondy, outre l'eveché, tenoit encor pour trente ou quarante mil livres de rente d'autres benefices (1), et avoit d'argent comptant et de meubles la valeur de deux cents mil écus; et ledit seigneur de La Tour, qui etoit le dernier quant il mourut, etoit capitaine de cinquante hommes d'armes, chevalier de l'ordre, maistre de la garderobe du Roy; et tous trois du privé conseil dudit seigneur Roy : [ce qui est un des miracles et jouets de la fortune de notre temps, digne d'être ajouté au chapitre de Valere le Grand : *De iis qui ex humili loco ad summas fortunas evaserunt.*]

Le mercredy 16 juin, Mongommery fut mis en la tour quarrée de la conciergerie du Palais à Paris, après avoir eté ouy par la Reine regente, par le chancelier, et par certains presidens de la cour, ayant eté amené par le seigneur de Vassé.

Albert de Gondy, comte de Retz, affectant la principauté d'Orange, on fit cette pasquinade :

> Nature a fait un cas etrange
> En la personne de Gondy :
> Il ne luy faut plus qu'une orange
> Pour faire un bon salmigondy.

(1) *D'autres benefices* : il étoit abbé de Saint-Jean-des-Vignes, de Saint-Crespin de Soissons, de Saint-Aubin d'Angers, de Saint-Martin de Pontoise, de Champagne et de L'Espau.

La veille de St. Jean, le feu fut mis en Greve par le prevost des marchands sans aucune solemnité, à cause de la mort du Roy; et audit lieu fut pendu un qu'on disoit s'appeller le capitaine de La Roche, et avoit été moine cordelier ou jacobin, et depuis ministre de la religion, atteint et convaincu, à ce qu'on disoit, de quelque conspiration.

Le samedy 26, le comte de Mongommery, par arrest de la cour, fut tiré de la conciergerie du Palais, mis en un tombereau, les mains liées derriere le dos, avec un prestre et le boureau, après avoir souffert la question extraordinaire; et de là mené en la place de Greve, où il fut decapité, et son corps mis en quatre quartiers. [Par ledit arrêt, il fut condamné, comme atteint et convaincu de crime de leze majesté, à souffrir en son corps les peines susdites, ainsi que l'execution en ensuivit.] Il laissa neuf garçons et deux filles, qui par l'arrest furent degradez de noblesse, et declarés vilains, intestables et incapables d'offices, tous ses biens confisquez au Roy, et autres ausquels la confiscation en pourroit appartenir. Quand son arrêt lui fut prononcé, et en le menant au supplice, il disoit à haute voix qu'il mouroit pour sa religion, et n'avoit oncques fait trahison ne autre faute à son prince; bien que la verité fût qu'ayant sa vie, ses moyens et sa religion asseurez en Angleterre, où il étoit bien venu, même près de la Reyne, il avoit passé la mer exprès pour venir troubler son pays et l'Etat de son maistre : dont il s'excusoit sur le commandement que lui en avoit fait un grand (1), qu'il ne voulut jamais nommer, même à la question, et qu'il di-

---

(1) *Sur le commandement que lui en avoit fait un grand :* Le comte ne voulut jamais le nommer, même lorsqu'il fut appliqué à la ques-

soit lui avoir donné ordre de venir d'Angleterre faire la guerre en France; sinon qu'on le tenoit pour la seconde personne de France.

Il dit aussi qu'il n'avoit fait mal ou offense à personne; qu'il étoit prisonnier de guerre, et qu'on ne lui gardoit pas les promesses qu'on lui avoit faites à Damfront quant il s'y rendit, entre les mains du seigneur de Vassé, à charge expresse qu'il auroit vie et bagues sauves.

Il ne voulut pas se confesser à nostre maistre Vigor(1), archevêque de Narbonne, qui s'alla presenter à lui en la chapelle pour l'admonester, ni prendre ou baiser la croix qu'on a accoutumé de presenter à tous ceux qu'on mene au dernier supplice, ni aucunement écouter le prêtre qu'on avoit mis auprès de lui, même à un cordelier qui, le pensant divertir de son erreur, lui commença à parler et dire qu'il avoit eté abusé. Le regardant fermement, lui répondit: « Si je l'ai eté, ç'a eté par ceux
« de vostre ordre; car ce fut un cordelier qui me bailla
« le premier une Bible en françois, dans laquelle j'ai
« apris la religion que je tiens, qui seule est la vraye,
« et en laquelle y ayant depuis vecu, je veux, par la
« grace de Dieu, y mourir aujourd'huy. »

Etant venu sur l'échafaut, il pria le peuple de prier Dieu pour lui, recita tout haut le symbole, en la confession duquel il protesta de mourir; puis ayant fait sa prière à la mode de ceux de la religion, il eut la teste

tion; mais il le désignoit assez en disant qu'on le tenoit pour la seconde personne de France. C'étoit le duc d'Alençon, qui avoit traité avec les protestans. Le roi de Navarre et le prince de Condé étoient entrés dans cette ligue.

(1) *Nostre maistre Vigor*: Simon Vigor, un des douze docteurs de Sorbonne que Charles IX avoit envoyés au concile de Trente.

tranchée, laquelle le lundi ensuivant 28 juin fut mise sur un poteau en la place de Greve, et en fut otée la nuit par le commandement de la Reine, qui assista à l'execution, et fut à la fin vengée, comme dès longtemps elle desiroit, de la mort du roy Henry son mari, encor que le pauvre comte n'en put mais, par le moyen du seigneur de Vassé, qui, usant de la foi du tems, lui mit entre les mains ce pauvre gentilhomme, auquel la justice n'eut sçeu faire plaisir quant elle eut voulu.

Le 26, la ville de Carentan fut rendue à Matignon, suivant la composition. Le sieur Guittery qui y commandoit fut amené à la Reine, pour estre fait de lui ce qu'elle voudroit; mais elle trompa bien des gens : car après lui avoir parlé, elle le renvoya en sa maison.

Le mardi 6 juillet, les lettres patentes du roy Henry III, données à Cracovie le 15 juin pour la confirmation et ampliation du pouvoir de la Reine sa mere touchant la regence, furent publiées et registrées en la cour, [et depuis imprimées.]

Le jeudi 8, le cœur du feu roy Charles fut porté par M. le duc son frere(1) aux Celestins, et illec inhumé; et le dimanche suivant, le corps fut aporté de S. Antoine des Champs à Nostre Dame, et le lendemain de Nostre Dame à St. Denis, où il fut enterré le mardi, avec toutes les magnificences et ceremonies qu'on a coutume d'observer aux enterremens des roys de France.

En ces obseques, et en l'ordre de marcher et tenir rang, se meurent quelques differends et propos d'altercation entre messieurs du parlement et messire Jacques

(1) *Le duc son frere :* François, duc d'Alençon.

Amiot, evêque d'Auxerre, grand aumosnier de France; Pierre de Gondy, evêque de Paris; Albert de Gondy, comte de Retz, maréchal de France; le seigneur de Fontaines, et autres gentilshommes de la chambre du Roy défunt. Fontaines fit quelques insolences, et furent dites hautes paroles de part et d'autre : toutesfois enfin la cour de parlement le gagna, et tint, selon la coutume, les plus prochains lieux de l'effigie du feu Roy, pour raison de quoi étoit survenue la contention.

Le 24 juillet, de Hacqueville, gentilhomme de Brie, fut decapité aux halles pour avoir tué sa femme et de La Morliere, gentilhomme, sur une opinion qu'il avoit prise que ledit La Morliere abusoit de sa femme.

Le 28, le marechal de Retz, seul de tous les marechaux en credit, fut deputé pour aller aux confins de Champagne et Loraine recevoir six mil reistres et six mil Suisses, qui devoient y arriver pour le Roy.

Le 8 d'aoust, la Reine regente partit de Paris pour aller au-devant du Roy jusqu'à Lion, et emmena avec elle le duc d'Alençon et le roy de Navarre, qu'elle remit comme en liberté; et quant aux deux marechaux [1], elle fit renforcer leurs gardes avant que de partir.

Le onziesme d'aoust, le Roy, qui environ le 16 juin étoit sorti secretement de Pologne avec huit ou neuf chevaux seulement, après avoir eté receu magnifiquement à Vienne par l'Empereur sur la fin de ce mois, et traité à Venise le 18 juillet et les huit jours suivans avec le plus somptueux appareil qui fut oncques vû et ouy en ladite ville, en partit accompagné du duc de

---

[1] *Quant aux deux marechaux :* François, duc de Montmorency, et Artus de Cossé, comte de Secondiny et de Gonnor. Ils avoient été arrêtés, et mis à la Bastille.

Savoye, des ducs de Mantoue, de Ferrare et de Nevers, et du grand prieur de France (1), et arriva à Turin.

A Turin le vint trouver le maréchal d'Amville, parent du duc, que la Reine, dès les Pasques, s'etoit efforcée de faire arrester à Narbonne; et s'excusa le mieux qu'il put envers le Roy des crimes à lui imposez, et ne bougea de ladite ville, craignant que pis ne lui avint.

Le 16 d'aoust, le Roy etant à Turin, arresta à Villequier l'etat de premier gentilhomme de la chambre, nonobstant les lettres pressantes de sa mere pour conserver ledit etat au marechal de Rets, à laquelle il fit reponse que le comte etoit assés et plus que recompensé de ses services.

Là aussi fut Bellegarde (2), neveu du feu maréchal de Termes, fait cinquiesme marechal de France ; et Ruzé (3), frere de l'evêque d'Angers, qui etoit secretaire du Roy en Pologne, fut fait cinquieme secretaire d'Etat.

Le lundi 6 septembre, le Roy arriva à Lyon; le duc d'Alençon et le roy de Navarre allerent au-devant de lui jusqu'au pont Beauvoisin, et la Reine mere jusqu'au chateau de Bourgoin.

Le 10, le Roy donna audience aux ambassadeurs de l'Electeur palatin, et autres seigneurs d'Allemagne qui etoient venus lui faire remontrance de la part du prince de Condé (4) et autres huguenots françois, à ce qu'il plut à Sa Majesté leur permettre l'exercice de la religion

(1) *Du grand prieur de France:* Henri d'Angoulême, gouverneur de Provence, fils naturel du roi Henri II. — (2) *Bellegarde :* Roger de Saint-Lary, seigneur de Bellegarde; le maréchal de Termes étoit son grand-oncle maternel. — (3) *Ruzé :* Martin Ruzé de Beaulieu. Le Roi le fit secrétaire des finances; il n'a été secrétaire d'Etat qu'en septembre 1588. — (4) *De la part du prince de Condé :* Henri, prince de Condé, se trouvoit dans son gouvernement lorsque le duc d'Alen-

qu'ils appellent reformée, et les remettre en leurs biens et honneurs. Ausquels le Roy fit reponse qu'il étoit content de remettre à ses sujets rebelles, et nommément aux huguenots, les anciennes offenses, pourveu que laissans les armes, et lui remettans les places de son royaume par eux occupées, ils vesquissent doresnavant catholiquement et selon les anciennes loix du royaume; sinon, qu'ils vuidassent son royaume et emportassent tous leurs biens.

Cependant le prince de Condé, qui avoit fait quelques levées en Allemagne, tant de reistres que de lansquenets, n'est suivi ni servi d'iceux, faute d'argent, et tellement reduit au petit pied, qu'il est bien empesché de vivre. Nonobstant lesquelles traverses, il ne diminua rien de son grand cœur. Ses cousins Thoré et Meru (1) se rendent à Geneve : Thoré fait profession de la religion, et reste à Geneve; et son frere Meru est mis hors la ville, pour ne vouloir faire semblable profession.

En ce tems, sur les deux grands partisans Sardini et Adjacet, fut publié le distique suivant:

> *Qui modo sardini, jam nunc sunt grandia cete;*
> *Sic alit italicos Gallia pisciculos.*

Le samedi 11 septembre, fut roué en la place de Greve un jeune garçon nommé Pierre Le Rouge, à raison de l'assassinat d'Olivier de Vitel, seigneur de Maucy et de Vaux, duquel il étoit serviteur domestique, et qu'il avoit assommé et egorgé dans son lit, en sa maison du Plessis près de Troyes.

çon et le roi de Navarre furent arrêtés ; il se déguisa avec quelques-uns de ses amis, et se retira en Allemagne.

(1) *Thoré et Meru* : frères de Henri de Montmorency, maréchal de Damville.

Le mardi 14, messe solemnelle et *Te Deum* en l'église de Nostre Dame, feux de joye devant l'hostel de ville et dans toutes les rues, avec les autres marques d'allegresse, pour l'heureux retour du Roy en son royaume.

Le samedi 18, madame Marguerite de France (1), duchesse de Savoye, mourut à Turin, au grand regret du duc et de tous les gens de bien; entre ses perfections, elle étoit tellement craignant Dieu et revétue d'une si heroique charité, que s'etans quelquesfois rencontrés des gentilshommes françois, qui, se trouvans en necessité, la faisoient prier de leur vouloir prester de l'argent, non seulement leur en donnoit plus qu'ils ne demandoient, mais les consoloit et leur recommandoit la crainte de Dieu, leur faisoit bonne chere; et en les renvoyant, leur disoit : « Je vous donne de bon « cœur ce que vous m'avez demandé à prester; car je « suis fille de roys si grands et si liberaux, qu'ils m'ont « appris, non à prester, mais à donner liberalement. »

Le 20 septembre, la ville de Fontenay en Poictou, tenue par les huguenots, fut surprise en parlementant (2), où le meurtre, le sac et le forcement de filles et femmes rendit cette pauvre ville desolée. Du Moulin, ministre docte, y fut pendu (3).

En ce tems, la Vie de la Reine mere imprimée, qu'on a depuis vulgairement appelée la Vie de sainte Caterine, couroit partout. La Reine même se la fit lire, riant à gorge déployée, et disant que si on lui en eut communiqué

---

(1) *Marguerite de France* : cette princesse étoit fille du roi François I. — (2) *Fut surprise en parlementant* : ce fut Louis de Bourbon, duc de Montpensier, qui l'attaqua et s'en rendit maître. — (3) *Du Moulin, ministre, y fut pendu* : Montpensier le fit pendre, dit-on, pour venger la mort du père Babelot, cordelier, son confesseur, que les protestans avoient fait mourir dans les guerres précédentes.

devant, elle en auroit appris bien d'autres qu'ils ne sçavoient pas, dissimulant à la Florentine le mal talent qu'elle en couvoit contre les huguenots. Le cardinal de Lorraine l'ayant lüe, dit à un sien familier nommé La Montagne, qui disoit que la pluspart de ce qui etoit dans ce livre n'etoit que faussetés : « Crois-moy, Mon-
« tagne, les Memoires des huguenots ne sont pas tou-
« jours bien certains; mais de ce côté-là ils ont ren-
« contré : j'en sçai quelque chose. » J'ai ouy dire à des catholiques qu'il n'y avoit pas la moitié de ce qu'elle avoit fait.

Le samedy 30 d'octobre, mourut à Paris en la fleur de son age Marie de Cleves [1], marquise d'Isles, femme de Henry prince de Condé. Elle etoit douée d'une singuliere bonté et beauté, à raison de laquelle le Roy l'aimoit si éperduement, qu'il falut que le cardinal de Bourbon l'otast de son abbaye pour festiner le Roy, disant Sa Majesté lui être impossible d'y entrer, tant que le corps de cette princesse y seroit. Elle laissa une fille son heritiere, et disoit en mourant qu'elle avoit epousé le plus genereux et le plus jaloux prince de la terre.

En ce mois un pauvre insensé qui etoit gardé en la maison des jesuites à Cologne, etant retourné en son bon sens par l'espace de cinq à six jours, et par ainsy mis en liberté, tua trois des premiers dudit college.

Le lundy premier jour de novembre, fête de la Toussaint, le Roy, le roy de Navarre et le duc d'Alençon firent à Lyon leurs pasques [2], et receurent en-

---

[1] *Marie de Cleves* : marquise de L'Isle, fille de François 1, duc de Nevers, et de Marguerite de Bourbon. Elle avoit epousé, en 1572, Henri de Bourbon, premier du nom, prince de Condé. — [2] *Firent à Lyon leurs pasques* : Le Roi, à son arrivée à Lyon, avoit rendu la li-

semble leur Créateur à la communion. Le roy de Navarre et le duc, prosternez à genoux, protesterent devant le Roy de leur fidelité, le suppliant de mettre en oubly tout le passé, et lui jurant sur la part qu'ils pretendoient en paradis, et par le Dieu qu'ils alloient recevoir, estre fideles à lui et à son Etat, comme ils avoient toujours esté, jusques à la derniere goutte de leur sang, et lui rendre service et obeissance inviolable, comme ils reconnoissoient lui devoir.

Le 4, furent extraordinairement, en tems de vacations, publiées au parlement lettres patentes du Roy en forme d'edit, pour la vente et alienation de deux cent mille livres de rente sur le clergé.

Le 5, arriva à Paris le seigneur Dognon Fontaines, maistre d'hostel du Roy, et envoyé par lui exprès pour dire au marechal de Montmorency, prisonnier à la Bastille, qu'il ût à écrire au marechal d'Amville et à ses deux autres freres Thoré et Meru, de poser les armes que n'agueres ils avoient levées contre Sa Majesté; auquel ledit marechal répondit que le Roy en fit dresser les lettres comme il lui plairoit, et qu'il les signeroit.

Le 16, le Roy partit de Lyon pour aller à Avignon, où etoit auparavant allé M. le cardinal de Bourbon, legat d'Avignon, pour préparer les logis au Roy. Plusieurs personnes ne trouverent pas bon qu'il fit ce voyage; aussy n'alla-t-il pas droit à Avignon, ains s'arreta à Tournon, ayant eu avis que de là en Avignon les passages n'estoient asseurez.

---

berté à ces deux princes. Henri les combloit même de caresses, et il les avoit toujours à ses côtés lorsque les députés des provinces et des villes le venoient haranguer, afin que tout le royaume fût témoin de la bonne intelligence qui étoit entre lui et ces deux princes.

Le 23, le Roy arriva à Avignon. En y allant, le train du Roy et de la reine de Navarre, suivant en bateau par le Rhosne, fit naufrage au pont St.-Esprit, où se perdit beaucoup de bons meubles; et de trente à quarante personnes qui étoient dans le batteau, vingt ou vingt-cinq se noyerent, entr'autres Alphonse de Gondy, maistre d'hostel de ladite Reine.

En ce voyage aussy l'argent se trouva si court, que la pluspart des pages du Roy se trouverent sans manteaux, estans contraints de les laisser en gage, pour vivre, par où ils passoient; et sans le tresorier Le Comte, qui accommoda la Reine de cinq mil francs, il ne lui seroit demeuré ni dame ni damoiselle. On ne parloit alors que de ce diable d'argent, qu'on disoit estre trespassé, et dont on fit l'epitaphe en vers.

En ce tems, le Roy écrivit aux Rochellois [1] que s'ils vouloient poser les armes et les faire poser à ceux de leur religion, il les remettroit en leurs privileges, biens et états. Leur reponse offensa plus le Roy que n'auroit fait leur silence.

Le 2 decembre, Henry-Robert de La Mark [2], duc de Bouillon, mourut en sa ville de Sedan, ayant eté empoisonné, selon le bruit commun. Par sa mort, fut donné le gouvernement de Normandie à Louis de Gonzague [3], duc de Nivernois.

Le Roy, étant à Avignon, va à la procession des

---

[1] *Le Roy écrivit aux Rochellois*: Le Roi leur offroit la liberté de conscience, mais leur défendoit tout exercice public de leur religion. Brantôme fut un des agens de cette négociation. — [2] *Henry-Robert de La Mark*: il avoit épousé en 1558 Françoise de Bourbon-Montpensier. Sa fille Charlotte de La Marck épousa en 1591 Henri de La Tour, vicomte de Turenne. — [3] *Louis de Gonzague*: il étoit troisième fils de Frédéric, duc de Mantoue, et s'attacha au service

battus (1), et se fait de leur confrairie. La Reine mere, comme bonne penitente, en voulut etre aussy, et son gendre le roy de Navarre, que le Roy disoit en riant n'etre guere propre à cela. Il y en avoit trois sortes audit Avignon : des blans, qui etoient ceux du Roy ; des noirs, qui etoient ceux de la Reine; et des bleus, qui etoient ceux du cardinal d'Armagnac.

En ce mois, un capitaine dauphinois nommé Le Gas, qui avoit suivi le Roy en Pologne, et à qui Sa Majesté avoit donné pour recompense de ses services les eveschez de Grenoble et d'Amiens, vacants par la mort du cardinal de Crequy, vendit à une garce de la cour l'evesché d'Amiens, qui dès long-tems avoit le bouquet sur l'oreille, la somme de trente mil livres, ayant vendu auparavant l'evesché de Grenoble quarante mil livres au fils du seigneur d'Avanson (2).

Le 24 decembre, le duc de Montpensier fit donner un furieux assaut à Lusignan. Lucé, brave gentilhomme du party du Roy, y fut blessé à mort, et les Vacheries furent prises avec grande boucherie de part et d'autre.

Le dimanche 26, à cinq heures du matin, Charles cardinal de Lorraine, agé de cinquante ans, mourut en Avignon (3) d'une fievre symptomée d'un extreme mal de teste provenu du serain d'Avignon, qui est fort dan-

de France. Il épousa Henriette de Clèves, fille aînée de François de Clèves et de Marguerite de Bourbon ; il fut duc de Nevers et de Rhetel.

(1) *Va à la procession des battus* : les battus, confrérie des pénitens ou flagellans. — (2) *Au fils du seigneur d'Avanson* : François d'Avanson a été nommé évêque de Grenoble en 1562, et est mort en 1574. François Flehart, abbé de Ruricourt, lui a succédé en 1575. Ainsi il y a erreur dans ces Mémoires. — (3) *Mourut en Avignon* : Charles de Lorraine étoit né le 17 février 1529. Il avoit été créé cardinal le 20 mai 1547.

gereux, et lui avoit offensé le cerveau en la procession des battus, où il s'estoit trouvé en grande dévotion, le crucifix à la main, les piez à moitié nuds, et la teste peu couverte, qui est le poison qu'on a voulu depuis faire accroire lui avoir eté donné.

Le jour de sa mort et la nuit suivante, s'éleva en Avignon, à Paris, et quasi par toute la France, un vent si impetueux, que de memoire d'homme il n'en avoit eté ouy un tel. Les catholiques lorrains disoient que la vehemence de cet orage portoit indice du couroux de Dieu sur la France [d'un si bon, si grand et si sage prelat]; et les huguenots, au contraire, que c'estoit le sabat des diables, qui s'assembloient pour le venir querir; qu'il faisoit bon mourir ce jour là, pour ce qu'ils etoient bien empeschez. Ils disoient encore que pendant sa maladie, quant on pensoit lui parler de Dieu, il n'avoit en la bouche que des vilainies, [et même ce vilain mot de f...]; dont l'archevesque de Reims, son neveu, le voyant tenir tel langage, avoit dit en se riant: « Je ne vois rien en mon oncle pour en desesperer; » et qu'il avoit encor toutes ses paroles et actions naturelles. Ses partisans, au contraire, soutenoient qu'il avoit fait une fin tant belle que rien plus. La verité est que la maladie etoit au cerveau, et que jusqu'à la fin il ne savoit ce qu'il disoit et faisoit; mourant en grand trouble et inquietude d'esprit, invoquant même les diables sur ses derniers soupirs : chose épouventable, et toutefois temoignée de tous ceux qui lui assistoient.

En quoy s'est montrée apertement l'impudence du jesuite Auger, qui fit imprimer en ce tems un discours que j'ai veu sur la mort et derniers soupirs de ce prelat, lequel il faisoit parler comme un ange, lui qui etoit privé de tout sens et jugement; discours, à la verité, digne de la boutique et du mestier dont on dit qu'a eté premierement ce jesuite basteleur. [Pour en parler sans passion], c'etoit un prelat qui avoit d'aussi grandes parties et graces de Dieu que la France en ait jamais eu; mais s'il en a bien usé ou abusé, le jugement en est à celui devant le throne duquel il est comparu, [comme nous comparoistrons tous.] Le bon arbre, dit Notre Seigneur, se connoist par le fruit. Ce fruit étoit, par le temoignage même de ses gens, que pour n'etre jamais trompé, il faloit toujours croire le contraire de ce qu'il vous disoit.

Ce jour, la Reine mere se mettant à table, dit : « Nous aurons à cette heure la paix, puisque le cardinal « de Lorraine est mort; » qui etoit celui, disoit-on, qui l'empéchoit. Ce que je ne puis croire, car c'estoit un grand et sage prelat [et homme de bien], auquel la France et nous tous perdons beaucoup; et en derriere, disoit qu'en ce jour-là étoit mort le plus mechant homme des hommes. Puis ayant demandé à boire, comme on lui eut donné son verre, elle commença à tellement trembler, qu'il lui cuida tomber des mains, et elle s'écria : « Jesus ! voila M. le cardinal de Loraine que je vois (1). » Enfin, s'etant un peu rassurée, elle dit : « C'est grand « cas de l'apprehension ! Je suis bien trompée si je n'ai « vu passer ce bon homme devant moi pour s'en aller « en paradis; et me sembloit que je l'y voyois monter. » Les nuits aussi elle en avoit des apprehensions, au dire de ses femmes de chambre; et se plaignoit souvent qu'elle

---

(1) *Voilà M. le cardinal de Loraine que je vois :* elle s'imaginoit le voir à toute heure, lui faisant signe de le suivre. Pendant plus d'un mois, elle n'osa demeurer seule.

le voyoit, et ne le pouvoit oster de sa fantaisie, encore que dès qu'il fut mort on ne parlât non-plus du cardinal de Lorraine que s'il n'eût jamais été, et en fit-on moins de bruit à la cour [ce qui est digne de remarque] qu'on eût fait d'un simple protonotaire ou curé de village. [Il y en eut seulement quelques-uns de la religion qui s'en souvinrent, pour le mal possible qu'il leur avoit procuré de son vivant.]

Pour ce que l'habillement de sa mort se trouva semblable à celui de sa vie, etant son corps tout couvert du pourpre, on fit les vers suivans :

Purpureo fuerat quondam qui tectus amictu,
  Omnia quæ imbuerat sanguine purpureo,
Purpureæ vitæ fertur non dispare fato :
  Abstulit huic animam purpura purpuream.

Voicy quatre autres vers que les huguenots firent pour son epitaphe :

Lapis hic sepultam continet belli facem,
Qualem cruentæ non gerunt Erynnies.
Novam dolosus ne flammam ignis excitet,
Sparge, ô viator, sparge lustrales aquas !

Selon ses bons amis les huguenots, il eut un vilain commerce avec la Reine mere, comme il paroist dans leur Dialogisme de la paix en 1572, et en leurs autres satires. Dieu sçait ce qui en est ! Mais un de mes amis, non huguenot, m'a conté qu'etant couché avec un valet de chambre du cardinal dans une chambre qui entroit en celle de la Reine mere, il vit sur le minuit ledit cardinal avec une robe de nuit seulement sur ses epaules, qui passoit pour aller voir la Reine ; et que son ami lui dit que s'il lui avenoit jamais de parler de ce qu'il avoit vû, il en perdroit la vie.

En cette année, un miserable atheiste et fou (comme l'un n'est jamais sans l'autre), nommé Geoffroy Vallée (1), natif d'Orleans, fut pendu et étranglé à Paris. Son corps fut brulé avec son livre, intitulé *la Beatitude des Chrétiens*, ou *le Fleau de la Foy*. Plusieurs des juges étoient d'avis de le confiner dans un monastere comme un vrai fou, tel qu'il étoit et se montra lorsqu'on le mena au supplice.

[1575] Le 10 janvier, le Roy partit d'Avignon, et vint par le Dauphiné à Romans. Il fit donner l'assaut à Liveron (2), où il vit l'opiniastre résolution des huguenots à se bien deffendre; jusqu'aux femmes, qui combattoient à la breche : ce qui lui fit lever le siege.

Le mardy 25 janvier, la ville et le chateau de Lusignan furent rendus à M. de Montpensier. Le siege dura trois mois et vingt-un jours, pendant lequel furent tirez sept à huit mil coups de canon. La place fut demantelée, les forts rasez, et la tour de Mellusine ruinée (3);

---

(1) *Geoffroy Vallée* : il est auteur d'un ouvrage extrêmement rare, dont il existe un exemplaire manuscrit à la bibliothèque du Roi. Il paroît, d'après l'arrêt rendu contre Geoffroy Vallée, qu'il étoit au-dessous de l'âge de majorité, puisqu'il avoit un curateur. Le même arrêt portant que Vallée seroit interrogé en présence des médecins, il sembleroit que sa famille auroit cherché à le faire déclarer fou. — (2) *Il fit donner l'assaut à Liveron* : Il y avoit quelques jours que le maréchal de Bellegarde assiégeoit Liveron. Le Roi, qui passoit auprès de cette ville, s'étant arrêté dans le camp; les assiégés firent une décharge générale de leur artillerie, en criant : « Hau, massacreurs, « vous ne nous poignarderez pas dedans nos lits, comme vous avez « fait l'amiral. Amenez-nous un peu vos mignons passésfilonés, go-« dronnés et parfumés; qu'ils viennent voir nos femmes : ils verront « si c'est proye aisée à emporter. » Henri ordonna l'assaut, et fut repoussé avec vigueur. — (3) *La tour de Mellusine ruinée* : « la plus noble « décoration et la plus vieille de toute la France, et bâtie, s'il vous « plaît, par une dame des plus nobles en lignée, en vertu, en esprit, « en magnificence et en tout, qui fut de son temps, voire d'autre. C'é-

dont l'exécution fut donnée à Chemeraud (1), gentilhomme du pays.

Le vendredy 11 février, le Roy arriva à Reims, où il fut sacré le dimanche 13 (2) dudit mois, l'an revolu de son sacre en Pologne, à même jour et heure.

Quant on vint à lui mettre la couronne sur la teste, il dit assés haut qu'elle le blessoit; et lui coula par deux fois, comme si elle eût voulu tomber : ce qui fut remarqué, et interpreté à mauvais presage.

Le lendemain, le Roy fiança mademoiselle de Lorraine (3), auparavant appellée de Vaudemont, fille de Nicolas de Lorraine, comte de Vaudemont, et de Catherine de Lalain, sœur du comte d'Egmont, sa premiere femme; et le mardy 15, l'épousa en l'eglise de Reims.

Ce mariage fut trouvé par les seigneurs et princes, même étrangers, fort inégal et precipité; la Reine le trouva bon, et l'avança d'autant qu'elle espera que de

« toit un vrai soleil de son temps, que dame Mellusine, de laquelle il
« y a tant de fables; et bien que ce soient fables, et si ne peut-on dire
« autrement que tout beau et bon d'elle. L'empereur Charles-Quint
« étant venu en France, fut voir Lusignan, et y chassa des daims,
« et admira la beauté, la grandeur et le chef-d'œuvre de cette mai-
« son, faite par une telle dame, de laquelle il s'en fit faire les contes
« fabuleux, comme fit aussi la reine Catherine de Médicis, lorsqu'elle
« y passa. » (Brantôme, *Eloge de Montpensier*). Le duc de Montpensier fut alors très-blâmé d'avoir détruit cet ancien monument.

(1) *L'exécution fut donnée à Chemeraud* : On attribua la démolition du château et de la tour de Lusignan au chagrin qu'avoit le duc de Montpensier de sa longue résistance, et à l'avarice de Chemeraud, qui vouloit s'en approprier les débris, pour embellir une maison qu'il faisoit bâtir à Marigny, à deux lieues de là. — (2) *Il fut sacré le dimanche* 13 : Suivant de Thou et Mézeray, le Roi fut sacré le 15. —
(3) *Mademoiselle de Lorraine* : Louise de Lorraine, fille aînée de Nicolas de Lorraine, duc de Mercœur, comte de Vaudemont, et de Marguerite d'Egmont, sa première femme, qui est ici mal à propos nommée Catherine de Lalain.

si belle et sage princesse le Roy pouvoit avoir tost belle lignée, quoique cependant d'autres disent qu'elle n'en souhaitoit pas. Mais ce qui en fit plus d'envie à la Reine, ce fut l'esprit doux et devot de cette princesse, qu'elle jugea plus propre et adonnée à prier Dieu, qu'à se mesler des affaires : comme il est advenu

Le jeudy 17 fevrier, le Roy ayant avisé François de Luxembourg (1), de la maison de Brienne, venu à son sacre et mariage, et sçachant qu'il avoit pretendu epouser la Reine sa femme, lui dit : « Mon cousin, j'ai « epousé vostre maîtresse; mais je veux en contrechange « que vous epousiez la mienne, » entendant la Chateauneuf (2), qui avoit eté sa favorite avant qu'il fût roy et marié. Surquoi ledit seigneur lui repondit qu'il etoit fort joyeux de ce que sa maîtresse avoit rencontré tant d'heur et de grandeur, et tant gagné au change; mais qu'il lui plût l'excuser d'epouser Chateauneuf pour encore, et lui donnât du temps pour y penser. « Je veux, « lui repondit le Roy, que vous l'epousiez tout à l'heure. » Mais Luxembourg se sentant si fort pressé, supplia le Roy de lui donner patience de huit jours; laquelle etant moderée à trois jours seulement, il monta à cheval, et se retira de la cour en diligence.

Le 21 fevrier, le Roy partit de Reims et passa à Saint Marcoul (3), où il fit faire sa neufvaine par son grand aumosnier; puis vint à Paris, où etant arrivé le

---

(1) *François de Luxembourg* : il étoit fils puîné d'Antoine de Luxembourg, deuxième du nom, comte de Brienne. — (2) *La Châteauneuf*: Renée de Rieux-Châteauneuf. Elle a été depuis mariée à Philippe Altovity, seigneur de Castellane. — (3) *Passa à Saint-Marcoul* : Les rois, après leur sacre, alloient ou envoyoient à Saint-Marcou, et y faisoient faire une neuvaine par l'un de leurs aumôniers, pour obtenir par l'intercession de ce saint le don de guérir les écrouelles.

dimanche 27, alla descendre de son coche au Louvre, où ayant salué la reine Blanche (1), vint loger au logis neuf de Du Mortier, près les Filles repenties.

Le Roy sejournant à Paris le long du caresme de cet an, va tous les jours par les parroisses et eglises de Paris, l'une après l'autre, ouyr le sermon, la messe, et faire ses devotions (2); et cependant exquiert tous moyens de faire argent en toutes sortes que les ingenieux peuvent pourpenser.

Le 22 mars, les deputés du prince de Condé (3), du marechal de d'Amville et autres associés, tant de l'une que de l'autre religion, suivant la permission du Roy, arriverent à Paris.

Le mardy 5 avril et le lundy ensuivant unze dudit mois, furent ouys de Sa Majesté, en son conseil privé, messire Jean Dauvet, seigneur de Raines, jadis con-

(1) *Ayant salué la reine Blanche :* la reine Isabelle ou Elisabeth d'Autriche, veuve du roi Charles IX. Elle est ici appelée reine Blanche, parce que les reines veuves portent toute la vie le deuil du roi leur époux, mais avec le blanc. — (2) *Et faire ses devotions :* Les uns crurent que c'étoit pour cacher les desseins qu'il avoit formés d'abaisser tous les chefs des diverses factions; d'autres, qu'il ne paroissoit s'occuper de toutes ces dévotions que pour endormir les peuples; et d'autres, que cet extérieur de piété ne servoit qu'à couvrir son penchant pour la débauche. — (3) *Les deputés du prince de Condé :* Jean Lafin sieur de Beauvais, Guillaume Dauvet sieur d'Arènes, de la part du prince de Condé; et le sieur de Clausonne, de la part du marêchal de Damville, se rendirent à la cour avec les députés de la province de Guyenne et de La Rochelle. Le Roi fit examiner leurs demandes. Fizes, secrétaire d'Etat, assembla tous ces députés, auxquels il lut un écrit portant que le Roi accorderoit à ceux de la religion huit villes en Languedoc, six en Guyenne, deux en Dauphiné, dans lesquelles seroit permis le libre exercice de leur religion, à condition de rendre et de remettre au Roi toutes les autres villes et places qu'ils tenoient. Mais le secrétaire d'Etat leur ayant refusé copie de cet écrit, le traité en demeura là.

seiller du parlement, portant la parole. Le Roy les ayant fait retirer en une antichambre, se fit lire les articles contenus dans leurs cahiers, par l'un desquels ils demandoient l'edit de janvier. Une heure après, les ayant rappellé, il leur repondit en roy qu'il s'étonnoit comme ils avoient eu la hardiesse de se presenter devant lui pour lui faire telles requestes. Cependant elles furent examinées par trois du privé conseil, jusqu'au commencement de may, que le Roy permit à ces députés de s'en retourner.

Le 19 avril, vignes gelées et endommagées par les hannetons aux environs de Paris : ce qui y fit vendre le vin trois et quatre sols la pinte.

Le mardy 20 de may, la nuit, fut derobée la vraye croix etant en la Sainte Chapelle du Palais à Paris; de quoy le peuple et toute la ville furent fort troublés [et s'eleva incontinent un bruit qu'elle avoit eté enlevée par les menées des plus grands, et même de la Reine mere, que le peuple avoit tant en horreur et mauvaise réputation, que tout ce qui arrivoit de malencontre lui étoit imputé; et disoit-on qu'elle ne faisoit jamais de bien que quand elle pensoit faire mal.] La commune opinion etoit qu'on l'avoit envoyée en Italie pour gage d'une grande somme de deniers, du consentement tacite du Roy et de la Reine mere.

Le 25, fut pendu à Paris un soldat qui d'un coup de pistolet avoit tué M. Dinteville (1), abbé de Saint-Michel de Tonnerre, pour trente-deux écus que lui avoit donné celui qui etoit en contention pour ladite abbaye.

Le 26, le roy de Navarre etant en la chambre de

(1) *M. Dinteville :* Marin, fils naturel de Louis de Dinteville, chevalier de Malte.

sa tante la princesse de Condé (¹), prenoit plaisir à voir toucher le luth à un gentilhomme nommé de Noailles, qui avoit le bruit d'etre aimé de ladite dame. Comme il accordoit melodieusement sa voix à l'instrument sur cette chanson :

> Je ne vois rien qui me contente,
> Absent de ma divinité ;

et repetant souvent passionnément ce mot de divinité, le roy de Navarre dit à de Noailles :

> « N'appellez pas ainsi ma tante :
> « Elle aime trop l'humanité. »

Le Roy l'ayant entendu le même jour : « Voilà, dit-il, « une rencontre digne de mon frere ! Si lui et les au- « tres ne s'amusoient qu'à cela, nous aurions bientost la « paix. »

En ce mois de may, le roy de Navarre ota les sceaux à M. de Mesmes (²), seigneur de Roissy et de Malassise, à raison des malversations pretenduës faites par lui en cet etat, et chassé par les deux Roys et la Reine mere ignominieusement de la cour. Dont fut fait le quolibet suivant, qui fait allusion aux armoiries de Navarre, aux sceaux et à sa seigneurie.

> Il a dérobé la vache (³),
> Mais il a été surpris ;

(1) *Sa tante la princesse de Condé* : Françoise d'Orléans, fille de François d'Orléans, marquis de Rotelin, mariée, le 5 novembre 1565, avec Louis I de Bourbon, prince de Condé, septième fils de Charles de Bourbon-Vendôme, et frère d'Antoine de Bourbon, roi de Navarre, père de Henri IV. — (2) *Ota les sceaux à M. de Mesmes*: Henri de Mesmes, fils de Jean-Jacques de Mesmes. Il fut le protecteur des savans de son siècle. — (3) *La vache* : Il y avoit une vache dans

Et des sceaux plus je ne scache,
Si ce n'est ceux de son puys.
Il est tombé de sa selle,
Car il etoit mal assis;
Et des seaux point de nouvelle,
S'il ne prend ceux de son puys.

En ce même mois, Du Faur de Pybrac vendit son etat d'avocat du roy une bonne somme à M. Barnabé Brisson, simple avocat. Sur cette vendition, et la disgrace de Roissy, furent faits ces vers :

Auri sacra fames fecit te perdere, Memmi;
Et te, Faure, locum vendere. Faure, sapis.

Le 8 juin, sur les fausses nouvelles de la mort du marechal de Damville, fut resserré le marechal de Montmorency ; et ses principaux officiers lui furent ôtés par le commandement de la Reine mere, contre le sentiment du Roy, qui ne tenoit cette nouvelle constante. Surquoi ledit Montmorency dit à un de ses gens : « Dites à la Reine que je suis bien averti de ce « qu'elle veut faire de mòy; il ne faut pas tant de fa- « çons : qu'elle m'envoye seulement l'apoticaire de « M. le chancelier (1) : je prendrai ce qu'il me bail- « lera. » Toutésfois, etant arrivé nouvelles contraires le 16 du mois, on lui rendit ses gens; et fut la Reine bien fàchée de la précipitation dont elle avoit usé. « Si « j'avois cru le Roy mon fils, disoit-elle, cela ne seroit « pas avenu. »

Le 12, madame Renée de France (2), duchesse de

---

l'écusson des armes de Béarn, principauté qui faisoit partie du domaine des rois de Navarre.

(1) *M. le chancelier :* René de Birague, italien. Il fut fait chancelier le 17 mars 1573, et nommé cardinal le 12 février 1578. — (2) *Madame Renée de France :* elle étoit de la religion protestante, et s'étoit

Ferrare, fille du roi Louis XII, mourut en son chateau de Montargis, agée d'environ soixante-cinq ans; et en fit le Roy, le samedy 18, quelque forme de funérailles en la chapelle de Bourbon, encor que ladite dame fût de la religion, et la ville de Montargis la retraite de ceux de la religion.

Ce même jour mourut Henry de Rohan, prince de Leon, en Bretagne, en sa maison de Belin. Sa fille, agée d'onze à douze ans, mourut tôt après; et fut, par ce moyen, conclu le mariage du vicomte son frere (1) avec l'heritiere unique de la maison de Soubize, Catherine de Parthenay, veuve du seigneur du Pont, tué en la journée de Saint-Barthelemy.

Le 19 juin, arrivèrent à Paris M. le duc de Loraine (2) et le comte de Vaudemont, pere de la Reine, pour achever le mariage du marquis de Nomeny, fils aîné dudit seigneur de Vaudemont, avec la demoiselle de Martigues (3). La Reine mere mangea tant au repas des noces, qu'elle cuida crever.

En ce tems, n'etoit tenu pour bon courtisan qui disoit *le Roy*; ains falloit dire *Leurs Majestés* (4), à

retirée à Montargis, où elle donna asile à ceux qui purent se jeter dans cette ville. Le duc de Guise envoya Sourches de Malicorne, qui, après l'avoir sommée de livrer les réfugiés, la menaça de faire avancer de l'artillerie. « Avisez bien à ce que vous ferez, répondit-
« elle; sçachez que personne n'a droit de me commander que le Roy
« même; et que si vous en venez-là, je me mettrai la premiere sur
« la bréche, où j'essayerai si vous aurez l'audace de tuer une fille de
« roy, dont le ciel et la terre seroient obligés de venger la mort sur
« vous et votre lignée, jusqu'aux enfans du berceau. »

(1) *Du vicomte son frere*: René, vicomte de Rohan, deuxième du nom. — (2) *Le duc de Lorraine*: Philippe-Emmanuel de Lorraine, depuis duc de Mercœur. — (3) *La demoiselle de Martigues*: Marie, fille unique de Sébastien de Luxembourg, duc de Penthièvre et vicomte de Martigues. — (4) *Ains falloit dire Leurs Majestés*: Le roi Henri III,

la mode de la cour. Surquoi, par derision, fut fait le sonnet des Majestés.

Le mardy 5 juillet, fut pendu, puis mis en quartiers, un capitaine nommé La Vergerie, condamné à mort par Birague, chancelier, et quelques maistres des requestes nommez par la Reine mere, qui lui firent son procès bien court dans l'hostel de ville de Paris. Toute la charge etoit que, s'etant trouvé en une compagnie où l'on parloit de la querelle des ecolliers et des Italiens, il avoit dit qu'il faloit se ranger du côté des ecolliers, et sacager et couper la gorge à tous ces b.... italiens, qui etoient cause de la ruine de la France : sans avoir autre chose fait et attenté contre iceux. Le Roy le vit executer, encore qu'au dire d'un chacun il n'aprouvât pas cet inique jugement, lequel fut trouvé fort etrange de plusieurs.

Dans ce mois de juillet, Besme, allemand, qui avoit eté laquais du cardinal de Lorraine, duquel on le disoit bâtard, et qui ensuite fut ecuyer d'ecurie du duc de Guise, un des meurtriers de l'admiral de Colligny, fut pris par aucuns de la garnison de Bouteville, comme il retournoit d'Espagne. Berteville, gouverneur de Bouteville, l'ayant fait resserrer, en attendant la resolution des Rochelois, qui le vouloient acheter pour en faire une justice exemplaire, cet assassin trouva moyen de se sauver; mais Berteville en ayant eté averty à tems,

quelque temps après son retour de Pologne en France, établit un nouveau cérémonial. Il fit un réglement pour ceux qui devoient entrer dans sa chambre, dans son cabinet, et à quelles heures; il prescrivit un ordre pour le service de sa bouche, et pour les fonctions de ses officiers. A ces réglemens il ajouta les termes dont il vouloit qu'on se servît lorsqu'on parloit de sa personne; et pour lui faire la cour, il ne falloit point dire *le Roi*, mais *Leurs Majestés*.

il fut rattrappé, et se voulant deffendre, fut tué sur la place.

En ce même mois, le lieutenant La Haye (1) fut tué en sa maison de la Begaudiere, à une lieue de Poictiers, par Saint-Souline et ses gens. Son corps, encor tout chaud, fut mené à Poictiers, et sa teste mise sur le portail Saint Cyprien. Il etoit homme de grande menée, et avoit gagné quatre cents gentilshommes prests à prendre les armes pour secouer la tyrannie qu'ils appelloient, c'est à dire l'obéissance due à leur Roy.

Le samedy 13 d'aoust, fut pendu, puis mis en quartiers, en la place de Greve, Abraham, secretaire du prince de Condé, qui avoit eté pris voulant passer en Angleterre, chargé de pacquets et memoires.

Le 27, le Roy vint au Palais tenir son lit de justice, tout exprès pour gratifier le duc de Loraine son beaufrere de quelques points concernans la souveraineté de Bar (2). Cette gratification n'agréoit pas à la cour, ni

(1) *Le lieutenant La Haye* : Jean de La Haye, né gentilhomme, mais sans biens. Il épousa une riche veuve qui l'avoit chargé de suivre ses procès au parlement de Paris. Avec la dot de cette dame, il acheta la lieutenance générale de Poitiers, servit d'une manière distinguée au siége que soutint cette ville, et y acquit beaucoup de gloire. Ce service l'ayant rendu plus hardi, il demanda à la Reine une charge de maître des requêtes, qu'on lui refusa. Quelque temps après, la charge de président de Poitiers ayant vaqué, il la sollicita, et fut encore refusé. Il résolut de profiter des troubles qui agitoient le pays, pour faire voir qu'on avoit tort de le mépriser. Sa mort fut avouée par Henri III, comme on le voit dans les lettres-patentes de ce prince, qui sont au volume 87 des manuscrits de Dupuy. — (2) *La souveraineté de Bar :* Bar n'étoit pas une souveraineté, mais un duché mouvant de la couronne, et dont les ducs de Lorraine rendoient hommage au Roi.

aux deux princes, le roy de Navarre et le duc (1), qui accompagnoient le Roy.

Le 15 septembre, M. le duc, qui depuis dix-huit mois avoit eté etroitement gardé et tenu comme prisonnier, sortit de Paris, et s'en alla à Dreux, ville de son appanage, où il sejourna huit jours, pendant lesquels vinrent à lui plusieurs gentilshommes et autres gens de guerre de son party.

Le 18, le president Seguier (2) fut pris dans sa maison de Soret par un des freres du baron de Saint-Remy, lors prisonnier à Paris, et conduit à Dreux pour y etre mis à rançon.

Le 28, vers dix heures du soir, furent vûs sur la ville de Paris, et ès environs, certains feux en l'air, faisans grande lumiere et fumée, et representans lances et hommes armez.

Ce jour, la Reine parla dans Chambourg à son fils, qui lui dit qu'il n'entreroit plus avant en propos avec elle, que les marechaux de Cossé et Montmorency (3) ne fussent remis en liberté; et ils le furent le 2 d'octobre.

Le premier octobre, M. le duc ayant eté averti que la Reine sa mere, qui l'avoit fait venir à Blois sous prétexte de pourparler la paix ou la treve (4), en partit à minuit, et s'en alla avec ses troupes à Romorantin, où il entra par force, et fit mourir quelques-

---

(1) *Et le duc*: Le duc d'Alençon, frère du roi Henri III. — (2) *Le president Seguier*: Pierre Seguier. Il avoit été avocat général à la cour des aides, puis avocat général au parlement de Paris, et ensuite second président de la même cour. Il mourut le 25 octobre 1580. — (3) *Les marechaux de Cossé et Montmorency*: ces deux maréchaux avoient été mis en prison comme ayant pris part à la conspiration du duc d'Alençon et du roi de Navarre. — (4) *La paix ou la treve*: Il y a nécessairement ici lacune dans le texte; on peut la remplir par ces mots: *vouloit le faire arrêter.*

uns des habitans qui lui avoient voulu empescher l'entrée.

Le dimanche 9, feste de saint Denys, le Roy fit faire une procession generale et solemnelle à Paris, en laquelle furent portées les reliques de la Saincte-Chapelle; et y assista Sa Majesté tout du long, disant son chapelet avec grande devotion. Le corps de la cour avec celui de la ville, et toutes les autres compagnies, s'y trouverent; aussi firent par le commandement de Sa Majesté les princes, seigneurs, officiers et gentilshommes de la maison, hors les dames, que le Roy ne voulut qu'elles s'y trouvassent, disant qu'où elles etoient, il n'y avoit point de devotion.

Le 10, entre Damery et Dormans, près Fismes, il y eut un choc entre les troupes conduites par M. le duc de Guise, et deux mil reistres conduits par Thoré (1). Le Roy fit chanter le *Te Deum;* mais le bruit fut plus grand que l'effet, car il ne mourut pas cinquante hommes de part et d'autre; et après que deux ou trois cornettes de reistres, practiquées par argent, eurent fait semblant de se rendre à la mercy du duc de Guise, Thoré passa à Nogent avec mille ou douze cents chevaux, et alla se rendre à M. le duc à Vatan. Le duc de Guise, en cette rencontre, fut par un soldat grievement blessé d'une arquebusade, qui lui emporta une grande partie de la joue et de l'oreille gauche.

Le lundy dernier d'octobre, sur les dix heures du soir, Du Gast (2), favory du Roy, fut tué en sa maison

---

(1) *Conduits par Thoré :* Thoré Montmorency amenoit d'Allemagne deux mille reîtres que le prince de Condé envoyoit au duc d'Alençon. Il fut attaqué près de Château-Thierry par le duc de Guise, qui dans le combat reçut une blessure au visage, d'où lui vint le surnom de *balafré.* — (2) *Du Gast :* Louis Bérenger Du Guast. Les uns

à Paris rue Saint-Honoré, avec lui son valet de chambre et un laquais, par certains hommes masqués. Il dit, mourant, que c'etoit le baron de Viteaux (1), qui etoit à Monsieur. Mais cela ne fut pas averé, encore que la présomption en fût grande ; d'autant que ce mignon superbe avoit bravé Monsieur jusqu'à passer un jour devant lui en la rue Saint-Antoine sans le saluer, ni faire semblant de le connoistre. Le Roy, sans autre recherche, le fit enterrer à côté du grand autel de Saint-Germain-l'Auxerrois, et se chargea de payer ses dettes. Ce capitaine avoit répandu beaucoup de sang innocent à la Saint-Barthelemy. D'autres disoient qu'un grand l'avoit fait tuer par jalousie de sa femme.

Au commencement de novembre, le Roy fit mettre sus par les églises de Paris, les oratoires, autrement dits les paradis, où il alloit tous les jours faire ses aumônes et prieres en grande dévotion, laissant ses chemises à grands godrons, dont il etoit auparavant si curieux, pour en prendre à colet renversé, à l'italienne. Il alloit ordinairement en coche, avec la Reine sa femme, par les ruës et maisons de Paris, prendre les petits chiens damerets, se faisoit lire la grammaire, et apprenoit à décliner [par Doron, qu'il fit depuis conseiller au grand conseil.] Surquoy furent faits et semés ces vers :

ont prétendu qu'il avoit été tué par ordre de la Reine mère et du duc d'Alençon ; les autres, par ordre de la reine Marguerite.

(1) *Le baron de Viteaux* : En 1571, il avoit déjà tué Antoine d'Allègre, baron de Millau. Il fut arrêté après ce second assassinat, et envoyé devant le parlement de Paris pour y être jugé. Mais des amis puissans agirent en sa faveur ; et quoique le Roi voulût venger la mort de Du Guast, il ne fut condamné qu'à des dommages et intérêts, et à une amende.

Gallia dum passim civilibus occubat armis,
Et cinere obruitur semisepulta suo,
Grammaticam exercet mediâ Rex noster in aulâ,
Dicere jamque potest vir generosus, Amo.
Declinare cupit ; verè declinat et ille (1)
Bis rex qui fuerat, fit modò grammaticus.

Discere te linguæ fama est elementa latinæ,
Atque Amo per quinos jam variare modos.
Quid facis, ὦ Βασιλεῦ ? nimium scis istud amare,
Plus satis ista tibi mollia verba placent.
Quin potius, si te externæ capit æmula laudis
Gloria, per græcas fortior ibis opes ;
Illic invenies generosum et nobile τύπτειν,
Hostibus horrendum, conveniensque tibi.
Non alio poteris pacem tibi quærere verbo ;
Cum dices τύπτω, dicet et hostis Amo.

Grammaticæ studet Henricus, declinat et ille,
Extera regna habuit, vix sua regna tenet.

Le 11 novembre, jour de Saint-Martin, le Roy allant à la messe, on luy donna avis d'un capitaine de Provence qui s'etoit elevé et faisoit comme parti à part. Surquoy il dit : « Voilà que c'est des guerres civiles ; un con-« nestable, prince du sang (2), jadis ne sut faire party « en France, et maintenant les valets y en font. »

Le 5 decembre, madame Isabelle d'Autriche, veuve de Charles ix (3), partit de Paris, accompagnée de messieurs de Luxembourg, du comte de Rets et de l'evesque

---

(1) *Declinat et ille* : Pasquier (livre 19 de ses Lettres, tome 2, page 483) avoue qu'il fit cette épigramme, afin que, tombant entre les mains du Roi, elle lui fut une leçon, non pas de grammaire latine, mais de ce qu'il devoit faire. — (2) *Un connestable, prince du sang* : Charles iii, duc de Bourbon et connétable de France. — (3) *Veuve de Charles* ix : Elisabeth, fille de Maximilien ii, sœur de Rodolphe ii.

de Paris, qui la rendirent entre les mains des députez de l'Empereur. Elle fut fort aimée et honorée des François.

En ce tems, Rochepot (1) vint asseurer les Rochellois que Monsieur prendroit de bon cœur la protection des Eglises reformées de France, et demanda de la part dudit prince une somme d'argent proportionnée à l'entreprise. Lesdits Rochellois, après l'assemblée de l'eschevinage faite le 20, envoyerent des deputez vers Son Excellence, et la somme de dix mille livres, avec des excuses sur leur pauvreté.

En ce même tems, Ruffec, gouverneur d'Angoulesme, refusa l'entrée de la ville au duc de Montpensier, qui venoit en prendre possession au nom de Monsieur, à qui par la tresve elle avoit eté accordée. Ses raisons etoient que, pour avoir été toute sa vie serviteur du Roy, il avoit acquis beaucoup d'ennemis et des plus grands, contre lesquels il lui falloit un lieu de sureté. Il récrivit ensuite fort humblement à Monsieur; en telle sorte néantmoins qu'il ne lui donna rien, nonobstant les réiterées jussions du Roy et de la Reine sa mere, desquels les gouverneurs faisoient peu d'état en ces tems, étans rois eux-mêmes.

Le Roy, pour toutes les affaires de la guerre et de la rebellion qu'il avoit sur les bras, ne laissoit lors d'aller aux environs de Paris, de côté et d'autre, se promener avec la Reine son epouse, visiter les monasteres des nonnains et autres lieux de plaisir, et en revenir la nuit, souvent par la fange et mauvais tems; et même le samedy 7 janvier, son coche étant rompu, fit

---

(1) *Rochepot* : Antoine de Silly, comte de La Rochepot, gouverneur de l'Anjou.

bien une lieuë à pied par le mauvais téms qu'il faisoit, et arriva au Louvre qu'il étoit plus de minuit.

[1576] Le dimanche, premier de l'an, viennent nouvelles à Paris que M. le duc, le seigneur de Thoré et Cimier avoient, le 26 décembre, bû du vin empoisonné en la collation d'après-souper, lequel vin avoit été apporté par Blondel ou Blondeau, valet de chambre dudit seigneur duc, lequel valet avoit autrefois servi le chancelier Birague : ce qui rendit le fait beaucoup plus suspect. De fait, M. le duc, dès le 27 décembre, avoit depêché exprès le seigneur de Marivaux devers le Roy, pour l'en avertir et le prier de lui en faire justice ; et un autre gentilhomme devers la Reine sa mere, qui étoit demeurée malade à Chatelrault d'un catharre : laquelle en fut fort marrie, et prit toute peine d'en purger elle et le Roy son fils. Cependant le procès fait audit Blondeau ayant été mis plusieurs fois à la question, n'ayant à la question reconnu aucun empoisonnement par lui ou autre procuré, et ne s'étant contre lui trouvé aucune autre charge, joint que par contre-poisons ceux qui avoient bû de ce vin empoisonné avoient été incontinent garantis, fut ledit Blondeau relâché, et neanmoins chassé après avoir fait l'amende honorable, pour n'avoir pas fait l'essay avant presenter le vin, comme on a coutume de faire aux princes de cette qualité.

Le 19 janvier, le capitaine Richelieu, dit le moine Richelieu (1), qui avoit charge de vingt enseignes de pied,

---

(1) *Le capitaine Richelieu, dit le moine :* Antoine Du Plessis de Richelieu, capitaine d'une compagnie d'arquebusiers de la garde du Roi, communément appellé *Richelieu le moine*, parce qu'il avoit effectivement été moine. Il avoit renoncé à ses vœux pour vivre plus libre-

homme mal famé pour ses voleries et blasphemes, fut tué à Paris, en la rue des Lavandieres, par des ruffiens comme lui, qu'il vouloit chasser d'une maison prochaine à la sienne.

Le mercredy 25 janvier, la Reine mere revenant de Poictou (1) entra à Paris, etant accompagnée du cardinal de Bourbon (2). Le Roy, les princes et les seigneurs etans à Paris, allerent au devant d'elle jusqu'à Etampes.

Le 27, Biron fut renvoyé vers Monsieur, afin de lui offrir, des villes de Blois, d'Amboise et Tours, les deux qu'il lui plairoit prendre, au lieu de celle de Bourges (3), que les habitans avoient refusé tout à plat aux seigneurs de Rambouillet et de Chiverny (4), envoyez vers eux pour cet effet.

ment. Du Plessis étoit grand-oncle du cardinal de Richelieu. On a prétendu que le cardinal avoit fait condamner à mort le fils de l'historien de Thou, parce que ce dernier avoit maltraité Antoine de Richelieu dans son Histoire.

(1) *La Reine mere revenant de Poictou* : Dès que le duc d'Alençon eut quitté la cour, le Roi lui envoya quelques seigneurs pour l'engager à revenir, et la Reine mere offrit elle-même d'y aller. Ce fut dans le château de Champigny qu'elle eut avec ce prince plusieurs conférences qui se terminèrent à une trève de six mois (du 22 novembre au 15 juin de l'année suivante). Les conditions de cette trève étoient très-avantageuses au duc d'Alençon et aux protestans. — (2) *Du cardinal de Bourbon* : Charles de Bourbon, le même que le duc de Mayenne fit reconnoître par la Ligue roi de France, après la mort de Henri III. Il étoit fils de Charles de Bourbon duc de Vendôme, et frère d'Antoine roi de Navarre. — (3) *Au lieu de celle de Bourges* : Par la dernière trève, le Roi s'étoit obligé à donner au duc d'Alençon, pour sa sûreté et par forme de dépôt, les villes d'Angoulême, Niort, Saumur, Bourges et La Charité ; mais le gouverneur de Bourges, François de Montigny de La Grange, et Ruffec, gouverneur d'Angoulême, ayant refusé de remettre ces deux places au duc d'Alençon, ce prince refusa de son côté de faire publier la trève. Le Roi lui fit offrir d'autres villes à la place de ces deux-là. — (4) *Aux seigneurs de Rambouillet et de Chiverny*: Nicolas d'Angennes, seigneur de Rambouillet et vidame

Ce même jour, au pays du Maine et d'Anjou, il y eut un déluge qui causa un notable dommage, et à Boulogne sur mer un tremblement de terre, avec eclairs et tonnerres epouventables. On raconte que, durant cette tempeste, un homme appuié sur le mast de son navire avoit été frappé du tonnerre et jetté en l'eau : si bien qu'il avoit été brulé et noyé. Sur lequel a été composé cet epitaphe :

Hærebam malo attonitus, cum fulminis ictu
 In medias rapior præcipitatus aquas.
Sic ambustus, aquis madidus, sic rapior igne,
 Inque meam certant ignis et unda necem.
O casum horribilem! mediis me in fluctibus arsit
 Ignis, et in mediis ignibus hausit aqua.

Le premier fevrier, le Roy apprit que les reistres, conduits par le prince de Condé, avoient branqueté la ville de Dijon de deux cents mil francs, sauvé la Chartreuse pour douze mil, et rasé Lespeille, maison magnifique du seigneur de Tavannes (1).

Le vendredy 3 fevrier, le roy de Navarre, qui depuis l'evasion de Monsieur avoit fait semblant d'etre en mauvais menage avec lui (2), et n'affecter aucunement

du Mans, et Philippe Hurault, comte de Chiverny, dont les Mémoires font partie de cette Collection.

(1) *De Tavannes* : Guillaume de Saulx, deuxième du nom, bailli et gouverneur de Dijon, lieutenant général en Bourgogne. Il étoit fils du maréchal de Tavannes.—(2) *D'être en mauvais menage avec lui* : Le Roi et la Reine mère avoient intérêt à brouiller le duc d'Alençon et le roi de Navarre. Ils se servirent de madame de Sauve, l'une des plus belles femmes de la cour, dont les deux princes étoient amoureux. Cette dame inspira aux deux princes une si grande jalousie, et les anima si fort l'un contre l'autre, qu'ils faillirent en venir aux dernières extrémités. La reine de Navarre dissipa cette jalousie. Les deux princes, réunis sans qu'on le sût, résolurent de quitter la cour, où ils étoient

le party des huguenots, sortit de Paris (1), sous couleur d'aller à la chasse en la forêt de Senlis, où il courut le cerf le samedy, et renvoya un gentilhomme nommé Saint-Martin, que le Roy lui avoit donné, lui porter une lettre en poste; et partant de Senlis sur le soir, accompagné de Lavardin (2), Fervaques (3) et le jeune La Valette (4), prit le chemin de Vendome, puis alla à Alençon, et de là se retira au pays du Maine et d'Anjou, où il commença à prendre le party de Monsieur et du prince de Condé; reprenant la religion qu'il avoit été contraint d'abjurer, et recommençant l'ouverte profession d'icelle par un acte solemnel de batême, tenant la fille d'un medecin au prêche.

Un gentilhomme des siens m'a dit que ce Roy, depuis son partement de Senlis jusqu'à la riviere de Loire, ne dit mot; mais que l'ayant passée, il jetta un grand soupir, et dit : « Loué soit Dieu, qui m'a delivré! On « a fait mourir la Reine ma mere à Paris; on y a tué « M. l'amiral, et tous nos meilleurs serviteurs; on n'a- « voit pas envie de me mieux faire, si Dieu ne m'avoit « gardé. Je n'y retourne plus, si on ne m'y traisne. »

assiégés d'espions, et où leurs amis étoient maltraités. Le duc d'Alençon partit le premier, et le roi de Navarre parut indifférent sur les affaires de ce prince : ce qui confirma le Roi et la Reine mère dans l'opinion qu'il y avoit toujours entre eux de la froideur.

(1) *Sortit de Paris :* cinq mois et quelques jours après l'évasion du duc d'Anjou. Le Roi et la Reine mère furent peu alarmés de cette sortie, persuadés qu'il y avoit une grande antipathie entre ces deux princes, et qu'ils ne pourroient jamais s'accorder. — (2) *Lavardin :* Jean de Beaumanoir de Lavardin. Henri IV le fit maréchal de France en 1595. — (3) *Fervaques :* Guillaume de Hautemer, seigneur de Fervacques, comte de Grancey, depuis maréchal de France. — (4) *La Valette :* Jean-Louis de Nogaret de La Valette, duc d'Epernon. Il quitta peu après le roi de Navarre, et devint favori de Henri III.

Puis gossant à sa maniere accoutumée: « Je n'ai, ajouta-
« t-il, regret que pour deux choses que j'ai laissées à
« Paris, la messe et ma femme : toutesfois pour la
« messe, j'essayerai de m'en passer ; mais pour ma
« femme, je ne puis, et la veux ravoir. »

Le jour qu'il sortit de Paris, qui etoit le premier
jour de la foire de Saint Germain, il y alla tout botté,
avec M. de Guise, à qui il fit des caresses extraordinaires, et le vouloit emmener à la chasse avec lui. Mais
le duc ne voulut jamais y aller, soit qu'il se deffiât ou
non.

Deux jours avant son evasion, il avoit couru un
bruit qu'il s'en etoit fuy, et le Roy en avoit opinion,
pour n'avoir couché à Paris; mais le lendemain matin,
lorsque Leurs Majestés ne l'attendoient plus, il les vint
trouver tout botté à la Sainte Chapelle, et leur dit qu'il
leur ramenoit celui dont ils etoient tant en peine.

Le 23 mars, arriva à Paris Beauvais La Nocle, deputé des huguenots et des catholiques associez (1).

Le 24, les seigneurs Laffin, Micheri et Beaufort

---

(1) *Des huguenots et des catholiques associez :* Le duc d'Alençon demandoit qu'on lui donnât une augmentation d'apanage; que le
prince de Condé fût mis en possession du gouvernement de Picardie, dont il n'avoit que le titre; que la cour y joignît Boulogne et
ses dépendances, et qu'on accordât au marquis de Conti, son frère,
une nouvelle compagnie de cent hommes d'armes. Le roi de Navarre demandoit que la paix étant faite, il lui fût permis de se retirer
avec sa femme dans ses terres de Béarn ; que le Roi ratifiât le traité
d'alliance fait par son bisaïeul Jean d'Albret avec le roi Louis XII, et
lui prêtât secours pour recouvrer son royaume de Navarre ; qu'on lui
payât les deux cent mille livres restant de la dot de sa femme, et les
intérêts ; qu'on lui accordât le droit de régale, et le pouvoir de nommer les juges et officiers sur ses terres. Il vouloit en outre le gouvernement de Guyenne.

furent envoyés vers Monsieur à Moulins, pour lui communiquer ce qui avoit été accordé par le Roy sur le traité de la pacification.

Au commencement d'avril, les huguenots branquetèrent Nevers de trente mil francs, comme ils avoient auparavant branqueté ceux de la Limagne d'Auvergne de cent cinquante mil, et ceux de Berry de quarante mil (1).

Le 19 d'avril, le duc de Nemours (2) étant au conseil au Louvre, entra en hautes paroles avec Beauvais La Nocle, jusqu'à dire que s'il eût été en la place du Roy, il l'auroit envoyé en lieu où il auroit parlé plus bas. A quoi ledit Beauvais repliqua qu'il étoit bien en la puissance du Roy de le faire; mais que ceux qui lui etoient bons serviteurs ne lui donneroient pas ce conseil, vû les garands qu'il avoit. « Je ne sçais, dit M. de « Nemours, quels sujets sont que les huguenots; mais « si j'en avois, et qu'ils me parlassent de la façon que « vous parlez au Roy, il n'y auroit garantie qui tînt « que je ne les envoyasse sur l'échaffaut. » Lors Beauvais voulant repliquer, le Roy lui imposa silence, et dit à M. de Nemours : « Mon cousin, s'il y a quelqu'un d'of« fensé en cette procedure, c'est moi; et toutesfois vous « voyez comme je patiente : mon silence devroit vous

---

(1) *Et ceux de Berry de quarante mil :* Les assemblées qui se faisoient pour la trève ne suspendirent pas les hostilités de la part des protestans. Non contens d'avoir tiré de la ville de Dijon deux cent mille livres en contributions, douze mille livres pour la Chartreuse, cent cinquante mille livres pour la Limagne d'Auvergne, quarante mille de ceux du Berri, et trente mille pour la ville de Nevers, ils surprirent plusieurs forts. — (2) *Le duc de Nemours :* Jacques de Savoie, duc de Nemours, étoit fils de Philippe. Il épousa Anne d'Est, comtesse de Gisors, veuve de François de Lorraine, duc de Guise.

« apprendre à vous taire. — Je l'eusse fait volontiers, « sire, repondit M. de Nemours, s'il eût été question « en ceci de mon particulier; mais y allant du service « de Vôtre Majesté, je ne puis me taire. — J'ai, dit le « Roy, ouy dire qu'il n'y en avoit de plus mal servis « que ceux qui avoient le plus de valets. » Et là-dessus se leva.

Le 15 d'avril, jour de Pâques fleuries, le Roy fit publier aux prônes de toutes les paroisses de Paris qu'il avoit fait faire une croix de nouveau, semblable à celle qui souloit être en sa Sainte Chapelle, et qui derobée avoit été l'année précedente; et qu'en icelle il avoit fait enchasser une partie d'une grande piece de la vraie croix de Jesus-Christ, des pieça gardée en une autre grande croix double, au tresor de sadite Chapelle; et que chacun l'allast, la semaine saincte, adorer comme de coutume. De quoy le peuple de Paris, fort dévot, et de legere croyance en telles matieres, fut fort content.

Le 21, veille de Pasques, la paix fut arrestée dans le Louvre.

Le 29, le Roy alla au Palais, et demanda à messieurs du parlement, par forme d'emprunt, que chacun d'eux, selon ses facultés, lui donnassent promptement quelques sommes de deniers pour faire sortir de son royaume tant de gens de guerre etrangers; à quoy chacun fit offre de le secourir de tout ce qui lui etoit possible. De fait, il les fit venir au Louvre, avec ceux des comptes et autres ses officiers, et exiger d'eux ce qu'il en put tirer. Le premier president [1] bailla cinq mil livres, les autres presidens et les conseillers à proportion.

---

[1] *Le premier president :* Christophe de Thou.

Au commencement du mois de may, l'édit de pacification etant resolu et dressé à Valery par les gens de Monsieur, du prince de Condé et du duc Casimir, assistés de Pybrac et autres du conseil du Roy, les reistres se retirerent vers la frontiere de Lorraine, attendans qu'on fournît au duc Casimir le premier payement de trois millions six cents mil livres à lui accordés pour avoir si bien ruiné la France; et furent, pour sûreté du payement de ladite somme, baillez les plus precieuses bagues du cabinet du Roy, et trois ou quatre grands seigneurs en ostage.

Le lundy 7 may, furent publiées [en pleine audience] au parlement, les lettres patentes du Roy contenant l'annulation de l'emprisonnement, et la declaration de l'innocence du marechal de Montmorency.

Ledit jour, les avocats et procureurs du parlement furent par le premier president appellez et assemblez au Palais en la salle de Saint-Louis, afin de se cottiser et prester au Roy la somme de cent mil livres, qu'il s'etoit promis de tirer de leurs deux communautez. De fait, chacun fit quelques offres, lesquelles ne furent suivies, ains augmentées par les taxeurs, lesquels envoyerent aussitost après, à chacun des plus apparens et aisez avocats et procureurs, un billet de leur taxe, signé Pottier [1], qui etoit secretaire des finances à ce commis par le Roy; dont y eut grande plainte et murmure. Et toutesfois il ne falloit laisser de payer, et porter chacun la somme de sa taxe aux coffres du Louvre, et en rapporter quittance pour lui servir en tems et lieu. Semblables taxes furent faites sur les autres officiers,

---

[1] *Pottier* : Louis Potier, seigneur de Gesvres.

praticiens et notables bourgeois de Paris, desquels le Roy tira en moins d'un mois une bonne somme d'argent.

Le lundy 14 may, le Roy, après la publication de la paix, sortant du Palais, voulut venir en la grande eglise faire chanter le *Te Deum*, et puis faire feux d'allegresse par la ville; mais le clergé et le peuple ne voulut entendre ni à l'un ni à l'autre, fâchés de plusieurs articles accordés aux huguenots. Toutesfois, le lendemain, y fut ledit *Te Deum* chanté sur les cinq heures du soir par les chantres du Roy, et ce en l'absence des chanoines, chapelains et chantres de ladite eglise, lesquels ne s'y voulurent trouver; et puis fut fait le feu d'allegresse devant l'hôtel de ville, avec peu d'assistance et de joie du peuple (1).

Le jeudy 24, le Roy alla en la cour, et fit publier ses lettres patentes, contenantes l'augmentation de l'appanage du duc d'Alençon (2) son frere, des duchés de Berry et d'Anjou, des comtés de Touraine et du Maine, etc.

Sur la fin du present mois, on découvrit que le Roy avoit pris quelques deniers destinés au payement des rentes de l'hôtel de ville, pour les quartiers de Pâques et Saint-Jean. De quoi le peuple de Paris murmura fort, parce que c'etoit le seul moyen qui lui restoit pour vivre; et furent, pour y aviser, convoqués et

---

(1) *De joie du peuple :* Le peuple, loin de témoigner quelque joie de cette paix, voyoit avec plaisir les placards satiriques que l'on affichoit dans Paris contre ceux qui l'avoient conseillée. Mais en critiquant cette paix, on ne vouloit pas donner d'argent pour faire la guerre. — (2) *L'appanage du duc d'Alençon :* Ce prince fut le seul à qui la cour tint parole. Non-seulement on augmenta son apanage, mais encore on lui donna une pension considérable, et la nomination aux bénéfices.

assemblés, les 26 et 28, en l'hôtel de ville, plusieurs notables bourgeois. Le conseiller Abot déclama librement contre le mauvais conseil par lequel étoit conduit le Roy, et il fut résolu qu'on lui feroit remontrances, qui furent dressées et proposées à Sa Majesté par Charon, prevôt des marchands, et qui furent inutiles.

Le mardy 5 juin, René Baillet, seigneur de Seaux et de Tresmes, conseiller du Roy en son privé conseil, et second president au parlement, qui péchoit plus par ignorance que par malice, mourut à Paris; et Pomponne de Bellievre (1), auparavant conseiller au conseil privé, et ambassadeur en Suisse, fut pourvu de cet etat vacant.

Le jeudy 7, le Roy vint au Palais, fit publier l'edit de création de la nouvelle chambre appelée mi-partie, établie par l'edit de pacification, laquelle étoit si odieuse à la cour que si le Roy ne fût venu, elle n'y eût jamais été publiée.

Le 15, on cessa de faire la garde des portes de Paris. Toutesfois, à cause que le soir un ecuyer du duc de Nemours, près le college de Mignon (2), avoit été tué d'un coup de pistolet, on fit encor le lendemain quelque garde et forme de recherche.

Le lendemain 22 juin, Pierre de Gondy, évesque de Paris, partit pour Rome (3), afin de faire accorder au

(1) *Bellievre* : Il étoit fils de Claude de Bellièvre, premier président au parlement de Grenoble. — (2) *Près le college de Mignon* : Jean Mignon, archidiacre de Blois, conseiller du Roi, et Robert Mignon, conseiller à la chambre des comptes, avoient fondé en 1539 ce collége, qui a porté leur nom jusqu'en juin 1605. — (3) *Partit pour Rome* : La mission de ce prélat à Rome augmenta les soupçons des protestans. Ces soupçons se dissipèrent, lorsqu'on sut que cette aliénation étoit demandée pour payer ce qui restoit dû aux reîtres.

Pape, avec bulle, l'aliénation des deux cents mil livres de rente accordées au Roy par le clergé.

Ce jour même 22 juin, le baron de Viteaux (1) étant allé, sous couleur d'amitié, voir le prevost de Paris son frere, nouvellement marié, en son château de Nantouillet, après y avoir fait bonne chere le soir, s'étant le lendemain matin rendu le plus fort audit château, força son frere de lui donner quatre mil écus, tant en argent qu'en joyaux, pour le supplement prétendu de partage, et partit bien monté des meilleurs chevaux de sondit frere.

Le 14 juillet, le Roy et la Reine sa femme, revenans de Normandie, arriverent à Paris, avec grande quantité de guenons, perroquets et petits chiens achetez à Dieppe.

Le lundy 16 juillet, le Roy fut au Palais, et fit en sa présence publier l'édit d'aliénation de deux cents mil livres de rente accordées par le clergé de France; et voulant faire recevoir Guillaume Dauvet, seigneur d'Arennes, president en la chambre my-partie, ledit Dauvet, voyant les difficultez que l'on lui faisoit à cause de sa religion, supplia le Roy de ne passer outre, lui disant qu'il aimoit mieux ne l'estre point que d'estre reçu par contrainte.

Le mercredy 18, Custos, docteur tholosain, homme de grande litterature et prudhommie, et fort estimé de ceux de la religion, dont il faisoit publique profession, se tua au village de Lardy par forme de desespoir.

En ce tems Monsieur fut magnifiquement reçu dans Bourges, où le prince de Condé ne voulut jamais en-

---

(1) *Viteaux :* Guillaume Duprat de Nantouillet, baron de Viteaux,

trer, quelque priere que lui en fît Monsieur, lui disant : « Je connois le peuple de Bourges si mal affec-
« tionné à ceux de ma religion, que j'ai peur d'y
« troubler la feste, pource qu'entre tant de peuple il se
« pourra trouver quelque coquin qui, faisant semblant
« de viser ailleurs, me donnera dans la teste. Le co-
« quin seroit pendu, mais cependant le prince de Condé
« mort. Je vous prie, monsieur, que je ne fasse pas
« pendre des coquins pour l'amour de moy. »

En ce même tems encor, M. Scorcel, jadis conseiller du parlement de Paris, et des plus renommez en son etat pour sa justice et sa doctrine, fut tué d'une pistolade à la teste, à Valbourgeon en Sologne, comme il se pourmenoit avec mademoiselle Bagneux sa sœur, par un nommé Duchesne, entremetteur des affaires de M. Juranville. Ce Juranville étoit un gentilhomme huguenot qui avoit épousé la fille de la femme dudit Scorcel, et qui avoit surpris des lettres que sa femme ecrivoit audit Scorcel, par lesquelles elle le conjuroit de la tirer, par poison ou autrement, de la peine où elle étoit : tellement que si Dieu n'y eût remedié à l'heure, il y auroit eu grand danger qu'on eût conjoint un meurtre à un inceste; car ledit Scorcel avoit delaissé Dieu jusqu'à abuser, ainsi qu'on disoit, de sa belle-fille. Il vécut, après sa blessure, deux ou trois jours, pendant lesquels il ne cessa d'implorer la misericorde de Dieu.

Le lundy 23 juillet, le cardinal de Bourbon, archevesque de Rouen, étant accompagné de plusieurs dignitez et chanoines de son eglise, et précedé de sa croix archiépiscopale, alla au lieu où les huguenots faisoient leur presche en ladite ville, suivant la permission de l'edit du Roy, pour leur faire quelques salutaires remonstrances; mais le ministre et les auditeurs s'évaderent les uns après les autres, crainte de pis, [et gagnerent le haut.] On en fit le lendemain le conte au Roy; et comme M. le cardinal, avec le baston de la croix, avoit chassé les huguenots de Rouen : « Je « voudrois, dit le Roy, qu'on pût aussi facilement « chasser les autres, y dût-on ajouster le benistier. »

En ce tems, le Roy acheta de Benoist Milon la terre d'Olinville près Chastres, sous Montlehery, soixante mil livres; puis la donna à sa femme, et y mit pour cent mil frans de nouveaux meubles. Ledit Milon l'avoit achetée trente mil; et pour ce que ledit Milon, champignon de fortune, étoit venu en peu de tems, de fils d'un serrurier de Blois, à de grands emplois et biens, pour avoir, au lieu des huys et serrures que crochetoit son pere, crocheté dextrement les coffres du Roy, on publia ces vers :

Ille Milo emunctor regum, cui nomen in olim,
 Versum, qui fiscos diruit ære graves,
Regales æquans luxus in divite villa,
 Dum timet in fiscum ne malè parta cadant,
Mutavit villam tanto auri pondere, quanto
 Postmodo si lubeat, regia possit emi.
Volcano genitore satum certissima fama est,
 Fortunæ potuit, qui faber esse suæ.
Jure placet Regi ista domus, nam gaudet habere
 Mulciberi factam Juppiter arte domum.

Et pour mettre au-dessus de la porte :

Ut variet fortuna vices, hunc disce, viator;
 Regia nunc, olim villa Milonis eram.

Le nom de mignons commença alors à trotter par la

bouche du peuple, à qui ils étoient fort odieux, tant pour leurs façons de faire badines et hautaines, que par leurs accoustremens efféminez, et les dons immenses qu'ils recevoient du Roy. Ces beaux mignons portoient les cheveux longuets, frisés et refrisés, remontans par dessus leurs petits bonnets de velours, comme font les femmes; et leurs fraises de chemises de toille d'atour empesées, et longues de demi pied : de façon que voir leurs têtes dessus leur fraise, il sembloit que ce fût le chef de S. Jean en un plat.

Le lundy 6 d'aoust, Charles de Lorraine, duc de Mayenne-la-Juhel, fut marié à Meudon avec Marie de Savoye (1), fille unique du comte de Villars, admiral de France, et veuve de Montpezat, dont elle avoit six enfans vivans. Ce seigneur fut attrait par cent mil livres comptant, et trente mil livres de rente au premier né de ce mariage. Bruit fut que ce duc avoit presté les cent mil livres au Roy, et qu'il avoit reçu assignation de trois cent mil sur les deniers provenans de la vente des biens du clergé.

Le 13 dudit mois, l'evêque de Paris rapporta de Rome la permission de vendre du bien de l'Eglise jusqu'à la concurrence de cinquante mil écus de rente; dont tout le clergé lui sut fort mauvais gré.

En ce tems, le Roy alloit à pied par les eglises de Paris, pour gagner le jubilé envoyé par Gregoire XIII, [accompagné de deux ou trois personnes seulement.] Tenant en sa main de grosses patenotres, les alloit disant

---

(1) *Marie de Savoye :* Elle se nommoit Henriette de Savoie, et non pas Marie. Elle étoit fille unique d'Honorat de Savoie, deuxième du nom, marquis de Villars, maréchal et amiral de France, et veuve de Melchior des Prez, seigneur de Montpesat.

et marmotant par les rues. On disoit que ce faisoit-il par le conseil de sa mere, [afin de faire croire au peuple qu'il étoit fort dévot et catholique,] pour mieux fouiller aux bourses des bourgeois de Paris. Mais le peuple de Paris, encore qu'il soit fort aisé de lui imposer en telles matieres où il y va de la religion, n'en fit point de cas. Sur quoy fut publié ce pasquil :

> Le Roy, pour avoir de l'argent,
> A fait le pauvre et l'indigent,
>   Et l'hipocrite ;
> Le grand pardon il a gagné :
> Au pain, à l'eau, il a jeûné
>   Comme un hermite.
> Mais Paris, qui le connoist bien,
> Ne voudra plus lui prester rien
>   A sa requeste;
> Car il en a ja tant presté,
> Qu'il a de lui dire arresté :
>   « Allez en queste. »

Les premiers jours de septembre, fut affiché et semé au Louvre et ailleurs un long placard intitulé *l'Evangile des longs vêtus*. Il étoit fait contre ceux de la justice, ausquels on en vouloit fort, et qu'on disoit, par leur connivence, ouvrir peu à peu la porte à ceux qui ne demandoient qu'à lui faire violence.

En ce même tems, courut à Paris sous le nom du peuple, plus volage que les girouettes de leurs clochers, et qu'on fait parler comme les orgues, un placard contenant les titres suivans :

Henri, par la grace de sa mere, inerte roy de France et de Pologne imaginaire, concierge du Louvre, marguillier de Saint-Germain-l'Auxerrois, bas-

teleur des églises de Paris, gendre de Colas (1), *gauderonneur des colets de sa femme et friseur de ses cheveux* (2); *mercier du Palais* (3), *visiteur des etuves, gardien des quatre Mendians* (4), *pere conscript des blancs battus* (5), *et protecteur des capuchins* (6).

Vers la my-septembre, se firent à Joinville les nôces du seigneur d'Aumale (7) avec mademoiselle d'Elbœuf sa cousine, et de M. de Luxembourg (8), frere de feu le duc de Brienne, avec la sœur dudit duc d'Aumale.

Le jeudy 20 septembre, le seigneur de Duras vint à Paris, envoyé par le roy de Navarre pour venir querir la Reine sa femme, dont il s'en retourna éconduit, sous couleur de certaines affaires qu'elle avoit à Paris.

Le samedy 22, vinrent à Paris les nouvelles de la messe chantée à La Rochelle dans un petit temple où l'on fondoit l'artillerie; elle n'y avoit été chantée depuis les matines de Paris.

(1) *Gendre de Colas :* Il avoit épousé la fille de Nicolas de Vaudemont, cadet de Lorraine. — (2) *Friseur de ses cheveux :* Il se plaisoit à arranger les collets de la Reine, et à friser lui-même ses cheveux.— (3) *Mercier du Palais :* Une de ses occupations étoit d'examiner ses bijoux, de les changer, et de leur faire donner une forme nouvelle. — (4) *Gardien des quatre Mendians :* Il visitoit souvent les couvens de ces religieux. —(5) *Pere conscript des blancs battus :* Il étoit prieur de la confrérie des pénitens blancs. — (6) *Protecteur des capuchins :* Il montroit une prédilection particulière pour les capucins. —(7) *D'Aumale :* Charles de Lorraine, duc d'Aumale, épousa Marie de Lorraine, fille de René, marquis d'Elbœuf. — (8) *M. de Luxembourg :* François de Luxembourg, duc de Piney-Luxembourg. Diane de Lorraine, fille de Claude duc d'Aumale, et de Louise de Brezé, a été sa première femme. Il épousa en secondes noces Marguerite de Lorraine, fille de Nicolas comte de Vaudemont, et belle-sœur du roi Henri III. Elle étoit alors veuve du duc de Joyeuse.

Le vendredy 28, en la place de Greve à Paris, furent en effigie les seigneurs de Richebourg pere et fils décapités, et deux de leurs valets roués, à faute de les avoir pu appréhender au corps, à cause de l'assassinat par eux commis en la personne de Jacques Vialard, president du grand-conseil, le jeudy absolu précédent, en sa terre d'Arses, près Montfort-La-maurry. Les maisons d'Arses et Richebourg étoient voisines; et à cette occasion Richebourg avoit toujours eu querelle avec ledit Vialard, homme hautain et hargneux.

Les dimanches 23 et 30 de septembre, les huguenots de Paris, revenans de leur prêche qui étoit à Noisy-le-Sec, suivant l'edit, furent accueillis de bravades et d'insolences par la populace, les allant voir à leur retour; et furent rués de part et d'autre quelques coups de pierres et d'espées : dont advint tumulte, et y en eut de blessés et tués. De quoy fut fait plainte au Roy, lequel cependant, vestu en amazone, couroit la bague et faisoit tous les jours bals et festins nouveaux, comme si son estat eût esté le plus paisible du monde.

Le 25 d'octobre, La Noue (1) ayant découvert une partie faite pour le tuer, sortit de Paris. Il étoit hay doublement du Roy et de la Reine mere, tant pour la demande qu'il faisoit de mener du secours aux Etats contre le roy d'Espagne, qu'à cause de sa religion.

Le 7 novembre, M. le duc vint en poste à Olinville, où étoit le Roy; et se firent de grandes caresses (2).

---

(1) *La Noue :* Voyez la Notice qui précède ses Mémoires. — (2) *Se firent de grandes caresses :* Si l'on en croit le duc d'Alençon, jamais accueil ne fut plus froid que celui que Henri III lui fit à ce voyage d'Olinville.

Le vendredy 9, ledit seigneur duc vint en poste à Paris, et alla descendre aux Augustins, où il tint sur les fonts de baptême le fils de M. de Nevers en grande magnificence, puis alla souper et coucher au Louvre, où son logis étoit appresté; et, le dimanche 11, s'en retourna avec la reine de Navarre, sa sœur bien-aimée, trouver le Roy à Olinville, dont ils partirent ensemble le mardy, et arriverent le jeudy à Orléans. De là passerent à Blois, où les Etats étoient convoqués au 25 (1).

De cette entrevue et reconciliation du Roy et de M. le duc, des huguenots et catholiques associés prirent l'alarme. Ce qui augmenta leur soubçon fut l'avis qu'ils eurent qu'au même tems dom Jean d'Austriche, avec quatre chevaux de poste, et sous le passeport d'un Portugais, étoit passé par Paris, où avec l'ambassadeur d'Espagne il avoit demeuré caché deux jours; et que de-là il tiroit à Luxembourg, où il devoit voir le duc de Guise.

Le samedy 10 novembre, arriverent à Paris les tristes nouvelles du sac de la ville d'Anvers; et comme le dimanche 4 de ce mois, sur le midy, les Espagnols étoient sortis en furie de la citadelle, avoient chargé les pauvres habitans, et deffait trois mille Allemands qu'ils y avoient fait entrer, nonobstant le secours du pays que le comte d'Egmont y avoit envoyé; et comme les Espagnols, devenus les maistres de cette belle ville, avoient bruslé la maison des Ostrelins, leur hostel de ville, et bien huit cents maisons de bourgeois, bruslé pour trois ou quatre millions de marchandises qu'ils

---

(1) *Les Etats étoient convoqués au 25* : Par le dernier édit de pacification, le Roi avoit accordé l'assemblée des Etats-généraux.

n'avoient pû emporter, dura le sac environ quinze jours, durant lesquels on faisoit compte de sept à huit mille personnes de morts, de tous âges, sexe et qualités; car l'Espagnol victorieux est ordinairement insolent et cruel. Et fut ruinée une des plus belles et plus riches villes du monde.

En ce tems commencerent à courir les Mémoires de feu Jean David (1), avocat, trouvés après son décès entre ses papiers à Rome, où il étoit pour l'effet de la ligue fondée sur le prétexte de la religion; mais en effet sur les prétentions de la maison de Lorraine, qui se disoient de la race de Charlemagne, et en cette qualité prétendoient

> . . . . *Antiquum exscindere regnum,*
> *Et magno gentem deductam rege Capeto.*

En ce mois de novembre, Thoré vendit son bailliage du Palais dix-huit mil francs à René Baillet, seigneur de Tresmes, fils du president; et Meru vendit la capitainerie de la Bastille à Testu (2), chevalier du guet, plus propre, disoit-on, pour le gouvernement d'une bouteille, que d'une telle place.

Le jeudy 13 decembre, le Roy étant à Blois, ouvrit les Etats, et y fit sa premiere séance, en laquelle il

---

(1) *Feu Jean David:* Jean David, avocat gascon, turbulent et fougueux. C'étoit un brouillon ruiné de crédit et de réputation pour ses mauvaises mœurs. Ses Mémoires tendent à prouver que la couronne de France n'appartient pas aux descendans de Hugues Capet, mais à la maison de Lorraine, qu'il prétend être issue de Charlemagne. Il les porta à Rome en 1576, et mourut à Lyon à son retour. Ces Mémoires tombèrent entre les mains des protestans, qui les firent imprimer. — (1) *Testu:* Laurent Testu la rendit lâchement au duc de Guise, après les barricades.

harangua disertement (1), et fort à propos. Au contraire, le chancelier Birague, après lui, harangua longuement, lourdement, et mal-à-propos; dont fut fait ce quatrain :

> Tels sont les faits des hommes que les dits.
> Le Roy dit bien, d'autant qu'il sçait bien faire;
> Son chancelier est bien tout au contraire :
> Car il dit mal, et fait encore pis.

Le 20 décembre, le fils aisné du seigneur de Saint-Sulpice fut tué en la basse cour du chasteau de Blois par le vicomte de Tours (2), beau-frere de Fizes, secrétaire d'Estat (3), parce que ledit Saint Sulpice lui avoit reproché qu'il n'estoit pas gentilhomme. Le Roy fit demonstration de grand mal-contentement, parce que le pere du mort avoit esté gouverneur du duc d'Alençon.

Ce jour, vinrent nouvelles comme le capitaine de Luines (4), ès mains et garde duquel le maréchal Damville avoit mis la ville du Pont Saint-Esprit, l'avoit remise en l'obéissance du Roy. Thoré faillit à y estre pris, et se sauva de vitesse.

Sur cette prise du Saint-Esprit par les catholiques,

(1) *Il harangua disertement* : A l'ouverture des Etats de Blois, le Roi prononça une harangue qu'on disoit composée par Jean de Morvilliers : cette harangue fut approuvée; il n'en fut pas ainsi de celle du chancelier de Birague, qui parla maladroitement, et prouva qu'il avoit peu de connoissance des affaires du royaume. — (2) *Le vicomte de Tours* : Jean de Beaune, vicomte de Tours. — (3) *Fizes, secrétaire d'Estat* : Simon Fizes, baron de Sauves. — (4) *Le capitaine de Luines* : Honoré d'Albret, seigneur de Luynes, père de Charles d'Albret, duc de Luynes, qui devint connétable de France sous le règne de Louis XIII.

et sur celle de La Charité par les huguenots, furent divulgués ces vers :

> Pour mieux recommencer une fureur tragique,
> Le soldat huguenot a pris La Charité,
> Vers nous peu charitable; et le fin catholique
> S'est dans le Saint-Esprit adroitement jetté.
> Que demander à Dieu pour vivre en seureté?
> Que puisse aux huguenots le Saint-Esprit se rendre,
> Et que La Charité au Roy se laisse prendre.

En ce mois, l'état de capitaine des gardes, vacant par la mort de Nançay (1), fut donné à Clermont d'Entragues.

[1577] Le mardy premier de l'an 1577, le Roy declara aux deputés des Etats, assemblés à Blois, qu'il ne vouloit, suivant leur avis, qu'il y eût en tout son royaume exercice d'autre religion que de la catholique, et qu'il révoquoit ce qu'il avoit accordé par le dernier édit de pacification, comme par force; de quoy avertis le roy de Navarre, le prince de Condé et le maréchal Damville, chefs des huguenots et catholiques associés; et aussi que le Roy, dès le 12 décembre dernier, avoit juré et signé la saincte Ligue, firent tous actes d'hostilité (2), comme en guerre ouverte.

Le mercredy 9 janvier, les obseques de Maximilien d'Austriche, empereur, beau-pere de Charles IX, furent faits en l'eglise de Paris avec grande magnificence.

---

(1) *Nançay* : Gaspard de La Chastre, seigneur de Nançay, aïeul d'Edme, marquis de La Chastre, qui a laissé des Mémoires. — (2) *Firent tous actes d'hostilité* : Henri III s'étant déclaré le chef de la Ligue, le roi de Navarre, le prince de Condé et le maréchal de Damville commencèrent la guerre. Ils firent entre eux une contre-ligue, dont le prince de Condé étoit lieutenant général, sous l'autorité du roi de Navarre.

Henry Godefroy, religieux de Saint Denys, docteur en theologie, prononça l'oraison funebre, telle qu'elle est imprimée.

Le 13 janvier, un soldat tua sur le degré du château de Blois, le Roy y étant, un brave capitaine gascon, nommé La Braigue, neveu de Puigaillard, et trouva encor moyen de s'évader sans punition.

Le 17 janvier, se tint à Blois la seconde seance des Etats, et le Roy ouyt les harangues et propositions. Louis d'Espinac, archevêque de Lyon, pour le clergé, et le baron de Senecey (1) pour la noblesse, dirent bien, et au contentement d'un chacun. Versoris (2), avocat au parlement, parla pour le tiers Etat, et fut long et ennuyeux. Tous conclurent à ce qu'il plût au Roy ne permettre que l'exercice de la religion catholique, apostolique et romaine; le clergé et la noblesse, avec toute modération, suppliant Sa Majesté de traiter si gracieusement ceux de la nouvelle religion, qu'ils n'eussent pas d'occasion de recommencer la guerre. Et en cas néanmoins qu'il y fallût rentrer, le clergé offrit soudoyer à ses dépens cinq mille hommes de pied et douze cents chevaux; la noblesse offrit ses forces et son service en armes; Versoris, avec son compagnon le president L'Huillier, offrit le corps et les biens, trippes et boyaux, jusqu'à la derniere goutte du sang, et jusqu'à la derniere maille du bien; et comme pensionnaire,

---

(1) *Le baron de Seneçey:* Claude de Beauffremont, seigneur et baron de Seneçay. — (2) *Versoris:* Versoris harangua si mal, que l'on fit sur lui les quatre vers suivans, qui coururent dans les Etats:

> On dit que Versoris
> Plaide bien à Paris;
> Mais quand il parle en cour,
> Il demeure tout court.

conseiller et factionnaire du duc de Guise, corna la guerre contre les huguenots.

Aimar, president de Bordeaux, et Bodin, avocat de Laon, députés pour le tiers Etat de leurs villes et provinces aux assemblées particulieres des Etats, parlerent hautement contre Versoris et ses adhérens pour l'entretenement de la paix.

Le vendredy premier février, les quarteniers et dixainiers de Paris alloient par les maisons des bourgeois porter la Ligue, et faire signer les articles d'icelle. Le president de Thou [1] et quelques autres presidens et conseillers la signerent avec restriction; les autres la rejetterent tout à plat; la pluspart du peuple aussi, non plus que villes de Picardie et Champagne [2].

Le vendredy 15 février, le seigneur de Humieres [3], accompagné de deux ou trois cents chevaux, avec bon nombre de noblesse picarde, entra dans Amiens à des-

[1] *Le president de Thou* : Christophe de Thou, alors premier président, avoit refusé d'abord de signer la formule de l'union; mais lorsqu'il apprit que le Roi l'avoit signée lui-même, et que Matthieu de La Bruyère, lieutenant particulier, étoit chargé de la lui présenter de sa part, il prit une plume; et sur-le-champ, avec sa présence d'esprit ordinaire, il marqua ce qu'il trouvoit à reprendre dans cette nouvelle association, et les conditions auxquelles il y entroit. — [2] *Picardie et Champagne* : Ces provinces avoient été les premieres et les plus ardentes à signer les actes de la Ligue; mais elles sentoient que pour faire la guerre il falloit de l'argent. — [3] *Le seigneur de Humieres* : Jacques d'Humières, lieutenant général en Picardie, gouverneur de Peronne, de Montdidier et de Roye. L'envie d'être le chef d'un parti l'avoit déterminé à seconder tous les desseins du duc de Guise. Le rétablissement du prince de Condé dans le gouvernement de Picardie, et le don que la cour lui avoit fait de la ville de Peronne pour sa sûreté particulière et pour sa demeure, le confirmèrent dans cette résolution, ne voyant pas d'autres moyens, pour se conserver dans Peronne, que de prendre parti contre le Roi.

sein de forcer les habitans à signer la Ligue; mais voyant le peuple mutiné et armé pour repousser la force par la force, se retira avec sa courte honte : et depuis, les députés d'Amiens vers le Roy à Blois rapporterent exemption de jurer et signer la saincte Ligue, moyennant six mille livres qu'ils promirent à Sa Majesté, qui ne demandoit que semblables refus pour avoir de l'argent.

En ce mois, les comediens italiens appellés li Gelosi, que le Roy avoit fait venir de Venise, et desquels il avoit payé la rançon, ayant été pris par les huguenots, commencerent à jouer leurs comédies dans la salle des Etats à Blois; et leur permit le Roy de prendre demi teston de tous ceux qui les viendroient voir jouer.

Le 22 février, l'artillerie partit de Paris pour le siege de La Charité (1), où M. le duc devoit marcher en personne; de quoy les huguenots avertis, et faisans bonne mine en mauvais jeu, se mocquoient de ceux qui les alloient assieger.

> En vain vous employrez le blocus et la mine :
> Le canon ne peut rien contre la vérité.
> Plutost vous détruiront la peste et la famine ;
> Car jamais sans la foy n'aurez La Charité.

Le dimanche 24 février, jour Saint Mathias, le Roy reçut avis que les huguenots avoient fait une contre-ligue, en laquelle etoient entrez les roys de Suede et de Danemarck, les Allemands, et la reine d'Angleterre : [ce qui refroidit beaucoup de gens d'entrer en ladite Ligue, et la signer.] Et cependant faisoit ballets

---

(1) *Le siege de La Charité :* Ce siége avoit été proposé et résolu aux Etats de Blois.

et tournois, où il se trouvoit ordinairement habillé en femme, ouvrant son pourpoint et découvrant sa gorge, y portant un collier de perles et trois colets de toille, deux à fraizes, et un renversé, ainsi que le portoient les dames de la cour; et étoit bruit que sans le decès de Nicolas de Lorraine, comte de Vaudemont, son beau-pere, peu auparavant avenu, il auroit dépensé au carnaval, en jeux et mascarades, deux ou trois cent mil francs.

Sur la fin de ce mois, les Etats furent congédiés par le Roy, qui retint les cahiers des deputés, pour leur répondre par écrit, avec l'avis de son conseil. Il échappa lors au president Mesmin, compagnon de Versoris (1), de dire tout haut, en pleine salle des Etats : « Nous « serons bien fessez à nostre retour à Paris. » A quoy un Normand répondit : « Vous n'en aurez guéres, car « vous êtes amis du fouetteur. »

Le 2 may, la ville de La Charité fut rendue (2) par composition à Monsieur, nonobstant laquelle fut pour la pluspart pillée, et plusieurs habitans tués; ne pouvant Monsieur et les autres seigneurs retenir les soldats animés au sang et au butin; et fut Monsieur contrainct de laisser cent arquebusiers pour garder la maison et famille du seigneur de Landes, qui y commandoit.

Le mercredy 15 may, le Roy, au Plessis-lez-Tours, fit un festin à M. le duc son frere, et aux seigneurs

---

(1) *Au president Mesmin, compagnon de Versoris* : L'Huillier, seigneur de Saint-Mesmin, élu prévôt des marchands de Paris en 1576. L'auteur appelle l'avocat Versoris son compagnon, parce qu'ils étoient tous les deux créatures de la maison de Guise. — (2) *Fut rendue :* Cette ville ne se rendit qu'après une vigoureuse défense.

et capitaines qui l'avoient accompagné au siege et à la prise de La Charité; auquel les dames vestues de verd, en habits d'hommes, à moitié nuës, et ayans leurs cheveux épars comme epousées, furent employées à faire le service; et y furent tous les assistans vestus de verd : pourquoy avoit été levé à Paris pour soixante mil francs de draps de soye verte. La Reine mere fit après son banquet à Chenonceau, qui lui revenoit, à ce que l'on disoit, à près de cent mil francs, qu'on leva par forme d'emprunt sur les plus aisés serviteurs du Roy, et mêmes de quelques Italiens, qui sçûrent bien s'en rembourser au double. [Les filles des Reines étoient vêtues de damas de deux couleurs; madame la marquise de Guercheville en étoit une, et s'appeloit *la Jeune*. Ce festin se fit à l'entrée de la porte du jardin, au commencement de la grande allée, au bord d'une fontaine qui sortoit d'un rocher par divers tuyaux. Madame la maréchale de Rets étoit grande maîtresse; madame de Sauve, qui depuis fut la marquise de Nermoustier, étoit l'une des maîtresses d'hôtel; et tout y étoit en bel ordre.]

Le dimanche 19 may, les comédiens italiens, surnommez li Gelosi, commencerent leurs comédies en l'hostel de Bourbon à Paris. Ils prenoient quatre sols de salaire par teste de tous les François; et il y avoit tel concours, que les quatre meilleurs predicateurs de Paris n'en avoient pas tous ensemble autant quand ils preschoient.

Le 28, Monsieur ayant assiegé Yssoire, elle fut le 12 juin, en parlementant, prise d'assaut. Les soldats ne purent estre empeschés qu'ils ne pillassent et bruslassent la ville, et tuassent sans discrétion tout ce qui se trouva devant eux. Le seigneur de Bussy (1) le jeune, et plusieurs gentilhommes, furent tués aux approches de cette ville; et d'Alegre (2), qui en avoit été quitte pour une arquebusade, fut tué de nuict en son château d'Alegre, à l'occasion d'une dame qu'il aimoit.

Le Roy ayant sçû à Chenonceau la prise d'Yssoire et d'autres villes, l'appela le château de Bonnes Nouvelles : au contraire, les huguenots appellerent cet an l'année des mauvaises nouvelles.

Le samedy 15 juin, les monnoyes furent décriées par lettres patentes du Roy, modifiées et corrigées par quelques arrests et ordonnances de la cour de parlement, sur ce par diverses fois assemblée. Ce décry apporta une grande incommodité au pauvre peuple de France, parce que par toutes les villes du royaume ne se pouvoit voir ni recouvrer douzains et carolus, ni autre menue monnoye, qui toute avoit été transportée hors pour l'échanger à l'or, étant à haut prix en France, comme l'escu soleil à trois livres douze sols six deniers; le double ducat à deux testes, à dix livres; les ducats doubles de Portugal, dits S. Etienne, ou millerays, à neuf livres cinq sols; le noble rose, à douze livres; l'impérialle de Flandres d'or, à six livres; les reales d'Espagne d'argent simple, à six et sept sols; les philippus d'argent, à cinq livres; le teston de France à vingt et vingt-deux sols; les ducats dits de Pologne, dont couroit lors un nombre effrené par tout le royaume, et

---

(1) *Le seigneur de Bussy :* Hubert, autrement Jacques de Clermont d'Amboise, frère de Bussy d'Amboise. — (2) *D'Alegre :* Yves, baron d'Alègre. Il ne faut pas le confondre avec son neveu, qui se nommoit egalement d'Alègre, et qui tua Guillaume Du Prat, baron de Viteaux.

qu'on disoit forgés en France, quatre livres quinze sols, qui n'estoient toutes fois d'or d'escu, et ne pesoient que deux grains plus que l'escu soleil. Et neantmoins n'y donnoient, le Roy ni la cour, ne les géneraux des monnoyes, ne les autres officiers du royaume, aucun ordre ni remede : ains vivoit le peuple à sa discrétion pour ce regard; aussi ne furent lesdites ordonnances observées ni gardées, et se mettoit publiquement au premier aoust l'escu soleil, à la boucherie et partout ailleurs, en marchandise, à trois livres quinze sols piece, et les autres especes à l'équipolent.

Le mercredi 26 juin, la cour, assemblée aux mercuriales, fit défenses aux Gelosi de plus jouer leurs comédies, pour ce qu'elles n'enseignoient que paillardises.

Le 22 juillet, M. Pierre Hennequin, quart president de la grande chambre, mourut. Il étoit créature des Guisards et un des principaux pilliers de la Ligue : il avoit amassé de grands biens, et presté à Charles IX soixante mille livres en 1568, et fut en cette même année fait sixième president. Surquoy fut fait par les huguenots le pasquil suivant :

Puero regnante (1), *fœmina imperante* (2), *Marcello suadente* (3), *archipirata Senonensi suffragante* (4), *republica collabente, civili dissensione exardescente,*

---

(1) *Puero regnante* : c'étoit le roi Charles IX, qui avoit à peine dix-neuf ans. — (2) *Fœmina imperante* : Catherine de Médicis, qui avoit le pouvoir comme régente. — (3) *Marcello suadente* : Claude Marcel, qui fut ensuite prévôt des marchands de la ville de Paris. Il avoit conseillé à Hennequin de porter au Roi la somme de soixante mille livres. — (4) *Archipirata Senonensi suffragante* : Jérôme Hannequin, évêque de Soissons ; ainsi il faut mettre *Suessionensi* au lieu de *Senonensi*.

cardinali Borbonio ad omnia annuente, Lansacco in sacco ponente (1), *auri sacrâ fame cogente* (2), *sole eclipsim patiente* (3), *Asinus quintus* (4) *sextus præses est creatus.*

Sa place vacante fut donnée à Guy Du Faur Pibrac, pour récompense de ses services.

Le samedy 27 juillet, li Gelosi, comédiens d'Italie, après avoir présenté à la cour les lettres patentes par eux obtenues du Roy, afin qu'il leur fût permis de jouer leurs comedies nonobstant les deffenses de la cour, furent renvoyés par fin de non recevoir ; et deffenses à eux faites de plus obtenir et presenter à la cour de telles lettres, sous peine de dix mille livres parisis d'amende applicable à la boëtte des pauvres. Nonobstant lesquelles deffenses, au commencement de septembre suivant ils recommencerent à jouer leurs comédies en l'hostel de Bourbon comme auparavant, par la jussion expresse du Roy : la corruption de ce tems étant telle, que les farceurs, bouffons, put.... et mignons avoient tout crédit auprès du Roy.

En ce mois, Michel de La Croix, parisien, abbé d'Orbais près Château-Thiery, allant en son abbaye, fut tué par les deux fils du feu seigneur de Brœil, en une maison du village de Verdon, dans laquelle il s'étoit sauvé. L'occasion de cet assassinat fut le meurtre

---

(1) *Lansacco in sacco ponente* : Urbain de Saint-Gelais-Lansac, fils naturel de Saint-Gelais de Lansac, ardent ligueur, fut évêque de Comminges. On suppose que ce fut lui qui reçut cette somme, et qui la porta au Roy dans un sac. — (2) *Auri sacrâ fame cogente* : La misère du royaume étoit alors si grande, qu'on faisoit argent de tout. — (3) *Sole eclipsim patiente* : Les réformés regardoient Charles IX comme captif, et disoient dès-lors que le soleil de la France étoit éclipsé. — (4) *Asinus quintus* : Ane-quint.

dudit seigneur de Brœil pere environ dix ans auparavant, commis par ledit abbé et ses gens en son abbaye; duquel il avoit été absous par un arrest du grand conseil, mais non pas par celui de Dieu.

Sur la fin de ce mois de juillet, le fort du Mont Saint-Michel fut surpris des huguenots par l'intelligence de trois moines de l'abbaye; et vingt-quatre heures après repris par la dexterité des catholiques, qui jetterent les trois moines traîtres dans la mer.

Le 10 d'aoust, vinrent nouvelles à Paris de Namur, surprise par le duc d'Austria [1], sous ombre de recevoir et festoyer la reine de Navarre, qui s'en alloit aux bains.

Au commencement de septembre, Villequier [2], chevalier de l'ordre du Roy, capitaine de cinquante hommes d'armes, étant dans le château de Poictiers où lors étoit le Roy, et où, comme favory de Sa Majesté, il étoit aussi logé, tua sa femme sortant de son lit, et la poignarda avec une de ses damoiselles, qui lui tenoit le miroir et lui aidoit à se pinpelocher; et ce sur le sujet d'un pacquet qu'il surprit, et duquel il prit assurance de sa paillardise, et que des pieça il etoit averti qu'elle commettoit avec plusieurs personnes.

Ce pacquet étoit par elle adressé au seigneur de Barbizy, beau jeune homme parisien, qui avoit épousé la veuve de Villemain, maistre des requestes, avec laquelle il paillardoit du vivant de son mary; et lui mandoit qu'elle étoit grosse de son fait, bien que son mary,

---

[1] *Surprise par le duc d'Austria* : Don Juan d'Autriche, fils naturel de Charles-Quint, gouverneur des Pays-Bas pour le roi Philippe II. — [2] *Villequier* : René de Villequier, dit le Jeune et le Gros. Il fut depuis gouverneur de Paris et de l'Ile de France, et chevalier du Saint-Esprit.

plus de dix mois auparavant, n'eût couché avec elle. Encore disoit-on que ledit Villequier avoit découvert une entreprise que sa femme avoit fait de l'empoisonner, comme ja ledit Barbizy avoit empoisonné la sienne, afin de se marier ensemble après la mort de l'un et de l'autre; et qu'il avoit trouvé dans ses coffres la mixtion en paste dont il devoit estre empoisonné.

Ce meurtre fut trouvé cruel comme commis en une femme grosse de deux enfans, et étrange comme fait au logis du Roy, Sa Majesté y étant; et encore en la cour, où la paillardise est publiquement pratiquée entre les dames, qui la tiennent pour vertu. Mais l'issuë et la facilité de la remission qu'en obtint Villequier, sans aucune difficulté, firent croire qu'il y avoit en ce fait un secret commandement et tacite consentement du Roy, qui hayssoit cette dame *pour un refus en cas pareil.*

[On fit de cette dame l'epitaphe suivant :

 Arrête ici, passant, et dessus ce tombeau
 Discours en ton esprit de cet acte nouveau :
 Celle qui gist ici est l'impudique femme
 D'un cocu courtisan, exécrable et infâme,
 Qui de sa propre main la daguant, l'étouffant,
 Occit cruellement et la mere et l'enfant.
 Non l'ire, non l'honneur, non quelque humeur jalouse,
 L'ont fait ensanglanter du sang de son épouse :
 D'honneur, il n'en eût onc; eût-il été jaloux
 D'une qu'il savoit bien être commune à tous,
 Et que même il avoit souvent, en tout délice,
 Adhéré, consenti mille fois à son vice ;
 Et qui n'aimoit pas moins à le faire cocu,
 Qu'il aime et qu'il chérit d'un bard.... le c..?
 Va, passant : car elle a justement le salaire
 Que mérite à bon droit toute femme adultere ;
 Et lui soit pour jamais dit l'infâme boureau
 De celle dont il fut autrefois macquereau !]

En ce mois, les écus sols, nonobstant les ordonnances du Roy, se mettoient à Paris pour quatre livres cinq sols; à Orleans et autres villes du royaume, l'écu se mettoit pour cinq et six livres, et le teston pour trente et trente-cinq sols; et ce à cause du peu d'argent et d'or qu'on disoit qu'il y avoit en France, mais principalement à cause de la disette de la monnoye, dont on ne pouvoit recouvrer en façon que ce fût.

En ce même mois Pybrac presenta ses lettres à la cour, pour être mis en possession de l'etat dont il avoit été pourvû après la mort de M. Hennequin ; laquelle fit réponse que ledit etat étoit surnuméraire, et de nouvel creé, et devoit estre supprimé par l'avis même dudit sieur de Pybrac, qui, étant avocat du Roy, en avoit requis la suppression; et fit sur ce la cour remontrances au Roy, lequel sans y avoir égard leur envoya lettres de jussion très-expresses, et un édit de rétablissement dudit etat, lequel fut vérifié le 23, et peu après ledit Pybrac instalé.

La demoiselle de Châteauneuf, l'une des mignonnes du Roy, avant qu'il allast en Pologne, s'étant mariée par amourettes avec Antinotti, florentin, comite des galeres à Marseille, et l'ayant trouvé paillardant, le tua virilement de sa propre main.

Le samedy 5 d'octobre, l'édit de pacification entre le Roy d'une part, et les huguenots et catholiques surnommés mécontents d'autre, fut publié à son de trompe, et le 8 vérifié au parlement; dont le peuple témoigna peu de joye, et les gens d'Eglise encore moins ; témoin le sermon de frere Poncet, docteur, curé de Saint-Pierre des Arsis, et un des plus renommés prédicateurs de Paris, dans l'eglise de Saint-Sulpice, où j'étois ; et entendis le plaisant dialogue qu'il fit pour faire croire que l'edit, et ceux qui l'ont fait, et les conseillers d'icelui, ne valent rien : ce sont ses mots.

Le jeudy 7 novembre, commença à paroître une comette vers le midy, fort longue, qui se levoit avec la lune, peu après le soleil couché, et s'abaissoit sous l'horison sur les neuf ou dix heures du soir, et fut vûë quarante jours. Ces fols d'astrologues présagerent la mort d'une reine, ou de quelque grande dame : ce que la Reine mere ayant entendu, entra incontinent en grande frayeur que ce fût elle ; de quoy se mocquant un docte courtisan, comme ne pouvant avenir un plus grand bien à la France, il composa l'épigramme qui suit, semé et divulgué partout.

DE COMETA ANNI 1577.

Ad Reginam matrem.

Spargeret audaces cum tristis in æthere crines,
Venturique daret signa cometa mali ;
Ecce suæ Regina timens malè conscia vitæ,
Credidit invisum poscere fata caput.
Quid, Regina, times ? namque hæc mala si qua minatur,
Longa timenda tua est ; non tibi vita brevis.

Le lundy 18 novembre, l'écu sol fut rabaissé à soixante sols, et le teston à seize sols six deniers, et n'y avoit point de menuë monnoye dont le peuple pût s'aider ; qui fut cause que le Roy fit mettre entre les mains des dixainiers et commissaires certaine quantité de douzains, pour soulager le peuple et changer leurs pieces. On trouva cette ordonnance fort raisonnable ; et on eût bien desiré que le Roy, pour le bien de son royaume, en eût fait autant des hommes qu'il en avoit fait des écus, en les remettant à leur prix; dont furent faits ces vers :

> Si par un bel edit le Roy vouloit remettre,
> Comme il fait les écus, les hommes à leur prix;
> Tel veut être à la cour entre les grands compris,
> Qui autour de son col auroit un beau chevestre.

Sur la fin de novembre, le Roy renforça sa garde, et entra en quelque jalousie contre M. le duc, et en grande deffiance des gens de sa suite (1), à cause qu'Antoine Du Prat, prevost de Paris, avoit fait entendre à Sa Majesté qu'il y avoit entreprise contre elle faite par le baron de Viteaux son frere, avec autres; et offroit fournir témoins pour preuve de la ditte conjuration.

Le 30 novembre, Troilus Ursin, gentilhomme romain de la caze Ursine, à neuf heures du soir, revenant à cheval de la ville, fut atteint par le ventre d'une balle de pistolet qui lui fut tirée par un homme inconnu; dont il mourut trois jours après, pendant lesquels il fit contenance de sçavoir qui étoit son meurtrier, et dit seulement, sans le vouloir nommer, qu'il lui pardonnoit sa mort. Il fut solemnellement enterré dans la chapelle des Ursins ses parens, en la grande église de Paris.

Le mardy 10 décembre, Claude Marcel, n'agueres orfévre du Pont aux Changes, puis conseiller, et l'un des sur-intendans des finances, maria l'une de ses filles

---

(1) *En grande deffiance des gens de sa suite* : Sur le rapport de Du Prat, prévôt de Paris, qui avoit, disoit-il, découvert une conspiration contre le Roy, on fit mettre à la Bastille Bussy, La Châtre, et quelques autres serviteurs du duc d'Anjou.

au seigneur de Vicourt. La nôce fut faite en l'hôtel de Guise, où dînerent le Roy et les trois Reines, M. le duc et messieurs de Guise. Après le souper, le Roy y fut, lui trentiéme, masqué en homme, avec trente princesses et dames de la cour, vêtuës de drap et toile d'argent, et soye blanches, enrichies de pierreries en grand nombre et de grand prix. [Les mascarades y apporterent telle confusion, pour la grande suite qu'elles avoient, que la plûpart de ceux de la nôce furent contraints de sortir;] et les plus sages dames et damoiselles se retirerent, et firent sagement : car la confusion du monde y apporta tel desordre et vilainies, que si les murailles et tapisseries eussent pû parler, elles auroient dit beaucoup de belles choses.

En ce même an fut prise et découverte, dans le couvent des Cordeliers de Paris, une garce fort belle, déguisée et habillée en homme, qui se faisoit appeller Antoine. Elle servoit, entre les autres, frere Jacques Berson, qu'on appelloit l'*enfant de Paris*, et le *cordelier aux belles mains*, pensant, et eux tous, ainsi qu'ils le disoient, que ce fût un vrai garçon : dont on se rapporta à leur conscience; et quant à cette fille garçon, elle en fut quitte pour la gehenne et pour le fouet, que je lui vis donner dans le preau de la Conciergerie; qui fut grand dommage à la chasteté de cette femme, qui se disoit mariée, et par dévotion avoit servi bien dix ou douze ans les beaux peres, sans jamais avoir été intéressée en son honneur.

[1578] Le lundy 6 janvier, jour des Rois, la demoiselle de Pons, de Bretagne, reine de la féve, fut, par le Roy desesperément brave, frisé et gauderonné, menée, du château du Louvre, à la messe en la chapelle de Bourbon, étant le Roy suivi de ses jeunes mignons, autant et plus braves que lui. Bussy d'Amboise (1), le mignon de Monsieur, frere du Roy, s'y trouva à la suite de M. le duc son maître, habillé tout simplement et modestement, mais suivi de six pages vêtus de drap d'or frisé, disant tout haut que le tems étoit venu que les belistres seroient les plus braves. De quoy suivirent les secrettes haines et querelles qui parurent bientôt après.

Le vendredy 10, Bussy, qui le soir du jeudy précédent, au bal qui tous les soirs en la grande salle du Louvre se faisoit et continuoit depuis les Roys, avoit pris querelle avec Grammont, envoya à la porte de Saint Antoine trois cens gentilshommes bien armés et montés; et Grammont autant de mignons et partisans du Roy, pour là y démêler leurs querelles à toute outrance. Or furent-ils empêchés de se battre, par exprès commandement du Roy ce matin; nonobstant lequel commandement Grammont, bien accompagné, alla l'après-dîner rechercher Bussy en son logis, ruë des Prouvaires, où il s'efforça d'entrer, et y fut, par quelque espace de tems, combattu entre ceux de dehors et ceux de dedans. De quoy le Roy averti envoya le maréchal de Cossé et Strozzy (2), qui emmènerent Bussy au Louvre, où aussi-tôt après fut amené Grammont par exprès commandement du Roy; et le lendemain matin furent mis d'accord, par l'avis des maréchaux de Montmorency et Cossé.

(1) *Bussy d'Amboise* : Louis de Clermont, dit Bussy d'Amboise. Il se faisoit un plaisir de braver dans toutes les occasions les mignons du Roy, qui manquoient souvent de respect au duc d'Anjou. — (2) *Strozzy* : Philippe Strozzy étoit fils de Pierre Strozzy, maréchal de France. Après la mort de d'Andelot, il fut colonel de l'infanterie.

Le samedy premier février, Quelus (1), accompagné de Saint Luc (2), d'Arques (3) et Saint Mesgrin (4), près la porte S. Honoré, hors la ville, tira l'épée, et chargea Bussy d'Amboise, qui, monté sur une jument bragarde de l'écurie du Roy, revenoit de donner carriere à quelque cheval dans les corridors des Thuilleries; et fut la fortune tant propice aux uns et aux autres, que de plusieurs coups d'épée tirés, pas un ne porta, fors sur un gentilhomme qui accompagnoit Bussy, lequel fut fort blessé.

Les 3 et 4 de ce mois, au conseil privé du Roy, Sa Majesté presente, fut arrêté que Quelus, aggresseur, seroit constitué prisonnier, et son procès fait, suivant l'ordonnance faite dans le mois précedent contre tels querelleurs; dont toutefois rien ne fut mis en exécution, le Roy l'ayant sous main couvert, comme son mignon. De quoi Monsieur offensé, et des querelles qu'il sembloit qu'on lui dressoit journellement en la personne de Bussy son favori, délibéra de sortir de Paris et de la cour. Mais la Reine en étant avertie, rompit le coup pour cette fois.

Le jeudi gras 6 février, le Roy, Monsieur, les princes et seigneurs de leur suite, les trois Reines et leurs dames, dînerent en l'hôtel de ville, où le prevost des marchands et les échevins (5) firent le festin en grande somptuosité.

---

(1) *Quelus*: Jacques de Lévy, comte de Caylus. — (2) *Saint-Luc*: François d'Espinay de Saint-Luc, depuis maître de l'artillerie de France, et chevalier de l'ordre du Saint-Esprit, père de Timoléon d'Espinay de Saint-Luc, maréchal de France. — (3) *Arques*: Anne, depuis duc de Joyeuse. — (4) *Saint Mesgrin*: Paul Estuer, et non pas Stuart, comte de Saint-Maigrin. — (5) *Le prevost des marchands et les échevins*: Claude d'Aubray, secrétaire du Roi, et Jean Le Comte et René Baudart.

Le dimanche gras 9 février, Monsieur, frere du Roy, accompagné de la Reine mere et de la reine de Navarre, s'en alla exprès dès le matin promener au bois de Vincennes et à Saint-Maur-des-Fossez, pour ne pas assister aux nôces, qui se firent ce jour en grande pompe au Louvre, de Saint-Luc et de la damoiselle de Brissac (1), par l'exprès commandement du Roy. La mariée étoit bossue, laide et contrefaite, et encor pis, selon le bruit de la cour, quelque artifice qu'elle employât pour paroître autre. Sur elle fut fait ce quatrain :

> Brissac aime tant l'artifice,
> Tant du dedans que du dehors,
> Qu'ôtez-lui le faux et le vice,
> Vous lui ôtez l'ame et le corps.

Or étoit résolu M. le duc de partir le mardy gras pour se retirer, et avoit commandé à ses gens de tenir son train et cariage tout prêt; de quoy le Roy et la Reine mere avertis, entrerent en quelques soupçons : de maniere que, sortans du bal, ils allerent voir Monsieur en sa chambre, où, montans en hauts propos, ils s'assurerent de sa personne, et lui donnerent bonne garde; et le matin firent saisir La Chastre, Cimier et autres confidens du duc, qu'ils firent mettre à la Bastille; et tendoient les affaires à grand trouble, quand sur le midy, par l'intervention de M. de Lorraine, le Roy et le duc s'embrasserent, et se promirent de vivre en bons freres. Les prisonniers délivrés, Bussy et serviteurs de Monsieur, d'une part; Quelus et les autres mignons du Roy, d'autre part, jurerent de vivre sans

---

(1) *La demoiselle de Brissac*: Jeanne de Cossé, fille de Charles de Cossé, comte de Brissac, maréchal de France.

querelles, et s'embrasserent plusieurs fois, faisans à la courtisane la meilleure pippée du monde.

Le vendredi 14 de février, sur les sept heures du soir, M. le duc s'en étant allé à l'abbaye de Sainte-Geneviéve, et faisant semblant de venir faire collation avec l'abbé (¹), s'en va en certain endroit de ladite abbaye à ce destiné, et pardessus les murailles de la ville se fait descendre par une corde dans le fossé, comme firent semblablement Bussy, Chanvallon (²), Hergny, et autres de ses favoris; et sur chevaux prêts, se retirerent à Angers en diligence.

Dès le lendemain, la Reine partit pour aller trouver son fils et l'appaiser; et laisserent le Roy et elle partir de Paris tous ses officiers et tout son bagage, pour ne le pas fâcher.

Sur la fin de ce mois, Rochepot (³) vint trouver le Roy de la part de Monsieur, qui lui écrivit une lettre fort honnête, par laquelle il l'assuroit que sa retraite ne tendoit à aucune entreprise contre lui et son Etat.

Le samedy premier jour de mars, le nonce vint donner avis au Roy que le Pape avoit fait trois cardinaux françois, sçavoir Charles, fils du duc de Lorraine, appellé le cardinal de Lorraine; Louis, archevêque de Reims, appellé le cardinal de Guise; et René de Birague, chancelier.

(1) *Avec l'abbé :* Joseph Foulon, alors abbé de Sainte-Geneviève, laissa passer quelques heures, afin que le duc d'Anjou eût le temps de gagner de l'avance; puis il alla au Louvre avertir le Roi que le duc d'Anjou s'étoit sauvé par son abbaye, mais qu'il n'en avoit pu donner plus tôt avis, parce qu'on l'avoit lié tandis que le prince s'évadoit. —(2) *Chanvallon :* Jacques de Harlay, seigneur de Chanvallon. — (3) *Rochepot :* Il étoit fils de Louis de Silly, seigneur de La Rocheguyon, et d'Anne de Laval, dame d'Aquigny et de La Rochepot, dont il porta le nom.

Le 20 mars, la Reine revint d'Angers à Paris, fort mécontente de ce que Bussy vint trois lieuës au-devant d'elle hors la ville d'Angers, et après lui La Chastre, une lieuë; et leur demandant où étoit son fils, lui firent réponse qu'il se trouvoit mal; et quand elle repliqua s'ils le tenoient prisonnier, puisqu'il ne venoit au-devant d'elle, lui dirent en riant que non, mais qu'il ne se pouvoit soutenir. Arrivée à Angers, elle ne voulut aller au château, où La Chastre et Bussy la vouloient mener, leur disant qu'ils l'y pourroient retenir prisonniere comme son fils; et alla loger ailleurs en la ville. Et un jour après, voyant que Monsieur ne faisoit compte de venir vers elle, elle l'alla trouver au château, où on la fit passer par un guichet : ce qu'elle trouva fort mauvais, et dit que c'étoit la premiere fois qu'on lui avoit fait passer le guichet; et Monsieur se fit descendre du château dans une chaise à bras, faisant semblant de s'être démis une jambe, et se fit porter de cette façon au-devant d'elle à la porte du château.

Le Roy alloit pendant le carême, deux ou trois fois la semaine, faire collation aux bonnes maisons de Paris, et y dansoit jusqu'à minuit avec ses mignons fraisés et frisés, et avec les dames de la cour et les dames de la ville : entre les autres, chez la presidente Boullencour (1), où il passoit souvent le tems avec mademoiselle d'Assy, sa belle-fille.

Le samedy 24 mars, veille de Pâques, mourut à Paris le cardinal de Guise (2), qui étoit demeuré, le

---

(1) *La presidente Boullencour :* Charlotte de Livre, femme de Nicolas L'Huillier, seigneur de Boullencourt, président en la chambre des comptes. — (2) *Le cardinal de Guise :* Louis de Lorraine, cardinal de

dernier de six freres de la maison de Guise : néanmoins mourut jeune, comme en l'âge de quarante-huit ans. Son corps fut porté en une chapelle de l'abbaye de Saint-Victor-lez-Paris, de laquelle il avoit été abbé vingt-cinq ans : on l'appeloit *le cardinal des bouteilles*, parce qu'il les aimoit fort, et ne se mêloit gueres d'autres affaires que de celles de la cuisine.

Le 2 d'avril, mourut en l'hôtel d'Anjou à Paris madame Isabelle-Marie de France, fille unique et légitime de Charles IX, âgée de cinq ans.

Le 12, madame de La Roche-sur-Yon (1) mourut en son hôtel, au fauxbourg Saint-Germain, avec grande résolution et piété. Deux jours avant sa mort, la reine de Navarre, qui l'aimoit fort, l'alla voir ; à laquelle elle dit : « Madame, vous voyez icy en moy un bel « exemple que Dieu vous propose. Il faut mourir, ma- « dame ; songez-y, et retirez-vous, car il faut songer « à Dieu : car vous ne me faites que ramentevoir le « monde, quand je vous regarde. » Cela disoit-elle, parce que la reine de Navarre étoit, comme de coutume ; diaprée et fardée.

Le 14, La Chicodaie, accompagné de Boisvert, de Guebriant, Le Julliavaie, Malvenne et Garnai, tous gentilshommes bretons, sur la minuit chargerent à coups de pistolets Salcede, accompagné de Vei et de Panville, lesquels ils tuerent tous deux, encore qu'ils

---

Guise, archevêque de Sens, fils de Claude de Lorraine, premier duc de Guise, et d'Antoinette de Bourbon.

(1) *Madame de La Roche-sur-Yon* : veuve de Charles de Bourbon, prince de La Roche-sur-Yon, marquis de Beaupréau. Elle avoit épousé en premières noces René, seigneur de Montejan, maréchal de France. Elle étoit l'amie de la reine Marguerite, qu'elle accompagna dans son voyage aux eaux de Spa.

n'eussent aucune querelle ensemble; et Salcede (1), auquel ils en vouloient, demeura sain et sauf.

Le dimanche 20 d'avril, le Roy et la Reine assisterent au festin que leur fit Birague pour le proficiat du cardinalat.

Le dimanche 27 d'avril, pour démêler une legere querelle née du jour précédent en la cour du Louvre, entre Quelus, l'un des mignons du Roy, et le jeune Antragues (2), appelé Antraguet, favory de la maison de Guise; ledit Quelus avec Maugiron (3), et Livarrot et Antraguet avec Riberac (4) et le jeune Schomberg, se trouverent dès cinq heures du matin au marché aux chevaux, anciennement les Tournelles, près la Bastille Saint-Antoine; et là combattirent si furieusement, que le beau Maugiron et Schomberg demeurerent morts sur la place. Riberac mourut le lendemain; Livarrot (5), d'un grand coup qu'il eut sur la tête, fut six semaines malade, et rechappa; Antraguet n'eut qu'une égratignure; Quelus, auteur de la noise, de dix-neuf coups qu'il reçut, languit trente-trois jours (6), et mourut le 29 may en l'hôtel de Boisy, [où il fut porté du champ du

---

(1) *Salcede :* Nicolas Salcede, gentilhomme espagnol, allié à Philippe-Emmanuel de Lorraine, duc de Mercœur, étoit fils de Pierre Salcede, qui, étant gouverneur de Vic et de Marsal au pays Messin, avoit excité, dix-sept ans auparavant, la guerre cardinale. — (2) *Antragues :* Charles de Balsac d'Entragues, baron de Dunes et comte de Graville, lieutenant général du gouvernement d'Orléans. — (3) *Maugiron :* Louis de Maugiron, fils de Laurent de Maugiron, baron d'Ampuis, lieutenant général dans le Dauphiné. — (4) *Riberac :* François d'Aydie, vicomte de Riberac, fils de Guy et de Marie de Foix de Candale. — (5) *Livarrot :* Il ne mourut pas de ses blessures; mais quelque temps après (1581), il fut tué en duel par le marquis de Maignelay. — (6) *Languit trente-trois jours :* Durant la maladie de Caylus, le Roy alla le voir tous les jours; il fit tendre des chaines dans la grande rue

combat, comme lieu plus amy et plus voisin;] et ne lui profita la grande faveur du Roy, qui l'alloit voir tous les jours, et ne bougeoit du chevet de son lit, et lui avoit promis cent mil écus, et aux chirurgiens cent mil francs, en cas qu'il vînt en convalescence. Il mourut, ayant toujours en la bouche ces mots même, entre ses derniers soupirs, qu'il jettoit avec grande force et grand regret : « Ah! mon Roy, mon Roy! » sans parler autrement de Dieu ni de sa mere.

Le Roy, à la vérité, portoit une merveilleuse amitié à Quelus et à Maugiron. Il les baisa tous deux morts, fit tondre leurs têtes et serrer leurs blondes chevelures, et ôta à Quelus les pendans de ses oreilles, que lui-même auparavant lui avoit donnés et attachés de sa propre main. [On fit ces deux vers :

> Seigneur, reçois en ton giron
> Schomberg, Quelus et Maugiron!]

Notre maître Poncet dit en la chaire qu'il falloit traîner à la voirie Maugiron, qui expira en reniant, et ses compagnons. Nonobstant lesquelles remontrances le Roy l'honora, lui et les autres, de superbes convois et sépulchres de princes[1].

Telles et semblables façons de faire, indignes, à la vérité, d'un grand Roy et magnanime comme il étoit, causerent peu à peu le mépris de ce prince; et le mal

---

Saint-Antoine, de peur qu'il ne fût importuné du bruit des charrettes et des chevaux. Il aidoit à le panser, et le servoit de ses propres mains.

[1] *De superbes convois et sépulchres de princes :* Le Roi ordonna que leurs corps seroient exposés sur un lit de parade, comme ceux des princes, et que toute la cour assisteroit à leurs funérailles. Il garda la chambre quelques jours sans se laisser voir; enfin il leur fit élever de superbes mausolées de marbre, qui furent détruits par les ligueurs.

qu'on vouloit à ses mignons, qui le possedoient, donna un grand avantage à ceux de Lorraine pour corrompre le peuple, et créer et former peu à peu dans le tiers Etat leur party, qui étoit la Ligue, de laquelle ils avoient jetté les fondemens dès l'an précédent 1577.

Le lundy 28 d'avril, Charles de Lorraine, duc de Mayenne, fut par le premier président institué au siege de la table de marbre, en signe de prinse de possession de l'admirauté de France que le Roy lui avoit donnée, à la survivance du comte de Villars son beau-pere [1].

Au commencement de may, le duc de Guise, sur le bruit qui couroit à la cour qu'on ne menaçoit Antraguet de rien moins que la mort, s'il avenoit faute de Quelus, dit tout haut que Antraguet n'avoit fait acte que de gentilhomme et d'homme de bien; et que si pour cela on le vouloit fâcher, son épée, qui coupoit bien, lui en feroit raison. Manda aussi à Antraguet [2] qu'il étoit de ses amis, et qu'il s'en assurât bien.

En ce mois de may, Lavardin [3], à Lucey en Vandomois, tua de sang froid le jeune Randan, qui faisoit l'amour à la jeune dame de Lucey [4], riche veuve que ledit Lavardin aimoit, pour l'épouser; et

---

[1] *Du comte de Villars son beau-pere*: Honoré de Savoie, marquis de Villars, comte de Tende, etc., fils de René, légitimé de Savoie, et d'Anne Lascaris, fut très-estimé sous les quatre derniers règnes de la maison de Valois. Il se distingua à la bataille de Moncontour, où il sauva deux fois le duc d'Anjou. Après la mort de Coligny, il fut fait maréchal et amiral de France. — [2] *Manda aussi à Antraguet*: Il étoit frère puiné de François de Balsac d'Entragues; ce qui le fit appeler Antraguet dans sa première jeunesse. — [3] *Lavardin*: Jean de Beaumanoir, troisième du nom, marquis de Lavardin, fils de Charles de Beaumanoir. — [4] *Lucey*: Jeanne de Coesmes, dame de Lucey, veuve de Louis de Montafié. Elle épousa en secondes noces, en 1582, François de Bourbon, prince de Conti.

après ce meurtre si barbare se retira en Gascogne vers le roy de Navarre, son maître.

En ce même mois, à la faveur des eaux, qui lors commencerent et jusques à la Saint-Martin continuerent d'être fort basses, fut commencé le Pont-Neuf de pierre de taille, qui conduit de Nesle à l'ecole de Saint-Germain, sous l'ordonnance du jeune Du Cerceau (1), architecte du Roy, et la surintendance de Christophe de Thou, premier president; Pierre Seguier, lieutenant civil; Jean de La Guesle, procureur géneral, et Claude Marcel (2), surintendant des finances. Et furent en ce même an les quatre piles du canal de la Seine, fluant entre le quay des Augustins et l'isle du Palais, levées environ une toise chacune par-dessus le rez de chaussée. Les deniers furent pris sur le peuple [par je ne sçai quelle cruë ou dace extraordinaire;] et disoit-on que la toise de l'ouvrage coutoit quatre-vingt-cinq livres.

Le mardy 3 juin, le Roy alla avec la Reine coucher à Escouen; de là à Chantilly, où le maréchal de Montmorency les traita par trois jours magnifiquement; puis passerent à Rouen et à Dieppe. Cependant les habitans de Rouen, quand le Roy y passa, qui étoit la premiere fois après son couronnement, racheterent l'entrée qu'ils lui devoient de la somme de vingt mille ecus, qu'il prit pour donner à ses mignons.

Le mardy 24 juin, le chancelier Birague, accompagné de deux cents chevaux, tant italiens que fran-

---

(1) *Du Cerceau:* Jacques Androuet Du Cerceau, fameux architecte de ce temps-là. Il fut employé par Henri III; et comme il étoit protestant, les ligueurs en firent un crime à ce prince. — (2) *Claude Marcel:* orfèvre, puis conseiller, et enfin surintendant des finances.

çois, vint en habit de cardinal en la grande église de Paris, prendre de la main du nonce le chapeau rouge que le Pape lui avoit envoyé; le tout avec grand apparat et somptuosité, sans laquelle les cardinalats seroient fort peu de chose.

Le lundy 7 juillet, M. le duc partit de la ville de Verneuil sur la minuit, accompagné de Bussy, La Rocheguyon et autres, au nombre de dix; vint passer la Seine à La Rocheguyon, et sur chevaux de relais se rendit en deux jours à Bapaume, et de là à Mons, où il fut bien reçu.

Peu de jours après, Renaud de Beaulne [1], son chancelier, vint à Paris pour recouvrement de deniers. A quoy le Roy lui fit toutes faveurs possibles, faisant deffenses à tous les notaires de Paris de recevoir aucuns contrats de constitution de rente, sur peine de nullité; et enjoignant à tous ceux qui auroient de l'argent à bailler à rente, de le porter au receveur de la ville, qui leur en feroit rente au denier douze. Il menoit ordinairement avec lui dans son coche promener ledit seigneur de Mandes : ce qui ne s'accordoit guéres avec les garnisons qu'il avoit mises sur la riviere pour empêcher le passage des gens de Monsieur, et ce qui faisoit croire à plusieurs, même à l'Espagnol, qu'il y avoit pour cette entreprise intelligence entre le Roy et M. le duc [2].

(1) *De Beaulne* : fils de Guillaume de Beaune, seigneur de Samblançay. Il étoit alors évêque de Mende, avoit été conseiller et président au parlement, et fut depuis archevêque de Bourges et de Sens, grand aumônier de France, et commandeur de l'ordre du Saint-Esprit. — (2) *Intelligence entre le Roy et M. le duc* : Henri III, sollicité par la Reine mère, lui promit à la vérité de l'aider dans cette entreprise; mais les effets ne répondirent pas aux promesses.

En ce mois, Cimier, favory de Monsieur, fit tuer en son château de Cimier le chevalier de Malthe son frere, parce qu'il étoit averti que pendant les quatorze mois qui étoient passés depuis qu'il n'avoit vû sa femme, fille de Danjeau, près Loudun, ledit chevalier, en la garde duquel il l'avoit laissée, n'avoit cessé de paillarder avec elle; et de fait, étoit grosse de lui. Ils tuerent ledit chevalier à l'entrée de la porte dudit château, que lui-même leur étoit venu ouvrir; et combien qu'ils eussent charge de tuer quant et lui la dame, ils s'en abstinrent, à cause de sa grossesse, qu'elle leur assura.

Le lundy 21 juillet, Saint-Mesgrin, gentilhomme bourdelois, jeune, riche et de bonne part, l'un des mignons fraisés du Roy, sortant à onze heures du soir du Louvre, où étoit le Roy, en la même ruë du Louvre, vers la ruë Saint-Honoré, fut chargé de coups d'épées et de pistolets par vingt ou trente hommes, qui le laisserent pour mort sur le pavé; comme aussi mourut-il le jour suivant, et fut merveille comment il pût tant vivre, étant atteint de trente-quatre ou trente-cinq coups mortels. Le Roy fit porter son corps mort au logis de Boissy près la Bastille, où étoit mort Quelus son compagnon. Il fut enterré à Saint-Paul, avec pareille pompe que Quelus et Maugiron y avoient été inhumés auparavant.

De cet assassinat n'en fut faite aucune poursuite, Sa Majesté étant bien avertie que le duc de Guise l'avoit fait faire pour le bruit qu'avoit ce mignon d'entretenir sa femme, et que celui qui avoit fait le coup portoit la barbe et la contenance du duc de Mayenne [son frere.]

Les nouvelles venuës en Gascogne au roy de Na-

varre, il dit : « Je sçai bon gré au duc de Guise, mon
« cousin, de n'avoir pu souffrir qu'un mignon de
« couchette le fist cocu. C'est ainsi qu'il faudroit ac-
« coustrer tous ces petits galands de la cour, qui se
« mêlent d'approcher les princesses pour les muguetter
« et leur faire l'amour. » [On dit de Saint-Mesgrin
qu'en mourant il donna son ame à Dieu, son corps à
la terre, et son ... à tous les diables.]

Sur la mort de ce mignon et des autres, fut fait grand
nombre de vaudevilles, épitaphes et pasquils en prose
et vers, dont voicy les plus courts et des moins aigres :

Hic situs est Quelus, superas revocatus ad auras,
Primus ut assideat cum Ganimede Jovi.

L'Antraguet et ses compagnons
Ont bien étrillé les mignons.
Chacun dit que c'est grand dommage
Qu'il n'y en est mort davantage.

Le vendredy 25 juillet, devant l'église de S. Paul,
pendant que l'on faisoit les obseques de Saint-Mesgrin,
Grammont tua un jeune gentilhomme parent de M. de
Chavigny, et lieutenant de sa compagnie; et vint leur
querelle pour une baguette ôtée à un page.

Sur la fin de ce mois, le Roy demanda au clergé
une décime et demie extraordinaire; dont tout le clergé
murmura fort, et fit à Sa Majesté plusieurs remontrances par écrit et de bouche. Cependant le Roy va,
toutes les fêtes, ouir la messe en diverses paroisses de
Paris, pour faire paroître aux prêtres et théologiens,
qui l'accusoient de n'aimer pas l'Eglise, qu'il étoit bon
catholique, et que le clergé ne devoit lui rien refuser
de ce qu'il lui demandoit.

En ce tems, tous les etats de France se vendoient au

plus offrant, principalement de la justice, qui étoit la cause qu'on revendoit en détail ce qu'on avoit acheté en gros, et qu'on épiçoit si bien les sentences aux pauvres parties, qu'elles n'avoient garde de pourrir; mais ce qui étoit le plus abominable étoit la caballe des matieres bénéficiales, la plûpart des bénéfices étant tenus par femmes et gentilshommes mariés, ausquels ils étoient conférés pour récompense, jusqu'aux enfans, ausquels lesdits bénéfices se trouvoient le plus souvent affectés avant qu'ils fussent nés; en sorte qu'ils venoient au monde crossés et mitrés. Sur quoi ces vers :

> Ne peignez levriers par les liévres chassé,
> Ni les poissons en l'air, ni les oiseaux sur l'onde,
> Vous qui dans un tableau voulez peindre le monde
> Tel qu'il est aujourd'hui, sans dessus renversé :
> Mais peignez-moi sans plus un pays policé,
> Non par les mains d'un roy, mais d'une vagabonde ;
> Peignez les saletez dont notre France abonde ;
> Peignez-y les abus dont l'Etat est pressé ;
> Peignez le gentilhomme avec un bénéfice ;
> Accoustrez bien un asne en homme de justice ;
> Peignez l'homme sçavant qui mendie son pain ;
> Qu'un faquin, par argent, achete la noblesse ;
> Que l'homme vertueux est languissant de faim,
> Et qu'à ses seuls mignons le Roy fait sa largesse.

Le mercredy 3 septembre, en la place Maubert, fut pendu et étranglé, [par arrêt de la cour de parlement,] un laquais âgé de treize ans, pour avoir donné quelques coups de dague à un marchand, son maître. Et fut cette exécution trouvée étrange, tant à cause du bas âge de l'enfant, qu'à cause que le marchand étoit guéri de ses blessures. La vérité est que le valet s'étoit efforcé de tuer son maître la nuit dans son lit, au Pont Antoni.

Le jeudy 4 septembre, le Roy, en partant de Paris

pour Fontainebleau, laissa à sa cour de parlement vingt-deux edits nouveaux et bursaux, pour les voir omologuer : laquelle le mardy 9 de ce mois, par un arrêt notable, déclara ne pouvoir proceder à la vérification d'iceux, pour être la création des offices et états y mentionnés une taille et charge sur le peuple du royaume, qui ne se peut porter, [et non nécessaire ni valable : ains subtile, pernicieuse et dommageable au public,] et qui pourroit engendrer une émotion et sédition qui seroit la ruine de Paris et de l'Etat. Et fut l'avocat du Roy Brisson envoyé par la cour à Fontainebleau, porter au Roy ledit arrest, lequel des vingt-deux edits n'en vérifioit que deux. De quoy le Roy, mal content, envoya Chavigny et Bellievre vers la cour, pour la vérification des vingt autres : ce que la cour refusa fort vertueusement, disant qu'elle ne pouvoit ni ne devoit. Ce que le Roy ayant entendu, dit : « Je vois « bien que madame ma cour me veut donner la peine « d'y aller moi-même. J'irai, mais je leur dirai ce qu'ils « ne seront possible guéres contens d'entendre. » De quoy la cour avertie, trouva bon, pour appaiser le Roy, d'en vérifier quelques-uns des moins mauvais.

Le lundy 15 septembre, Schomberg (1), qui dix ans auparavant étoit un simple soldat allemand, prit pos-

(1) *Schomberg :* Gaspard de Schomberg, comte de Nanteuil, issu de l'ancienne et noble famille des Schomberg, dans la Misnie, cercle de la Haute-Saxe, vint s'établir en France, et se signala dans les guerres civiles. Il porta d'abord les armes pour les protestans ; mais lorsque Charles ix l'eut attiré dans le parti catholique, il servit avec zèle contre les religionnaires. Il avoit une très-grande expérience dans la guerre, beaucoup d'habileté dans les négociations, et son éloquence étoit mâle et persuasive. Il mourut en 1599. Henri de Schomberg son fils, et Charles duc d'Halluin, son petit-fils, ont été maréchaux de France.

session de la terre et comté de Nanteuil-le-Haudoin, qu'il avoit achetée du duc de Guise trois cens quatre-vingt mil livres.

Le jour de Saint Michel, François de Saignes, seigneur de La Garde, conseiller en la grand-chambre du parlement de Paris, bénéficié, natif de Thoulouse, âgé de cinquante-cinq ans, homme ignorant et violent, se leva avant jour du lit, où il étoit détenu, affligé d'une fièvre et d'une retention d'urine; et se sentant vexé de continuelles douleurs, et près la fin de sa vie, monta sur son mulet, deffendit à ses gens de le suivre; et approchant des Bons-Hommes, du côté du pré aux Clercs, où étoit son domicile, après être descendu de son mulet, se précipita en la riviere, et se noya; et néanmoins fut solemnellement enterré au chœur des Cordeliers avec solemnité, et avec l'assistance du premier president de Thou, et bon nombre de presidens, maîtres des requêtes, conseillers et autres, sur le bruit qu'on fit courir qu'il étoit en fièvre ardente et phrénétique, et aussi qu'il avoit donné son etat et bénéfices à Jacques de Thou, fils du premier president, lequel il avoit nommé et fait seul exécuteur de son testament.

Au commencement d'octobre, le Roy, au lieu de la décime et demie qu'il avoit demandée et remise peu auparavant au clergé, envoya aux abbés, prieurs et bénéficiers aisés, lettres signées de sa main, par lesquelles il les prioit de lui prêter certaine somme : comme au chapitre de Paris, *in globo*, douze cents écus; à Mariau, chanoine riche, cinq cents écus; à un autre trois cents, et ainsi des autres. Dont sourdit grand murmure entre les ecclésiastiques, qui firent la sourde oreille.

En ce tems, Ludovic Adjacet, florentin (¹), acheta la comté de Château-Vilain quatre cent mil francs, épargnés de la ferme du Roy qu'il avoit tenuë; et ce, pour épouser la demoiselle d'Atry, de l'ancienne maison d'Atry, au royaume de Naples : laquelle demoiselle ne vouloit pour mary ce messire douannier, s'il n'étoit duc ou comte.

En ce mois, le roy de Navarre fit dans Nerac une magnifique réception à la Reine mere (²), qui y conduisoit la Reine sa fille. Le cardinal de Bourbon étoit de la compagnie, et tint quelques propos au roy de Navarre son neveu, pour se ranger à la religion catholique. Dont ledit Roy se gaussant, et découvrant par sa bouche le langage de la Ligue, que dès ce tems commençoit à pratiquer le bon homme, lui dit tout haut en riant : « Mon oncle, on dit icy qu'il y en a qui vous « veulent faire roy (³). Dites-leur qu'ils vous fassent

---

(¹) *Adjacet, florentin* : Ludovic Adjacet, marchand de Florence, vint à Paris, où, par la protection de la Reine mère, il s'enrichit dans les fermes. Ses richesses lui firent naître l'idée de s'allier à quelque grande maison. Il rechercha Anne d'Aquaviva, dite d'Arragon, fille de Jean-François duc d'Atry, au royaume de Naples. Ayant appris que cette demoiselle ne vouloit pour mari qu'un duc ou un comte, Adjacet acheta le comté de Château-Vilain. — (²) *Une magnifique réception à la Reine mere :* Catherine de Médicis, sous prétexte de conduire Marguerite de Valois au roi de Navarre son mari, parcourut les provinces, et tâcha de découvrir les desseins des chefs des religionnaires et des politiques. Elle voulut apprendre de leur propre bouche le véritable sujet de leur mécontentement. De Bordeaux, elle se rendit à Nérac; le roi de Navarre alla au devant d'elle à la tête de cinq cents gentilshommes. Ce fut dans ce voyage que se fit le traité de Nérac, qui expliquoit et interprétoit l'édit de pacification du mois de septembre 1577. Le traité et l'édit étoient favorables aux huguenots. — (³) *Qui vous veulent faire roy :* Le roi de Navarre n'igno-

« pape : ce sera chose qui vous sera plus propice; et si
« serez plus grand qu'eux, et que tous les roys en-
« semble. »

Le samedy 15 novembre, le Roy étant à Fontainebleau, manda à Jean Ferier, avocat, et capitaine ancien
de la rue Saint-Antoine, grand massacreur d'huguenots, et par conséquent grand catholique, qu'il eût à le
venir trouver. Auquel mandement obéissant, il se mit
en chemin jusqu'à Corbeil, où le lieutenant du prevost
de l'hôtel le fit monter en un coche, et le mena au château de Loches prisonnier par le commandement du
Roy, lequel on disoit avoir été averti de quelque intelligence dudit Ferier avec l'Espagnol et ceux de Guise,
pour brouiller l'Etat sous couleur de religion.

Le mardy 9 décembre, les lettres de provision de
l'état de garde des sceaux, par la démission de Birague, chancelier, faite par le Roy à Hurault de Chiverny[1], furent omologuées au parlement avec un magnifique éloge, mais peu véritable, au dire de beaucoup, par Brisson, avocat du Roy.

Sur la fin de cet an, le seigneur de Loué[2], gendre
du chancelier Birague, acheta de Lanssac[3] l'état de
capitaine de cent gentilshommes de la maison du Roy
vingt mil écus; Beauvais Nangy le régiment de Saint-

---

roit pas que le cardinal de Bourbon son oncle étoit entièrement dé-
voué aux princes lorrains, qui lui faisoient espérer la couronne après
la mort de Henri III.

[1] *Hurault de Chiverny*: Philippe Hurault, comte de Chiverny. Ses
Mémoires font partie de cette Collection. — [2] *Le seigneur de Loué*:
Jean de Laval, marquis de Nesle, comte de Joigny. — [3] *Lanssac*:
Louis de Saint-Gelais, seigneur de Lansac, l'un des plus habiles po-
litiques de son siècle.

Luc; Saint-Luc le gouvernement de Brouage; et un nommé Le Roy, petit financier, l'état de trésorier de l'espargne.

Voila comment on distribuoit en ce tems la charge des finances aux plus déloyaux, la conduite des armes aux couards, et les gouvernemens aux plus fols.

En cet an mourut Jean Mazille, premier medecin du Roy. Les affamés mignons firent son inventaire avant qu'il fût mort; car sur l'avis qu'on leur donna qu'il avoit vingt mil écus, il n'avoit encor le bec fermé, qu'ils firent député M. Camus (1), maître des requêtes, pour fouiller sa maison : ce qu'on fit en leur presence; mais on ne trouva rien, ou au moins si peu, que le Roy l'ayant entendu, dit : « Je suis bien aise « qu'on soit éclairci; car j'ai tenu Mazille pour homme « de bien, encor qu'il fût un peu huguenot. »

> L'affamé courtisan, sang-sue de la France,
> Espion des moyens de la juste innocence,
> Averti que Mazil, nourrisson d'Apollon,
> Las de servir nos roys, alloit servir Pluton,
> Pensa que sa maison fût d'écus toute pleine,
> Et ja la devoroit, mais d'espérance vaine ;
> Car le courier hâtif qui, pour vingt mil écus,
> N'en trouva pas la dixme, s'en revint tout *Camus*.

[1579] (2) Le jeudy premier jour de l'an, le Roy éta-

---

(1) *M. Camus* : François Camus. Il étoit secrétaire du Roi, et l'un des quatre notaires de la cour du parlement. — (2) 1579 : Henri III sembla vouloir, au commencement de cette année, mettre quelque ordre dans le royaume. Il envoya des commissaires dans toutes les provinces du royaume, afin de remédier aux malversations qui s'y étoient commises pendant les troubles. Leurs instructions se trouvent dans les Mémoires du duc de Nevers. Mais le Roi, entièrement livré à ses plaisirs, ne donna aucune suite à ces projets de réforme.

blit et solemnisa, en l'église des Augustins de Paris, son nouvel ordre de chevaliers du Saint-Esprit (1) en grande magnificence; et les deux jours suivans traita à dîner audit lieu ses nouveaux chevaliers, et l'après-dîner tint conseil avec eux. Ils étoient vêtus de barrettes de velours noir, chausses et pourpoint de toile d'argent, souliers et foureaux d'épées de velours blanc; le grand manteau de velours noir, bordé alentour de fleurs-de-lys d'or, et langues de feu entremêlées de même broderie, et des chiffres du Roy de fil d'argent, et tout doublé de satin orengé; et un autre mantelet de drap d'or en lieu de chaperon par-dessus le grand manteau, lequel mantelet étoit enrichi comme le grand manteau de fleurs-de-lys, langues de feu et chiffres; leur grand collier entrelassé des chiffres du Roy, fleurs-de-lys et langues de feu (2), auquel pendoit une croix d'or in-

(1) *Chevaliers du Saint-Esprit :* Cet ordre étoit nouveau en France; mais il étoit connu dès l'an 1353. Louis d'Anjou, roi de Jérusalem, de Naples et de Sicile, fils de Philippe, prince de Tarente, quatrième fils de Charles II, dit le Boiteux, qui descendoit de Charles de France, frère de saint Louis, l'avoit institué à Naples sous le titre du *Saint-Esprit au droit désir.* Il ne seroit resté aucune trace de cet ordre, si l'original des statuts que Louis d'Anjou avoit rédigés n'étoit tombé au pouvoir de la république de Venise, qui en fit présent à Henri III à son retour de Pologne, comme d'une pièce rare, et d'un monument précieux pour la maison de France. On en trouve une copie à la bibliothèque du Roi; on ignore ce qu'est devenu l'original. — (2) *Fleurs-de-lys et langues de feu :* Ce collier devint le sujet de la critique des mécontens. Les uns disoient que ces chiffres étoient des enseignes qui couvroient plutôt des mystères d'amourettes que de religion; d'autres prétendoient que les différentes couleurs désignoient la maîtresse et les mignons du Roi; que les chiffres représentoient son nom, etc.; enfin on n'approuvoit pas ces monogrammes équivoques sur un collier d'un ordre institué en l'honneur du Saint-Esprit. En 1614, ce collier fut réformé, et l'on y mit des trophées d'armes, ornemens plus convenables à un ordre militaire.

dustrieusement élabourée et émaillée, au milieu de laquelle étoit une colombe d'argent. Ils s'appellent chevaliers commandeurs (1) du Saint-Esprit, et portent journellement sur leurs cappes et manteaux une grande croix de velours orengé, bordé d'un passement d'argent, ayant quatre fleurs-de-lys d'argent aux quatre coins du croison, et le petit ordre pendu à leur col avec un ruban bleu.

On disoit que le Roy avoit institué cet ordre pour joindre à soy d'un nouvel et plus étroit lien ceux qu'il y vouloit nommer, à cause de l'effrené nombre de chevaliers de l'ordre de Saint-Michel, qui étoit tellement avili qu'on n'en faisoit non-plus de compte que de simples aubereaux ou gentillâtres; et appelloit-on dès pieça le collier de cet ordre le collier à toutes bêtes. [Et pour se les rendre plus loyaux et affectionnés serviteurs, il les obligeoit à certains sermens contenus aux articles de l'institution de l'ordre :] et même le dessein du Roy étoit de donner à chacun de ses chevaliers huit cents écus en forme de commanderies sur certains bénéfices de son royaume; et pour ce, les fit appeller commandeurs.

Et ce faisoit, à ce qu'on disoit, parce que beaucoup de ses sujets, agités du vent de la Ligue, qui secrettement et par sous main ourdissoit toujours son fuseau,

(1) *Ils s'appellent chevaliers commandeurs* : Le projet du Roi étoit de donner à tous les chevaliers une pension annuelle, sous le nom de commanderie. Il espéroit obtenir du Pape la permission d'imposer la somme de six-vingt mille écus sur tous les bénéfices sans charge d'ames, et sur tous les riches monastères de son royaume. L'abbé de Citeaux fut envoyé à Rome pour négocier cette affaire ; mais le Pape s'y opposa, aussi bien que le clergé de France. Le Roi fut donc obligé de prendre ces pensions sur l'épargne.

tendoient comme à rebellion, s'y laissant transporter par les nouvelles charges qu'on leur mettoit à sus. A quoy Sa Majesté desirant pourvoir, s'étoit avisée de se fortifier desdits nouveaux chevaliers, qu'elle croyoit, avec ses mignons et un régiment des Gardes qui journellement l'assistoient, lui être plus prompts et fideles deffenseurs, advenant quelque émotion.

On disoit aussi que l'érection de ce nouvel ordre avoit été confortée de ce que le Roy étoit né [1], élu roy de Pologne, et devenu roy de France, le jour de la Pentecôte; lequel sembloit lui être fatal pour tout bonheur et prosperité, comme avoit été le jour de Saint Mathias à l'empereur Charles v.

Le jour de cette nouvelle solemnité, on afficha aux portes de l'église des Augustins, où le Roy étoit avec les princes et les chevaliers pour la cérémonie, un placard fort injurieux [2] en vers, qui étoient une traduction du premier chapitre d'Isaïe; au-dessus du placard y avoit: *Dieu parle.*

Le Roy fit en ce jour vingt-sept chevaliers [3] : Ludovic de Gonzagues, duc de Nevers et de Rethelois; Philbert Emmanuel de Lorraine, duc de Mercœur; Honorat de Savoye, marquis de Villars; François Gouffier, seigneur de Crevecœur; François, comte d'Escars; Jacques, comte de Cursol, duc d'Usés;

---

[1] *Etoit né :* Henri III n'étoit pas né le jour de la Pentecôte, mais le 19 septembre de l'année 1551. — [2] *Un placard fort injurieux :* Ce placard étoit une mauvaise application du premier chapitre d'Isaïe. — [3] *Fit en ce jour vingt-sept chevaliers :* Le Roy ne remplit pas, dans cette première promotion, la moitié des cent places de l'ordre, pour laisser l'espérance à plusieurs seigneurs de participer à cet honneur, et pour attirer à lui par cet appât les principaux gentilshommes du royaume.

Charles de Lorraine, duc d'Aumale; Arthus de Cossé, maréchal de France; Charles de Halwin, seigneur de Piennes; Charles de La Rochefoucault, seigneur de Barbezieux; Christophle Juvenel des Ursins de La Chapelle; Scipion de Fiesque, comte de Lavagne; Jacques, sire de Humieres, marquis d'Encre; Jean de Chources, seigneur de Malicorne; René de Villequier; Claude de Villequier; Charles-Robert, comte de La Marck; Philbert, seigneur de La Guiche; Jean d'Escars de La Vauguion, prince de Carency, François Le Roy de Chavigny, comte de Clinchan; Antoine, sire de Pons, comte de Marennes; Jean d'Aumont de Châteauroux; Albert de Gondy, comte puis duc de Rets, maréchal de France; Jean Blosset de Torcy; Antoine d'Estrées, marquis de Cœuvres, premier baron et sénéchal de Boullenois; François de Balzac, seigneur d'Entragues; Philippe de Strozzi.

Le vendredy 23 janvier, le Roy alla à Olinville se baigner et purger. Le semblable fit la Reine sa femme, qu'il laissa à Paris; puis alla faire la fête de Chandeleur en l'eglise de Chartres, et y prit deux chemises de Notre-Dame, une pour lui, et l'autre pour la Reine sa femme. Ce qu'ayant fait, il revint à Paris coucher avec elle, en espérance d'avoir un enfant, par la grace de Dieu et des chemises : [dont il étoit incapable, par la vérole qui le mangeoit et les lascivetés qui l'énervoient.]

En ce mois de janvier, le Roy faisant dresser le nouvel état de sa maison, et révoquant l'ancien, fit casser plusieurs de ses officiers, même de son conseil privé; entre les autres le maître des requestes Riant [1],

---

[1] *Riant* : François de Riant, seigneur de Houdangeau.

qui se faisoit appeler de Riant. Et pour ce qu'il avoit vendu une métairie pour être du conseil, on fit ce quatrain :

> Pour être du conseil privé,
> Il a vendu sa métairie.
> Maintenant qu'il en est privé,
> Est-ce pas raison qu'on en rie?

Le jeudy 29 janvier, fut donné un arrêt notable en la grand'chambre du Palais pour le fait des notaires; par lequel il fut ordonné qu'à peine de nullité et de faux, suivant l'ordonnance de Moulins de 1564, qui n'étoit observée par lesdits notaires de Paris, ils seroient tenus de faire signer les parties contractantes; et où elles ne pourroient, ne sauroient signer, il en seroit fait mention dans les contrats; lequel arrêt fut le même jour signifié au syndic des notaires, et publié à son de trompe par la ville.

En ce mois, une bande d'Italiens, avertis par ceux de Paris que le Roy avoit dressé en son Louvre un déduit de jeu de cartes et de dez, vinrent à la cour, et gagnerent au Roy dans le Louvre trente mil écus, tant à la prime qu'aux dez.

Le mercredy 4 février, le Roy revenant de Chartres, alla descendre à la foire de Saint-Germain, qu'il fit le samedy publier et continuer par autres huit jours; et fit constituer prisonniers quelques ecoliers qui se promenoient dans la foire avec de longues fraizes de papier, en dérision de Sa Majesté et de ses mignons si bien fraisés et godronnés, et crioient en pleine foire : *A la fraize on connoît le veau.*

Le mardy 24 février, à Alençon, où étoit M. le duc, Bussy et Angeau, sur une querelle de néant, se battirent en chemises, avec l'épée et le poignard, contre La Ferté et Hallot, qui y furent cruellement battus.

Le dimanche 15 mars, trois maisons à la Pierre au Laict tomberent en ruine en plein midy, pleines de plusieurs personnes; et combien que la ruine fut grande, comme de deux ou trois étages de haut, néanmoins n'y mourut personne, et n'y eut que deux ou trois blessés.

Le lundy 16 mars, messieurs de Guise arriverent à Paris, suivant le mandement du Roy, accompagnés de six ou sept cents chevaux, craignans l'indignation du Roy, à ce qu'on disoit à cause de la mort de Saint-Mesgrin (1).

Ledit jour, Monsieur arriva en poste au Louvre, et coucha la nuit avec le Roy. Dont la cour, le lendemain matin, alla à la Sainte-Chapelle, en corps, faire chanter le *Te Deum* de sa bien-venuë.

En ce mois, le jeune Duras, dit Rassan, avec son aîné, se battirent, en la greve d'Agen (2), contre le vicomte de Turenne et le baron de Salignac; auquel combat le vicomte demeura blessé de dix-sept coups.

En ce même tems, un gentilhomme bourguignon nommé Cintrey ayant été à Moulins emprisonné par l'ordre du Roy, pour avoir parlé librement aux Etats de Bourgogne, fut tiré par force par quelques gentilshommes; dont ne fut fait aucune justice.

Le mardy dernier jour de mars, Châteauneuf (3), âgé de vingt-cinq ans, tua le seigneur de Chesnay Lailier,

---

(1) *A cause de la mort de Saint-Mesgrin*: On croyoit que Saint-Maigrin avoit été tué par ordre du duc de Mayenne. — (2) *La greve d'Agen*: Voyez sur cette affaire les Mémoires du duc de Bouillon, qui font partie de la Collection. — (3) *Châteauneuf*: Michel de Rieux, seigneur

son oncle et son tuteur, à raison d'un procès pour sa tutelle.

A Pâques, le Roy fit faire et asseoir à la Sainte-Chapelle du Palais la clôture de marbre et d'airain magnifique, comme on la voit à présent autour du grand autel; et furent refaites de neuf les orgues.

La nuit du mercredy premier avril, la riviere de Saint-Marceau, au moyen des pluyes des jours précédens, crut à la hauteur de quatorze à quinze pieds, abatit plusieurs moulins, murailles et maisons; noya plusieurs personnes surprises en leurs maisons et leurs lits; ravagea grande quantité de bétail, et fit un mal infini. [Le peuple de Paris, le lendemain et jours ensuivans, courut voir ce desastre avec grande frayeur.], L'eau fut si haute, qu'elle se répandit dans l'eglise et jusqu'au grand autel des Cordelieres Saint-Marceau, [ravageant par forme de torrent en grande furie,] laquelle néanmoins ne dura que trente heures, ou un peu plus.

La cour de parlement en corps vint le samedy suivant à la grande eglise Notre-Dame, où fut dite une messe solemnelle, avec prieres à Dieu qu'il lui plût appaiser son ire; et à même fin fut le lundy suivant faite une procession génerale à Paris.

Le vendredy 10 d'avril, le maréchal de Montmorency revint de Rouen, et fut logé dedans le Louvre, où le onzieme dudit mois il fut surpris d'une apoplexie qui lui ôta la parole l'espace de vingt-quatre heures; puis deux jours après revint, et commença à se mieux porter; et quand il peut supporter le coche se fit mener

de Châteauneuf, frère de Renée de Châteauneuf, une des favorites du roi Henri III avant son mariage.

à Escouan, où il mourut le 6 may, au grand regret de tous les gens de bien.

Le premier jour de mai, Maurevert (1), rencontré par un sien cousin et voisin, fut chargé et tiré d'un poitrinal, dont la balle lui cassa le bras, qu'il lui fallut couper.

En ce mois, le seigneur de Paloiseau (2) fut marié à la fille du seigneur de La Chapelle aux Ursins, aux nôces de laquelle le Roy, la Reine et les princes souperent.

Le mardy 26 may, le seigneur de La Bobettiere, gentilhomme poictevin, et huguenot, fut, par arrêt de la chambre de l'edit, décapité en Greve, parce que de guet à pens il avoit tué un gentilhomme sien voisin, qu'il avoit mandé pour dîner avec lui en sa maison de La Bobettiere; et après dîner, l'ayant mené en un bois,

(1) *Maurevert* ou *Maurevet*: Louviers de Morevet, gentilhomme de Brie, avoit été élevé page dans la maison des princes lorrains. Le gouverneur des pages l'ayant un jour fait châtier, il le tua, et passa à l'ennemi un peu avant le combat de Renti. Après la paix faite avec l'Espagne, il trouva moyen de s'insinuer de nouveau chez les Guises. Dès que le parlement eut mis à prix la tête de l'amiral Coligny, il s'offrit pour cette exécution; et ayant reçu de l'argent d'avance, il passa dans le parti des princes, et se montra très-zélé pour leur religion, qui lui paroissoit, disoit-il, plus pure que l'autre. Pour s'assurer encore davantage leur confiance, il inventa cent mensonges, et assura que les Guises lui avoient fait des injustices atroces. Après avoir tenté plusieurs fois, mais toujours en vain, d'exécuter ce qu'il avoit promis, considérant d'un côté le péril auquel il s'exposoit, et ne voyant d'ailleurs aucune apparence de réussir, pour ne pas s'en retourner sans avoir rien fait, il lia une amitié très-étroite avec Mouy, qui tenoit le premier rang après Coligny dans le parti des confédérés, le tua dans un jardin, et se sauva sur un cheval dont Mouy lui avoit fait présent. Ayant obtenu sa grâce, il reparut à Paris, où un de ses cousins, avec lequel il étoit en contestation, lui tira un coup de pistolet. — (2) *Paloiseau*: Claude de Harville, seigneur de Palaiseau.

l'avoit tué, et sa propre femme avec lui, pour l'avertissement certain qui lui avoit été donné que pendant son absence elle n'avoit cessé de paillarder avec ce gentilhomme. Quand on lui prononça son arrêt, il dit tout haut que tous ses juges portoient des cornes; et qu'ils ne le faisoient mourir que parce qu'il n'en vouloit pas porter comme eux. Quand il fut sur l'échaffaut, il ne voulut pas être bandé, prit l'épée du bourreau, et l'essayant sur son doigt, dit à l'exécuteur: « Mon amy, « dépêche-moy vitement; il ne tiendra qu'à toy, car « ton épée coupe bien. »

En ce mois, le chapitre général des cordeliers se tint à Paris, où se trouverent environ douze cents freres de l'ordre de Saint François, de toutes les nations du monde; et firent leur général messire Scipion de Gonzagues, cordelier de la caze Mantoane (1). Le Roy, pour leurs alimens pendant leur séjour à Paris, leur donna dix mil francs; M. le duc quatre mil livres; et les colleges, chapitres, communautés, abbés, prieurs et prelats de Paris, leur firent tous particulieres aumônes; comme firent tous les habitans de Paris.

Le 29 may, à six heures du soir, Beaupré, gentilhomme de Berry, qui se disoit avoir été outragé par le seigneur d'Aumont, accompagné de cinq autres bien montés, vint charger ledit d'Aumont en son carrosse près la porte de Bussy, avec M. de Bouchemont, et les dames de Rets et de La Bourdaisiere, à grands coups de pistolets; et fut ledit d'Aumont blessé d'un coup de

---

(1) *Gonzagues, cordelier de la caze Mantoane:* C'étoit un religieux d'un grand mérite. Après avoir refusé les évêchés de Cifalu et de Pavie, le Pape le força à accepter celui de Mantoue, et le nomma cardinal. Il mourut en 1620.

pistolet, dont les balles lui froisserent les os du bras droit. Le seigneur de Bouchemont, qui n'étoit pas de la querelle, faisant contenance de sortir du carrosse, fut tué sur le champ. On disoit que Beaupré étoit venu de sa maison à Paris en habit de cordelier, pour ce que en ce mois s'y assembloit le chapitre général, afin de n'être pas reconnu. D'Aumont leur fit faire leur procès par le prevôt de l'hôtel, et furent en juillet décapités en figure au bout du pont Saint-Michel; et entr'autres Beaupré, conducteur et chef de l'assassinat, sur la figure duquel furent faits ces vers :

Belpratus jacet hìc, princepsque caputque latronum:
Non jacet; immo alta de cruce pendit adhuc.
Supposita est quondam Graiis pro virgine cerva;
Fœnum pro prato nunc quoque suppositum est.
In cruce cæsa nihil post vere colla timeret;
Pro ficta at metuit nunc cruce mille cruces.

Le 8 juin, d'Angeau et La Hette, gentilshommes de M. le duc, se battirent à Bourgueil, dont Bussy étoit lors abbé; et fut La Hette blessé de treize coups d'épée. Néanmoins, tout blessé qu'il étoit, se leva de furie, et s'élança sur d'Angeau, qui étoit sain et gaillard, et qui n'en tenoit pas plus de compte que d'un mort; et lui donnant son épée au travers du corps, il le tua tout roide. Pour La Hette, il mourut peu de jours après.

Le 26 juin, jour de vendredy, les généraux de la justice des aides sont suspendus pour n'avoir voulu publier l'edit de la supression des priviléges de tous exempts du huitiéme, vingtiéme, et autres daces, après plusieurs expresses et comminatoires jussions du Roy, et pour ce sont appellés généreux au lieu de generaux;

lesquels enfin, après que le Roy leur eût déclaré ne s'en vouloir aider, et que sa volonté étoit seulement qu'ils le fissent omologuer et publier pour être restitués, le firent simplement registrer en leur greffe, [et non autre chose;] dont Sa Majesté indignée dit que depuis longtemps il n'avoit eû fâcherie qui lui eût plus touché au cœur que la bravade de ces petits galands de géneraux ; mais qu'il la leur feroit sentir. Cependant, pour ce qu'il s'y agissoit en ce fait du bien public, ils en furent fort loués, et ceux de la cour de parlement blâmés par ces deux vers semés partout :

Tu generosa minor generalis curia; major
Tu parlamenti curia degeneras.

Le 5 d'août, François de La Primaudaie, dit La Barrée, fut décapité aux halles pour meurtre de guet à pens peu auparavant par lui commis en la personne de Jean Du Refuge, seigneur de Galardon, auprès de Saint André des Arts; et sa tête mise sur un poteau sur le quay, au coin de l'église des Augustins. Il s'étoit fié, faisant ce meurtre, en la faveur du duc son maître, qui l'aimoit. Et de fait, aussi-tôt que le seigneur duc eût entendu sa condamnation, il fut trouver le Roy pour lui demander sa grace; mais le Roy en étant averti, aussi-tôt qu'il l'avisa entrer en sa chambre, lui dit : « Mon frere, vous sçavez que La Primaudaie est con-
« damné, et qu'il doit mourir. J'ai fait un serment que
« je tiendrai, de ne donner sa grace à personne, fût-ce
« pour vous qui êtes mon frere : car, outre que le cas
« est méchant et irrémissible, je veux bien qu'on sçache
« que j'aimois Du Refuge, lequel j'eusse fait grand, s'il
« n'eût été assés sot que d'être huguenot. »

Le mercredy 19 d'août, Bussy d'Amboise, premier gentilhomme de M. le duc, gouverneur d'Anjou et abbé de Bourgueil, qui avoit fait tant le grand et le hautain à cause de la faveur de son maître, et qui avoit fait tant de pilleries ès pays d'Anjou et du Maine, fut tué par le seigneur de Monsoreau, ensemble avec lui le lieutenant criminel de Saumur, en une maison dudit Monsoreau, où la nuit ledit lieutenant, qui étoit son messager d'amour, l'avoit conduit pour coucher avec la femme dudit Monsoreau (1) à laquelle Bussy faisoit l'amour depuis long-tems, et auquel ladite dame avoit donné exprès cette fausse assignation pour le faire surprendre par Monsoreau son mary; à laquelle comparoissant sur la minuit, fut aussitôt investi et assailli par dix ou douze qui accompagnoient Monsoreau, [lesquels, de furie, se ruerent sur lui pour le massacrer.] Ce gentilhomme se voyant si pauvrement trahi, [et qu'il étoit seul, comme on ne s'accompagne gueres pour telles exécutions,] ne laissa pas de se deffendre jusqu'au bout, montrant, comme il disoit souvent, que la peur n'avoit jamais trouvé place dans son cœur : car il combattit toujours tant qu'il lui demeura un morceau d'épée dans la main, et après s'aida des tables, chaises et escabelles, avec lesquelles il blessa trois ou quatre de ses ennemis, jus-

(1) *La femme dudit Monsoreau :* Le duc d'Anjou, pour divertir le Roi son frère, lui montra une lettre de Bussy dans laquelle il lui mandoit qu'il avoit tendu des rêts à la biche du grand veneur, et qu'il la tenoit dans ses filets. Cette biche étoit la femme de Charles de Chambres, comte de Montsoreau, à qui le duc d'Anjou, à la sollicitation de Bussy, avoit donné la charge de son grand veneur. Le Roi garda cette lettre; et comme il y avoit déjà long-temps qu'il en vouloit à Bussy, il la lut au comte de Monsoreau, qui obligea sa femme à donner un rendez-vous dans un château à Bussy, et l'y fit assassiner.

qu'à ce qu'étant vaincu par la multitude, et dénué de toutes armes et instrumens pour se deffendre, fut assommé près une fenêtre par laquelle il se vouloit jetter, pour cuider se sauver.

Telle fut la fin du capitaine Bussy (¹), qui étoit d'un courage invincible, haut à la main, fier et audacieux, aussi vaillant que son épée; et pour l'âge qu'il avoit, qui n'étoit que de trente ans, étoit aussi digne de commander à une armée, que capitaine qui fût en France; mais vicieux, et peu craignant Dieu : ce qui causa son malheur, n'étant parvenu à la moitié de ses jours, comme il advient aux hommes de sang tels que lui. Il possedoit tellement M. le duc son maître, qu'il se vantoit tout haut d'en faire tout ce qu'il vouloit, voire et avoir la clef de ses coffres et de son argent, et en prendre quand bon lui sembloit; [de laquelle vanterie on disoit qu'il se fût aisément passé.] Il aimoit les lettres, combien qu'il les pratiquât mal, et se plaisoit à lire les histoires, [et entr'autres les Vies de Plutarque;] et quand il y lisoit quelque acte généreux et signalé, fait par un de ces vieux capitaines romains : « Il n'y a « rien en tout cela, disoit-il, que je n'exécutasse aussi « bravement qu'eux à la nécessité; » ayant accoutumé de dire qu'il n'étoit né que gentilhomme, mais qu'il portoit dans l'estomac un cœur d'empereur. Si bien que, pour sa gloire, Monsieur le prit à dédain, et le haït sur la fin autant qu'il l'avoit aimé du commencement; ayant même, selon le bruit commun, consenti à la partie qu'on lui dressa pour s'en deffaire. En quoy se vérifie un méchant proverbe ancien parlant des princes,

---

(¹) *Capitaine Bussy :* Brantôme a fait son éloge. (*Capitaines illustres françois.*)

qui dit : *Très-heureux est qui ne les connoit, malheureux qui les sert, et pire qui les offense.*

On fit contre sa mémoire plusieurs vers, dont voicy les meilleurs :

> *Formosæ Veneris, furiosi Martis alumnus,*
> *Nobilium terror Bussius hic situs est ;*
> *Nam Monsoræi quoniam temeravit hymænen,*
> *Incautus crebris ictibus occubuit,*
> *Insidiis cecidit furtivo Marte peremptus,*
> *Non potuit solum solus habere parem.*
> *Usus erat semper Veneris Martisque favore ;*
> *At Mars hunc tandem prodidit atque Venus.*
> *Hinc castos maculare thoros dediscite, mœchi :*
> *Sanguine purgari debet adulterium.*

Le samedy 22 d'août, plusieurs logis de ceux de la religion à Paris furent marqués de croix de craye : ce qui donna l'alarme à plusieurs, à cause de la Saint Barthelemy. Et parce que les nouvelles de la mort de Bussy arriverent en ce jour, et qu'il n'y avoit en la ville apparence de remuement, on disoit que les huguenots avoient eu peur de l'ombre de Bussy, qui les avoit si maltraités à la Saint Barthelemy, et tué de sang froid Bussy Saint-George son cousin, dont il avoit reçû son payement en semblable monnoye.

[1580] Le lundy 25 janvier, fut publié en la cour de parlement l'edit sur les cahiers des Etats tenus à Blois en 1577, auquel y a beaucoup de belles et bonnes ordonnances (1), desquelles est bien à craindre qu'on

---

(1) *De belles et bonnes ordonnances :* L'ordonnance de Blois est une des plus belles que nous ayons ; il est même étonnant que, dans un temps d'agitation tel que fut celui de ces premiers Etats, on ait pu travailler aussi utilement.

ne die comme d'autres faites aux Etats d'Orléans et ailleurs : *Après trois jours, non valables*.

Le 26 janvier, le cardinal de Birague, au retour du baptême du fils d'un de ses neveux qu'il tint sur les fonds à Sainte Catherine du Val des Ecolliers, donna la collation au Roy, aux Reines, aux seigneurs et dames de la cour, dans la grande gallerie de son logis; en laquelle y eut deux longues tables couvertes d'onze à douze cens pieces de fayances pleines de confitures seiches, dragées, etc., accommodées en châteaux, piramides, et autres façons magnifiques, la plûpart de laquelle vaisselle fut mise en pieces par les pages et laquais; qui fut une grande perte, car toute la vaisselle étoit excellemment belle.

En ce mois de janvier, Combaud vendit (1) à Adjacet son état de premier maître d'hôtel vingt mil écus.

Avec ce Combaud, moyennant l'évêché de Cornoailles (2), fut fait le mariage de la Rouet (3), une des plus honnêtes filles de la cour. Sur quoy on fit cette épigramme :

> Pour épouser Rouet avoir un evêché,
> N'est-ce pas à Combaud sacrilege péché
> Dont le peuple murmure et l'Eglise soupire?
> Mais quand de Cornoaille on oyt dire le nom,
> Digne du mariage on estime le don,
> Et au lieu d'en pleurer chacun n'en fait que rire.

---

(1) *Combaud vendit* : Robert de Combaud, seigneur d'Arcy-sur-Aube, premier maître d'hôtel du Roi. — (2) *L'évêché de Cornoailles* : François de La Tour étoit alors évêque de Cornouailles ou Quimper-Corentin. Il avoit été sacré dès le 20 décembre 1574; il est mort en 1593, et Charles de L'Escouet lui a succédé en 1595. Ainsi cet évêché n'étoit pas vacant en 1580. — (3) *Le mariage de la Rouet* : Louise de La Beraudière de L'Isle-Rouet, mère de Charles, fils naturel

Le mercredy 3 février, le Roy dîna en l'abbaye de Saint-Germain des Prez, chez le cardinal de Bourbon; le lendemain en l'hôtel de Saint-Denys, chez le cardinal de Guise; le jour ensuivant, en l'hôtel de Nesle, chez le duc de Nevers; puis chez le cardinal de Birague, puis chez le seigneur de Lenoncourt, en l'hôtel de Chaulnes; et ainsi consécutivement chez autres seigneurs, tant que la foire de Saint-Germain dura.

En ce tems, Saint-Luc, mignon du Roy et gouverneur de Brouage, est disgracié (1); et Lancosme, neveu de Lanssac, envoyé en diligence à Brouage, afin de la garder pour le Roy. Le lieutenant de Saint-Luc en refusa l'entrée à Lancosme; et Saint-Luc arrivant sept heures après, en fit sortir cinq compagnies de soldats y étans sous la charge de Lancosme. De quoy le Roy averti fit garder comme prisonniere la femme de Saint-Luc, et saisir ses coffres et papiers. Quelque tems après, Saint-Luc fit sur La Rochelle une entre-

---

d'Antoine roi de Navarre, fut mariée à Robert de Combaud, dont on vient de parler. Elle lui porta pour dot le revenu de l'évêché de Quimper-Corentin ou de Cornouaille, lorsqu'il viendroit à vaquer.

(1) *Est disgracié* : On a prétendu que le Roi avoit disgracié Saint-Luc parce qu'il avoit découvert à sa femme une intrigue d'amour que le Roi vouloit cacher. Nous ajouterons ici ce que d'Aubigné dit avoir su de Saint-Luc lui-même. Ce seigneur voyant la vie voluptueuse que menoit Henri III, fut sollicité par sa femme, Anne de Cossé de Brissac, de tâcher de retirer le Roi de cette honteuse prostitution. Saint-Luc fit faire une sarbacane de cuivre qui fut introduite dans le cabinet de Sa Majesté, et avec laquelle on lui disoit à l'oreille, pendant la nuit, qu'il avoit à craindre de la vengeance de Dieu, s'il ne quittoit sa mauvaise vie. Le même jour, Saint-Luc feignit d'avoir eu quelque songe affreux sur le même sujet; il le raconta au Roi. D'Arques, qui étoit du secret, voyant le Roi effrayé par cette prétendue révélation, découvrit le secret de la sarbacane : ce qui fut la cause de la disgrâce de Saint-Luc.

prise qui ne sortit à effet : ce qui fit croire la disgrace feinte.

En ce même tems, le roy de Navarre, averti par la Reine sa femme d'une embuscade qui l'épioit pour le prendre ou tuer (1) aux environs de Mazeres, passa la Garonne à gué, et se retira à Nerac.

Le mardy 22 février, en la grande salle de l'evêché de Paris, richement tapissée, messire Christophle de Thou, premier president, assisté de messieurs Viole (2), Anjorran (3), Longueil (4) et Chartier (5), conseillers du parlement à ce députés, commença à procéder à la réformation et rédaction de la coutume de Paris.

La nuit du jeudy 10 mars, de l'ordonnance de l'évêque de Paris, et d'un secret consentement de la cour, fut enlevé du lieu où il étoit le crucifix surnommé *maquereau*, et par les gens du guet porté en l'evêché ; et ce, à cause du scandaleux surnom que le peuple lui avoit donné, à raison de ce que ce crucifix de bois peint et doré, [de la grandeur de ceux que l'on voit ordinairement aux paroisses,] lequel étoit plaqué contre la muraille d'une maison size au bout de la vieille

---

(1) *Pour le prendre ou tuer :* Ce n'est pas la seule fois que les ligueurs aient voulu attenter à la vie et à la liberté du roi de Navarre. D'Aubigné rapporte qu'ils avoient gagné un gentilhomme nommé Gavaret, pour l'assassiner auprès de Marmande ; et qu'une autre fois un Espagnol nommé Loro prétendit venir de Fontarabie, pour offrir au Roi cette ville. D'Aubigné l'ayant interrogé, reconnut qu'il ne vouloit parler au roi de Navarre que pour l'assassiner. — (2) *Viole :* Guillaume Viole, troisième fils de Nicolas Viole, sieur du Chemin, maître des comptes. — (3) *Anjorran :* Claude Anjorran, seigneur de Latengys. — (4) *Longueil :* Jean de Longueil, seigneur de Maisons, conseiller du Roi, et doyen de la chambre des comptes. — (5) *Chartier :* Matthieu Chartier, fils de Matthieu Chartier, célèbre avocat au parlement de Paris.

ruë du Temple, [vers et proche les egouts,] en laquelle et ès environs se tenoit un bordeau : ensorte que ce vénérable instrument de notre rédemption servoit d'enseigne aux bordeliers repaires.

Environ le my-mars, Regnaud de Beaune [1], évêque de Mande, chancelier de Monsieur, l'allant trouver en Touraine, fut prévenu par un gentilhomme, envoyé exprès par ledit seigneur duc pour lui commander de remettre les sceaux entre ses mains : ce qu'il fit sans grande difficulté; et se retira en sa maison de Châteaubrun en Berry, redoutant la colere de ce jeune prince, lequel il avoit tellement dérobé (ce qu'on appelle à la cour faire ses affaires), que Grimberg, son valet de chambre, étoit estimé riche de deux cent mil francs; et Malingre, son secrétaire, osoit bien se vanter de compter sur une table cinquante mil écus à celui qui lui voudroit bailler une femme, laquelle lui en apporteroit autant.

En ce tems commencement de peste à Paris, et plusieurs morts subites.

Le mercredy 6 d'avril, fut, par le jugement du grand prevôt de France, pendu et étranglé devant l'hôtel de Bourbon un tolosain nommé La Valette, docteur régent à Thoulouse, qui avoit épousé une petite fille de Daffis, premier président [2] dudit lieu, pour avoir fourni du poison à un des serviteurs d'une sienne partie adverse contre laquelle il plaidoit, avec paction d'empoisonner son maître. Et ne fut possible de le sauver,

---

[1] *Regnaud de Beaune* : Il étoit fils de Guillaume de Beaune, sieur de Semblançay, vicomte de Tours. — [2] *Daffis, premier président* : Jacques Daffis, dont parle le Journal, n'étoit pas premier président du parlement de Toulouse, mais avocat général.

combien que beaucoup d'hommes signallés se fussent mis en peine de lui faire commuer la peine de mort, tant fut trouvé le cas énorme en personne de sa profession. Aussi fut-il pendu avec sa robe longue, pour faire paroître qu'il étoit homme de droit.

Ce même jour advint un épouvantable tremblement de terre à Paris, Château Thierry, Calais, Boulogne, et plusieurs autres villes de France; mais petit à Paris, au prix des autres villes.

Le mercredy 4 may, le Roy ayant doute que Monsieur sçût quelque chose des causes du remuement d'armes que le roy de Navarre faisoit en Gascogne, et le prince de Condé en Picardie, envoya Villeroy lui porter les lettres de lieutenant général, que dès pieça il demandoit, jaloux de l'autorité que les mignons usurpoient dans le royaume; desquelles lettres toutesfois ledit seigneur ne fit pas grand compte, parce qu'on y avoit omis la clause de l'administration des finances.

Le vendredy 6 may, Gourreau, prevôt des maréchaux d'Angers, par arrêt du grand conseil, fut pendu devant l'hôtel de Bourbon à Paris, à la poursuite de Erraud, lieutenant criminel d'Angers, pour plusieurs assassinats et voleries.

Le mardy 10 may, le Roy fit demander cinq cents écus à chacun des procureurs de la chambre des comptes, afin d'être érigés officiers du Roy comme les autres; mais eux, par acte qu'ils envoyerent à Sa Majesté, renoncerent à leur état. Le Roy avoit donné les treize mil écus provenans desdits vingt-six états à La Valette [1], lequel ayant sceu ce qu'ils avoient fait, remit

---

[1] *A La Valette*: Jean-Louis de La Valette, depuis duc d'Epernon, ayant su que les procureurs de la chambre des comptes ai-

son don entre les mains du Roy; et ayant ladite chambre chommé quelque tems, faute de procureurs, enfin le Roy leur remit le payement de leur finance.

Le mercredy 11 may, Baptiste de Gondy (1), proche parent du maréchal de Rets, se disant gentilhomme florentin, quoiqu'à son habit et façon on l'eût plutôt pris pour un bon marchand de pourceaux, mourut à Paris, âgé de plus de quatre-vingts ans, et fut enterré aux Augustins en la chapelle des Florentins, où lui a été érigé un superbe monument de marbre. Cet homme, tenant des fermes de bénéfices et autres, faisoit profiter ses deniers à la florentine, n'ayant presque rien quand il vint en France, mourut riche, selon le bruit commun, de quatre cent mil écus.

Le dimanche 29 may, partie par surprise, partie par intelligence, les huguenots de Gascogne gagnerent une porte de Cahors, et y eut âpre combat, auquel Vesins, senéchal et gouverneur de Quercy, fut blessé, et aussi plusieurs des siens; et enfin, après avoir soutenu l'assaut deux jours et deux nuits, se retira à Gourden. Le roy de Navarre y vint dix heures après l'entrée des siens, y combattit en personne, et y perdit tout plein de bons soldats de sa garde, et leur capitaine nommé Saint Martin; mais enfin demeura maître de la place. La friandise d'un grand nombre de reliques, meubles et joyaux précieux, fut la principale occasion de l'entreprise.

---

moient mieux quitter leurs charges que de payer cette taxe, remit ce don entre les mains du Roi.

(1) *Baptiste de Gondy*: Jean-Baptiste de Gondy, maître d'hôtel de la reine Catherine de Médicis, avec laquelle il vint en France. Il étoit l'aîné de la famille.

En ce mois, une grande querelle s'émut entre les ducs de Montpensier (1) et de Nevers (2), à cause d'un rapport fait au duc de Nevers, que M. de Montpensier avoit dit à Monsieur qu'en 1575, lorsque Son Excellence alla à Dreux, le duc de Nevers s'étoit vanté que, suivant l'exprès commandement de Sa Majesté, il l'eût ramené vif ou mort, si le duc de Montpensier l'eût voulu seconder. Desquelles paroles le duc de Nevers lui envoya un démenty par Launay, gentilhomme de sa suite.

Depuis le 2 juin jusqu'au 8 tombèrent malades à Paris dix mille personnes, d'une maladie ayant forme de rhume ou de catharre, qu'on appelle la coqueluche; même le Roy, le duc de Mercœur son beaufrere, le duc de Guise, d'O et autres en furent travaillés. Cette maladie prenoit par mal de tête, d'estomach, de reins, et courbature par tout le corps; et persécuta presque tout le royaume tant que l'année dura, et fût comme l'avantcoureuse de la peste, qui fut grande à Paris et ès environs tout cet an. Le meilleur remede pour cette maladie étoit de se tenir au lit, manger peu, et s'abstenir de vin, sans autre recette de médecine. On disoit qu'à Rome étoient mortes de cette maladie dix mil personnes en trois mois.

Le dimanche 12 juin, le duc de Nevers, averti que le duc de Montpensier vouloit venir à Paris pour y démêler leur querelle, fit semblant d'aller aux bains à Plombiers, se retirant sagement, selon cette maxime : *Vir fugiens denuò pugnabit.*

---

(1) *Montpensier :* François de Bourbon, duc de Montpensier. On peut voir dans les Mémoires du duc de Nevers ce qui donna lieu à leur querelle. — (2) *Nevers :* Ludovic de Gonzague, duc de Nevers et de Rethelois.

En ce tems, La Nouë, transporté de Mons à Namur, obtint du Roy déclaration comme il n'avoit entendu le comprendre en l'edit de saisie et confiscation des huguenots rebelles.

En ce même tems passerent par Paris quelques couriers espagnols, ausquels Strozzi dit que si le roy d'Espagne ou les siens faisoient à La Noue autre traitement que ne méritoit un brave gentilhomme et vrai prisonnier de guerre, il écorcheroit autant d'Espagnols qu'il en tomberoit entre ses mains.

Le mercredi 15, le Roy ayant declaré en son conseil que sa résolution étoit d'assiéger promptement La Fere, et qu'il entendoit que tous ses bons serviteurs y marchassent en diligence, les mignons commencerent à dresser leurs équipages.

La peste, en ce tems, rengrégea à Paris. Pour y remédier, M. le prevôt des marchands et quelques conseillers de la cour, députés par icelle, créent un officier qu'ils appellent prevôt de la santé, lequel va rechercher les malades de la peste, et par certains satellites les fait porter à l'Hôtel-Dieu, au cas qu'ils ne veuillent et n'ayent le moyen de demeurer en leurs maisons. Malvedy, liseur du Roy aux mathématiques, philosophe et sçavant médecin, entreprend la cure des malades pestiférés, et y fait bien son devoir et son profit. Loges et tentes sont dressées vers Montfaucon, les fauxbourgs de Montmartre et Saint-Marcel, où se retirent plusieurs pestiferés, qui y sont passablément nourris et pensés. On commence à bâtir à Grenelle, à l'endroit des Minimes, vers Vaugirard, que l'Hôtel-Dieu achette de l'abbé de Sainte-Genevieve et autres particuliers; et pour les frais des bâtimens, contribuënt tous les habitans de Paris, les uns de gré par forme d'aumône, et les autres par quête imposée sur eux. La contagion fut plus effroyable que dangereuse : car en tout cet an 1580 il ne mourut pas, à Paris et aux fauxbourgs, plus de trente mil personnes; et fut néanmoins l'effroy si grand que la plupart des habitans vuida hors la ville, et les forains n'y vinrent environ six mois durant : de sorte que les pauvres artisans crioient à la faim, et jouoit-on aux quilles sur le pont Notre-Dame, et en plusieurs autres ruës, même dans la grande salle du Palais. Cette peste et contagion venant de Paris, s'épandit par maints villages, bourgs et petites villes d'alentour, où elle fut plus cruelle et dangereuse.

Le lundy 18 juillet, La Fere étant assiégée par le maréchal de Matignon, les assiégés font des saillies, en l'une desquelles est blessé La Vallette et d'Arques[1], qui eut sept dents et une partie des mâchoires emportée. De May, gentilhomme signalé, y fut tué.

En ce mois, le Roy, nonobstant les promesses qu'il avoit faites au clergé, lui demanda deux décimes extraordinaires; mais il lui fit dire, pour donner couleur à cette nouvelle vexation, que la nécessité le forçoit à le faire, à cause de sept camps qu'il lui faloit entretenir pour ranger les huguenots. Il leur auroit fait belle peur s'il en eût seulement eu un bon.

En ce même mois, la femme de M. Bisseaux, conseiller en la grande chambre, encore qu'elle fût de la religion, mourut catholique, moyennant six écus que son

---

[1] *D'Arques :* Anne, duc de Joyeuse, amiral de France. Il s'appeloit d'Arques avant d'épouser Marguerite de Lorraine, belle-sœur du Roi. En faveur de ce mariage, le vicomté de Joyeuse fut érigé en duché.

mary donna à Dampmartin, curé de Saint-André-des-Arts.

Au commencement d'août, le seigneur de Grammont (1), gascon de grande valeur et espérance, eut le bras emporté d'une mousquetade devant La Fere. On disoit à la cour que c'étoit une mauvaise bête que La Fere, de dévorer ainsi tant de mignons.

> *Quo ruitis, juvenes, quibus haud est ultima vitam*
> *Servare incolumem cura ? Cavete Feram ;*
> *Sævit, et errantes passim Fera pessima sistit*
> *Multiplici adversos quos ferit, ore necat :*
> *Acrior in juvenes, quibus est forma, cutisque*
> *Pulchrior, hæc rabidæ grata fit esca Feræ.*
> *Est elegans testis jam d'Arquius esseque Martis,*
> *Non eadem et Veneris saucius arma docet ;*
> *Cui pila imberbes transfigens, dentibus ore*
> *Excussis septem, fœdat utrimque genas,*
> *Bombardæ valido læsus Grandmontius ictu,*
> *Secedit moriens urbeque, et ore simul*, etc.

En ce mois d'août, Barnabé Brisson fut fait president de la grande chambre du parlement de Paris par la cession de Pomponne de Believre ; et Jacques Faye, avocat du Roy, au lieu de Brisson ; et maître Pierre Du Rancher fut fait maître des requêtes, par la cession de Faye. On disoit que Brisson avoit payé à Believre soixante mil livres (2), et Faye à Brisson quarante mil, et Du Rancher à Faye vingt-cinq mil livres. Quelle justice attendre d'offices si cherement achetés ?

Le lundy 12 septembre, la ville de La Fere fut ren-

---

(1) *Seigneur de Grammont :* Philibert, comte de Gramont ; il mourut de cette blessure à l'âge de vingt-huit ans. Il avoit épousé Diane d'Andouins, vicomtesse de Louvigny, dite la belle Corisande, qui fut plus tard une des maîtresses de Henri IV. — (2) *Soixante mil livres :* C'est la première fois que les offices du parquet ont été vendus à prix d'argent.

due (1), et remise entre les mains de M. de Matignon, lieutenant du Roy en l'armée du siege.

Alcidem domuisse ferunt Fera monstra per orbem ;
Hoc opus Henrici perdomuisse Feram.

Le lundy 24 octobre, Pierre Seguier, second president de la grand'chambre, âgé de soixante seize ans, mourut à Paris. Il laissa cinq enfans mâles : Pierre Seguier, president en son lieu; Louis, chanoine et doyen de l'eglise de Paris, et conseiller en la cour; Antoine, lieutenant civil; N... Seguier, maître des requêtes; et Hierôme, l'un des audienciers de la chancellerie. Il avoit été vingt-cinq ou trente ans avocat des parties au Palais, avec réputation d'entre les premiers mieux disans et mieux prenans; du depuis avocat du Roy en 1550, avec beaucoup d'honneur; et finalement president. Il a marié quatre filles; outre les etats dessusdits laissés à ses enfans, il est mort riche de deux cents mil écus : chose émerveillable en un homme qui n'avoit oncques fait ne sçeu faire que le tric trac du Palais, et qui avoit renoncé à succession de pere et de mere. Néanmoins bon justicier, grand courtisan s'il en fût jamais, fort miséricordieux, et point sévere. Il servoit aux grands et au tems jusqu'à faire retentir d'un bout de la parroisse à l'autre son *Ego Petrus peccator.* Les droles du Palais lui avoient donné le nom de messire *Pierre de finibus* (2).

(1) *La Fere fut rendue :* Le siége dura près de deux mois et demi. La ville fut mieux défendue qu'elle ne fut attaquée. On prétend que le maréchal de Matignon auroit pu en venir à bout plus tôt, mais qu'il vouloit se faire valoir, et ménager aussi les mignons de la cour. —
(2) *Pierre de finibus :* Pierre Seguier. On lui donne le surnom de

Le samedy 19 novembre, à neuf heures du soir, un feu de meschef se prit au jubé des cordeliers de Paris, lequel embrasa de telle furie tout le comble de ladite eglise qui n'étoit lambrissé que de bois, qu'il fut ars et consommé entierement en moins de trois heures ; la plûpart des chapelles d'alentour du chœur brulées; même le feu si âpre, que les sépulchres de marbre et de pierre furent rédigés en poudre, et les pieces de bronze fonduës. Les cordeliers firent courir le bruit que le feu y avoit été mis par artifice, et en voulut-on charger les huguenots; mais enfin fut trouvé qu'il étoit avenu par le mauvais soin d'un novice qui laissa la nuit un cierge allumé près le bois du jubé (1).

Au commencement de décembre, d'Efle, allemand, chevalier de l'ordre, qui en secondes nopces avoit épousé la trésoriere Allegre, fut pendu à Blois par jugement des chevaliers de l'ordre (2), qui lui firent son procès; par lequel il fut convaincu et atteint d'avoir, l'été précédent, pris argent du Roy pour aller en Allemagne lever quelques cornettes de reistres pour le service de Sa Majesté. Néanmoins, étant allé à cet effet,

« *Pierre de finibus*, pour faire entendre que, par son travail et son industrie, il étoit parvenu à ses fins.

(1) *Allumé près le bois du jubé :* « Les jacobins reprochèrent aux « cordeliers d'avoir eux-mêmes mis le feu à leur église, afin de faire « meilleur feu en leur cuisine, et avoir de quoi en bâtir une plus « belle. » (Mathieu, *Histoire de France*). — (2) *Par jugement des chevaliers de l'ordre :* Les articles 27, 28 et 30 des statuts de l'ordre de Saint-Michel portoient : « S'il vient à la connoissance du souverain « de l'ordre qu'aucuns des freres et chevaliers d'icelui ait commis cas « ou crime, pourquoi il doit être privé, selon les statuts du présent « ordre...; lesdits souverain et freres de l'ordre en appointeront les « peines, ainsi qu'ils verront être à faire par raison, selon le cas. A « quoi devra obéir ledit chevalier; et les corrections et les peines sur « lui mises sera tenu d'endurer, porter et accomplir. »

fut trouvé qu'il les avoit levées et arrêtées des deniers du Roy, pour venir au secours du prince de Condé et de ses partisans, tenans La Fere et autres places contre le Roy.

En cet an, ceux de la maison de Lorraine sollicitoient fort ceux de la religion d'entrer en leur ligue; et le duc du Mayne, entr'autres, en parla au baron de Salignac (1), qui depuis a épousé la fille de la chanceliere de L'Hôpital (2), lui promettant, et à tous ceux de sa religion, le libre exercice d'icelle, même dans le milieu du camp. A quoy le baron répondit qu'il ne feroit jamais d'autre ligue que celle du Roy.

[1581] Le jeudy 9 mars, le seigneur de Saint-Leger, près Montfort Lamaury, fut mené prisonnier en la Conciergerie du Palais, à la requête et poursuite de M. Coignet de Pontchartrain son voisin, se complaignant d'avoir été par lui, en pleine halle dudit Montfort, et un jour de marché, attaché au potteau, et battu cruellement d'étrivieres, en haine de ce qu'il n'avoit épousé la fille dudit Saint-Léger. Il demeura en prison trois ou quatre mois; et parce qu'il nia le fait, et ne s'en trouva preuve suffisante, et aussi qu'il fut d'accord avec sa partie, qui se fit payer de ses étrivieres, outre qu'il étoit gentilhomme de Monsieur, et parent ou allié de plusieurs du parlement, les prisons lui furent ouvertes.

Le mardy 21 mars, le Roy vint seoir en sa cour de parlement, et fit publier l'édit de l'érection d'un nouveau président en chaque bureau des dix-sept genera-

---

(1) *Baron de Salignac* : Jean de Gontaud, sieur de Biron, baron de Salignac. — (2) *Chanceliere de L'Hôpital* : Marie Morin, femme de Michel de L'Hôpital, chancelier de France.

lités de son royaume, et un nouveau tresorier géneral en chacun d'iceux; et s'en alla le mercredy saint à Olinville avec d'Arques et La Vallette, ses mignons, ausquels on disoit qu'il avoit donné la meilleure part des quatre cens mil écus provenans de la vente desdites offices.

Le 26 de mars, jour de Pâques, s'éleva à Paris un orage et vent impétueux, qui continua jusqu'à midy. Il fit des maux beaucoup, tant en la ville qu'ès champs, bourgs et villes d'alentour : car il abbatit cheminées, tuilles, ardoises; rompit verrieres des maisons et eglises; arracha les gros arbres, et en plusieurs villes et villages ruina les clochers des eglises et autres édifices, de la ruine desquelles beaucoup de personnes furent tuées, et beaucoup de blessées.

Le lundy 4 jour de may, au château de Blois, où le Roy étoit, Livarot, au bal après souper, prit querelle avec le marquis de Maignelais, fils aîné du sieur de Piennes (1); et s'étans le lendemain matin assignés le combat sur la greve, au bord de la riviere, tous seuls avec chacun un laquais sans armes, Livarot envoya dès le soir son grand laquais cacher une épée dans le sable, au lieu où ils devoient combattre; et s'étans le lendemain trouvés avec chacun un laquais, le sort voulut que Maignelais tua Livarot, duquel le laquais, avec l'épée cachée dans le sable, perça Maignelais, qui n'y prenoit pas garde, et tomba mort sur Livarot. Le laquais fut, pour ce fait, tôt après pendu.

En ce mois, un nommé Jean Le Voix, conseiller en la cour de parlement, comme il entretenoit publique-

(1) *Sieur de Piennes :* Antoine de Hallewin, marquis de Piennes et de Maignelais.

ment la femme de Boulenger, procureur au châtelet, advint que cette femme ayant regret à sa vie passée, déclara à Le Voix l'envie qu'elle avoit de vivre de-là en avant en femme de bien; [lequel entendant ces propos, se mocqua; et voulant faire d'elle comme auparavant,] elle lui refusa vertueusement ce qu'il souhaitoit d'elle. De sorte qu'il s'en alla tout en colere, [lui dit mille injures, l'appella p..... et rusée,] en la menaçant de l'acoustrer comme femme de son métier. De fait, quelque tems après, étant averti que son mari la menoit jouer aux champs, la veille de la Pentecôte, monte à cheval, et prend avec lui quelques ruffiens de Tanchou (1), qui l'attrapperent en un chemin étroit, où en présence de son mary la font descendre de cheval; et ne pouvans lui couper le nez, pour la résistance qu'elle faisoit, lui déchiqueterent et tailladerent les jouës avec un jeton qui coupoit comme un rasoir : instrument dont on dit que les ruffiens de Paris se servent pour telles exécutions. [Ayant fait ce coup, s'en reviennent à Paris avec ledit conseiller.] La cour, après avoir vû et reçu les informations, décerna prise de corps contre ledit Jean Le Voix, [au moyen de laquelle ledit conseiller fut contraint de s'absenter;] et par amis, et principalement de la bourse, fit évocquer la cause au parlement de Rouen, où il fut pleinement absous, et en sortit par la porte dorée; ayant composé avec sa partie à deux mil écus, et lui en ayant couté deux mil autres à corrompre la justice. Et encor qu'un tel acte méritât punition, toutesfois s'il eût confessé le fait à M. Augustin de Thou, avocat du Roy, qui le fut trou-

---

(1) *Ruffiens de Tanchou* : Quelques archers de la brigade du nommé Tanchou. On donnoit aux archers le nom de ruffiens.

ver jusques en sa maison pour lui en parler, on l'eût fait sortir pour moins de deux mil écus.

La mere dudit Le Voix, après son arrêt justificatif et son rétablissement à la cour, fut trouver le Roy et la Reine pour les remercier; à laquelle le Roy fit réponse : « Ne me remerciez pas, mais la mauvaise justice « qui est en mon royaume : car si elle eût été bonne, « votre fils ne vous eût jamais fait de peine. »

Le mercredy 17 may, le Roy ayant reçu nouvelles du roy d'Espagne, par lesquelles il lui mandoit que si son frere alloit en Flandres au secours des rebelles, il avoit en main prompt moyen de s'accorder avec eux, pour incontinent venir avec toutes ses forces se vanger contre la France du tort que lui et son frere lui auroit fait, fit publier à Paris ses lettres patentes, par lesquelles étoit mandé à tous gouverneurs de se saisir de tous chefs et conducteurs qui leveroient ou meneroient gens de guerre sans son expresse commission. Mais de ces mandemens ne fut aucune exécution.

Le jeudy premier juin, le Roy, averti qu'en un village distant de Blois de six ou sept lieuës repaissoit une compagnie d'hommes d'armes vivans à discrétion, et s'avouans de Monsieur, envoya leur dire qu'ils délogeassent; duquel ordre ils ne firent pas grand compte. De quoy Sa Majesté irritée envoya Beauvais-Nangis avec archers et soldats, qui en tuerent cinq ou six de ceux qui se mirent en deffenses, et amenerent les autres à Blois au Roy, lequel, à la priere de quelques siens favoris, les renvoya. L'avertissement qu'en eut le Roy vint de M. de Matignon, auquel Monsieur en sçut si mauvais gré, que, quelques jours après, la Reine mere passant à Mante pour y voir son fils, et ayant avec elle le maréchal de Matignon, Monsieur lui tint de rudes paroles, jusqu'à le menacer de lui faire donner les étrivieres dans sa cuisine, et de le faire pendre, sans le respect de sa mere. Et pour le regard de Beauvais-Nangis, le Roy, pour contenter son frere, le renvoya en sa maison, et donna à Crillon (1) sa capitainerie des gardes.

Le mardy 4 juillet, le Roy alla au Palais tenir son lit de justice, et fit publier neuf édits bursaux de création de nouveaux offices et impositions sur le peuple, dont l'avocat du roy de Thou consentit la publication, et le chancelier Birague prononça l'arrêt. A ladite publication assisterent le cardinal de Bourbon, le marquis de Conty son neveu, le prince Dauphin, les duc et cardinal de Guise, et Villequier, comme gouverneur de Paris et Isle de France, assis en haut; les mignons d'Arques, La Vallette, d'O et La Guiche (2), assis en bas. La plûpart des présidens et conseillers assistans à ladite publication dirent au chancelier, qui recueilloit les opinions, que ces edits ne pouvoient et ne devoient passer. De quoi le Roi averti par le chancelier, lui commanda de passer outre à la publication. Lors le premier president dit tout haut que, selon la loy du Roy, qui est son absoluë puissance, les edits pouvoient passer; mais que selon la loy du royaume, qui étoit la raison et l'équité, ils ne devoient être publiés. Nonobstant lesquelles remontrances le chancelier Birague, qui n'étoit pas chancelier de France, mais chancelier du

---

(1) *Donna à Crillon :* Louis de Berton, seigneur de Crillon. — (2) *Et La Guiche :* Philibert, seigneur de La Guiche et de Chaumont, un des mignons du roi Henri III.

roy de France, les fit publier incontinent par le commandement de Sa Majesté.

Le mercredy 12 juillet, Monsieur part de Mante pour s'acheminer vers Château-Thierry, où étoit le rendez-vous de son armée, laquelle commença à marcher, et laissa partout des vestiges d'une armée pire qu'ennemie et barbare. Le jeune Thevalle, lui amenant du païs Messin douze compagnies de pied, passa à Broés par Sezanne, où les habitans ne le voulurent laisser entrer, et prirent les armes. Il fut combattu de part et d'autre de telle animosité, que le jeune Thevalle y fut tué; de quoy les capitaines et soldats aigris s'obstinerent, et enfin y entrerent par forces, et tuerent tout ce qu'ils rencontrerent, forcerent le château de Broés, y tuerent le seigneur, sa femme et sa famille, puis mirent le feu aux quatre coins du bourg.

Un capitaine qui suivoit les troupes de Monsieur, étant logé chez un bon homme de village qui le traitoit à tirelarigot, comme l'on dit, fit à son hôte la demande de sa fille en mariage; et sur ce que cet homme lui répondit qu'il lui faloit une demoiselle, et non sa fille, qui n'étoit de sa qualité, il le mit en fuite, en lui jettant plats et assiettes à la tête; puis il deshonora cette pauvre fille. Violée qu'elle fut, il la fit mettre à table, lui jettant infinis brocards. Lors cette fille regardant sa contenance, comme elle vit qu'un soldat s'approchoit pour lui parler à l'oreille, prit un grand couteau qui étoit sur la table, et lui planta dans l'estomach, de telle roideur qu'à l'instant il tomba mort sur la place. Ce que les soldats voyans, prirent la fille; et l'ayant attachée à un arbre, l'arquebuserent sur le champ. De quoi les gentilshommes voisins émus, assemblerent les communes; et étans entrés dans ce village, où les soldats troussoient bagage, les hacherent et taillerent en pieces.

Le mardy premier jour d'août, fut plaidé au privé conseil à Saint-Maur, le Roy present, la cause d'entre le duc de Nivernois et les habitans dudit païs, contre Ruscelay Romain, fermier des impôts sur le sel, sur l'exécution de l'edit n'agueres obtenu de lui pour obliger chaque habitant de ville et village de France à prendre par chacun an, aux magasins par le Roy établis, telle quantité de sel qu'il seroit, par les commissaires à ce députés, avisé lui être nécessaire. Fut Marion (1), avocat au parlement, plaidant pour ledit duc et païs de Nivernois, blâmé d'avoir trop hautement et librement parlé en la présence du Roy contre les nouvelles daces et impôts. De façon que, trouvant ses propos fort piquans, le chassa en colere, et voulut même l'envoyer à la Bastille, sans quelques seigneurs qui remontrerent à Sa Majesté quelle étoit la liberté des avocats plaidans au barreau du parlement de Paris, ausquels on permettoit de dire souvent des propos qui hors de là eussent semblé trop hardis, voire punissables; [mais qu'on avoit accoutumé de les tolerer, pour ce qu'ils servoient à soutenir et éclaircir le droit de la cause qu'ils plaidoient.] Dont toutesfois le Roy ne se pouvoit contenter, disant que le lieu de son conseil, où il étoit, n'étoit le barreau des avocats du Palais; et qu'on le devoit autrement respecter. Et ne le pût-on jamais tant adoucir qu'il ne suspendît ledit Marion de toute postulation pour un an. Mais cette suspension fut levée dès le len-

(1) *Marion*: Simon Marion, d'abord avocat au parlement, puis président aux enquêtes, et ensuite avocat général.

demain, à la prière de la Reine mere et du duc de Nevers, demeurant Ruscelay rudement baffoué et injurié en la présence du Roy par Marion, qui l'avoit accoustré de toutes ses façons.

En ce tems, les generaux de la justice differerent longuement de publier en leur auditoire l'edit de nouvel fait par le Roy des dix sols de crûë et nouvel impôt sur chaque muid de vin entrant et sortant de toutes les villes de ce royaume et leurs fauxbourgs, outre les dix sols d'entrée et issuë qu'on souloit auparavant payer. Mais après une lettre écrite de la main propre du Roy, et pleine de menaces, l'edit fût publié le 9 août en la chambre des géneraux. [C'est la cour des aydes.]

Le vendredy 18 d'août, Monsieur, sans coup ferir, entra dans Cambray à trois heures après midy, et fut magnifiquement reçu par les echevins sous un poesle de satin blanc couvert de fleurs de lys d'or. Deux ou trois jours avant que Monsieur entrât dans Cambray, le vicomte de Turenne, jeune seigneur, y étoit entré avec quelques troupes sain et sauf; mais il ne put à son retour eviter les embûches des Espagnols, qui l'investirent, et le menerent prisonnier à Valenciennes avec Pompadour, Salignac et Surgeron. Après ce désastre, Monsieur prit la ville de L'Ecluse, le château de Harloeu (1), fortes places entre Cambray et Valenciennes; puis assiégea Château en Cambresis, où de Béaune, vicomte de Tours, fut tué, et qui se rendit le dernier jour d'août. Après quoy il prit le titre de protecteur de la ville de Cambray et du païs de Cambresis, et laissa

---

(1) *Harloeu* : Arleux.

dans la citadelle de Cambray cinq cents soldats françois sous la conduite de Balagny, et emmena avec lui le seigneur d'Emery (1), auparavant commandant à la citadelle pour le roy d'Espagne, avec promesse de lui donner dix mil livres de rentes.

Le jeudy dernier d'août, Jean Poisle (2), conseiller de la grand'chambre, fut envoyé prisonnier en la maison de Dorron, premier huissier. Il étoit chargé d'exactions et fausseté d'arrêt. Son premier et principal accusateur fut Pierre Le Roullié (3), conseiller de la cour, abbé d'Herivaux et de Lagny sur Marne, qui prit querelle avec lui à l'occasion d'un procès qu'ils avoient ensemble : tellement que ledit Roullié se rendit dénonciateur formel contre lui, auquel adhererent autres conseillers de la cour, comme accusateurs. Tellement que, pour instruire son procès, furent ordonnés commissaires Chartier (4) et Duval (5), contre lesquels il ne put trouver cause de récusation, combien qu'il eût auparavant récusé la plûpart des presidens et conseillers, nommément les gens de bien. [Se voyant atteint et déferé de plusieurs crimes, il se voulut prévaloir de ce qu'il avoit persécuté les huguenots;] criant et faisant crier sa femme, qui sollicitoit pour lui, qu'il étoit fort

(1) *Le seigneur d'Emery* : Emery ou Aymeries est le même que le baron d'Inchy ou d'Ainchi, dont la reine Marguerite parle dans ses Mémoires. — (2) *Jean Poisle* : Il fut reçu conseiller en 1551, le 20 novembre. Sa devise étoit : *Nil metuo, nisi turpem famam*, qui se voit encore sur quelques livres de sa bibliothèque, qui étoit considérable. — (3) *Pierre Le Roullié* : Il s'appeloit René Le Rouillé, et non pas Pierre. Son frère, nommé Pierre, avoit été aussi abbé d'Hérivaux, et étoit mort en 1578. — (4) *Chartier* : Matthieu Chartier, fils de Matthieu Chartier, célèbre avocat au parlement de Paris. — (5) *Duval* : Hierosme Duval, fils de Jean Duval, receveur et payeur des gages du parlement.

homme de bien, et n'avoit jamais fait faute ; que s'il avoit quelque peu de bien, il l'avoit acquis avec grande peine, et que toute la charge qu'on lui mettoit sus venoit des huguenots, ses mortels ennemis, qui le haïssoient à mort, parce qu'il les avoit toujours persécutés. Nonobstant lesquels propos, spécieux en apparence, mais très-faux, les commissaires passerent outre à lui faire son procès : et avenant les vacations, parce que le premier huissier se plaignoit de ses hautesses et supercheries, il fut mis sous la garde du premier huissier du thrésor, et amené prisonnier en la chambre du thresor, qui est au-dessus de la premiere porte du Palais.

Cet homme étoit tant mal voulu, que chacun, pour l'envie qu'il en avoit, se promettoit qu'il seroit incontinent pendu ; et y eut un conseiller qui, sur le sujet d'une croix d'or qu'il portoit ordinairement au col, composa les vers suivans :

Aurea crux illi e collo pendere solebat,
Quem crucis atque auri torsit avara fames.
Hoc fore prædixit Jovis incunctabile fatum,
In cruce penderet, quem crucis arsit amor;
Quamque habuit vitæ sociam, sic mortis haberet
Par est, ut vixit, sic moriatur, ait.

Le jeudy 7 de septembre, jour des arrêts en robes rouges, le seigneur d'Arque, premier mignon du Roy, vint en parlement, assisté des ducs de Guise, d'Aumale, Villequier, et autres seigneurs ; et fit en sa presence publier les lettres d'érection du vicomté de Joyeuse en duché et pairie, et icelles enteriner et registrer, avec la clause qu'il précederoit tous autres pairs, fors princes issus du sang royal ou de maisons souveraines, comme Savoye, Lorraine, Cleves, et autres semblables; [ouy et ce consentant le procureur géneral du Roy, par l'organe de M. Augustin de Thou, son avocat;] et tout ce, en faveur du mariage d'entre lui et Marguerite de Lorraine, fille de Vaudemont, sœur de la Reine.

Le lundy 18 septembre, ils furent fiancés en la chambre de la Reine; et le dimanche 24, furent mariés à trois heures après midy en la paroisse de Saint Germain l'Auxerrois. Le Roy mena la mariée au moustier, suivie de la Reine, princesses et dames tant richement et pompeusement vêtuës, qu'il n'est mémoire en France d'avoir vû chose si somptueuse. Les habillemens du Roy et du marié étoient semblables, tant couverts de broderies et pierreries qu'il n'étoit pas possible de les estimer : car tel acoutrement y avoit qui coutoit dix mil écus de façon; et toutesfois, aux dix-sept festins qui de rang et de jour à autre, par l'ordonnance du Roy, depuis les nôces, furent faits par les princes et seigneurs parens de la mariée, et autres des plus grands de la cour, tous les seigneurs et les dames changerent d'accoutremens, dont la plûpart étoient de drap d'or et d'argent, enrichis de passemens, guipures, recareures, et broderies d'or et d'argent, et pierreries en grand nombre et de grand prix. La dépense y fut si grande, y compris les tournois, mascarades, presens, danses, musique, livrées, etc., que le bruit étoit que le Roy n'en seroit pas quitte pour douze cents mil écus.

[M. de Rets voyant sa faveur diminuer près de Henry III, par l'avancement de M. de Joyeuse; et connoissant qu'il envioit la charge de premier gentilhomme de la chambre du Roy; un jour étant en son cabinet avec M. de Joyeuse, deffendit à l'huissier de laisser entrer aucun ; et dit l'huissier : « Et M. de Rets ? — Moins « que pas un, dit M. de Joyeuse. » M. de Rets arrivé, l'huissier lui dit qu'il lui étoit deffendu de le laisser entrer. Lui étonné, et se doutant de ce qui étoit, le prie de le laisser entrer; lui promit deux mil écus, s'il le faisoit ; et qu'il avoit assez de pouvoir de le garantir du courroux du Roy. Il entre; de quoy le Roy s'étonna bien fort, et M. de Joyeuse. M. de Rets dit au Roy : « Sire, « je vous viens prier de me faire une faveur. Vous « n'avez encore rien donné à M. de Joyeuse, gentil- « homme le plus accompli qui soit en votre cour : per- « mettez-moy que je lui fasse un present de ma charge « de gentilhomme de la chambre. Je suis âgé. » Le Roy sembla résister; il le prie derechef : le Roy l'accepte, et ledit sieur de Joyeuse, qui ne sçeut par quel témoignage récompenser et accepter le don, sinon avec mille protestations d'amitié et de faveurs.]

Le Roy donna à Ronsard et Baif [1], poetes, pour la belle musique par eux ordonnée, et pour les vers qu'ils firent, à chacun deux mil écus; et promit de payer au marié, dans deux ans, quatre cents mil écus pour la dot de la mariée. Et parce que tout le bien d'elle, qui lui pouvoit être échu des successions de ses pere et mere, ne pouvoit valoir plus de vingt mil écus au plus, le Roy fit intervenir au contrat de mariage le duc de Mercœur, aîné de la maison de Vaudemont, pour faire valoir le bien de la mariée, sa sœur, cent mil écus, qu'il promit payer au duc de Joyeuse, en lui quittant

---

[1] *Ronsard et Baïf* : On a le ballet ordonné pour ces noces, sous le titre de *Ballet comique de la Reine*. La musique n'est pas de Ronsard ni de Baïf, qui ne se mêloient que de poésie.

ses droits successifs; et dont le Roy déchargea ledit duc de Mercœur, en s'obligeant de l'en acquitter. Et quand on remontroit au Roy la grande dépense qu'il faisoit : « Je serai sage et bon ménager, répondoit-il, « quand j'aurai marié mes trois enfans; » entendant d'Arques, La Valette et d'O, [ses trois mignons].

Le dimanche 24 septembre, Ludovic, Adjacet, qui, de petit marchand et banquier à Florence, s'étoit tellement enrichi par la faveur de la Reine mere, qu'il avoit bâty près les Blancs-Manteaux une superbe maison, acheté le comté de Château-Villain cinq cents mil livres, acquis sur l'hôtel de ville trente ou quarante mil livres de rente, outre ses riches meubles et autres biens; s'étant battu près Sainte Catherine du Val des Ecoliers contre Pulveret, capitaine du château d'Encise, il fut obligé de lui demander la vie, que ledit Pulveret lui accorda génereusement. Mais ce vilain, pour récompense de ce plaisir, étant accompagné de dix ou douze Italiens armés jusqu'à la gorge, attaqua près des Billettes Pulveret étant seul avec son valet, et le laissa pour mort. Surquoy Servin, avocat, mon amy, fit ce distique :

Infelix, parcit tibi, qui, Adjacete, jacenti,
 En jacet in medio pulvere Pulvereus.

Or esperoit Adjacet, quand il auroit tué Pulveret, en avoir incontinent du Roy sa grace, parce que Sa Majesté alloit souvent manger chez lui, et s'y éjouir; mais le Roy se souvenant qu'après avoir dit deux ou trois fois à Adjacet de payer quatre mil écus à un marchand pour des perles, Adjacet avoit fait le sourd, dit qu'il vouloit qu'on en laissât faire à sa justice. Son procès fut fait par le prevôt de l'hôtel ou son lieutenant, par le jugement duquel il fut condamné à deux mil écus envers Pulveret, et à cinq cent envers les pauvres. Son crime étoit digne de mort; mais sa femme (1) étoit favorite de la Reine.

En ce tems, le Roy acheta de madame de Bouillon (2), moyennant cent soixante mil livres, la terre de Limoux (3), pour le duc de Joyeuse. Cette terre fut en 1536 tirée des mains du tresorier Poncher, qui l'avoit bâtie, et pour laquelle principalement il avoit été pendu à Montfaucon, rendez-vous de ces messieurs; et passa par les pattes de madame d'Estampes, du tems de François 1. Elle passa ensuite par celles de la duchesse de Valentinois, du tems de Henry II; et puis, du tems de Henry III, venuë ès poings du duc de Joyeuse: tellement qu'elle sembloit avoir été bâtie par ce malheureux et chétif tresorier, pour venir en proye successivement à toutes les mignonnes et mignons de nos roys

Le jeudi 5 d'octobre, le Roy, qui dès pieça portoit à d'O (4) une dent de lait, à cause qu'il n'avoit jamais approuvé les mariages de d'Arques et de La Valette avec les deux sœurs de la Reine, ni les avantages qu'il

---

(1) *Sa femme :* Anne d'Aquaviva. — (2) *Madame de Bouillon :* Françoise de Brezé, fille de Louis de Brezé, comte de Maulevrier, et de Diane de Poitiers, duchesse de Valentinois, maîtresse de Henri III. — (3) *La terre de Limoux :* C'est la seigneurie de Limours près Montlhéry, qui avoit été confisquée sur Jean Poncher, trésorier des guerres, par arrêt du 18 septembre 1535, et que François 1 donna à Anne de Pisseleu, duchesse d'Etampes. Le chancelier de Chiverny acquit depuis cette terre, et la fit ériger en comté; après lui, elle a passé à Louis Hurault son fils, comte de Limours, qui la vendit au cardinal de Richelieu en 1623. — (4) *A d'O :* François d'O, seigneur de Fresnes, qui fut depuis surintendant des finances et gouverneur de Paris. Il avoit épousé Charlotte-Catherine de Villequier.

leur faisoit, et n'avoit pû se tenir d'en babiller, lui donna son congé, et licence de se retirer de la cour : ce qu'il fit, et s'en alla à Caen en Normandie, dont il étoit lieutenant du gouverneur, avec soixante mil livres de rente, deux cent mil livres d'argent clair, qu'il avoit amassé en sept ans, et quarante mil écus pour son état de maître de la garde-robe. Telle disgrace est supportable.

Le mardy 10 d'octobre, le cardinal de Bourbon fit son festin des nôces du duc de Joyeuse en l'hôtel de son abbaye de Saint Germain, et fit faire à grands frais sur la riviere de Seine un grand et superbe appareil d'un grand bacq accommodé en forme de char triomphant, dans lequel le Roy, princes, princesses, et les mariés, devoient passer du Louvre au pré aux Clercs en pompe fort solemnelle: car ce beau char triomphant devoit être tiré pardessus l'eau par autres bateaux déguisés en chevaux marins, tritons, baleines, sirenes, et autres monstres marins, en nombre de vingt-quatre ; en aucuns desquels étoient portés, à couvert au ventre desdits monstres, trompettes, clairons, violons, hautbois, et plusieurs musiciens d'excellence, même quelques tireurs de feux artificiels, [qui pendant le trajet devoient donner maints passe-temps au Roy, et à cinquante mille personnes du peuple de Paris qui étoit sur les deux rivages.] Mais le mystere ne fut pas bien joué, et ne put-on faire marcher les animaux, ainsi qu'on avoit projetté; de façon que le Roy ayant attendu depuis quatre heures du soir jusqu'à sept, aux Thuilleries, le mouvement et acheminement de ces animaux aquatiques, sans en appercevoir aucun effet, dépité, dit qu'il voyoit bien que c'étoient des bêtes qui commandoient à d'autres bêtes. Et étant monté en coche, s'en alla avec les Reines et toute la suite au festin, qui fut le plus magnifique de tous, nommément en ce que ledit cardinal fit représenter un jardin artificiel garni de fleurs et de fruits, comme si ç'eût été en may, ou en juillet et août.

Le dimanche 15, la Reine fit son festin dans le Louvre; et après le festin, le balet de Circé et de ses nimphes, le plus beau, le mieux ordonné et exécuté qu'aucun d'auparavant.

Le lundy 16, en la belle et grande lice [à grands frais et peines et en pompeuse magnificence] dressée et bâtie au jardin du Louvre, se fit un combat de quatorze blancs contre quatorze jaunes, à huit heures du soir, aux flambeaux. Le mardy 17, autre combat à la pique, à l'estoc, au tronçon de la lance à pied et à cheval; et le jeudy 19, fut fait le balet des chevaux, auquel les chevaux d'Espagne, coursiers et autres, en combattant, s'avançoient, se retournoient et contournoient au son et à la cadence des trompettes et clairons, y ayans été dressés cinq ou six mois auparavant.

Tout cela fut beau et plaisant; mais la grande excellence qui se vit les jours de mardy et jeudy fut la musique de voix et d'instrumens, la plus harmonieuse et déliée qu'on aye jamais ouy. Furent aussi les feux artificiels, qui brillerent avec incroyable épouventement et contentement de toutes personnes, sans qu'aucun fût offensé. Vrai est que le feu prit en une grange où l'on resserroit les charriots, et autres harnois de galeres, et animaux accommodés ausdits combats; mais n'en advint autre dommage que de ladite grange et de tout ce qui étoit dedans, qui fut tout brulé.

En ce mois, Strozzi quitta son état de colonel de l'infanterie françoise en faveur de La Vallette, et eut pour récompense cinquante mil ecus, et de pension annuelle vingt mil livres; avec laquelle somme il acheta la terre de Bressuire en Poitou.

Le mercredy 8 novembre, deux ambassadeurs du Grand-Turc (1) arrivèrent à Paris, où ils furent magnifiquement reçus et bien traités. L'un d'eux vint, par commission particuliere, prier le Roy d'assister à la circoncision du fils aîné du Grand-Seigneur, qui devoit se célébrer à Constantinople au mois de may suivant; l'autre venoit pour la confirmation des anciennes conféderations entre les Othomans, empereurs des Turcs, et les roys de France. Ils furent logés au fauxbourg de Saint-Germain en la ruë de Seine, et partirent de Paris chargés de beaux presens, pour s'en retourner le 10 décembre.

Le 28 novembre, la sœur de La Valette (2) fut mariée à petit bruit au comte de Bouchage, puisné du duc de Joyeuse.

La veille, jour de mardy, La Valette, accompagné de plusieurs seigneurs, vint au parlement, où furent en sa presence enterinées les lettres d'érection de la châtellenie d'Espernon, que le Roy avoit achetée pour lui du roy de Navarre, en duché et pairie. Portoient lesdites lettres qu'en considération de ce que La Valette devoit être beaufrere du Roy, il précederoit tous autres ducs et pairs, après les princes et le duc de Joyeuse.

---

(1) *Deux ambassadeurs du Grand-Turc :* Les ligueurs tirèrent parti de cette ambassade contre le Roi, qu'ils appelèrent le *roi Turc.* Ils prétendoient qu'il étoit parrain du fils du Grand-Seigneur. — (2) *La sœur de La Valette :* Catherine de La Valette.

Le dimanche 17 de décembre, le marquis de Conty (1), frere puîné du prince de Condé, fut marié au Louvre avec la comtesse de Montafié. A son mariage, ne fut faite aucune somptueuse parade.

Le lundy 18, le Roy et les Reines partirent de Paris pour aller à Annet tenir sur les fonts le fils du duc d'Aumale (2).

Mourut sur la fin de cet an M. de Longueil, conseiller de la grand'chambre, homme de bien et bon juge, et qui faisoit plus de provision de livres que d'écus; duquel l'opinion toutesfois étoit tenuë meilleure le matin que l'après-dîner, à cause du vin auquel il étoit sujet.

[1582] Le lundy premier jour de l'an, le Roy fit aux Augustins la cérémonie de son ordre; et après avoir fait sept chevaliers ou commandeurs, leur donna à chacun mil écus dans une bourse, pour étrennes: dont chacun d'eux, par l'exhortation du Roy, en donna cinquante au couvent des cordeliers de Paris, pour aider à raccommoder leur église brûlée.

Le lundy 15 janvier arriverent à Paris les ambassadeurs des treize cantons, venans supplier le Roy de les faire payer de cinq ou six cent mil écus d'arrérages de leurs pensions. Parmi leurs prieres, ils mêlerent quelques menaces de quitter la confédération de France, et de se joindre à celle de l'Espagne, qui les sollicitoit

---

(1) *Le marquis de Conty :* François de Bourbon, prince de Conti. Il épousa en premières noces Jeanne de Coemès, dame de Bonnestable, veuve de Louis, comte de Montafié en Piémont, et fille unique de Louis de Coemes et d'Anne de Pisseleu; et en secondes, Louise-Marguerite de Lorraine, fille de Henri I, duc de Guise. — (2) *Duc d'Aumale :* Charles de Lorraine. Il avoit épousé Marie de Lorraine, fille de René, marquis d'Elbœuf.

fort. On les appaisa de belles promesses; et pour les rendre plus traitables, on donna à chacun d'eux une chaîne d'or de deux cents écus, et une bourse de trois cents pour les frais de leur voyage.

Le mercredy 17 janvier, Henry de Mesmes, seigneur de Roissy, venu en la malle grace du Roy, fut desapointé des états de chancelier de la Reine, et de garde des chartres. Il fut fort peu plaint, parce qu'encor qu'il fût tenu pour habile homme, et des plus doctes et dignes de sa robe, néanmoins il étoit connu pour un des plus superbes qui fût à la cour.

Le vendredy 26, le Roy et la Reine, chacun à part soy, et chacun accompagné de bonne troupe, allerent à pied de Paris à Chartres, en voyage vers Notre-Dame de dessous terre, où fut faite une neuvaine à la derniere messe; de laquelle le Roy et la Reine assisterent, et offrirent une Notre-Dame d'argent doré, qui pesoit cent marcs, à l'intention d'avoir lignée qui pût succeder à la couronne.

En ce mois de janvier, le maréchal de Cossé (1), auquel on disoit que la Bastille et le bon vin avoient avancé les jours, alla de vie à trépas; et fut son état de maréchal donné au pere du duc de Joyeuse.

Le jeudy 8 février, Monsieur, frere du Roy, après avoir demeuré à Londres trois mois près la reine d'Angleterre, de laquelle pendant ledit tems il reçut toutes sortes de courtoisies et d'honneurs, s'embarqua pour Anvers, où le prince d'Orange et les députés des états de Flandres dès pieça l'attendoient. Pour faire ce voyage, la Reine continuant ses faveurs, lui prêta trois navires

---

(1) *Le maréchal de Cossé:* Artus de Cossé. Il mourut au château de Gonnord en Poitou, le 15 janvier 1582.

de guerre équippés à l'avantage; et le fit accompagner des mylords Howard, Leicester, Du Hatton, et de plusieurs seigneurs et gentilshommes anglois.

Le 17, feu Monsieur arriva à Anvers; et le lundy 19 lui fut faite une réception et entrée autant somptueuse et magnifique qu'oncques y avoit été faite à l'empereur Charles v, et à Philippe son fils, roy d'Espagne, à leurs bienvenuës. Grands festins lui furent faits; feux de joye pendant quatre jours; monnoye d'or et d'argent, forgée à son nom et à ses armes, fut jettée au peuple; et lui fut donné le titre et l'habit du duc de Brabant, et marquis du Saint Empire.

Le 13 février, l'aîné La Valette, frere du duc d'Espernon, et pour son respect favorisé du gouvernement du marquisat de Saluces, fut marié au Louvre avec la demoiselle Du Bouchage, à petit bruit, [tout simplement, sans somptuosité; et ce, du commandement du Roy, qui voulut qu'on se restraignît en publiques parades,] parce qu'il avoit été rapporté au Roy que les ambassadeurs suisses, venus pour demander de l'argent qu'on leur devoit, quand on leur répondit que le Roy n'avoit pas d'argent, dirent qu'il n'étoit pas possible que le Roy n'eût ses coffres pleins, puisque depuis quatre ou cinq mois, aux nôces du duc de Joyeuse, simple gentilhomme, avant qu'il l'eût honnoré du titre de mignon de Sa Majesté, il avoit en festins, mascarades, tournois, etc., dépendu douze cent mil écus et plus. [Et que s'il n'avoit craint de dépendre une si notable et grosse somme en chose de néant, qu'il étoit bien croyable que, pour subvenir aux affaires d'importance de son royaume, il en avoit encore bien d'autres qu'il n'y plaindroit pas; ou autrement qu'il seroit prince mal avisé et mal conseillé : ce qui n'étoit pas.]

En ce mois de février, le Roy maria Catherine de Fontenay (¹), fille de Mesnil aux Ecus, maître des comptes, que le Roy appelloit sa Cathaut, au bâtard de Longueville, soi surnommant marquis de Rothelin; et lui donna vingt mil écus et une abbaye.

Le dimanche 18 mars, un jubilé à Paris, pour prier Dieu de donner lignée au Roy.

Le mardy 20, le nonce du Pape disciplina à Saint Germain des Prez quelques cordeliers du convent de Paris, parce qu'ils avoient élu un gardien contre l'ordre du Pape et du général, [qui étoit mantouan, de la maison de Gonzagues (²),] qui en vouloit mettre un à sa poste de sa privée autorité, contre les ordonnances et statuts de l'ordre. Le procureur général du Roy s'étant porté appellant de l'exécution de la bulle du Pape, en vertu de laquelle le nonce s'étoit ingeré de faire ladite discipline, par arrêt de la cour prononcé en publique audience le jeudy 29 dudit mois, fut déclaré bien recevable appellant; et ordonné que le nonce seroit appellé en ladite cour, pour venir défendre audit appel comme d'abus; et cependant défensès à lui faites d'aucune chose attenter et innover contre les saints decrets, autorité du Roy et privileges de l'Eglise gallicane. Sur ce sourdit une grande contention au convent des Cordeliers, qui, divisés en deux factions, vinrent aux

---

(¹) *Catherine de Fontenay*: Elle se nommoit Catherine Duval, et étoit sœur de François Duval, seigneur de Fontenay et de Mareuil. François d'Orléans Rothelin, son mari, étoit fils naturel de François d'Orléans, marquis de Rothelin. — (²) *De la maison de Gonzagues*: Il se nommoit Scipion de Gonzagues.

mains par diverses fois; mais enfin, par les menées du duc de Nivernois, cousin dudit général, et par l'autorité de la Reine mere, le favorisant à cause du pays, cette contention fut appaisée au desir desdits nonce et général, admonestés néanmoins de ne plus faire telles entreprises. Sur ces pauvres freres ainsi disciplinés, furent faits ces vers :

Stigmata quæ passis manibus, Franciscè, gerebas,
Natorum flagris corpora secta tegunt.
Lancea mutavit sævis insignia loris,
Nuncius immiti missus ab Ausonia,
Ut merito post hæc, mutato nomine prisco,
Cordigeros dicat Gallia lorigeros.

[Le dimanche 25 mars, Busbecq écrit, par ses lettres, qu'il présenta au Roy lettres de la part de l'empereur Rodolphe son maître, lui ayant dit peu de chose auparavant : c'est à sçavoir que Sa Majesté Impériale auroit été avertie de bonne part que le Roy s'étoit accordé avec son frere, touchant la guerre des Pays-Bas (à quoi Sa Majesté Imperiale n'ajoutoit point pourtant foi); que si toutesfois il en étoit quelque chose, ni lui empereur, ni les electeurs de l'Empire, à qui cela touchoit grandement, ne le pourroient souffrir : chose qu'il pourroit apprendre plus amplement par les lettres de Sadite Majesté.

A quoi le Roy répondit qu'il n'avoit rien de commun avec son frere touchant les affaires des Pays-Bas. Et pour preuve de cela, c'est que si son frere eût été secouru de lui, il auroit long-tems ja apporté plus de dommage aux Pays-Bas qu'il n'avoit fait : qu'il ne se servoit pas beaucoup de ses conseils; et même, pour le présent, qu'il faisoit beaucoup plus de bruit que d'effet, voire que le plus grand dommage tomboit sur lui et sur ses sujets, qui déja par plusieurs mois avoient été travaillés et molestés par les gens de guerre de son frere, sans qu'en rien du monde ceux des Pays-Bas ayent été inquietés; qu'il verroit les lettres de l'Empereur, et y feroit réponse. L'interêt de la Reine (c'étoit la reine Elizabeth d'Autriche, veuve du roy Charles ix) m'a empêché d'agir plus long-temps ni plus hardiment, pour ne me rendre ou ennuyeux ou odieux. *Busbecq* (1).]

Le même jour dimanche 25, vinrent à Paris nouvelles que le dimanche précédent, le prince d'Orange, à l'issuë de son dîner à Anvers, comme il entroit de la salle en sa chambre, avoit été d'un coup de pistolet atteint à la joue au-dessous de l'oreille par un Biscain, serviteur d'un Espagnol, banquier d'Anvers, parti quelques jours auparavant de ladite ville, et retiré à Tournay vers le duc de Parme. Celui qui fit le coup avoit nom Jaureguy, âgé de vingt-cinq ans, lequel, pource que le coup fut grand, traversant les deux joues de part en part, sans avoir toutesfois offensé ni les dents, ni la langue, ni le palais, fut sur le champ dagué et tué par le bâtard dudit prince, et autres gentilshommes et archers de ses gardes. Grand tumulte s'émût incontinent par la ville, et prirent les bourgeois tout aussi-tôt les armes par tous les quartiers et dixaines, ignorans le fonds de cette entreprise; mais Jaureguy mort fut trouvé chargé de papiers et memoriaux, par lesquels fut découvert le dessein de leur entreprise.

(1) *Busbecq*: On croit que cet article n'est pas de l'auteur du Journal; mais comme il se trouvoit dans les additions à ce Journal de l'édition de 1720, on a cru devoir le conserver.

Même ayant été le corps mort dudit Jaureguy exposé en lieu public sur un échafaut, fut reconnu pour domestique dudit marchand espagnol, banquier, fugitif d'Anvers cinq ou six jours avant le coup : qui fut cause de faire prendre au corps un serviteur dudit marchand, nommé Antonio Venero, et un jacobin (1) déguisé; lesquels interrogés furent trouvés complices de la conjuration par ledit banquier, nommé Amiastro, faite de la mort dudit prince d'Orange, à la suscitation de Philippe, roy. d'Espagne, qui avoit promis audit Amiastro quatrevingts ou cent mil écus incontinent après l'exécution d'icelle; et étoit en propos ledit Amiastro de faire de sa main le coup, sans Jaureguy, qui de sa franche volonté se chargea dudit meurtre, persuadé par un jésuite que si-tôt qu'il auroit fait le coup, soudain seroit porté en paradis par les anges, qui lui avoient ja retenu sa place près Jesus-Christ, au-dessus de la vierge Marie. Lesdits Jaureguy tout mort, Venero et Timmerman, jacobin, tous vifs, après que le procès leur eut été fait, furent publiquement exécutés; et le prince d'Orange si bien pansé, qu'au bout de trois mois il fut gueri de toutes ses playes.

Le lundy 26 mars, les gardes du Roy, par commandement de Sa Majesté, forcerent la conciergerie du Palais, pour en tirer un gentilhomme sien favori, parent et capitaine avoué de La Valette. Ce gentilhomme étoit appellant de la mort, atteint et convaincu

---

(1) *Un jacobin :* Il se nommoit Antonin Timmerman ou Charpentier. Il est compté au nombre des martyrs de l'ordre de saint Dominique, dans le livre intitulé *Sancti Belgii ordinis prædicatorum*, composé par le père Hyacinthe Chocquet, religieux de cet ordre, et imprimé à Douay en 1628.

d'avoir assassiné un gentilhomme poitevin en sa maison, entre les bras de sa mere et de sa femme.

Le jeudy 29, le marquisat d'Elbeuf fut érigé en duché et pairie [1].

Le vendredy 11 may, à la porte de Paris, fut décapité un gentilhomme beausseron, nommé Berqueville, pour avoir été présent l'épée au poing à la recousse d'un autre gentilhomme que des sergens menoient prisonnier au châtelet; en laquelle recousse y cût un sergent tué et autres blessés. Icelui Berqueville étant sur l'échafaut, remontra qu'à tort il avoit eté condamné à mort pour le meurtre du sergent, qu'il n'avoit fait ni consenti; toutesfois qu'il reconnoissoit que Dieu étoit juste, lequel il croyoit l'avoir conduit à ce point de mort ignominieuse, pour réparation d'un meurtre par lui commis en la personne d'un gentilhomme qu'il nomma, duquel meurtre on n'avoit oncques pû découvrir l'auteur.

Le samedy 19 may, Jean Poisle, conseiller en la grand'chambre, au procès duquel la cour étoit empêchée depuis neuf mois, fut condamné par arrêt donné au rapport de M. Chartier, juge droit et incorruptible, à faire amende honorable à genoux, tête nuë, à huis clos, toutes les chambres assemblées au parc de l'audience; et illec dire et déclarer que mal, témérairement et indiscretement il avoit commis les crimes mentionnés au procès : dont il se repentoit, et en demandoit pardon à Dieu, au Roy et à la justice. Fut par le même arrêt privé de son état, et déclaré indigne et incapa-

---

[1] *Erigé en duché et pairie* : en faveur de Charles de Lorraine, marquis puis duc d'Elbœuf, grand veneur de France, mort en 1603. Il avoit épousé Marguerite Chabot.

ble de tenir office royal de judicature, banni de la ville, prevôté et vicomté de Paris, pour cinq ans; et en outre de ce, condamné en la somme de cinq cents écus envers le Roy, applicable à la réfection du Palais; et en deux cents écus d'amende envers les pauvres de Paris; et ès dépens du procès envers René Le Rouillé, aussi conseiller, accusateur. Il fut amené en la grand'chambre par Dorron, premier huissier, accompagné de Malingre, autre huissier de ladite cour, avec lequel il fit refus de marcher. Mais voyant qu'icelui premier huissier s'acheminoit pour aller faire entendre à la cour sa rebellion, il alla effrontément et la tête haute; et arrivé avec sa robe du Palais, et son chaperon à bourlet, que le peuple en passant crioit qu'il lui falloit ôter, voulut parler; mais il fut interrompu par le président de Morsan, qui lui dit : « Maistre Jean Poisle, mettez-vous « à genoux, et écoutez la lecture de votre arrêt. » Alors il mit un genouil en terre, auquel le président dit : « Maistre Jean, mettez les deux genoux en terre, et « dépêchez. » De quoi il se voulut excuser sur sa vieillesse et prétenduë indisposition; mais enfin étant contraint d'obéir, lui fut faite la lecture de son arrêt, et lui dicta le greffier les mots qu'il avoit à dire, lesquels il prononça hautement et superbement : puis dit tout haut qu'il remercioit Dieu et la cour; qu'il avoit été jugé par ses ennemis; mais que *qui confidit in Domino, non turbabitur cor ejus.* Puis requit la cour, puisqu'il étoit banni pour cinq ans, qu'il lui plût lui donner quelque délai *ad colligendas sarcinulas.* A quoi lui fut répondu que bien lui viendroit de présenter sa requête à cette fin. Ce fait, il fut ramené en la chambre du trésor, sur la seconde porte du Palais, où il avoit été prisonnier; et y retourna en la même façon qu'il étoit venu, avec semblable hautesse et assurance, comme s'il fut allé aux nôces. Dès ledit jour il fit couper sa barbe, qu'il nourrissoit longue depuis qu'il étoit prisonnier; paya les sept cents écus pour les deux amendes, et le lendemain s'en alla à Fontainebleau pour tâcher à obtenir son rappel de ban; [mais il n'y trouva point d'amis,] et lui fut tout à plat dénié.

Le peuple de Paris murmura fort contre cet arrêt, disant que si ce conseiller étoit convaincu des cas à lui imposés, comme son arrêt le portoit, on le devoit sans misericorde envoyer droit au gibet. [Son compagnon, qui pensoit qu'il dût être pendu, l'ayant été voir après sa condamnation, lui dit en le saluant : « Monsieur, « *beati quorum remissæ sunt iniquitates...* — *Et quo-* « *rum tecta sunt peccata*, lui va incontinent repartir « Poisle. » Et ce fort à propos; car qui les eût voulu ramentevoir, il n'en eut pas eu meilleur marché que Poisle.] Les prédicateurs de Paris en parlerent même en leurs chaires, entre les autres frere Maurice Poncet, curé de Saint-Pierre des Arcis, qui fit une comparaison de la diligence des messieurs à celle de sa chambriere, équivoquant sur la poesle et le chaudron : qui étoit le conseiller Molevaut (1), appellé Malevolus par le président de Thou, et que chacun disoit ne valoir pas mieux que Poisle. Auquel propos fut fait le huitain suivant :

> Soixante hommes ont fait en neuf mois tous entiers,
> Disoit le bon Poncet, ce que ma chambriere
> Pourroit en un quart d'heure elle seule mieux faire;
> Car ils ont employé d'un an les trois quartiers

(1) *Molevaut :* Il y avoit alors deux conseillers de ce nom au parlement : Guillaume et François de Maulevaut.

A curer une poisle. Et combien pense-t-on
Qu'il faudra bien de temps à fourbir le chaudron?
Vous dirai-je son nom? Je le dirai tout haut.
Non ferai : vous ririez. — Pourquoi? — Le *Mot le Vault*.

En ce mois de may, mourut à Anvers dame Charlotte de Bourbon (1), princesse d'Orange, celle des filles du duc de Montpensier qui avoit été abbesse de Jouarre.

En ce même mois de may, Guillaume Bailly, président des comptes à Paris, mourut en l'abbaye de Bourgueil en Anjou, que peu auparavant il avoit achetée dix-huit mil écus de Cimier. On crut qu'il avoit été empoisonné pour faire vacquer son abbaye, qui peu après son decès fut donnée à Fervaques, qui tenoit le premier lieu entre les favoris de Monsieur, et ja avoit l'evêché de Lizieux.

[Du 30 mai, on tient que la reine d'Angleterre a fait fournir une grande somme d'argent au duc d'Alençon, c'est à sçavoir trois cent mille écus.

Et quant à ceux du païs se soumettant à la puissance dudit duc, on tient qu'ils contribuëront pour les frais de la guerre la cinquieme partie de leurs biens.

Le prince de Parme assiege Audenarde; mais les assiégés ont fait avertir le duc d'Alençon qu'il ne craigne rien à leur sujet de deux mois. Il se montre au reste très-grand protecteur des catholiques, et prend soin de faire rétablir en plusieurs endroits leurs églises; dont

---

(1) *Charlotte de Bourbon* : Elle étoit fille de Louis de Bourbon, deuxième du nom, duc de Montpensier; et de Jacqueline de Longwic, comtesse de Bar-sur-Seine. Elle avoit renoncé à son abbaye et à ses vœux en 1574, et épousé Guillaume de Nassau, prince d'Orange, tué à Delft en 1584.

quelques-uns estiment que sa domination ne sera pas de longue durée en ce païs-là.]

Au commencement du mois de juin, Monsieur assembla des forces en Flandres, entr'autres quinze cents reistres, qui passerent au long de la ville de Reims par le Rethelois, où ils firent mille maux; et arrivés aux Païs-Bas, saccagerent l'Artois et païs voisins. Les titres que Monsieur prenoit lors étoient : *François, fils de France, frere unique du Roy, par la grace de Dieu duc de Lauthier, de Brabant, de Luxembourg, de Gueldres, d'Alençon, d'Anjou, de Touraine, de Berry, d'Evreux et de Château-Thierry, comte de Flandres, de Zelande, de Hollande, de Zutphen, du Mayne, du Perche, de Mante, Meulenc et Beaufort; marquis du Saint Empire, seigneur de Frise et de Malines, deffenseur de la liberté belgique.*

Le 19 juin, le duc de Joyeuse fit au parlement le serment d'amiral de France, lequel état lui avoit été vendu par le duc de Mayenne cent vingt mil écus, que Sa Majesté paya pour son mignon.

En ce tems, la reine de Navarre arrivée à Paris, trouvant l'hôtel d'Anjou vendu par le president Pybrac à la dame de Longueville, acheta la maison du chancelier Birague, à La Couture de Sainte Catherine, vingt-huit mil écus; et se retira ledit Birague au prieuré de Sainte Catherine, qu'il tenoit en titre long-tems auparavant sous le nom d'un sien neveu, et en l'une des chapelles de l'église. Duquel prieuré il avoit ja pieça fait ériger à sa feuë femme (1) un monument de marbre de magnifique structure.

(1) *Sa feuë femme* : Elle se nommoit Valentine Balbiane.

Le 25 juin, le Roy et la Reine furent en voyage à Notre-Dame de Chartres, y donnerent une lampe d'argent de quarante marcs, et cinq cent livres de rente pour la faire ardre jour et nuit. Au retour duquel voyage s'en alla à Fontainebleau, où il assembla le conseil des princes et autres de son conseil d'Etat, pour prendre avis de la réponse qu'il devoit faire au Pape et au roy d'Espagne, qui le sollicitoient de faire publier et de recevoir en France le concile de Trente et l'inquisition.

Le lundy 18 juillet, le Roy, par l'exhortement comme on présumoit de M. de Saint-Germain, chanoine et théologal de Paris, qu'il avoit n'agueres retiré près de lui pour conseil et direction de sa conscience, fit déclaration qu'il ne vouloit dès-lors en avant plus vendre les offices de judicature, mais en pourvoir gratis gens capables. De fait, il en fit le 23 en son parlement de Paris publier ses lettres patentes; mais peu après, à l'appetit de ses mignons et autres harpies, il se laissa aller, et fit publier en ladite cour un edit de création de deux nouveaux conseillers en chaque siege présidial.

Au commencement d'août, à Bruges, où étoit lors Monsieur, duc d'Alençon, furent découverts environ trente Espagnols qui, sous la conduite d'un Balduin, flament italianisé, ayant charge du duc de Parme, avoient conspiré de faire mourir ledit seigneur duc d'Alençon. Dont les uns furent tués, les autres pendus, roués, brûlés, et exemplairement punis. Balduin se voyant arrêté, [craignant plus cruel supplice s'il attendoit l'issuë du procès criminel qu'on lui vouloit faire,] se donna de sa dague quelques coups dans l'estomach; dont il mourut tôt après. Salcede le jeune, né en France, fils de ce vieil Salcede, espagnol, qui avoit tant fait la guerre au cardinal de Lorraine, et qui fut tué à Paris par ceux de Guise en 1572, le jour de Saint Barthelemy, étant trouvé complice, fut arrêté prisonnier; et lui fut commencé son procès, par lequel se sentant perdu, il s'avisa de charger de cette conspiration ceux de Lorraine et de Guise, et quelques autres grands seigneurs étans en la cour du Roy, afin d'être amené en France pour leur être confronté, espérant d'être recous en chemin, par le moyen du duc de Parme. De fait, il fut envoyé en France; mais Believre, pour cet effet envoyé en Flandres, le fit conduire si dextrement qu'il ne put être recous; et lui fut par le parlement fait son procès, par lequel, atteint et convaincu de conspiration de mort contre M. le duc d'Alençon, et même contre le Roy, et de plusieurs autres crimes, fut condamné d'être tiré à quatre chevaux. Ce qui fut exécuté en la place de Greve le 26 octobre de cette année, où, par l'intercession de madame de Martigues, duchesse de Mercœur, sa parente ou alliée, il ne souffrit qu'une ou deux tirades, puis fut étranglé. Sa tête coupée fut envoyée à Anvers, les quatre quartiers de son corps pendus près les quatre principales portes de Paris. Le Roy et les Reines assisterent à l'exécution dans une chambre de l'hôtel de ville, et y firent venir le president Brisson, les conseillers Perrot, Chartier, Michon, et Angenoust, raporteur du procès, pour en conferer avec eux; et quand Tanchell, lieutenant de robe courte, present à l'exécution avec ses archers, vint dire au Roy que, sur le bas de l'échaffaut sur lequel étoit son corps quand il fut tiré, il s'étoit fait délier les deux mains pour signer sa derniere confession, qui étoit qu'il n'étoit rien de toutes les charges qu'il avoit mises sus aux plus

grands du royaume; le Roy s'écria : « Ho! le méchant
« homme, voire le plus méchant dont oncques j'aye
« ouy parler! » Ce disoit le Roy, pour ce que à la dernière question, où il avoit assisté derrière une tapisserie, il lui avoit ouy affirmer et jurer que tout ce qu'il
avoit dit contr'eux étoit vrai; comme beaucoup aussi
l'ont cru et le croyent encore, vû les tragédies qui se
sont faites depuis par les accusés.

[L'ambassadeur d'Espagne, irrité de ce qu'on envoyoit la tête de Salcede à Anvers, pour être mise en
lieu éminent comme par le commandement du Roy, il
affirma devant le Roy qu'il n'avoit qu'à commander à
Anvers. A quoy, comme à une chose impourvuë, le
Roy n'eut qu'à répondre, sinon qu'il avoit envoyé cette
tête à son frere pour en faire ce qu'il voudroit. Busbecq, epitre 9, use de ces termes : « Qu'il en fist des
« petits pâtés s'il vouloit. »]

Bruit fut qu'il étoit atteint et convaincu d'entreprise
de faire rendre Calais et Dunkerque entre les mains du
duc de Parme et à l'Espagnol, par les bonnes intelligences qu'il y avoit. On compte cette mine pour la
premiere de la Ligue qui ne put jouer.

En ce tems vinrent à Paris les premieres nouvelles
de la deffaite de Strozzi et de sa compagnie. Il étoit
dès le mois de may parti de Brouage avec nombre de
vaisseaux bien équipés, et garnis de bons soldats et de
plusieurs gentilshommes, pour faire quelque grand
exploit de guerre contre l'Espagne en faveur de dom
Antoine, étant aux Assores en l'isle de Saint Michel;
lequel Antoine étoit seul resté de la race des roys de
Portugal, et qui prétendoit droit à cette couronne,
comme aussi faisoit la Reine mere, laquelle avoit en-

voyé ce secours. Le comte de Brissac et Layneville, capitaines normands, se sauverent des premiers, incontinent qu'ils virent la flotte d'Espagne au combat avec la françoise, et arriverent à la cour le 21 d'août. La Reine mere ne sçut prendre leurs excuses, sur tout de Layneville, à qui elle auroit joué mauvais tour s'il ne se fût sauvé de vitesse. Strozzi ayant bravement attaqué l'escarmouche avec trois ou quatre vaisseaux seulement, fut investi par un grand nombre de vaisseaux espagnols, et tout son vaisseau coulé à fond; et lui, mis et tombé entre les mains du marquis de Sainte Croix, fut tué de sang froid de deux coups de dague, et son corps jetté à la mer. Si le reste de l'armée, qui se retira sans combattre, l'avoit suivi, l'Espagnol sans doute étoit déconfit.

Le mardy 16 d'août, Jean de Nully, premier président des géneraux, fut fait prevôt des marchands de Paris par ordre du Roy, croyant qu'il étoit homme de service.

En ce mois d'août, vint de Boulogne à Paris un Italien qui se disoit avoir été esclave des Turcs par l'espace de huit ans, et avoit appris plusieurs gentillesses et dexteritez rares et remarquables. Il se fit voir premierement au Roy, et après à la cour, étant à Fontainebleau; puis vint à Paris, où s'étant fait voir en quelques endroits particuliers, et sentant qu'on prenoit goût à son batelage, il ouvrit boutique en une carriere au long des murs de la ville, tirant de la porte de Bussy à la porte de Nesle; et y ayant fait dresser une forme de lice avec des paulx et des cordes, y reçut tous venans à cinq sols par tête. Ce qu'il sçavoit faire étoit que sur son cheval, courant à toute carriere, il demeuroit debout sur les deux pieds, tenant une zagaye en main, qu'il dardoit assez dextrement au bout de la carriere, et se renfourchoit en selle; en même état, il tenoit à la main une masse d'armes qu'il jettoit en l'air, et reprenoit en main plusieurs fois durant la carriere. En une autre carriere, ainsi debout sur la selle, le cheval courant, [il contournoit ladite zagaye, qu'il tenoit en main autour de sa tête et de ses épaules, fort agilement et subtilement. En une autre carriere, ainsi debout sur la selle, le cheval courant,] il mettoit l'un des pieds en terre, et ressaultoit en selle cinq ou six fois durant la carriere debout sur la selle. D'une lance qu'il tenoit sous le bras comme en arrêt, il emportoit un gand pendu au milieu de la carriere, et tiroit un cimeterre pendu à son côté hors du foureau, et le remettoit cinq ou six fois. Assis en selle, le cheval courant à toute carriere, d'un arc turc qu'il tenoit en main, il tiroit fleches en avant et en arriere, à la mode des Tartares; et pour dernier mets de son service, le cheval ainsi courant à toute carriere, il se tenoit des mains à l'arson de devant : et ayant la tête bas et les pieds en haut, fournissoit la carriere, au bout de laquelle il se renfourchoit en la selle fort dextrement. [La dexterité et souplesse du compagnon, qui autrement étoit petit, rare et maigre, et mieux semblant à un vrai Turc qu'à un Italien turquisé, à la vérité étoit rare, et grande : car encore voltigeoit-il sur son cheval fort dextrement et agilement, de toutes sortes et en toutes façons; mais l'homme et le cheval se connoissans de longue main, et rompus à telles souplesses, faisoient paroître les merveilles plus grandes qu'elles n'étoient.] Il gagna pour quelques mois beaucoup d'argent; [puis se retira quand il sentit qu'on commençoit à se lasser de lui.]

IN EQUESTREM SAGITTARIUM.

Suspicis æthereo currentes orbe planetas,
  Motibus adversis ire rapique retro :
An mirum audire est cœlestes talia divos,
  Qualia mortales assimilare queant?
En novus hic Lapitha, aut agilis centaurus habenas
  Sustinet, admissi stans agitator equi,
Carceribus se effundit equus, dum rector in ambos
  Erigitur, dextra gesticulante, pedes ,
Cornipedis rapida vehitur levitate per auras,
  Inflectit corpus qualibet inde suum.

Le mercredy 28 septembre, un jeune homme nommé Claude Touard, fils de l'hôtelier de l'Ecu de France d'Estampes, et clerc de Bailly, président des comptes, fut condamné à être pendu pour avoir causé la grossesse de la fille dudit Bailly; et étant mené à la Greve, fut recous des mains de la justice par force publique, [au moyen de quelques jeunes gens de sa connoissance et amitié, qui, de propos déliberé, se trouverent là garnis d'épées, dagues et pistolets, et commencerent la noise; puis se mit là plûpart du peuple avec eux, et en grand tumulte chargerent sur les sergens du châtelet.] Cette forme de recousse étoit pernicieuse et grandement punissable. La verité est toutesfois que ce jugement étoit inique, et trouvé tel de tous les hommes d'esprit; et le peuple, pendant la cause d'appel, tumultuoit par toute la ville de ce que, pour avoir fait un enfant à la fille du president des comptes Bailly, homme de mauvais nom et réputation, sous couleur de mariage, on l'avoit condamné à mourir; et que Poisle, conseiller de la cour, chargé et convaincu de plusieurs crimes sans comparaison plus énormes et plus punissables, avoit été seulement condamné à une petite amende. Et ores que ledit Touard, lors du délit par lui commis, fut clerc, et conséquemment serviteur et domestique dudit president, toutesfois la fille par lui engrossée avoit toujours maintenu qu'elle l'avoit sollicité à ce faire; que c'étoit un vrai et légitime mariage contracté entre eux-mêmes avant la copulation charnelle, à laquelle elle avoit été induite par l'exemple d'une garse de chambriere qu'il avoit, qu'il faisoit coucher avec elle, et qui la nuit se levoit du côté de cette fille, pour aller coucher avec son pere. Aussi avoit la cour condamné à mort ledit Touard, à la poursuite des parens et alliés de la fille, pour expier la honte faite à leur famille, aussi pour l'exemple et la conséquence. Et telle étoit la voix de tout le peuple : ce qui le poussa à la sédition et à la recousse du criminel; et encore de ce que l'un et l'autre maintenoient qu'ils étoient mariés ensemble d'un mutuel consentement. Après, le garçon étoit beau, et capable de faire quelque chose de bon; pour à quoy s'acheminer, ses parens offroient lui fournir jusqu'à dix ou douze mil livres pour lui acheter un état. Quant à la prétendue inégalité, on ne pouvoit ni ne devoit y avoir égard; car outre que l'offre que faisoient ses parens la couvroit, si aucune y avoit, on sçait que la mere de la fille étoit fille d'un bien médiocre marchand, et le pere fils d'un petit commissaire du châtelet qu'on avoit vû mandier sa vie et son repas à Paris; et que la fille n'avoit pas plus de bien que le jeune homme offroit employer en un état : joint la bonne affection qu'ils s'étoient toujours portés, et la grossesse et enfantement avenus du vivant du peré, qui l'avoit bien sçu et n'en avoit jamais fait plainte; ains leur avoit pardonné la faute, comme ils disoient: tellement qu'en consommant ce mariage en face d'eglise et en publique assemblée, comme il devoit, ce jeune homme en demeuroit plus intéressé que la fille. [Vrai est que la forme de la recousse étoit pernicieuse, à cause de la publique désobéissance. Aussi le Roy la trouva fort mauvaise, et la cour de parlement aussi, voyant ses jugemens rendus vains et illusoires. De fait, elle fit tout ce qu'elle pût pour découvrir les autheurs de la sédition;] et enfin en fut attrapé un qu'on disoit n'en pouvoir, mais toutesfois qui méritoit bien la mort d'ailleurs, [étant un matois diffamé par tout,] et archer, voleur de Tanchou; lequel fut exécuté à mort au lieu même, le 16 d'octobre ensuivant. [Et ainsi fut vérifié en lui ce qui est dit par le poëte:]

Unum pro multis dabitur caput.

En ce mois de septembre, Louis de Bourbon (1), duc de Montpensier, mourut en sa maison de Champigny. C'étoit un prince génereux, amateur du repos de la France, et très-fidel serviteur du Roy.

Le mardy premier jour de novembre, Christophe de Thou, premier président du parlement, mourut en son hôtel de Paris. On attribuoit l'occasion de sa maladie et de sa mort à une colere dont il s'aigrit contre le Roy, qui lui fit faire beaucoup de choses contre son gré en la condamnation de Salcede : car il étoit serviteur de la maison de Guise, et eût desiré, comme leur obligé et fait de leur main, d'accorder leur service

---

(1) *Louis de Bourbon :* Ce fut le premier duc de Montpensier. Sa vie a été écrite par Coutureau et Du Bouchet. (In-4°, Paris, 1642.)

avec celui du Roy son maître, duquel il étoit très-fidel serviteur; mais n'en pouvant venir à bout, et le Roy lui en ayant tenu de rudes propos, ce bon vieillard les ayant pris à cœur, la fâcherie avec les ans le mirent au tombeau. Il mourut âgé de soixante-quinze ans, après avoir demeuré marié avec Isabeau de Tuleu(1), sa femme, quarante-neuf ans et sept ou huit mois, plein d'honneurs et de biens. Il fut enterré le lundy 14, en la chapelle que son pere avoit fait bâtir et décorer dans l'église de Saint André des Arts, sa parroisse, en notable pompe funebre. M. l'evêque de Meaux (2), tresorier de la Sainte Chapelle, faisoit l'office, et y fit marcher la Sainte Chapelle en corps, qui chanta tout le long du chemin les sept pseaumes pénitentiaux en faux bourdon. Le Roy et les Reines étans en la maison du prevôt de Paris, et voulans voir la pompe, la firent passer sur le quay des Augustins, et reprendre pardevant l'hôtel Saint-Denys et la ruë de Saint André des Arts. L'Université y étoit en corps : la cour n'y marcha pas en corps; mais tous les presidens et conseillers étans alors à Paris, y assisterent en robes noires, précedés de douze ou quinze maîtres des requêtes. Les presidens Prevost et Brisson, et les deux plus anciens conseillers Anjorrant et Chartier, *spretis magistris requestarum*, porterent les quatre coins du poisle, qui étoit de velours noir, croisé de satin blanc, avec ses armoiries de broderies. Les princes de Nevers, de Guise, de Mayenne, d'Aumale, de Genevois, de Nemours, les ducs d'Es-

---

(1) *Isabeau de Tuleu* : Elle étoit fille de Jean de Tuleu, seigneur de Celi, et de Jeanne Chevalier. — (2) *L'evêque de Meaux* : Louis de Brezé, abbé de Saint-Faron de Meaux et d'Igny, trésorier de la Sainte-Chapelle à Paris.

pernon et de Joyeuse, et plusieurs autres seigneurs, marchoient avant le deuil incontinent après le corps. Les géneraux de la justice des aydes, la chambre des comptes, le prevôt des marchands et les echevins n'y étoient pas; bien y envoyerent ceux de l'hôtel de ville deux douzaines de torches garnies de leurs armoiries. Le prevôt de Paris y assista avec ses sergens fieffez cinq evêques en leurs rochets menoient les cinq deuils. Maistre Jean Prevost, curé de Saint-Severin, fit le sermon funebre. Il laissa deux fils et deux gendres, qui furent Philippe Hurault de Cheverny, garde des sceaux, et Achilles de Harlay, tiers president de la grand'-chambre. Il laissa aussi deux freres: Nicolas de Thou (1), evêque de Chartres; et Augustin de Thou, avocat du Roy au parlement. Ledit premier president mourut regretté de tous. Il étoit de facile accès; il faisoit volontiers plaisir où il en étoit requis, expéditif aux publiques audiences : qui est ce que demandent les procureurs, qui le regrettent encor, comme le premier et le dernier du Palais. Le Roy donna l'état de premier president à Achilles de Harlay, lors absent aux grands jours de Clermont en Auvergne; et à Jean de La Guesle, procureur géneral, l'état de president, qu'avoit ledit Harlay auparavant. Le fils aîné de La Guesle, âgé de vingt-cinq ans, fut procureur général.

A la Saint Martin, à l'ouverture du parlement, furent faites deffenses aux procureurs de passer aucuns appointemens en droit, ni de poursuivre aucune cause, sur peine de cent livres parisis, et de poursuivre avant qu'ils eussent payé la dace des procès, remise sus par

---

(1) *Nicolas de Thou* : Il mourut évêque de Chartres en 1598, à l'âge de soixante-dix ans.

l'édit du Roy publié en ladite cour, en sa presence par le chancelier de Biragues, le 26 juillet 1580 : l'exécution duquel avoit été toujours surcise par le moyen du deffunt premier president de Thou; dont le Roy lui avoit sçu fort mauvais gré. Et y en a qui tiennent que le langage aigre dont il lui usa fut cause en partie d'abreger les jours de ce bon homme. [Mais sa mort advenuë, il fut exécuté.]

En ce tems, le Roy, après avoir marié le duc de Joyeuse avec la sœur de la Reine, et Du Bouchage, son frere, avec la sœur du duc d'Espernon, voulut étendre la faveur pour toute la race. Il fit le tiers frere grand prieur de Languedoc; le quatriéme, archevêque de Narbonne; et le cinquiéme, mary de la fille de Mouy de Bellemcombre.

En ce même tems, le Roy envoya quatre ou cinq édits nouveaux d'érections d'officiers tout neufs, pour en tirer de l'argent et le donner à ses deux petits mignons, qui tenoient plus grand train que n'avoient fait les enfans de François I et de Henry II de leur vivant.

Le lundy 28 novembre, arriverent à Paris les députés des cantons suisses, venans jurer la ligue faite avec le Roy, nonobstant les brigues et menées du roy d'Espagne, lequel depuis quatre ans étoit à les gagner; jusqu'à offrir de leur payer comptant les huit cent mil livres que le Roy leur devoit, et leur doubler à l'avenir leurs pensions; [et charges encore par eux de se départir de son alliance, si bon leur sembloit, dès le premier terme qu'il faudroit à leur payer.] Le Roy, contre la coutume, fit aller le prevôt des marchands et echevins avec leurs robes my-parties de rouge et tanné, et leurs archers et officiers au-devant d'eux hors de la porte de Saint-Antoine; et les accompagnerent jusqu'en l'hôtel de ville, d'où leur furent envoyés, tous les jours qu'ils demeurerent à Paris, par lesdits prevôt et echevins, treize pâtés de jambons de Mayence, trente quartes d'hypocras blanc et clairet, et quarante flambeaux de cire; et ce, par commandement et exhortement du Roy, qui, pour d'autant soulager la ville de cette dépense et festin qu'elle leur fit, lui donna quatre mille écus.

Le dimanche 4 décembre, vinrent tous, et le Roy aussi, ouyr la messe en la grande eglise de Paris; après laquelle furent les articles de ladite ligue lûs mot après autre, et jurés sur les saints Evangiles de part et d'autre. Ce fait, le Roy les traita à dîner magnifiquement au logis de l'evêque de Paris; et l'après-diner fut chanté le *Te Deum* à Saint Jean en Greve, lesdits prevôt et echevins présens; lesquels aussi en firent les feux de joye, [et furent tirés plusieurs coups d'artillerie.] Les princes aussi, et les grands seigneurs qui se trouverent lors à Paris, firent les uns après autres braves festins ausdits Suisses, lesquels, la veille de Saint Thomas et jours suivans, reprirent le chemin de leur pays, bien contents de la bonne réception et des beaux présens qu'on leur avoit faits; car, outre une bonne somme de deniers qu'ils toucherent sur et tant moins des arrérages de leurs pensions, le Roy leur donna à chacun une chaîne d'or pesante la plus haute sept cents écus, et la moindre deux cents, au bout de laquelle étoit penduë une médaille d'or à son portrait, pesante environ douze écus.

En ce tems, le Roy, affamé d'argent, fit une insolite

exaction : car sur tous les marchands de vin en gros à Paris il fit une taxe sur l'un de mil écus, sur l'autre de huit cents; et ainsi qui plus, qui moins, selon le rapport qu'on lui faisoit de leurs moyens; et leur envoya à chacun un mandement de payer sa quotte dans vingt-quatre heures, sur peine de prison, sans ouir remontrances. Pareilles taxes avoient été faites sur tous ceux de ce royaume qui s'étoient mêlés du trafic du sel.

En ce mois de décembre, fut confirmé par edit du Roy la réformation du calendrier par le Pape, pour le retranchement de dix jours, tellement que le 10 de décembre on compta 20 : sans toutesfois que par cette abbréviation les debiteurs pussent être contraints par leurs créanciers, sinon qu'autant de jours après le terme échu qu'il y en auroit eu de perdus, et sans préjudice aux actions de retrait lignager, qui devoient avoir cours sans aucune abbréviation.

[Epitre II de Busbecq, du 18 décembre 1582 : « Je ne sçai s'il est nécessaire de vous rapporter ce qui arriva dernierement à Anvers. Saint-Luc étoit à la chambre de M. le duc d'Alençon, lequel étant disgracié du Roy, s'est jetté du parti dudit seigneur duc, comme je vous ai écrit, en la présence duquel quelque gentilhomme des siens dit quelque chose que ledit sieur de Saint-Luc ne vouloit pas être dit, pour ne lui pas tourner à blâme. Pour raison de quoi ledit sieur de Saint-Luc bailla un soufflet à ce gentilhomme, en la présence dudit duc d'Alençon et le voyant. Ce que le prince d'Orange, qui étoit présent, supporta impatiemment; et ne put tellement se retenir qu'il ne dît au duc qu'il ne devoit pas laisser impuni un acte si méchant et si hardi; et que l'empereur Charles vivant ne l'eût pas enduré, mais en eut tiré vengeance contre l'auteur, de quelque dignité et éminence eut-il été; et que les chambres des princes devoient être sacro-sainctes et inviolables, pour ne donner lieu à aucunes injures. A quoi Saint-Luc répondit : « A quel propos me parlez-« vous de Charles? — Que s'il vivoit, vous n'auriez ni « vie ni bien. » Quoi dit, il se retira, laissant toute l'assemblée en admiration d'une si lâche audace. »]

[1583] Le premier jour de l'an 1583, le Roy fit la solemnelle célebration de son ordre du Saint-Esprit aux Augustins, en la maniere accoutumée; et le lendemain, après le service des morts, fut enterré solemnellement le manteau et l'ordre de Philippe Strozzy, tué dans un conflit naval.

En ce mois de janvier, la riviere de Seine déborda étrangement : ce qui fut cause que le bled fourment valut onze livres, l'avoine huit livres, et le cent de foin quinze livres.

En ce tems le Roy leva sur les villes de son royaume quinze cent mil écus de subvention, et fut la quotte de Paris de deux cent mil francs, que le Roy commanda au prevôt des marchands et echevins imposer par forme de capitation sur ses bons bourgeois de Paris. Nonobstant lequel commandement se fit une assemblée en l'hôtel de ville, où se trouverent le cardinal de Bourbon et Villequier, gouverneur de Paris, de la part du Roy, où il fut résolu de faire à Sa Majesté remontrances sur sa demande. Elles furent faites le 15 du mois par le président de Nully, et laissées par écrit. Le Roy fit une benigne réponse de bouche, et peu après en fit une autre par écrit qui contenoit qu'absolument il vouloit avoir les deux cent mil francs par lui demandés.

Sur laquelle réponse la ville assemblée résolut qu'on diroit à Sa Majesté que la ville ne lui pouvoit fournir cette somme. De quoi le Roy irrité se la fit donner par Vigny, receveur de la ville.

Le 20 janvier, mourut à Jainville Antoinette de Bourbon (1), douairiere de Guyse, âgée de quatre-vingt-huit ans, et en réputation d'une sage et dévote princesse.

Le 21 janvier, le Roy, après avoir fait ses pâques et dévotions au convent des Bons-Hommes de Nigeon, s'en revint au Louvre, où arrivé il fit tuer à coups d'arquebuses les lions, ours et taureaux, et semblables bêtes qu'il souloit nourrir pour combattre contre les dogues; et ce à l'occasion d'un songe par lequel il lui sembloit que les lions, ours et dogues le dévoroient : songe qui sembloit presager que les bêtes furieuses de la Ligue se rueroient sur ce pauvre prince et sur son peuple. [Quelques-uns de ses serviteurs lui dirent sur ce sujet que ce n'étoient pas ces lions ou ces animaux-là qui lui en vouloient, mais les grands seigneurs du temps, qui étoient contre son Etat et contre son service.]

Le 28 janvier, arriverent à Paris les nouvelles de ce qui arriva à Anvers le 17, fête de Saint Antoine. Les François s'étans voulu rendre maîtres d'Anvers et le saccager, comme les Espagnols avoient fait cinq ou six ans auparavant, manquerent leur entreprise; quinze ou seize cents furent tués, entre lesquels se trouverent trois ou quatre cents gentilshommes. Monsieur, mé-

---

(1) *Antoinette de Bourbon* : Elle étoit née à Ham le 25 décembre 1494 : ainsi elle étoit âgée de plus de quatre-vingt-huit ans. Elle étoit fille de François de Bourbon, comte de Vendôme.

prisé et délaissé d'un chacun, se retira à Tenremonde et lieux circonvoisins, bien mal à son aise; mais il se soucia peu de tant d'hommes et braves péris. Même deux jours après ce désastre, comme l'on discouroit de la mort du comte de Saint-Agnan (1), brave officier et fort fidele à son service, lequel s'étoit noyé en cette occasion : « Je crois, dit-il, que qui auroit pû prendre « le loisir de contempler à cette heure Saint-Agnan, on « lui auroit vû faire une plaisante grimace. » Ce disoit-il, parce que le comte avoit coutume d'en faire.

SUR CETTE FOLLE ENTREPRISE.

Gallia ventosa est, ventosus et incola., vento
Nulla fides; ergo, perfide Galle, vale.

Gallia fastidit pacem, fastidit et arma;
Gallus nec pacem ferre nec arma potest.

Le franc archer de Bagnolet
Se joue en la ville d'Anvers;
Du pris preneur est fait valet,
Tous nos beaux faits sont à l'envers.
Flamands, ne soyez étonnez
Si à François voyez deux nez (2):
Car par droit, raison et usage,
Faut deux nez à double visage.

Le 29 janvier, au conseiller Nicolaï, fils aîné d'Aymar Nicolaï, premier président de la chambre des comptes, fut tiré un coup de pistolet par un homme de cheval, lequel se retira sans être connu, suivi ni appréhendé, au milieu de Paris, entre dix et onze heures du matin,

---

(1) *Comte de Saint-Agnan* : Claude de Beauvilliers, comte de Saint-Aignan, gouverneur d'Anjou, surintendant de la maison de Monsieur. — (2) *Deux nez* : La petite vérole avoit extrêmement maltraité le visage de ce prince, qui paroissoit avoir deux nez.

près Saint Jacques la Boucherie : ledit conseiller revenant du Palais sur sa mule.

Le dimanche 13 février, en l'hôtel de Guise, fut fait le festin du mariage de Tournon (1) avec la demoiselle de La Rochefoucault; auquel le duc de Guise n'assista point, pource que il partit de Paris le matin pour aller aux nôces du duc d'Elbeuf son cousin, qui épousoit la fille aînée de Chabot, comte de Charny, grand ecuyer.

Le dimanche 20 février, fut fait au Louvre le festin du mariage du comte de Brienne (2), de la maison de Luxembourg, avec la petite sœur du duc d'Espernon, âgée de onze à douze ans. Ce mariage fut fait par l'exprès commandement du Roy, voulant gratifier son archimignon.

Le jour de carême prenant, le Roy avec ses mignons furent en masques par les ruës de Paris, où ils firent mille insolences; et la nuit allerent roder de maison en maison, [faisant lascivetés et vilenies avec ses mignons frisés, bardachés et fraisés] jusques à six heures du matin du premier jour de carême; auquel jour la plûpart des prêcheurs de Paris le blâmerent ouvertement. Ce que le Roy trouva fort mauvais, même de la bouche du docteur de Rose (3), l'un de ses prédicateurs ordinaires; lequel il manda, et qui après quelque difficulté, croyant qu'on le voulut maltraiter, se presenta à Sa Majesté. Le Roy lui dit qui lui avoit bien enduré de courir dix ans les ruës jour et nuit, sans lui en avoir jamais dit

---

(1) *Tournon* : Juste-Louis, seigneur de Tournon, comte de Roussillon. — (2) *Brienne* : Charles de Luxembourg, comte de Brienne et de Ligny. — (3) *De Rose* : Guillaume Rose, grand-maître du collége de Navarre. Le roi Henri III le nomma à l'évêché de Senlis; il devint l'un des plus furieux ligueurs de Paris.

ni fait aucune chose; et que pour les avoir seulement couru une, encore en un jour de carême-prenant, il l'avoit prêché en pleine chaire qu'il n'y retournât plus, et qu'il étoit tems qu'il fût sage. Rose demanda pardon à Sa Majesté, qui non-seulement lui pardonna, mais quelques jours après, l'ayant envoyé querir, lui donna une assignation de quatre cents écus, « pour « acheter, lui dit le Roy, du sucre et du miel, pour « aider à passer le carême et adoucir vos trop aigres « parolles. »

L'an présent, au mois de mars, le Roy institua une nouvelle confrerie qu'il fit nommer des penitens, de laquelle lui et ses deux mignons se firent confreres; et y fit entrer plusieurs de sa cour, y conviant les plus apparens de son parlement de Paris, chambre des comptes et autres cours, avec un bon nombre des plus notables bourgeois. Mais peu se trouverent qui voulurent s'assujettir à la regle de cette confrerie, qu'il fit imprimer en un livre, le tiltrant de la congrégation des pénitens de l'Annonciation de Notre-Dame, [pour ce qu'il disoit avoir toujours eu singuliere dévotion envers la vierge Marie, mere de Dieu.] De fait, il en fit les premieres cérémonies le jour de l'Annonciation, qui étoit le vendredy 25 de ce mois, auquel jour fut faite la solemnelle procession desdits confreres, qui vinrent sur les quatre heures après midy du convent des Augustins en la grande eglise Notre-Dame, deux à deux, vêtus de leurs accoustremens tels que battus de Rome, Avignon, Toulouse et semblables, à sçavoir de blanche toile de Hollande, de la forme qu'ils sont desseignés dans le livre de confrerie.

En cette procession le Roy marcha sans gardes, ni

différence des autres confreres, [soit d'habit, de place ou d'ordre.] Le cardinal de Guise portoit la croix; le duc de Mayenne étoit maître des cérémonies; et frere Edmond Auger, jesuite, basteleur de son premier métier, dont il avoit encore tous les traits et farces, avec un nommé Du Peirat, lyonnois, et fugitif de Lyon pour crimes atroces, conduisoient le demeurant. Les chantres vêtus de même habit, et marchans en trois distinctes compagnies, chantoient mélodieusement la litanie en faux-bourdon. Arrivés en l'eglise de Notre-Dame, chanterent tous à genoux le *Salve Regina* en très-harmonieuse musique; et ne les empêcha la grosse pluye qui dura tout le jour de faire et achever, avec leurs sacs percés et mouillés, leurs cérémonies encommencées. Sur quoi un homme de qualité, qui regardoit passer la procession, fit le quatrain qui suit :

> Après avoir pillé la France
> Et tout son peuple dépouillé,
> N'est-ce pas belle pénitence
> De se couvrir d'un sac mouillé ?

Le lundy 7 mars, le Roy, accompagné de ses deux mignons et seigneurs, alla au Palais pour faire publier plusieurs edits que la cour avoit toujours refusé de publier, [pource qu'ils étoient bursauts, et à l'oppression du peuple.] Remontra le Roy par sa harangue, qui fut belle et bien faite, la grande charge d'affaires que ses prédécesseurs lui avoient laissé, ausquels pour subvenir étoit contraint de faire beaucoup d'edits, [à la vérité durs et fâcheux, et à son très-grand regret; mais qu'il n'avoit trouvé aucun plus aisé et prompt moyen pour y satisfaire, ni moins onereux à son peuple : partant prioit sa cour vouloir consentir à la vérification desdits edits, suivant ce que plus amplement leur en remontreroit] messire René de Birague son chancelier, là présent, qui fit ensuite un discours aussi long et inepte que celui du Roy avoit été court et à propos; remontra la nécessité des affaires de Sa Majesté, sans toutesfois en spécifier aucune, fors la crainte et apparence d'une guerre deffensive de près imminente. Messire Achilles de Harlay, premier président, remontra brievement, mais vertueusement, la charge qu'apportoit au peuple le grand nombre d'edits que Sa Majesté faisoit de jour à autre; et conclut à ce qu'il plut à Sa Majesté ne prendre l'avis de sadite cour sur des edits qui ne lui avoient été communiqués. Augustin de Thou, avocat du Roy, [au contraire magnifia la présence de Sa Majesté, et l'honneur qu'il faisoit à la cour de la venir voir, et seoir en son lit de justice, et] conclut à la publication des edits, au nombre de onze, qui furent publiés à la volonté de Sa Majesté, qui changea sa priere en commandement, ouï et consentant son procureur général, combien que tous revinssent à la manifeste oppression du peuple, et que les deniers provenans d'iceux tournassent au profit des mignons, et encore plus de ceux de Guise, qui les poursuivoient euxmêmes; et toutesfois sous mains animoient le peuple, [et l'en faisoient crier et tumultuer contre le Roy et ses mignons :] la Ligue, mystere d'iniquité, commençant dèslors à s'ourdir.

Le dimanche 27 mars, le Roy fit emprisonner le moine Poncet, qui prêchoit le carême à Notre-Dame, pour ce que trop librement il avoit prêché le samedy précedent contre cette nouvelle confrerie, l'appellant

la confrerie des hypocrites et des athéistes. « Et qu'il ne
« soit vrai, dit-il en ces propres mots; j'ai été averti
« de bon lieu qu'hier au soir vendredy, jour de leur
« procession, la broche tournoit pour le souper de ces
« bons pénitens; et qu'après avoir mangé le gras cha-
« pon, ils eurent pour colation de nuit le petit tendron
« qu'on leur tenoit tout prêt. Ah! malheureux hypo-
« crites, vous vous mocquez donc de Dieu sous le
« masque, et portez pour contenance un fouet à votre
« ceinture? Ce n'est pas là, de par Dieu, où il le fau-
« droit porter : c'est sur votre dos et vos épaules, et
« vous en étriller très-bien. Il n'y a pas un de vous
« qui ne l'ait bien gagné. » Le Roy, sans vouloir autrement parler à lui, disant que c'étoit un vieux fou, le
fit conduire en son coche, par le chevalier du guet, en
son abbaye de Saint Pere à Melun, sans lui faire autre
mal que la peur qu'il eût qu'on ne le jettât en la riviere.
Avant que partir, le duc d'Espernon (1) voulut le voir,
et lui dit en riant : « Monsieur notre maître, on dit
« que vous faites bien rire les gens à votre sermon.
« Cela n'est gueres beau; un prédicateur comme vous
« doit prêcher pour édifier, et non pour faire rire.
« — Monsieur, repliqua Poncet sans s'étonner autre-
« ment, je veux bien que vous sçachiez que je ne prêche
« que la parole de Dieu; et ne vient point de gens à
« mon sermon pour rire, s'ils ne sont méchans ou
« athéistes; et aussi n'en ay-je jamais tant fait rire en
« ma vie que vous en avez fait pleurer. » Réponse hardie pour un moine à un seigneur de la qualité d'Espernon, et qui pour le tems fut trouvée fort à propos.

(1) *Le duc d'Espernon* : Brantôme, dans l'éloge de Charles VIII, attribue cette aventure au duc de Joyeuse.

Le 29 mars, le Roy fit fouetter au Louvre jusques à cent-vingt que pages, que laquais, qui en la salle basse du Louvre avoient contrefait la procession des pénitens, ayans mis sur leurs visages des mouchoirs avec des troux à l'endroit de leurs yeux.

Le mercredy 6 avril, madame de Dampiere [1], mere de la maréchale de Rets, mourut à Paris, âgée de soixante-douze ans. On disoit que par son décès sadite fille avoit amandé d'elle de trente mille livres de rente, et de deux cent mille écus en argent et meubles.

Le jeudy saint 7 d'avril, sur les neuf heures du soir, la procession des pénitens, où le Roy étoit avec ses mignons, alla toute la nuit par les ruës et dans les eglises, en grande magnificence de luminaires et musique excellente; et y eût quelques-uns des mignons, ce disoit-on, qui se fouetterent en cette procession. Plusieurs pasquils furent faits sur cette fouetterie et pénitence nouvelle. En la chapelle des battus, aux Augustins, on écrivit en ce jour, avec du charbon, le quatrain suivant :

> Les os des pauvres trepassez,
> Qu'on te peint en croix bourguignonne,
> Montrent que tes heurs sont passez,
> Et que tu perdras ta couronne.

Le lendemain de Pâques, 11 d'avril, le Roy et la Reine partirent de Paris à pied, et allerent à Chartres et à Notre-Dame de Clery, pour obtenir mâle lignée par l'intercession de la belle dame; et revinrent le 24 à Paris, bien las.

---

[1] *Madame de Dampiere :* Jeanne de Vivonne, veuve de Claude de Clermont, seigneur de Dampierre.

Le jeudy 14 d'avril, sur les deux heures après midy, le seigneur de Mouy (¹), qui dès long-temps cherchoit tous moyens de vanger la mort de son pere par celle de Maurevert qui l'avoit assassiné près Niort en 1569, l'ayant trouvé près la Croix des Petits-Champs vers Saint-Honoré, le chargea l'épée au poing, et le poussa vers la barriere des Sergens, devant l'église de Saint Honoré. Et pour ce que ledit Maurevert étoit manchot, il ne put tirer son épée; tellement qu'en reculant il reçut dudit de Mouy deux ou trois grands coups d'épée, et un entr'autres dont il fut percé par le bas du ventre jusques à la mammelle gauche. Et lui donna ce seigneur de Mouy ce coup, parce qu'il le pensoit armé d'une cuirasse, comme ordinairement il étoit, combien que lors il ne le fut point; et doutant qu'il n'eût à mourir des coups qu'il lui avoit donnés, pour ce qu'il étoit toujours sur les pieds, reculant et parant aux coups incessamment, il le poursuivit jusques au ruisseau de la grande ruë Saint-Honoré, où il le joignit de si près qu'il lui alloit couper la gorge. [Un soldat de Maurevert mira de si près ledit seigneur de Mouy, qu'il lui tira le coup de la mort : car la balle ramée entrant par la bouche, lui rompit la machoire inférieure et la langue; et traversant le cerveau, sortit par le derriere de la tête;] et tomba mort dans le ruisseau : [car à ce conflit ils se trouverent neuf ou dix de chaque part.] Le jeune Saucourt, combattant pour de Mouy son parent, fut blessé d'un coup de poitrinal, et mourut tôt après. Maurevert mourut la nuit suivante.

En ce tems, M. Pierre de Gondy, evêque de Paris,

(¹) *Le seigneur de Mouy* : Claude-Louis de Vaudray, seigneur de Mouy.

combien qu'il ne fut ni maladif ni âgé, demanda au Roy la permission de prendre un coadjuteur en son evêché, pour en faire les fonctions en son absence et défaut, et principalement pour ce qu'il étoit conseiller de Sa Majesté en son conseil privé; et nomma pour coadjuteur le docteur Saint-Germain, théologal de l'Eglise de Paris, et pensionnaire du Roy, pour le fait de sa conscience (1); lequel lui fut accordé par le Roy et le Pape, étant homme de bonnes mœurs et doctrine. On disoit que l'evêque de Paris lui donnoit deux mil écus de pension, et avoit pratiqué cette coadjutorie pour sauver son evêché à l'un des enfans du maréchal son frere, ayant opinion que l'un des mignons du Roy le lui vouloit voler. Ledit Saint-Germain résigna sa prébende théologale à Jean Prevost, curé de Saint-Severin, qui la prit, *retenta curia domini Severini*.

En ce même tems, François de Rosieres, archidiacre de Toul, sujet du duc de Lorraine (2), ayant été par commandement du Roy envoyé à la Bastille pour son livre intitulé *Stemmatum Lotharingiæ ac Barri ducum, tomi septem*, dans lequel il avoit employé plusieurs choses contre la verité de l'histoire et l'honneur des roys de France et de la France, et même du Roy, fut le 26 d'avril, par le chevalier du guet, gouverneur de la Bastille, amené devant le Roy, assisté d'un grand nombre de princes, chevaliers et seigneurs de son conseil, où étant il se mit à deux genoux, implorant la miséricorde de Sa Majesté. Le Roy, à la requête de la

---

(1) *Pour le fait de sa conscience*: Le Roi l'avoit choisi pour confesseur.
— (2) *Sujet du duc de Lorraine*: Il étoit né sujet du Roi. Il demanda pardon en présence de plusieurs princes et seigneurs, entre lesquels étoient le cardinal de Vaudemont, les ducs de Guise et de Mayenne.

Reine sa mère, qui le supplia pour l'amour d'elle et du duc de Lorraine de lui donner la vie, [sur la grande offense par lui commise, laquelle, encore qu'elle ne peut être reparée que par punition de la vie, comme lui remontra en peu de paroles le garde des sceaux de Chiverny, néanmoins] la lui donna, en lui enjoignant de se lever, et demeurer auprès du duc de Lorraine jusqu'à ce qu'il eût satisfait à ce qui lui seroit déclaré touchant ce livre par le president La Guesle et ses avocats, et procureur géneral. Ce beau livre fut imprimé in-fol. à Paris en 1580, avec privilege du Roy, signé Nicolas, contre la majesté duquel toutefois il y avoit des traits injurieux et scandaleux, et principalement au feuillet 369, tome 5, où il parle ainsi : *Et ab hinc Henricus apud suos malè aliquantulum audiit, mox enim Rhemis inunctus à Ludovico Guisio cardinale (quod Ludovicus nepos, loci archiepiscopus, cui jus inungendi Regem competit, sacris nondum initiatus esset), Lutetiamque profectus, jam à publico rerum statu, ut videbatur, alienior, domesticæ privatæque curæ indulgere cœpit, nutare certoque ducis persuasu, quæ singula generosum regem emolliunt et dejiciunt.*

[Au reste, le plus inepte et le plus impertinent livre, et le plus mauvais avocat de la maison de Lorraine et de la Ligue, qui ait été de ce temps.]

Le 5 de may, par un orage mêlé de foudre et de tremblement de terre épouventable, le comble de la grande eglise de Saint Julien du Mans fut consommé d'une conflagration merveilleuse.

En ce tems, le Roy, comme pénitent réformé, remit au clergé de France les deux décimes extraordinaires qu'il avoit résolu de prendre; déclara qu'il ne vouloit plus qu'on tint aucuns bénéfices en garde pour autruy, ni qu'on levât les fruits par œconomat sans aucun titre, ains qu'ils fussent par le Pape conferés à personnes capables; même qu'il avoit délibéré de réformer sa maison et tous les etats du royaume. Et fit, le 20 du present mois de may, crier par tous les carrefours, à quatre trompettes, que tous ses bons sujets n'ayent à adherer aux seditieux qui s'efforçoient de troubler son royaume sous ombre d'impôts mis par lui à son grand regret sur son peuple, lesquels il esperoit du tout ôter.

Le mercredy 25 may, le Roy alla aux Augustins au service de la pénitence, et là prit congé de ses confreres pour quinze jours, partit le 27 de Paris avec ses deux mignons, et s'en alla à Mezieres, où il se fit apporter de l'eau de la fontaine de Spa.

En ce mois, le Roy se dépita contre le maréchal de Montmorency[1], gouverneur ou, pour mieux dire, roy de Languedoc, pour ce qu'à son mandement il ne vouloit ceder son gouvernement au maréchal de Joyeuse pere du duc, et au lieu d'iceluy prendre le gouvernement de l'Isle de France; et le menaça de le traiter comme désobéissant. Mais on ne pût lui faire la guerre, crainte de pis.

Cependant le Roy donna à son archi-mignon d'Espernon le gouvernement de Mets, Toul et Verdun, avec toute libre administration; et fit entendre qu'il les lui avoit engagés pour trois cens mil écus.

---

[1] *Le maréchal de Montmorency* : Henri de Montmorency, d'abord maréchal de Damville. Par la mort de son frère François de Montmorency, il devint duc de Montmorency en 1579. Il fut connétable de France le 8 décembre 1593.

Au commencement de juin, le duc de Joyeuse[1], par commandement et aux dépens du Roy, partit pour aller à Rome y faire quatre demandes au Pape. On tenoit que ce voyage du duc de Joyeuse, qui alloit à trente chevaux de poste, reviendroit à plus de cent mil écus.

Au commencement d'août, un bernardin nommé de La Barre[2], abbé d'une abbaye de bernardins à cinq ou six lieuës de Thoulouse, appellée Feuillant, vint à Paris, où il prêcha devant le Roy, et en quelques autres eglises. Il fut admiré de tous pour ses prédications et l'austerité de sa vie : car il ne mangeoit que du pain et des herbes, alloit par les champs pieds et tête nuds, ne buvoit que de l'eau, et couchoit ordinairement sur la dure. Il avoit en son abbaye soixante-dix ou quatre-vingts religieux qui vivoient de la même façon, et traitoit bien ceux qui l'alloient voir. Après le service fait, travailloit et faisoit travailler ses religieux, envoyoit à Thoulouse pour vendre ce qui restoit de leurs ouvrages; et après en avoir retenu ce qu'il leur falloit pour leurs vivres et accoutremens nécessaires, employoit les deniers et le surplus du revenu de l'abbaye en bienfaits et aumônes. On dit que son pere, riche marchand, avoit acheté cette abbaye pour lui, étant encor jeune ecolier; et que, parvenu en âge de maturité, après le décès de son pere, de lay qu'il étoit auparavant, s'étoit fait religieux, et alla à pied à Rome, où s'étant prosterné aux pieds du Pape, après lui avoir fait entendre

---

[1] *Le duc de Joyeuse :* On rendit à Rome beaucoup d'honneurs au duc de Joyeuse, qui étoit beau-frère du Roi ; mais on ne lui accorda pas ce qu'il demandoit au nom de son maître. — [2] *De La Barre :* Jean de La Barrière, et non de La Barre.

la simonie de son pere, lui auroit remis l'abbaye pour en pourvoir quelque personne; et que le Pape voyant son bon zele, et averti de sa bonne vie, lui auroit donné nouvelle provision de l'abbaye, en lui enjoignant, sous peine d'inobédience, de l'accepter et y faire son devoir. A quoy il fut contraint d'obéir, et puis revint en son abbaye qu'il réforma, et y introduisit soixante-dix religieux, au lieu de dix qu'il y avoit auparavant. Le Roy l'ayant fait venir à Paris, voulut le retenir auprès de lui; mais le bon abbé s'en excusa, disant que puisqu'il avoit plû à Dieu et au Saint-Pere de le commettre à la garde de la bergerie de Feuillans, il ne pouvoit en saine conscience mieux faire que de faire la veille sur son troupeau.

Le dimanche 7 d'août, le baron de Viteaux et le jeune Millaud, sur les huit heures du matin, dans le champ derriere les Chartreux, se battirent nuds en chemise; et fut tué Viteaux, qui avoit été le meurtrier du pere de Millaud en 1571, devant l'hôtel de Nesle.

Le lundy huitieme jour d'août, la reine de Navarre, après avoir demeuré en la cour l'espace de dix-huit mois, partit de Paris par le commandement du Roy, pour en Gascogne retrouver le roy de Navarre son mary, par commandement du Roy réitéré par plusieurs fois, lui disant que mieux et plus honnêtement elle seroit près son mary qu'en la cour de France, où elle ne servoit de rien. De fait, partant ledit jour, elle s'en alla coucher à Palaiseau; où le Roy la fit suivre par soixante archers de sa garde, sous la conduite de Larchant, qui la vint chercher jusques dans son lit, et prendre prisonnieres la dame de Duras et la demoiselle de Bethune, qu'on accusoit d'incontinence et d'avortemens procurés.

Furent aussi arrêtés Lodon, gentilhomme de sa maison, son écuyer, son secrétaire, son médecin, et autres jusqu'au nombre de dix, et tous menés à Montargis, où le Roy les interrogea lui-même sur les déportemens de sa sœur, même sur l'enfant qu'il étoit bruit qu'elle avoit eu depuis sa venuë en cour : de la façon duquel étoit soupçonné le jeune Chanvallon, qui de fait, à cette occasion, s'étoit absenté de la cour. Mais Sa Majesté n'ayant rien pû découvrir, les remit tous en liberté, et licentia sa sœur, pour continuer son voyage; et ne laissa pas d'écrire au roy de Navarre comme toutes choses s'étoient passées

Du depuis, le Roy ayant songé à la conséquence d'une telle affaire, écrivit nouvelles lettres au roy de Navarre par lesquelles il le prioit de ne laisser, pour ce qu'il lui avoit mandé, de reprendre sa sœur; car il avoit appris que tout ce qu'il lui avoit écrit étoit faux. A quoy le roy de Navarre ne fit autrement réponse; mais s'arrêtant aux premiers avis que le Roy lui avoit donnés, qu'il sçavoit certainement contenir verité, s'excusa fort honnêtement à Sa Majesté, et cependant résolut de ne pas reprendre sa femme. De quoy le Roy irrité envoya Bellievre avec mandement exprès et lettres écrites de sa main, par lesquelles, avec paroles piquantes, il lui enjoignoit de mettre promptement à exécution sa volonté. Entre les autres traits des lettres du Roy, étoit celui-cy : « Les roys « sont sujets à être trompés, et les princesses les plus « vertueuses ne sont pas souvent exemptes de la calom- « nie. Vous sçavez ce qu'on a dit de la feuë Reine votre « mere, et combien on en a mal parlé. » Sur quoy le roy de Navarre se prit à rire, et en présence de toute la

noblesse qui étoit là, dit à Bellievre : « Le Roy par
« toutes ses lettres me fait beaucoup d'honneur; par
« les premieres il m'appelle cocu, et par les dernieres
« fils de putain : je l'en remercie. »

Le mardy 27 août, l'evêque de Riminy, nonce du Pape près Sa Majesté, mourut à Paris en l'hôtel de Sens, et fut enterré le lendemain au chœur de l'eglise de Notre-Dame de Paris, de nuit, sans aucune cérémonie, ainsi qu'il avoit ordonné par son testament. Toutesfois, le jeudy ensuivant, on lui fit par commandement du Roy des obseques solemnelles dans ladite eglise où il étoit inhumé, à chapelle ardente, chœur tendu de drap noir haut et bas, avec une lisse de velours noir par le haut, sans armoiries. Au service assisterent le parlement, la chambre des comptes, les generaux des aydes, prevôt des marchands et echevins de la ville, les ducs de Guise et du Mayne, et plusieurs autres seigneurs; quatre-vingts pauvres, habillés de deuil, porterent chacun une torche blanche : la ville en envoya deux douzaines; les cardinaux de Guise, de Birague et de Vaudemont, chacun une douzaine, armoriées de leurs armoiries : [lesquels toutesfois n'y assisterent.] Le théologien de Saint-Germain fit le sermon funebre.

En ce mois, le Roy, au retour des bains de Borbon-Ensis, fit bâtir dans le bois de Boulogne une chapelle pour oratoire à certains nouveaux religieux qu'il nomma hieronimites, lesquels il vêtit de drap de bure.

En ce même mois, Sa Majesté rappella Poncet de son abbaye de Melun, et le remit en sa cure de Paris, lui enjoignant de ne plus prêcher séditieusement, et dit le Roy : « J'ai toujours reconnu en ce bon docteur un
« zele de Dieu, mais non selon la science; dont tou-

« tesfois je l'excuse, pour ce que l'artifice de ceux qui
« le mettent en besogne passe la portée de l'esprit du
« bon homme, qui a du sçavoir assez, mais du juge-
« ment peu. »

Le 10 septembre, vinrent pieds nuds à Paris, en forme de procession, huit ou neuf cents personnes, qu'hommes, que femmes, que garçons, que filles, vêtus de toille blanche, avec mantelets aussi de toille, portans chapeaux de feutre gris chamarrés de bandes de toille, ou tous couverts de toille sur leurs têtes, et ayans en leurs mains les uns des cierges et les autres des croix de bois, et marchans deux à deux, chantans en forme de pelerins. Ils étoient habitans des villages des Deux Gemeaux, et d'Ussy en Brie près La Ferté Gaucher; et étoient conduits par les deux gentilshommes des deux villages, vêtus de même, qui les suivoient à cheval; et leurs demoiselles ainsi vêtuës, dedans un coche. Ils firent leurs prieres et offrandes dans la grande eglise de Paris, et ils disoient avoir été mûs à faire tels pénitenciaux voyages pour signes vûs au ciel et feux en l'air, même vers les quartiers des Ardennes, d'où étoient venus les premiers tels pénitens, jusqu'au nombre de dix à douze mil, à Notre-Dame de Rheims et de Liesse.

Les 19 et 20 du même mois, vinrent cinq autres compagnies de pénitens habillés comme les précédens, et pour même occasion; et firent leurs prieres et offrandes à Notre-Dame, à la Sainte-Chapelle et à Sainte-Geneviéve. Ce qui augmentoit la dévotion étoit la peste, qui fut grande par tout le royaume, nommément à Paris et ès environs, pendant l'automne.

Le 5 d'octobre, le Roy ayant passé à Clery et à Chartres, où il fit ses prieres, arriva à Paris, et le lendemain s'en alla à Limours, où le duc de Joyeuse étoit malade, pour apprendre de lui quelle réponse il avoit euë du Pape sur les quatre chefs de sa demande, qui lui dit que la réponse du Pape étoit, sur le premier, qu'il ne pouvoit accorder aucune aliénation du temporel de l'Eglise, parce que le Roy ne faisoit ne guerre ne autres frais pour l'Eglise; et que tout ce qu'il en avoit dernierement vendu (dont il se repentoit d'avoir baillé la permission) avoit été inutilement dépendu et employé pour avancer et agrandir deux ou trois favoris en biens et en etats. Sur le second, qu'il ne pouvoit ni ne devoit excommunier le maréchal de Montmorency comme rebelle à son prince, pource que l'Eglise n'a pas accoutumé de s'empêcher de la rebellion des sujets à leur prince, s'il n'y va de la religion; et que le maréchal étoit fils d'un pere et d'une mere notoirement bons catholiques, apostoliques et romains, et lui de même. Sur le troisiéme, qu'il ne pouvoit bailler au Roy la ville d'Avignon et le comtat de Venisse pour le marquisat de Salusses, pour plusieurs raisons à proposer en tems et lieu. Sur le quatriéme, qu'il aviseroit avec les cardinaux de bailler un chapeau de cardinal à l'archevêque de Narbonne son frere, à la premiere opportunité en la faveur du Roy et de lui, qui l'en avoient prié.

Environ la my-octobre, un gentilhomme gascon nommé Du Mesnil, accompagné de deux soldats ses serviteurs, coupa la gorge, près Montluel, à un courier allant en Italie, et à son postillon; et portoit ledit courier environ trente mil écus en perles et argent comptant, qui lui furent ôtés par Du Mesnil. Ledit Du Mesnil et ses gens furent, par le prevôt des maréchaux de Lion, chevallés jusqu'à Paris, où ils furent apprehendés, étans chargés de vingt mil écus pistolets, avec lesdites perles; et le samedy 29, furent condamnés à être roués en Greve. Mais l'exécution fut surcise par commandement du Roy, auquel ledit Du Mesnil, qui étoit à Monsieur (¹), dit vouloir parler de choses importantes. Le Roy, après avoir ouy ledit Du Mesnil, fit commuer la peine des deux soldats à être pendus; et Du Mesnil, le plus coupable, fut envoyé à la Bastille, avec charge de lui faire bon traitement, et de mettre les deniers et perles entre les mains du tresorier de l'epargne, en attendant que quelqu'un les vînt demander.

Le dimanche 30 octobre, le théologien Saint-Germain, coadjuteur de l'évêque de Paris, fut sacré evêque de Cesarée.

Le mardy, fête de Toussaints, on afficha aux portes de l'eglise de Paris ce qui suit :

. . . . *Vejaneus, armis*
Herculis ad postem fixis, latet abditus agro.

Ce qui ne fut pas trouvé bon, comme ce qu'avoit dit Poncet prêchant le carême dernier en Notre-Dame : « Pensez-vous donc qu'aux eglises cathédrales comme « celle-cy, on baillât jadis la chaire à des moines? Non, « non, c'étoit l'evêque lui-même qui y prêchoit : autre- « ment on eût fort bien déposé M. l'evêque, comme « indigne de sa charge. Mais allez leur dire et remon- « trer maintenant : je crois qu'ils vous renvoyeront « bien; ils sont bien empêchés ailleurs : il faut soigner « à la maison, non de celle de Dieu, comme faisoient

---

(¹) *Qui étoit à Monsieur :* Il étoit un de ses valets-de-chambre.

« ces bons evêques du tems passé, mais de leur propre. »

Le dimanche 12 novembre, le prevôt de l'hôtel prit à Paris prisonnieres cinquante ou soixante, que demoiselles, que bourgeoises, contrevenantes, en habits et bagues, à l'edit de la réformation des habits publié il y avoit sept ou huit mois; et les mit au Fort-l'Evêque et autres prisons, où elles coucherent, nonobstant remontrances et offres de les cautionner, et payer les amendes encouruës par l'edit. Ce qui fut fort rigoureux, attendu que par l'edit il n'y avoit aucune peine que pécuniaire. Mais il y avoit en ce fait un tacit commandement du Roy, qui ferma la bouche aux plaintes qu'on en vouloit faire. Les jours suivans, les commissaires de Paris donnerent assignations à plusieurs personnes contrevenantes à cet edit; et ce, pardevant le lieutenant civil, qui en condamna plusieurs en amendes, selon la qualité des personnes et la contravention.

Le jeudy 24 novembre, René de Birague, cardinal, chancelier de France, mourut âgé de soixante-seize ans en la maison priorale de Sainte Catherine du Val des Ecoliers, à Paris. Mort, il fut mis premierement en habit de cardinal sur un lit de parement, puis en evêque ayant la mitre en tête, et son chapeau de cardinal à ses pieds, d'un côté; et de l'autre, son habillement de pénitent, avec la corde, la discipline et le chapelet; où il demeura trois jours, visité du peuple de Paris. Ce chancelier étoit italien de nation et de religion, bien entendu aux affaires d'Etat, fort peu en la justice. De sçavoir, n'en avoit pas à revendre, mais seulement pour sa provision, encor bien petitement: au reste, liberal, voluptueux, homme du tems, serviteur absolu des volontés du Roy, ayant souvent dit qu'il n'étoit pas chancelier du royaume, mais du Roy : ce que son successeur a sçu encor mieux pratiquer que lui. Il mourut pauvre pour un homme qui avoit toujours servi les rois de France, n'étant aucunement ambitieux, et meilleur pour ses amis et serviteurs que pour soy. Il disoit, peu avant son décès, qu'il mouroit cardinal sans titre, chancelier sans sceaux, et prêtre sans bénéfice.

Le vendredy 25 novembre, au dîner du Roy, Du Perron [1], grand discoureur que Sa Majesté oyoit volontiers, fit un brave discours contre les athéistes, et comme il y avoit un Dieu; et le prouva par plusieurs belles raisons. A quoy le Roy le loua, et montra avoir du plaisir. Du Perron s'oubliant, va dire au Roy : « Sire, j'ai prouvé aujourd'hui par bonnes raisons qu'il « y avoit un Dieu : demain, sire, s'il plaît à Votre Majesté donner audience, je prouverai par raisons aussi « bonnes, et vous montrerai qu'il n'y a pas du tout de « Dieu. » Sur quoy le Roy entrant en colere, chassa ledit Du Perron, l'appella méchant, et lui deffendit de se plus trouver devant lui.

Le lundy 28 novembre, Du Mesnil, qui par le commandement du Roy avoit été resserré en la Bastille, brula la nuit, avec la paille de son lit et ce qu'il put recouvrer de bois, la porte de son cachot; duquel sorti, prit la corde du puys étant en la cour; et l'alongea avec ses draps et couverture et paillasse, puis se devala dans le fossé. Mais la corde étant trop courte, il se

---

[1] *Du Perron :* Jacques Davy Du Perron, depuis évêque d'Evreux, archevêque de Sens, cardinal et grand aumônier de France, né à Saint-Lo en Normandie le 25 novembre 1556, mort à Paris le 5 septembre 1618.

laissa tomber, et s'accrocha par l'épaule à la pointe du barreau de treillis de fenêtre; d'où ayant crié, fut secouru et resserré plus étroitement.

Le mardy 6 décembre, René de Birague fut magnifiquement enterré en sa chapelle de Sainte Catherine. Les princes de la maison de Bourbon et de Guise menoient le deuil, suivis des cours [de parlement, de la chambre des comptes, cour des aides, elus et autres;] des prevôt des marchands, echevins et conseillers de ville, et de l'Université. Ce fut le premier de la royale confrairie des pénitens qui mourut. Il fut porté et enterré par eux, et ils assisterent en leurs habits à son convoy; le Roy même, cotoyé du duc d'Espernon, y assista en son habit de pénitent; messire Renaud de Beaune, archevêque de Bourges, n'agueres evêque de Mande et chancelier de Monsieur, frere du Roy, prononça l'oraison funebre au contentement de l'assistance, par le commandement du Roy.

En ce mois, le Pape fit dix-sept cardinaux, deux de chaque étrangere nation : les deux françois furent M. de Rouen [1], frere du prince de Condé, et l'archevêque de Narbonne [2], frere du duc de Joyeuse. Il fit aussi cardinal Couterel, angevin de naissance, qui étoit dataire et demeuroit à Rome depuis trente à quarante ans, et par ainsi italianisé tout-à-fait, qui sont les pires.

[1584] Le 3 janvier, le Roy fit aller ses hierony-

---

[1] *M. de Rouen*: Charles, cardinal de Bourbon, archevêque de Rouen, abbé de Saint-Denis, de Saint-Germain-des-Prés, de Saint-Ouen et de Sainte-Catherine de Rouen, d'Orcamp, etc., quatrième fils de Louis 1, prince de Condé. — [2] *L'archevêque de Narbonne*: François de Joyeuse, fils de Guillaume, maréchal de France. Il est mort doyen des cardinaux.

mites au bois de Vincennes, s'installer au convent qui souloit être des minimes, dedans l'enclos dudit bois.

Le 22 janvier, le Roy, avec ses conseillers d'Etat et autres mandés exprès, retourna à Saint-Germain continuer la réformation (1) qu'il disoit vouloir faire de tous les états, commençant à ses officiers tant de robe-longue que de robe-courte; dont il retrancha un grand nombre, au grand mécontentement de plusieurs qui avoient acheté leurs états, et n'en étoient pas remboursés. Il en vouloit singulierement à ses trésoriers et gens de finances, qu'il tenoit pour larrons : en quoi il y a apparence qu'il ne se trompoit pas. De fait, il leur fit tôt après faire leur procès, érigeant une chambre expresse qu'on appela la chambre royale, en laquelle Chastillon, comme devant, fut procureur du Roy.

Le 11 février, Monsieur arriva de Château-Thierry à Paris. La Reine sa mere le fit loger avec elle en son logis des Filles repenties, où se bien veignerent le Roy et lui, avec bel et moult gracieux accueil.

Le jour de carême-prenant, ils allerent de compagnie, suivis de leurs mignons et favoris, par les ruës de Paris, à cheval et en masque, déguisés en marchands, prêtres, avocats, et en toute sorte d'états; courans à bride avalée, renversans les uns, battans les autres [à coups de bâtons et de perches,] singulierement ceux qu'ils rencontroient masqués comme eux, [pour ce que le Roy seul vouloit avoir ce jour privilege d'aller par les ruës en masque.] Puis passerent à la foire de Saint-Germain, prorogée jusqu'à ce jour, où ils firent mille insolences,

(1) *Continuer la réformation* : C'est ce qu'on appelle l'assemblée de Saint-Germain. On y fit de grands projets, qui ne furent point exécutés.

et toute la nuit coururent, jusqu'au lendemain dix heures, par toutes les bonnes compagnies qu'ils sçurent être à Paris.

Le premier vendredy de carême, le Roy fit aller les confreres pénitens des Augustins aux Minimes de Nigeon, en procession, deux à deux, chantans bien piteusement, pour le mauvais tems qu'il faisoit.

Le 20 février, l'érection de la chambre royale, et lettres d'icelle pour faire le procès aux trésoriers furent omologuées [en la cour de parlement de Paris,] et commencerent les commissaires à faire le procès des trésoriers Habert et Jaupitre.

Le 2 de mars, second vendredy de carême, les pénitens, précédés des minimes et des capucins, allerent processionnellement aux sept eglises ordonnées par la bulle du Pape, obtenue à la priere de la Reine mere. Ils partirent des Augustins à huit heures du matin, et y revinrent à six heures du soir. Le Roy y étoit en personne.

Le 6 mars, le Roy étant au conseil en son château du Louvre, entra en grande colere contre le chevalier de Sevre (1), grand prieur de Champagne, jusques à lui donner des coups de poing et de pied, pour ce que, comme il est haut à la main et furieux en sa colere, il avoit dit à Milon, seigneur de Videville, premier intendant des finances, qu'il étoit un larron et assassin du peuple de France, l'ayant chargé de huit millions d'écus sous couleur de payer les dettes du Roy, qui cependant ne montoient qu'à cinq millions; et le Roy survenant à ces propos, osa encore dire:

---

(1) *De Sevre:* Michel de Sevre, chevalier de Malte.

« Sire, Votre Majesté sçait ce qui en est. » Et lui ayant répondu le Roy qu'il ne s'en souvenoit point : « Si vous « voulez, sire, repliqua superbement le chevalier, « mettre la main sur la conscience, vous sçavez ce qui « en est. » Ce que le Roy prit pour une forme de démenti, et mit par une prompte colere la main sur ledit chevalier, l'excedant, ainsi que dit est; et plus avant auroit passé son couroux (1), sans le duc d'Espernon, ami du chevalier, qui remontra au Roy qu'il n'étoit pas séant à un grand prince comme lui d'user de main-mise à l'égard de son sujet, duquel il pouvoit punir les témerités et forfaitures par la voye de la justice, qui étoit en sa main.

Le vendredy 9 mars, le Roy partit de Paris pour aller à Notre-Dame de Chartres et de Clery; lesquels voyages il fit à pied, accompagné de quarante-sept freres pénitens des plus jeunes et dispos, pour bien aller de pied; et tout du long de leur voyage porterent toujours par les champs leur habit de pénitens.

Le 14 mars, la Reine mere partit en diligence de Paris pour aller à Château-Thierry voir Monsieur, grievement malade d'un flux de sang coulant par la bouche et le nez.

Le 24, Anjorrant, doyen de la cour, mourut de mort subite à l'âge de quatre-vingts ans. On disoit que son clerc, sa mule et lui, qui en sçavoient autant l'un que l'autre, eussent bien fourni deux cents ans.

Le vendredy saint 30 mars, par l'indication de l'abbé

---

(1) *Plus avant auroit passé son couroux* : On a dit que le Roi avoit tiré l'épée pour tuer ce chevalier, et qu'il en fut empêché par l'évêque de Paris.

de Sainte-Genevieve (¹) au Mont de Paris, en une maison à lui appartenante, contiguë de l'abbaye, sise devant le college de Montaigu, furent pris et menés en la Conciergerie un ministre nommé Du Moulin, un pedagogue, ses ecoliers, et quelques autres huguenots, qui s'étoient assemblés pour faire la cene ou autre exercice de leur religion, au nombre de vingt ou vingt-cinq; dont le Roy averti, et même en ayant commandé l'emprisonnement, leur fit faire leur procès: tellement que, par arrêt de la cour du 14 avril, le ministre et le pedagogue furent bannis du royaume pour neuf ans, et de la prevôté et vicomté de Paris à perpétuité. Deux Allemands et quelques etrangers et ecoliers qui y étoient furent bannis seulement à tems de la prevôté de Paris, et furent ainsi traités doucement, par commandement du Roy.

Le 16 d'avril, mourut à Paris le seigneur de Saint-Didier (²), frere du duc de Joyeuse, âgé de seize à dix-sept ans, et marié à la fille de Mouy de Bellencombre.

Le 18, les jeunes seigneurs de Gerzey en Anjou, et de Monchy en Picardie, s'entretuerent au Pré aux Clercs.

Ce même jour, au Roussoy près Estampes, le medecin Malmedy se coupa la gorge, outré de douleur et de désespoir à cause des grandes dettes dont il étoit accablé, à cause des fermes qu'il avoit prises du Roy, et des grandes réponses et plegeries qu'indiscretement il avoit

---

(¹) *L'abbé de Sainte-Genevieve* : Frère Joseph Foulon, mort en 1607.
— (²) *Le seigneur de Saint-Didier* : Georges de Joyeuse, vicomte de Saint-Didier. Il mourut d'apoplexie, avant l'accomplissement de son mariage.

faites pour plusieurs personnes : genre de mort indigne d'un grand medecin et philosophe.

Le 16 may, le duc d'Espernon soupa avec le Roy au logis de Gondy au fauxbourg Saint-Germain; d'où il partit, après avoir perdu deux mille cinq cents écus au passe-dix contre ledit de Gondy, pour aller en Gascogne trouver le roy de Navarre, et lui porter lettres de Sa Majesté, par lesquelles elle le prioit, pour ce que la vie du duc d'Alençon étoit déplorée, de venir à la cour et d'aller à la messe, parce qu'il le vouloit faire reconnoître pour son vrai héritier. Il s'en alla accompagné de plus de cent gentilshommes, à la plûpart desquels le Roy donna cent, deux cents et trois cents écus pour se mettre en bon équipage; et le Roy alla faire pénitence à Vincennes chez les hieronymites, avec lesquels il passa les fêtes de Pentecoste.

Sur la fin de ce mois, la Reine mere alla à Château-Thierry, d'où elle revint le premier juin, et fit apporter par eau les plus précieux meubles de son fils, abandonné des medecins.

Le samedy 9 juin, le chancelier Chiverny vint au Palais ouvrir la chambre royale pour faire le procès aux trésoriers, [suivant les lettres patentes du Roy publiées à cet effet.] Elle étoit composée du premier président de Harlay, du président de Morsan (1), du président Brisson, du premier président des comptes Nicolaï, de deux maîtres des comptes, et de quatorze conseillers du parlement, faisans le nombre de vingt juges.

Le dimanche 10 juin, sur le midi, Monsieur, frere

---

(1) *Du président de Morsan* : Il se nommoit Bernard Prevost.

du Roy, mourut au château de Château-Thierry d'un flux de sang accompagné de fiévre lente, qui l'avoit petit à petit attenué et rendu tout sec et éthique. Il disoit que depuis qu'il avoit été voir le Roy à carême-prenant, il n'avoit pas porté de santé; et que cette vûë, avec la bonne chere qu'on lui avoit faite à Paris, lui coutoient bien cher: ce qui fit entrer beaucoup de gens en nouveaux discours et apprehensions. Il n'avoit que trente ans, il étoit guerrier, françois de nom et d'effet, et ennemy de l'Espagnol et des Guisards. Sur le genre de sa mort fut fait ce distique :

Sanguine depositas humano laverat urbes
Qui proprio tandem sanguine mersus obit.

Le 21, son corps fut porté à Paris, et mis à Saint-Magloire. Le 24, jour de Saint-Jean, le Roy, vêtu d'un grand manteau de dix-huit aulnes de serge de Florence violette, ayant la queuë plus large que longue, portée par huit gentilshommes, partit du Louvre l'après-dîner, pour aller donner de l'eau bénite sur le corps dudit deffunt [son frere, gisant audit lieu de Saint-Magloire, au faubourg Saint-Jacques.] Il étoit précedé d'un grand nombre de prelats, cardinaux, princes, seigneurs et gentilshommes, tous vêtus en deuil : c'est à sçavoir les gentilshommes et seigneurs montés sur chevaux blancs, et vêtus de robes de deuil, le chaperon sur l'épaule; les evêques de roquêts, avec le scapulaire, et mantelet de serge de Florence noire; et les cardinaux de violet, à leur mode. Devant lui marchoient ses Suisses, le tambourin couvert d'un crêpe sonnant, et ses archers de la garde ecossaise autour de sa personne; et les autres archers de la garde devant et après lui;

tous avec leurs hoquetons de livrée ordinaires, mais vêtus de pourpoints, chausses, bonnets et chapeaux noirs, et leurs halebardes crêpées de noir. Il étoit suivi de la Reine sa femme, seule en un carosse couvert de tanné, et elle aussi vêtue de tanné; aprés lequel suivoient huit coches pleins de dames vêtuës de noir, à leur ordinaire.

Le lundy 25, le corps fut apporté en l'eglise de Notre-Dame; et le Roy, vêtu de violet, demeura à visage découvert quatre ou cinq heures en la fenêtre d'une maison devant l'Hôtel-Dieu, à voir passer la pompe funebre. Il étoit accompagné du duc de Guise, qu'on remarqua triste [et mélancolique, plus de discours, comme on croyoit, dont il entretenoit ses pensées, que d'autre chose;] des seigneurs de Lyancourt son premier ecuyer, et de Villeroy son sécretaire d'Etat.

Le mardy 26, il vit encor passer la pompe funebre en une maison de la ruë Saint-Denys; et parce que le jour précedent il avoit trouvé indécent que l'effigie du deffunt fût accompagnée de La Ferté Imbaud, d'Avrilly et de La Rochepot, gentilshommes sans le collier de l'ordre, n'y ayant que La Chastre, qui faisoit le quatriéme, qui en eût un, comme étant ancien chevalier: le soir du lundy, le Roy les envoya querir tous trois, et leur donna à chacun un collier de l'ordre, qu'ils portérent le lendemain sur leur robe de deuil, assistans ladite effigie. Messire Renaud de Beaune, archevêque de Bourges, fit l'oraison funebre, et ne fit en sa vie si mal. Et parce qu'en la prononçant il mettoit souvent la main à sa barbe, comme un homme décontenancé, on sema le distique suivant de lui :

Quòd timet, et patulo promissam pectore barbam
Demulcet Biturix, hoc Ciceronis habet.

Jacques Berson [1], le cordelier aux belles mains, et prédicateur de Son Excellence, composa un regret funebre, qui est un vrai discours de moine. Il pria pour conclusion ceux de la maison du deffunt prince de prendre patience, s'ils n'ont non-plus que lui de récompense.

En ce mois de juin, le Roy averti de la mort de Bauquemare, premier président de Rouen, y envoya le président Faucon, seigneur de Ris, pour y exercer la premiere présidence par commission pendant deux ans : comme auparavant il avoit envoyé à Bordeaux le président Cotton pour y exercer l'état de premier président vacant par la mort de Largebâton, par pareille commission de deux ans. Tous deux eurent peine à se faire recevoir : car Normands et Gascons ne sont pas aisés à ranger à choses nouvelles.

[La mort de Monsieur fit réunir à la couronne les duchés, comtés et autres seigneuries [2], dont le revenu pouvoit monter à quatre cent mil écus.]

Le 11 juillet, furent pendus à Paris, devant l'hôtel de Bourbon, Larondelle, et un autre son complice, chacun d'eux âgé de soixante ans et plus : l'un pour avoir gravé les sceaux de la chancellerie, et l'autre scellé

---

(1) *Jacques Berson :* C'est le même qui avoit eu à son service une fille déguisée en garçon. — (2) *Les duchés, comtés et autres seigneuries :* Les lettres de son apanage, du 8 février 1569, lui donnoient les duchés d'Alençon et de Château-Thierry, avec les terres de Châtillon-sur-Marne et Espernay, et les comtés du Perche, Gisors, Mantes et Meulan, et la seigneurie de Vernon. En 1576, le roi Henri III y avoit ajouté les duchés d'Anjou, de Touraine et de Berry.

plusieurs lettres d'importance avec lesdits sceaux contrefaits; desquels ils usoient avec telle dextérité, que mêmes le chancelier et les secrétaires d'Etat et autres, dont ils contrefaisoient les seings et les sceaux, y étoient abusés.

En même tems un nommé Guillaume Parry, gentilhomme de Londres et docteur en loix, fut exécuté à mort en ladite ville de Londres, pour avoir voulu attenter à la vie de la reine Elisabeth, à l'instigation du Pape et de quelques moines.

Le même jour, à Delft en Hollande, le prince d'Orange fut tué par Baltasard Gerard de Dole, pendant qu'il étoit attentif à lire la lettre que lui avoit baillée cet assassin qui étoit vêtu d'un long reistre, et lui tira par dessous le manteau son pistolet, duquel coup le prince tomba mort. Son procès lui fut fait; et interrogé, confessa qu'à Rome un jésuite lui en avoit donné les premiers exhortemens, même de tuer le duc d'Alençon, comme deux ennemis de la religion catholique; et qu'en cas qu'il ne pût éviter la mort, il mourroit très-heureux : car il seroit porté par les anges dans les cieux, au plus près de la Sainte-Vierge et de Jesus-Christ; que, revenu de Rome et résolu d'exécuter cette entreprise, il étoit venu au mois de mars dernier à Château-Thierry avec les députés de Flandres; que n'ayant pû trouver la commodité de tuer Monsieur, il étoit passé jusqu'à Paris, où il avoit parlé à l'ambassadeur d'Espagne, qui l'avoit conforté en cette opinion; et qu'étant retourné en Flandres, il avoit vu le duc de Parme, qui l'avoit conforté en prompte exécution desdits assassinats. Après son procès parfait, lui fut brulé jusqu'au coude le bras dont il avoit fait le coup; puis, après avoir été tenaillé par tous les membres du corps, fut cruellement mis à mort, sans qu'aucuns anges apparussent pour son escorte, ou que les *agnus Dei* et parchemin vierge dont les jésuites l'avoient revêtu produisissent aucune vertu; ne demeurant à ce misérable qu'une caution de moine pour aller droit en paradis par la voie d'un assassinat.

Le 25 juillet, le Roy partit pour Lyon, où étant arrivé il en ôta à Mandelot [1] le gouvernement, qu'il donna au comte Du Bouchage, frere du duc de Joyeuse. Il bailla à Montrassin, cousin du duc d'Espernon, la capitainerie de la citadelle.

Le lundy 30 juillet, Jacques Viole, seigneur d'Aigremont, conseiller en la grand'chambre, et très-digne d'une telle charge, ainsi qu'il descendoit de sa mule pour entrer en sa maison près les Cordeliers, tomba en apoplexie, dont il mourut tôt après, fort regretté.

Le jeudy 2 d'août, Germain Du Val, conseiller en la grand'chambre, homme de bien et bon juge, mourut à Paris.

Le 22, Pontaut, gentilhomme de Beausse, huguenot, ou plutôt athée, après avoir volé impunément vingt-cinq ans, sous ombre de sa religion, et avoir demeuré trois ans en la Conciergerie, eut finalement la tête tranchée en Greve.

En ce mois, les conseilleries du parlement se vendoient sept mil écus, celles du châtelet quatre mil; les maîtrises des requêtes et celles des comptes, neuf et dix mil écus.

Au commencement de septembre, le Roy s'alla ébattre

---

[1] *A Mandelot* : Il avoit été fait gouverneur de Lyon en 1569.

à Gaillon, où étant, il demanda au cardinal de Bourbon s'il lui diroit vérité de ce qu'il lui demanderoit. A quoy ledit cardinal ayant répondu qu'ouy, pourvû qu'il la sçût; Sa Majesté lui dit : « Mon cousin, vous
« voyez que je n'ai pas de lignée, et qu'apparemment
« je n'en aurai point. Si Dieu disposoit de moy aujour-
« d'hui, [comme toutes les choses de ce monde sont
« incertaines,] la couronne tombe de droite ligne en
« votre maison; cela avenant, [encore que je sçaches
« que ne le desirez point,] n'est-il pas vray que vous
« voudriez préceder votre neveu le roy de Navarre,
« [et l'emporter pardessus lui, comme le royaume vous
« appartenant, et non pas à lui?]—Sire, répondit le
« bon homme, je crois que les dents ne me feront plus
« de mal quand cela aviendra : [aussi je prie Dieu de
« bon cœur me vouloir appeller devant que je voye un
« si grand malheur,] et chose à quoy je n'ai jamais
« pensé, pour être du tout hors d'apparence et contre
« l'ordre de nature. — Ouy; mais, repliqua le Roy,
« vous voyez comme tous les jours il est interverti, [et
« que Dieu le change comme il lui plaît.] Si cela donc
« avenoit, comme il se peut faire, je desire sçavoir de
« vous, et vous prie de me dire librement, si vous ne
« le voudriez pas disputer avec votre neveu? » Alors M. le cardinal se sentant fort pressé du Roy, va lui dire : « Sire, puisque vous le voulez et me le comman-
« dez, [encore que cet accident ne soit jamais tombé
« en ma pensée, pour me sembler éloigné du discours
« de la raison; toutesfois] si le malheur nous en vou-
« loit tant que cela advînt, [je ne vous mentirai point,
« sire:] je pense qu'il m'appartiendroit, et non pas à

« mon neveu, et serois fort résolu de ne lui pas quit-
« ter. » Lors le Roy se prenant à soûrire, et lui frappant sur l'épaule : « Mon bon amy, lui dit-il, le châ-
« telet vous le donneroit, mais la cour vous l'ôteroit. »
Et à l'instant s'en alla, se mocquant de lui.

Le 25 septembre, sœur Tiennette Petit, de l'Hôtel-
Dieu de Paris, bailla la nuit, à une autre fille sa compagne, quelques coups de couteau, en intention de la
tuer; et à Jeanne Lenoir, vieille religieuse, coupa la
gorge du même couteau; puis, craignant d'être punie,
se précipita d'une haute fenêtre en la riviere, d'où retirée sans être offensée, fut menée aux prisons du chapitre de Paris, et fut, par le bailly dudit chapitre,
condamnée à être penduë devant l'Hôtel-Dieu. La sentence fut confirmée par arrêt de la cour, qui l'envoya
pendre à Montfaucon avec l'homicide couteau.

En ce tems, le Roy fit entendre à Milon, principal
intendant de ses finances, qu'il ne se vouloit plus servir
de lui en cet état, et qu'il se retirât à Paris pour exercer son état de president des comptes. De quoy Milon
averti revint le soir à Paris, et partit le lendemain de
grand matin pour l'Allemagne, où on a eu opinion
qu'il manioit quelques affaires pour le Roy, parce qu'on
ne saisit rien en sa maison, et qu'on ne lui fit point
son procès, comme aux autres tresoriers. Il changea
de nom, se faisant appeller Rencourt. Sur quoy on fit
les vers suivans :

> Milon n'a plus ce nom, il se nomme Rencourt;
> Et en changeant de nom il a changé d'office :
> Ce premier importun le tenoit trop de court,
> Le second lui fit prendre un champêtre exercice.

Rencourt a toujours pris, et n'a jamais rendu ;
Mais à l'aube du jour, conniossant son merite,
Pour parler de plus loin il a pris la guérite,
Et a changé de nom pour n'être pas pendu.

Environ la my-octobre, il plut du sang au Pont de Sey en Anjou.

Le 19 d'octobre, le Roy part à grand hâte de Blois, et les Reines de Chenonceau (1), parce que deux ou trois demoiselles de la Reine se trouverent frapées de la peste : dont l'une, nommée Monmorin, mourut ; et se trouvant Ruscelay à Fontainebleau, au dîner du Roy, il osa lui dire que Sa Majesté ne devoit pas craindre cette maladie, parce que la cour étoit une plus forte peste sur laquelle l'autre ne pouvoit mordre. Ce que le Roy prit de mauvaise part ; et regardant Ruscelay de travers, dit qu'il parloit mal, même en sa presence. Et se retira aussitôt Ruscelay, craignant la colere du Roy.

En ce mois mourut de La Vau (2), conseiller de la grand'chambre, regretté de toute la compagnie, pour sa grande probité et doctrine.

Le 20 novembre, furent en la cour de parlement publiés deux edits, l'un portant suppression de soixante-six edits par avant publiés ; l'autre, pour informer de quelques ligues pratiquées par quelques seigneurs directement ou indirectement contre le Roy et l'Etat, et en faire telle punition que le cas requéroit.

Le 26, en la cour de parlement, furent publiées

(1) *Chenonceau* : belle maison royale sur le Cher, bâtie par la reine Catherine de Médicis. — (2) *De La Vau* : Jean de La Vau, reçu conseiller en 1554.

lettres patentes de suppression de soixante-six edits paparavant publiés en ladite cour.

En ce mois de novembre, Pierre Desgais (1), sieur de Belleville, gentilhomme huguenot du pays Chartrain, âgé de soixante-dix ans, fut envoyé à la Bastille par commandement du Roy, parce qu'il avoit été trouvé saisi de quelques pasquils et vers diffamans sur Sa Majesté, et qu'il avoit (sur ce interrogé) reconnu les avoir faits. Le Roy lui-même le voulut ouir, et lui demanda si la religion dont il faisoit profession le dispensoit de médire de son Roy et de son prince; et si lui ou autres de sa religion pouvoient prendre juste occasion de ce faire, pour quelque mauvais traitement qu'ils eussent reçu de lui? A quoi le gentilhomme répondit que non. « Pourquoy donc, dit le Roy, et sur quel sujet, avez-« vous écrit ce que vous avez écrit en médisant de moy, « qui, outre que je suis votre Roy, ne vous en ai ja-« mais donné occasion? » [Alors le gentilhomme se sentant pressé, au lieu de reconnoître sa faute et en demander pardon à Sa Majesté, s'oublia tant qu'il lui va répondre :] « Je me suis dispensé de ce faire, « sur le bruit tout commun; et c'est la voix de tout « le peuple. — Je sçais, repliqua le Roy indigné, « quelle est la voix de mon peuple : c'est qu'on ne « fait pas de justice, principalement de gens comme « vous; mais on vous la fera. » Et le renvoyant à sa cour de parlement, lui enjoignit de lui faire son procès; par l'arrêt de laquelle cour il fut le premier décembre mené en Greve dans un tombereau, et là pendu, puis son corps et ses écrits brulés.

---

(1) *Pierre Desgais* : Il se nommoit Pierre d'Esguain.

Le dernier jour de novembre, le Roy prenant plaisir à faire voltiger et sauter un beau cheval sur lequel il étoit monté, et ayant avisé un gentilhomme qui étoit au duc de Guise, lui dit : « Mon cousin de Guise a-t-il vû en Champagne des moines comme moy, qui fissent ainsi bondir leurs chevaux ? » Cela disoit le Roy, parce qu'il lui avoit été rapporté que M. de Guise avoit dit étant en Champagne : « Le Roy fait la vie d'un moine (1), et non pas d'un roy. » Comme à la vérité ce bon prince eût mieux fait par avanture de monter plus souvent à cheval, et de dire moins ses heures.

Le 5 décembre, par la plus grande part du royaume, nommément ès environs de la Loire, s'éleverent des vents si violens, que furent renversés clochers, cheminées et maisons, et furent arrachés aux forêts des chênes de deux cents ans, et même emportés. On les a appellés du depuis les soufflets de la Ligue.

En ce temps, le duc de Guise fut voir messieurs de la Sorbonne, et leur demanda s'ils étoient assés forts avec la plume; sinon qu'il le falloit être avec l'épée.

[1585] Au commencement de cet an, le Roy fit un nouveau réglement en sa maison, même pour ceux qui journellement étoient près de sa personne pour le service ordinaire; lesquels il vêtit de velours noir, leur fit ôter les chapeaux qu'ils souloient porter, et les astreignit à porter barrettes ou bonnets de velours noir, et une chaîne d'or au col, pendant qu'ils sont en quartier; et à ceux du conseil d'Etat et privé, entrans au

(1) *La vie d'un moine :* Sixte v disoit en parlant de Henri : « Il n'y a rien que ce prince ne fasse pour être moine ; et il n'y a rien que je n'aie fait pour ne l'être pas. »

conseil, fit prendre de grandes robes de velours violet, qu'il fit faire à cette fin. Et étant entré en quelque deffiance, renforça sa garde.

Le 15 janvier, le Roy tira des prisons du châtelet le fils de la dame de Grenache, lequel se faisoit auparavant appeller le duc de Genevois (1), comme se prétendant fils aîné du duc de Nemours. Les dettes duquel il paya ou s'obligea de payer, ne pouvant autrement sortir de là où il étoit.

Le 22, le duc d'Espernon, accompagné des marquis de Conty, comte de Soissons, ducs de Montpensier, de Nevers, d'Aumale, de Joyeuse, de Rets, et de grand nombre de seigneurs et gentilshommes, vint au parlement, et fit le serment de colonel général de l'infanterie françoise, tant deçà que delà les monts, et en cette qualité officier de la couronne (2). Après le serment on le fit monter en haut, et seoir sur les fleurs-de-lys au rang des princes, avec cette restriction : « Duc d'Es- « pernon, montez icy comme pair de France, et non « comme colonel général; car en cette derniere qua- « lité vous n'avez pas icy de séance. »

Au commencement de février arriverent à Senlis les députés des Etats de Flandres venans demander à Sa Majesté sa protection, et mettre les Pays-Bas en sa sauvegarde contre les tyrannies du roy d'Espagne et

---

(1) *Le duc de Genevois :* Henri de Savoie, fils de Jacques de Savoie, duc de Nemours, et de Françoise de Rohan, dame de La Garnache. Il n'étoit pas légitime, quoiqu'il se fît appeler duc de Genevois. Cependant il y avoit mariage entre le duc de Nemours et Françoise de Rohan; et il fallut une procédure en forme pour casser ce mariage. — (2) *Officier de la couronne :* Il n'y avoit auparavant qu'un colonel de l'infanterie française. Le Roi créa la charge de colonel général en faveur du duc d'Epernon.

du duc de Parme son lieutenant. Le Roy envoya audevant d'eux, et les fit bien recevoir et traiter; puis vinrent à Paris se présenter au Roy, qui les renvoya éconduits de leurs demandes.

Le 23 février arriverent à Paris les ambassadeurs d'Angleterre, desquels le comte de Warvick étoit chef, suivis de deux cents chevaux bien en conche, qui furent bien traités aux dépens du Roy; et disoit-on que leur dépense par jour revenoit à près de cinq cents écus. Les chefs furent logés près le Louvre, en l'hôtel d'Anjou, jadis de Villeroy; et la suite au logis des bourgeois, par fouriers. Ils apportoient au Roy le collier de l'ordre de la Jartiere, que la reine d'Angleterre envoyoit au Roy comme à son frere, garni de perles et pierreries estimées à plus de cent mil écus; et sous cette couverture, venoient exciter le Roy de prendre les Flamens en sa protection, offrans, au nom de leur Reine, contribuer au tiers des frais qu'il conviendroit faire en cette guerre.

Le jeudy dernier février, le Roy en grande magnificence, vêtu d'un habit tel que portent les chevaliers de l'ordre anglois, reçut après vêpres, des mains du comte de Warwick, le collier dans l'église des Augustins, et fit entre ses mains le serment de l'ordre; et le soir, fit ausdits comte et ambassadeurs un festin magnifique (1).

Le 3 mars, jour du dimanche gras, le Roy fit autre festin ausdits ambassadeurs anglois, en la grande salle

---

(1) *Un festin magnifique :* Cette cérémonie de l'ordre de la Jarretière donna lieu aux ligueurs de déclamer contre Henri III. Ils publièrent que ce prince agissoit de concert avec Elisabeth, en faveur des protestans contre la religion catholique.

haute de l'evêché de Paris, auquel il convia un bon nombre des plus belles et braves dames de Paris; et après le repas y fut fait un ballet, auquel ballerent et danserent six vingt personnes des deux sexes; et si somptueusement habillées et diaprées, qu'on le disoit couter plus de vingt mil écus.

Le 10 mars, premier dimanche de carême, le Roy, pour recréer les milords anglois, fit encore dans la salle de l'evêché un bal qui dura depuis les dix heures du soir jusqu'à trois heures du matin.

Au commencement de ce carême, M. Du Gast mon beau-frere, conseiller du Roy en son conseil d'Etat et privé, mourut en sa maison à Paris d'une mort si inopinée, qu'à peine eût-on le loisir de bander son bras après la saignée. Le soir avant le jour de sa mort, M. le chancelier lui avoit envoyé ses dépêches pour les sceaux de la reine d'Ecosse, que M. de Guise lui fit avoir, nonobstant toutes brigues au contraire. Il étoit très-homme de bien, et des plus judicieux et des moins corrompus de ce siecle; il étoit âgé de plus de soixante ans. L'ambassadeur d'Espagne assista à son convoy.

En ce tems on commença à découvrir l'entreprise de la sainte Ligue, de laquelle ceux de la maison de Guise, joints à ceux de la maison de Lorraine, étoient les chefs, secourus par le Pape, par le roy d'Espagne, et par le duc de Savoye son gendre : ligue pourpensée et inventée par deffunt Charles cardinal de Lorraine, voyant la lignée de Valois proche de son période. Le Roy, averti de tous ces remuëmens, et des levées de gens de guerre par le duc de Guise, commença à se tenir sur ses gardes; mais si négligemment, qu'on entra en fort grand soupçon qu'il n'y eut entre lui et ceux de Guise quelque intelligence secrette.

Le 12 mars, on arrêta à Lagny sur Marne un bateau montant vers Chaalons, où étoient des tonnes pleines d'armes que conduisoit La Rochette, qu'on disoit être ecuyer du cardinal de Guise; lequel fut aussi arrêté. Mais tôt après on laissa passer le gentilhomme et les armes : ce qui augmenta le soupçon d'intelligence qu'on disoit être entre le Roy et ceux de Guise. Et pour ce que Clervaut et Chassincour, agens du roy de Navarre en la cour de France, avoient témoigné avoir le même soupçon, le Roy leur dit, le 16 du même mois, qu'il prioit Dieu de l'abîmer s'il avoit quelque intelligence avec ceux de Guise en cette levée d'armes. De fait, le même jour il envoya Maintenon vers le duc de Guise, Rochefort vers le duc de Mayenne, et La Motte Fenelon vers le cardinal de Bourbon, qu'ils nommoient en se mocquans de lui, et si ne le connoissoient pas, *grand duc de Bourbon;* et lui avoient fait prendre la cappe et l'épée.

Le 21 mars, le duc de Guise s'empara de Chaalons sur Marne (1).

Le 29, Philippe de Lenoncour, abbé de Barbeau, et le maréchal de Retz, furent, par le commandement du Roy, trouver à Orcamp le cardinal de Bourbon; et le lendemain la Reine mere, accompagnée de l'archevêque de Lyon et de La Chapelle aux Ursins, s'achemina vers le duc de Guise en Champagne, pour savoir

(1) *S'empara de Chaalons sur Marne :* Le duc de Guise dit, dans une lettre au duc de Nevers : « Je m'en vais doucement à Châlons, et là « je donnerai de belles paroles pour entretenir, et me tiendrai clos et « couvert. » (Mémoires du duc de Nevers.)

de lui la cause de ce remuëment : car la bonne dame en étoit ignorante, comme celle qui croyoit ou qui conduisoit l'œuvre, et les mettoit tous en besongne.

° Le 2 d'avril, suivant le mandement du Roy, on commença à garder les portes de Saint-Honoré, Saint-Martin, Saint-Denis et Saint-Antoine, du côté de la ville; et celles de Saint-Jacques, Saint-Germain et Saint-Marceau, du côté de l'Université. Le Roy envoyoit de jour à autre Chavigny, Courton, Senneterre et d'Arpentis épier la contenance de ceux qui y sont en garde; et y alloit lui-même quelquefois.

Le dimanche 7 d'avril, le Roy sçachant qu'Antragues, gouverneur d'Orléans, étoit du party guisard, y envoya le duc de Montpensier et le maréchal d'Aumont, pour faire sortir de la citadelle Antragues; lesquels furent reçus et salués de coups de canon, et obligés de s'en retourner avec leur artillerie et leur courte honte.

En ce temps, ceux de la Ligue publierent un livret imprimé à Reims sous le nom de Manifeste, qui finissoit par ces mots : « Donné à Peronne le dernier jour « de mars 1585. *Signé* Charles de Bourbon. » Le Roy premier, après eux, publia autre livret titré : *Déclaration de la volonté du Roy sur les nouveaux troubles du royaume*. Et depuis, le roy de Navarre ayant découvert les desseins des Lorrains et Guisards contre lui et ceux de sa maison, fit publier force avertissemens et déclarations.

Le 10 d'avril, le pape Gregoire mourut à Rome. La nouvelle de sa mort arriva à Paris le 18, et le lendemain le cardinal de Joyeuse partit en poste pour Rome. Le cardinal de Vendôme voulut lui faire compagnie;

mais le Roy ne le voulut, disant qu'à cause de sa complexion tendre il ne pouvoit porter la fatigue du voyage, et que c'eût été plus de dommage de lui que de son oncle. Ce Pape n'avoit jamais adhéré à la Ligue, et peu de jours avant sa mort avoit dit au cardinal d'Est : « La Ligue n'aura de moy ni bulle ni bref, jus-« qu'à ce que je voye plus clair en ses brouilleries. »

Le 22 d'avril, vinrent les nouvelles à Paris de l'entreprise faillie par ceux de la Ligue sur Marseille, et de la fin malheureuse de la plupart des entrepreneurs. Le Roy en eut tant de contentement, que comme les députés qui lui apporterent les premieres nouvelles entrerent en la salle où il étoit, il fendit aussitôt la presse; et s'approchant d'eux : « Mes amys, leur dit-il, je vous « accorde tout ce que me sçauriez demander : car ma « libéralité ne suffira jamais pour récompenser votre « fidélité. »

Le 24 avril, fut élû pape Felix Perreti, auparavant cardinal de Montalte, cordelier; se fit nommer Sixte (1), et couronner le premier de may. Son regne commença par le sang, ayant fait pendre le comte de Tripoly et quelques autres gentilshommes de la Romagne, desquels il prétendoit avoir été offensé. Le bruit de cette exécution étant venu jusqu'à Paris, on y pasquilla le Saint-Pere par les vers suivans :

> *Dum colit anfractus et sylvas montis Etrusci*
> *Franciscus, lumbos innectens fune suorum,*
> *Sustulit in cœlum plures per frigora et æstus,*
> *Perque famem duram, per cuncta incommoda vitæ.*
> *At Xistus fune involvens innoxia colla,*
> *Qua Rhenus Thuscas properando deserit arces,*

(1) *Sixte* : Le fameux Sixte-Quint.

Hinc animus brevius per iter nunc sistit Olympo.
Summe pater, Xisto jam jam, pro munere tanto,
Mitte rubens numen, quod perfodisse beato
Francisco perhibent palmas, plantasque latusque,
Ut fune hunc nostrum pastorem ad sidera raptet,
Ceu pecus ille suum stellata ad pascua mittit.

Le 14 may, par arrêt du grand conseil, fut décapité devant l'hôtel de Bourbon Montaud, gentilhomme gascon, pénitent, et favory du duc d'Espernon, qui l'avoit donné au Roy, et étoit l'un des quarante-cinq fendans appointés à douze cents écus de gage, et bouche à cour, que le Roy avoit mis sus depuis ces derniers troubles pour être toujours près lui comme seures gardes de son corps, se deffiant de chacun, et se voyant comme deffié par ceux de la Ligue par leur desobéissance, croissant par l'impunité et par la foiblesse du soupçon supérieur. Son procès lui fut fait, sur ce qu'il avoit accusé le duc d'Elbœuf (1) de lui avoir offert dix mil écus pour tuer le Roy; et pour ce que Sa Majesté lui en avoit promis vingt mil s'il vérifioit ce qu'il disoit, n'en pouvant montrer ne preuve ne indice, fut mis à la question, où il confessa que mensongerement il avoit avancé ce propos, afin de tirer de la bourse du Roy quelque bonne somme de deniers, à raison d'un tant important et signalé avertissement.

En ce temps, le duc d'Aumale (2), l'un des chefs de la Ligue, ayant levé quelque nombre de fressuriers, faucheurs et telles canailles qu'il conduisoit en personne, disant qu'il cherchoit les huguenots pour les

---

(1) *Le duc d'Elbœuf:* Charles de Lorraine, duc d'Elbœuf. Il étoit fils de René de Lorraine, marquis d'Elbœuf, cinquième fils de Claude de Lorraine, premier duc de Guise. — (2) *Le duc d'Aumale:* Charles de Lorraine.

dévaliser et massacrer, court bonne part de Picardie, tue et pille gentilshommes et roturiers, prêtres, moines, etc., sans épargner les églises; faisant autant de maux que les plus échauffés huguenots dans les troubles précédens n'avoient fait. Aussi est-ce à faire à des badaux à croire que telles gens ayent aucune religion.

En ce temps encore, le jeune Montrassin, proche parent du duc d'Espernon, que le Roy et lui aussi avoient envoyé, avec soldats et argent, pour renforcer la ville et château de Metz, s'alla rendre au duc de Guise.

En ce mois de may, le Roy composa avec tous les tresoriers et financiers de France, leur donnant l'abolition de tous les vols qu'ils lui avoient faits, moyennant la somme de deux cent mil écus pour le principal, et de quarante mil pour les frais de justice; pour lesquelles sommes payer tous ceux qui avoient manié peu ou prou les finances du Roy, tant innocens que coupables, furent par tête cottisés, à la charge de mieux dérober qu'auparavant, et donner courage à ceux qui avoient été fidèles au Roy de faire comme les autres, y ayant plus d'acquêt à être larron qu'homme de bien.

En ce temps, Miron [1], premier médecin du Roy, est employé pour accord avec les Guisards, et va souvent à Espernay pour cet effet. Sur quoy :

Imploravit opem medici pax ægra, Deique
Deseruit; morbos mox habitura graves

Le 20 juin, après plusieurs débats, fut arrêté à Espernay l'accord [2] entre le Roy et ceux de la maison de

---

[1] *Miron :* On l'employa parce qu'il n'étoit point désagréable aux Guises : tout autre leur auroit été suspect. — [2] *L'accord :* Ce sont les articles arrêtés entre la reine Catherine de Médicis au nom du

Lorraine, par lequel demeurans aux termes de religion, faute de meilleur prétexte, fut arrêtée une seule religion en France, et l'extermination de la contraire, sans parler d'autre chose. Le pis en tout cela étoit que le Roy étoit à pied, et la Ligue à cheval; et que son sac de pénitent n'étoit à l'épreuve comme la cuirasse des ligueurs.

Le premier juillet, le Roy eut avis certain de la mort du duc de Nemours, arrivée le 19 juin en Savoye. Ce bon prince ne voulut jamais être de la Ligue (1), et en détourna toujours ses enfans. Etant au lit de la mort, il dit, parlant de sa femme (2), qu'elle leur gâteroit tout. Au reste, pour un prince qui avoit tant aimé le monde, il mourut avec une grande connoissance de Dieu : ce qui arrive rarement à des grands comme lui.

Le 18 juillet, le Roy fit publier en sa presence au Palais l'edit de révocation des précédens edits de pacification faits avec les huguenots. Il dit en y allant, au cardinal de Bourbon : « Mon oncle, contre ma cons-
« cience, mais bien volontiers, j'ai fait publier les
« edits de pacification, parce qu'ils réussissoient au
« soulagement de mon peuple; maintenant je vais faire
« publier la révocation d'iceux selon ma conscience,
« mais mal volontiers, parce que de la publication d'i-
« celui dépend la ruine de mon Etat et de mon peuple. »
On cria *vive le Roy!* quand il sortit du Palais; dont

Roi, et le cardinal de Bourbon, le cardinal et le duc de Guise, et le duc de Mayenne, qui furent signés à Nemours. Ils sont connus sous le nom d'*Articles de Nemours*, ou *Paix de juillet*.

(1) *Ne voulut jamais être de la Ligue :* Il est pourtant compris au nombre des chefs de la Ligue, dans la liste qui est jointe au manifeste du cardinal de Bourbon, du 31 mars 1585. — (2) *Sa femme :* Anne d'Est, veuve de François de Lorraine, duc de Guise.

on fut étonné, car depuis long-tems on ne lui avoit fait tant de faveur. Mais on découvrit que cette acclamation avoit été faite par personnes apostées par les ligueurs, et qu'on avoit donné pour ce faire de l'argent à des faquins, et de la dragée à force petits enfans. Fut semé en ce jour ce distique :

> Guisiadis factam dum rebar dicere pacem,
> Pacem non possum dicere : dico facem.

Et cet autre :

> Dum studet amborum dubius componere lites,
> Henricus, causæ est proditor ipse suæ.

Le 22 juillet, Philippe de Lenoncourt (1), accompagné du president Brulard, du seigneur de Poigny, et des théologiens Prevôt (2) et Cueuilly (3), partit de Paris par ordre du Roy, pour aller trouver en Gascogne le roy de Navarre, et tâcher à le réduire à la religion romaine, afin d'éviter la fureur de la guerre qui alloit fondre sur lui et sur ceux de son party. On faisoit déjà à Paris son épitaphe, pour ce qu'on disoit qu'il seroit incontinent bloqué et pris. Toutesfois beaucoup trouvoient l'instruction étrange qu'on lui vouloit donner pour sa conversion, qui étoit avec l'épée sur la gorge; car à la queuë de ceux-cy on y envoyoit une armée. Ce qui fit que madame d'Usez (4) ne se put tenir de

---

(1) *Philippe de Lenoncourt :* Il avoit été évêque d'Auxerre et de Châlons, et étoit abbé de Monstier en Argonne, Montier-Saint-Jean, de Rebets et de Barbeaux, conseiller d'Etat, commandeur de l'ordre du Saint-Esprit, cardinal, et nommé archevêque de Reims. Il est mort en 1592. — (2) *Prevôt :* Jean Prevost, curé de Saint-Severin. — (3) *Cueuilly :* Jacques Cueuilly, curé de Saint-Germain. — (4) *Madame d'Usez :* Françoise de Clermont, épouse de Jacques de Crussol, deuxième du nom, duc d'Usez.

dire au Roy, [en gaussant à sa maniere accoutumée, en presence de plusieurs ligueurs qui y étoient :] « Je voy « bien que l'instruction du Biarnois est toute faite, et « qu'il est tems de disposer de sa conscience, puisqu'à « la queuë des confesseurs il y a un bourreau. »

En ce tems, Henry Etienne (1) étant venu de Geneve à Paris, et le Roy lui ayant donné mil écus pour son livre de la *Préexcellence du langage françois*, un tresorier, sur son brevet, voulut lui en donner six cents comptant. Henry les refusa, lui offrant cinquante écus. De quoy ledit tresorier se mocquant : « Je voy bien, « lui dit-il, que vous ne sçavez pas ce que c'est que « finances; vous reviendrez à l'offre, et ne la retrou- « verez pas. » Ce qui advint : car après avoir bien couru partout, revint à son homme, et lui offrit les quatre cents écus; mais l'autre lui dit que cette marchandise n'alloit pas comme celle des livres, et que de ses mil écus il ne voudroit pas lui en donner cent. Enfin il perdit tout, le bruit de la guerre et l'edit contre ceux de la religion le forçant de retourner en son païs.

Le 30 juillet, les Guisards partirent de Paris. Ils y avoient fait assés long séjour, allant tous les jours au conseil d'Etat, auquel ils étoient ouys et respectés, à cause que la Reine mere tenoit leur party, comme elle avoit fait paroître dans l'accord fait entr'elle et eux pour le Roy au préjudice du roy de Navarre, qu'elle n'aimoit pas. De fait, étoit le bruit commun que, par l'intelligence qu'elle avoit avec les Guisards, ils avoient commencé ces derniers troubles, et qu'elle leur soute-

---

(1) *Henry Etienne :* fils du célèbre Robert Etienne, l'un des plus célèbres imprimeurs du seizième siècle. Robert avoit adopté les nouvelles opinions, et s'étoit retiré à Genève.

noit le menton de toute sa force, en intention de priver de la couronne ceux de Bourbon, et la faire tomber en la maison de Lorraine sur la tête des enfans de feuë madame Claude de France, sa fille; et y a apparence que c'étoit pure vérité.

En ce mois de juillet, le Pape prit opinion d'envoyer l'evêque de Nazareth nonce en France, et révoquer l'evêque de Bergame [1], bien vû en cette cour; pour ce que, mû de la vérité, il avoit mandé à Rome les mauvais desseins des ligueurs, sous ombre de religion. Le Roy, averti par Saint-Goard [2], son ambassadeur à Rome, de la venuë de l'evêque de Nazareth, homme turbulent et séditieux esprit, manda à Mandelot, gouverneur de Lyon, qu'il ne le laissât passer plus avant : ce qui obligea ce nouveau nonce de reprendre le chemin de Rome. De quoy le Pape indigné envoya par un camerier ordre à Saint-Goard de vuider hors de Rome dans vingt-quatre heures, et du terroir romain dans quatre jours. A quoy obéissant ledit sieur de Saint-Goard, homme de grand cœur, sortit le même jour de Rome [3], et vint trouver le Roy à Paris. Sur ce nonce on disoit :

A Nazareth potest aliquid esse boni?

Le mercredy dernier jour de juillet, Vermandet, fils

---

[1] *Bergame :* Jacques Ragazzony, évêque de Parme, et non pas de Bergame, avoit été envoyé nonce en France par le pape Grégoire XIII. Le pape Sixte V, son successeur, le rappela, et voulut envoyer à sa place Fabien Muerte Frangipani, évêque titulaire de Nazareth. — [2] *Saint-Goard :* Jean de Vivonne, marquis de Pisani, seigneur de Saint-Goard, plus connu sous le nom de Pisani. — [3] *Sortit le même jour de Rome :* On lui donna huit jours ; mais il dit que l'Etat du Pape n'étoit

du lieutenant géneral de Limoges, fut décapité à Paris, accusé d'inceste avec sa sœur. Il maintint jusqu'à la mort qu'il étoit innocent de ce crime; et toutesfois reconnoissant en ce fait le juste jugement de Dieu, qui le punissoit pour avoir été bien trois ans sans le prier, et sans dire seulement une patenotre.

En ce tems, le Roy commença à porter un billebocquet à la main, [dont il se jouoit,] même allant par les ruës; et à son imitation les ducs d'Espernon et de Joyeuse s'en accommodoient, [au grand mépris d'eux tous,] qui en ce sont suivis des gentilshommes, pages, laquais et jeunes gens de toute sorte: tant ont de poids et de conséquence, principalement en matiere de folie, les actions et déportemens des roys, princes et grands seigneurs!

Au commencement de septembre, les cent reistres de l'armée de la Ligue, entrés dans le bourg de Geinville en Champagne par composition, tuerent, contre la foi promise, la plupart des pauvres habitans.

Le 12 septembre, le president de Morsan mourut à Paris, au grand regret de sa compagnie et de tous les gens de bien.

En ce même mois mourut aussi à Paris la presidente de Boullencourt, qui, par une sagesse mondaine, laissa sa maison pleine de biens et d'honneurs. Elle fut tant aimée du Roy qu'il ne l'appeloit que sa mere, allant souvent chez elle prendre ses ébats et collations, et y ayant une chambre qu'il appela la chambre de ses menus plaisirs. Ce qui servit beaucoup à l'avancement de

pas si grand, qu'il n'en sortit en vingt-quatre heures. Sixte v fit négocier le retour de ce ministre.

ses enfans, qui néanmoins, usans d'ingratitude, se mirent des plus avant dans la Ligue. Aussi le Roy les surnomma la race ingrate, digne de porter doublement par dessus tous la cornette d'ingratitude.

Sur la fin de septembre, on publia à Paris la bulle d'excommunication contre le roy de Navarre et le prince de Condé, donnée à Rome par le Pape à Saint-Marc, le 9 de ce mois, par laquelle ce nouveau Pape, au lieu d'instruction, ne respiroit que destruction, changeant sa houlette pastorale en un flambeau effroyable, pour perdre entierement ceux qu'il doit regagner au troupeau de l'Eglise, s'ils en sont égarés. La cour de parlement fit remontrance au Roy très-grave et très-digne du lieu qu'elle tient, et de l'autorité qu'elle a en ce royaume; disant pour conclusion que la cour avoit trouvé et trouvoit le stile de cette bulle si nouveau et si éloigné de la modestie des anciens papes, qu'elle n'y reconnoissoit aucunement la voix d'un successeur des apôtres; et d'autant qu'elle ne trouvoit point par les registres, ni par toute l'antiquité, que les princes de France eussent jamais été sujets à la justice du Pape, qu'elle ne pouvoit délibérer en ce fait, que premierement le Pape ne fist apparoir du droit qu'il prétendoit avoir en la translation des royaumes établis et ordonnés de Dieu, avant que le nom du Pape fût au monde. Fut dit par un conseiller que cette bulle étoit si pernicieuse au bien de toute la chrétienté et à la souveraineté de cette couronne, qu'elle ne méritoit autre réponse que celle qu'un de ses prédécesseurs roys avoit fait faire par la cour à une pareille bulle qu'un prédécesseur de ce Pape leur avoit envoyée : à sçavoir, de la jetter au feu (en presence de toute l'Eglise gallicane ;] et enjoindre au procureur général de faire diligente perquisition de ceux qui en ont poursuivi l'expédition en cour de Rome, pour en faire si bonne et breve justice, qu'elle serve d'exemple à toute la posterité.

Il y eut aussi une opposition formée en ces mots, divulguée et imprimée en ce tems-là :

« Henry, par la grace de Dieu roy de Navarre, prince
« souverain de Béarn, premier pair et prince de France,
« s'oppose à la déclaration et excommunication de
« Sixte v, soy disant pape de Rome; la maintient fausse,
« et en appelle comme d'abus en la cour des pairs de
« France, desquels il a cet honneur d'être le premier;
« et en ce qui touche le crime d'hérésie, et de laquelle il
« est faussement accusé par la déclaration, dit et sou-
« tient que M. Sixte, soy disant pape [sauve sa sain-
« teté], en a faussement et malicieusement menty, et
« que lui-même est hérétique. Ce qu'il fera prouver en
« plein concile libre et légitimement assemblé, auquel,
« s'il ne consent et ne s'y soumet, comme il est obligé
« par ses droits canons même, il le tient et déclare
« pour antechrist et hérétique, et en cette qualité veut
« avoir guerre perpétuelle et irréconciliable avec lui.
« Proteste cependant de nullité, et de recourir contre lui
« et ses successeurs pour réparation d'honneur de l'in-
« jure qui lui est faite, et à toute la maison de France,
« comme le fait et la nécessité présente le requirt. Que
« si, par le passé, les princes et les roys ses prédéces-
« seurs ont bien sçû châtier la témérité de tels galans,
« comme est ce prétendu pape Sixte, lorsqu'ils se sont
« oubliés de leur devoir, et passé les bornes de leur voca-
« tion, confondant le temporel avec le spirituel; ledit

« roy de Navarre, qui n'est en rien inférieur à eux,
« espere que Dieu lui fera la grâce de venger l'injure
« faite à son Roy, à sa maison et à son sang, et à toutes
« les cours de parlement de France, sur lui et ses suc-
« cesseurs : implorant à cet effet l'aide et secours de
« tous les princes, roys, villes et communautés vrai-
« ment chrétiennes, ausquels ce fait touche ; aussi prie
« tous les alliés et confédérés de cette couronne de
« France de s'opposer avec lui contre la tyrannie et
« usurpation du Pape, et des ligués conjurateurs en
« France, ennemis de Dieu, de l'Etat et de leur Roy, et
« du repos géneral de toute la chrétienté.

« Autant en proteste Henry de Bourbon, prince de
« Condé. »

(Affiché à Rome le 6 novembre 1585.)

Le 23 d'octobre, le château d'Angers fut remis ès mains du sieur Du Bouchage par les soldats huguenots, qui le tenoient par la pratique de Halot. Le Roy fit abattre les forts et deffenses de ce château du côté de la ville ; et fut roué Halot(1) à Angers, lequel maintint jusqu'au dernier soupir qu'il n'avoit rien exécuté que suivant le commandement verbal du Roy, qui avoit envie de l'enlever des mains de Brissac, un des chefs de la Ligue.

En ce mois, Augustin de Thou fut fait sixième président de la grand'chambre, au lieu de Pybrac. Son état d'avocat du Roy fut donné à Jacques Mangot, qui étoit procureur du Roy en la chambre des comptes, et

---

(1) *Halot :* Michel Bourrouge Du Halot. Il avoit effectivement commission du Roi ; mais ce prince n'osa pas l'avouer, dans la crainte d'irriter davantage la Ligue.

maître des requêtes. L'état de procureur du Roy fut donné à Dreux, moyennant huit mil écus; Etienne Pasquier (1) fut reçu en l'etat d'avocat du Roy en la chambre des comptes, vacant par la mort de Bertram.

Le dernier jour de ce mois, le Roy s'en alla à Vincennes pour passer les fêtes de Toussaints, [et faire les pénitences et prieres accoutumées] avec ses confreres les hieronimites, ausquels le dernier jour du mois de septembre précedent il avoit lui-même fait, et de sa bouche, le prêche ou exhortation; et quelques jours auparavant il leur avoit fait faire pareille exhortation par Philippes des Portes (2), abbé de Tyron, de Josaphat et d'Aurillac, son bien-aimé et favory poete.

Le 9 novembre, l'evêque de Paris (3) et le doyen Seguier partirent de Paris pour aller congratuler à Rome le Pape de sa nouvelle création, et pour requérir permission de vendre cent mil écus de rente du revenu ecclesiastique pour la guerre contre les huguenots.

Le 18, le quadran de l'horloge du Palais à Paris fut achevé, qui est un beau et excellent ouvrage qui sert à la décoration de la ville, et fait par Pilon (4), sculpteur du Roy. Au-dessus du cadran de ladite horloge, il y avoit ce vers écrit:

Qui dedit ante duas, triplicem dabit ille coronam.

Auquel un ligueur ajouta le suivant, qui fut trouvé

---

(1) *Etienne Pasquier:* C'est l'auteur des Recherches sur l'histoire de France. — (2) *Philippes des Portes:* Un des meilleurs poëtes du seizième siècle. Il s'attacha au duc de Joyeuse, puis à Henri III, et ensuite à Henri IV. Il mourut en 1606, à l'âge de soixante-un ans. — (3) *L'evêque de Paris:* Pierre de Gondy. — (4) *Pilon:* Ce fut un des célèbres sculpteurs de son temps, et qui a laissé dans Paris plusieurs monumens de son art, entre autres la fontaine des Innocens.

écrit, le 20 novembre, contre la prochaine boutique de l'horloge :

Tertia sic dabitur, sicut tulit, ante secundam.

Et depuis, la Ligue s'ébattant sur ce sujet [qui lui plaisoit, comme étant fort respectueuse envers le Roy,] fit et publia les suivans :

Qui dedit ante duas, unam abstulit, altera nutat;
Tertia tonsoris est facienda manu.

Et encore ceux-cy sur la devise du Roy, *Manet ultima cœlo* :

Perjurii te pœna gravis manet ultima cœlo,
Nam Deus infidos despicit ac deprimit;
Nil tibi cum cœlis, hic nulla corona tyrannis;
Te manet infelix ultima cœnobio.

En ce tems le Roy étant à Chartres fit rouer un capitaine de gens de pied, et pendre trois de ses soldats, tous catholiques de profession, pour avoir pillé la maison de Dangeau, gentilhomme percheron huguenot; disant le Roy n'avoir par ses derniers edits permis de tuer et piller les huguenots : mais que leurs biens seroient à lui acquis, si dans le tems prescrit ils ne satisfaisoient à ses edits.

En ce tems, beaucoup de la religion, pour sauver leurs biens et leurs vies, se font catéchiser, retournent à la messe, et ont bien de la peine à contrefaire les bons catholiques. La chanceliere de L'Hôpital (1) en- tr'autres, qui toute sa vie avoit fait profession de ladite

---

(1) *Chanceliere de L'Hôpital* : Marie Morin, fille de Jean Morin, lieutenant général au châtelet de Paris.

religion, l'abjure, et va à la messe; d'autres y a, de bas tenans, qui tiennent ferme, et abandonnent tout. Fut de ce nombre André Cerceau, excellent architecte du Roy, lequel aima mieux quitter l'amitié du Roy, et renoncer à ses promesses, que d'aller à la messe; et après avoir laissé sa maison, qu'il avoit nouvellement bâtie avec grand artifice au commencement du Pré aux Clercs, prit congé du Roy, le suppliant ne trouver mauvais qu'il fût aussi fidele à Dieu qu'il l'avoit été et le seroit toujours à Sa Majesté.

Le 28 décembre, Pierre Ronsard mourut en son prieuré de Saint-Côme-lez-Tours, âgé de soixante-deux ans.

En cet an, le pape Sixte v écrivit deux lettres au seigneur de Damville, maréchal de Montmorency.

XISTUS P. P. V.,
DILECTO FILIO, NOBILI VIRO, DUCI MONTMORANCII, PROVINCIÆ LINGUÆ OCCITANICÆ GUBERNATORI.

Dilecte fili, nobilis vir, salutem et apost. bened. Tantum semper tribuimus nobilitati tuæ, quantum tibi majoribusque tuis viris tribuerunt superiores pontifices, hoc est quantum potest tribui virtuti hominis in catholicâ religione tuendâ, in quâ apostolicæ dignitate sedis colendâ, consilio, authoritate et opera nunquam defatigati, quorum omnium officiorum in tuis litteris commemoratio nobis fuit jucundissima. Quæ postulas à nobis concedi de episcopatu Carcassonæ, deque dispensatione, cæterisque rebus quæ ad id negotium pertinent, magnæ nobis curæ erunt, nec quidquam prætermittemus, quantum quidem præstare nos intelligemus, si quid præterea in quo nobilitati tuæ gratificari possimus, pari id voluntate et charitate efficiemus. Datum Romæ sub annulo piscatoris, die 24 *aug., pontificii nostri anno primo,* 1585.

Dilecte fili, quæ nobis sunt optatissima ex crebris multorum litteris, ac sermonibus celebrari jucundissimum est, explorata nobis semper fuit voluntas tua de rebus nostris Avenionensibus, deque catholicæ religionis tranquillitate atque amplitudine: cujus etiam voluntatis dignæ tuâ et majorum gloriâ habemus testimonium venerabilis fratris nostri archiepiscopi Avenionensis; et quanquam nihil est quod non ab ista virtute nobis atque sedi apost. polliceri possimus, tamen hoc te ex litteris nostris intelligere voluimus multum nobis spei adversus hostium vim ac fraudem, in tua opera et authoritate, situm esse. Facies igitur ut tua virtus et fides pollicetur, et temporum ratio exposcit, ut nos cum totâ Ecclesiâ catholicâ expectamus. 21 *sept.* 1585, *apud S. Marcum.*

En ce même an furent semés plusieurs pasquils sur la Ligue et le gouvernement; dont je rapporte quelques-uns pour faire connoître le génie du tems.

> *Guisius à nostro nil distat principe. Quidni ?*
> *Conveniunt animus : hic jubet, ille facit ;*
> *Ne tamen hæc vani te fallat opinio vulgi :*
> *Revera qui Rex percupit esse jubet ;*
> *Nam bellum Regem, si fas est dicere (sed fas),*
> *Guisius armatâ voce jubere jubet.*
>
> *Lusitat interea Henricus, monachumque figurat ;*
> *Hac miserâ populus luditur arte levis.*
> *Desperata salus, ex quo Medicæa virago,*
> *Imperat, usa dolis, artibus usa suis ;*
> *Omen, abesto! Sed heu! florens regnum atque beatum*
> *Hac vivente perit, hac pereunte ruit.*

TOUT A TOUTES SAUSSES.

Le pauvre peuple endure tout,
Les gens d'armes ravagent tout,
La sainte Eglise paye tout,
Les favoris demandent tout,
Le bon Roy leur accorde tout,
Le parlement vérifie tout,
Le chancelier seelle tout,
La Reine mere conduit tout,
Le Pape leur pardonne tout,
Chicot tout seul se rit de tout,
Le diable à la fin aura tout.

[1586] Le premier jour de l'an, le Roy fit aux Augustins vingt-huit nouveaux chevaliers, entre lesquels furent Rambouillet, de Maintenon, et de Poigny freres.

Le 3 de janvier, de Mailly de Rusmenil, gentilhomme picard qui avoit épousé la veuve de Barjot, president au grand conseil, laquelle il traitoit fort mal, et avoit tué ou fait tuer son second fils, qui en faisoit plainte, fut par Rapin, lieutenant de robe courte, mené à la Conciergerie; d'où le Roy, le 5 du mois, le fit tirer par force, à la requête du duc de Joyeuse.

Le 10, le Roy, grandement pressé par le clergé et par la Ligue, à laquelle s'étoit joint le nonce du Pape, de faire recevoir en son royaume les decrets du concile de Trente, en demanda avis à M. Jacques Faye, son avocat au parlement de Paris, [lequel lui fit une belle et grave remontrance:] lui faisant par icelle entendre, et par si bonnes raisons et exemples, le tort qu'il feroit à son etat s'il publioit et recevoit ces decrets [en son royaume; et alléguant plusieurs belles raisons et histoires à ce propos, déduisit si bien son fait,] que Sa Majesté après l'avoir ouy, comme il fit aussi; l'archevêque de Vienne parlant au contraire, dit à messieurs les ecclésiastiques [qu'ils ne l'en importunassent plus, et] qu'il n'en vouloit ouir parler jusqu'à ce que la guerre commencée fût finie. Le clergé là-dessus se divise en deux factions, dont l'une favorise le Roy, et l'autre le Pape. Tout va de travers; le Roy, nonobstant ses promesses de ne donner les bénéfices qu'à personnes idoines, les donne comme devant aux seigneurs et gentilshommes et aux dames, pour en jouir par œconomat, sans en parler au Pape.

Le 16 janvier, le Roy, après avoir eu quelques accès de fiévre qui avoient fait lever la tête à plusieurs, va se rafraîchir à Vincennes. Deux jours auparavant, Sa Majesté, pour faire perdre le bruit qui couroit qu'il étoit fort malade, voulut dîner en sa salle à huis ouvert; dont Chicot [1] ayant rencontré le cardinal de Guise qui s'y en alloit, lui dit en plaisantant : « Tu vas voir « comme se porte ton homme! Viens, je t'y menerai; « jamais homme ne cassa mieux que lui. Je me donne « au diable s'il ne mange comme un loup. »

Les 29 et 30, furent roués au bout du pont Saint-Michel deux fils de feu René Bianque, parfumeur milannois, demeurant sur ledit pont, et Hillot leur serviteur, pour l'assassinat commis par eux en 1584 en une maison du fauxbourg Saint-Germain, en laquelle ils tuerent la maîtresse de la maison, âgée de soixante-dix ans, sa servante de pareil âge, et son petit-fils âgé de dix ans; et pillerent son argent et meilleurs meubles. Le pere de ces deux miserables étoit un voleur et em-

---

[1] *Chicot:* Chicot, étoit le fou de la cour.

poisonneur qui, après avoir bien tué et volé à la Saint-Barthelemy, mourut sur un fumier. Sa femme étoit une vilaine qui mourut au lit d'honneur.

Le même jour, Sylva, medecin piedmontois marié à Abbeville, et prisonnier en la Conciergerie à Paris pour sodomie, dînant à la table du geolier, entra en paroles avec un autre prisonnier dînant avec lui, auquel il donna un coup de couteau; lequel les autres prisonniers aussi dînans avec lui voulurent lui ôter. Ce qu'ils ne purent faire, pour ce qu'il menaçoit chacun d'eux de les tuer s'ils approchoient de lui, disant enfin qu'il le donneroit au sieur de Friaize, gentilhomme beausseron, là aussi prisonnier pour lors. Ledit sieur s'approchant de Sylva pour prendre amiablement de sa main le couteau, ce medecin lui en donna plusieurs coups, dont il tomba mort sur la place. Renfermé en un cachot, fit la nuit ensuivant des pelottes en guise de pilules avec du linge arraché de sa chemise, qu'il avalla pour se suffoquer; et fut trouvé mort le lendemain, [et fut traîné à la queuë d'un cheval à la voirie, où il fut pendu par les pieds.]

En ce mois de janvier, le jeune fils de la dame de Grandrue (1) fut reçu par faveur conseiller, sans rien répondre. Et pour ce que son frere, pour avoir trop répondu, s'étoit ruiné, on fit et sema les vers suivans :

> Si Grandrue n'a point répondu,
> Ne lui faut faire réprimandes,
> Puisque son frere fut tondu
> Pour réponse à trop de demandes.
> L'un fait fortune en se taisant,
> L'autre se ruine en répondant :

(1) *Le jeune fils de la dame de Grandrue* : Jean de Grandrue.

Ainsi, pour se tirer d'affaire,
Rien de meilleur que de se taire.

Sortitus legem est, de qua pro more rogatus,
Sic tacet ut statuam marmoris esse putes ;
Lectorum tamen in numero patrum esse jubetur,
Et medio judex dicere jura foro.
O felix, tantum cui muta silentia prosunt,
Quantum non alios lingua diserta juvat!

Le premier de février, Jean Dadon (1), homme docte et renommé en l'Université de Paris, n'agueres régent, et alors pédagogue au collège du cardinal Le Moine, peu auparavant recteur de ladite Université, fut pendu et son corps brulé, pour sodomie avec un enfant de sa chambre.

Le 10 de ce mois, je vis un homme sans bras qui écrivoit, lavoit un verre, ôtoit son chapeau, jouoit aux quilles, aux cartes et aux dez, tiroit de l'arc, démontoit, chargeoit, bandoit et tiroit un pistolet. Il se disoit natif de Nantes, et étoit âgé de quarante ans.

Au commencement de mars, le clergé de France forma opposition à la bulle du Pape, par laquelle il avoit permis au Roy de vendre pour cent mille écus de rente du revenu temporel du clergé. Ce que ledit clergé trouvoit fort dur et étrange; et on murmuroit, disant qu'on voudroit le rendre taillable et tributaire : ce qu'on n'avoit oncques vû.

Le 7 mars, l'evêque de Noyon (2) fut ouy en parlement sur les moyens et raisons d'opposition faite par

---

(1) *Jean Dadon :* Il se nommoit Nicolas Dadon, et étoit alors premier régent des classes au collége du cardinal Le Moiné. Son père Jean Dadon demanda en vain le renvoi de son fils devant le juge d'Eglise, comme clerc tonsuré. — (2) *L'evêque de Noyon :* Claude d'Angennes.

le clergé, lesquelles il déduisit hautement et longuement, sans rien épargner. Le premier president l'ayant ouy, lui fit une remontrance en forme de réprimande, lui disant qu'il avoit tenu propos trop hautains et piquans contre le Roy : en ce même qu'il avoit voulu dire que depuis l'an 1576, l'Eglise de France étoit comme tributaire à son Roy, ayant toujours été depuis ce temps-là chargée de décimes et autres subventions extraordinaires, auparavant non ouyes ni usitées; et combien que le clergé ne se fût jamais épargné à secourir le Roy en sa nécessité, même sous les derniers roys, et en ces derniers troubles où il y alloit de l'Etat et de la religion, néanmoins qu'ils avoient été fort maltraités; que c'étoit icy la cinquiéme aliénation du temporel de l'Eglise, et que tout le spirituel des ecclésiastiques étoit devenu comme à néant, ne faisant le peuple plus de compte de faire des offrandes, ne payer dixme, ni donner ou léguer quoique ce soit, et plusieurs autres choses semblables que ledit evêque avoit alléguées, tendantes à la décharge du clergé, et trop licentieusement taxantes le Roy à present regnant; lequel il avoit blâmé, en mots exprès, de faire des exactions effrenées sur le clergé. A quoy les gens du Roy ne dirent mot; dont le Roy, averti, fut fort mal content. Cependant la cour fit retirer ceux du clergé, sans rien prononcer.

Le 8, La Vaugion, le jeune d'Estissac et de La Bastie se battirent, entre Montrouge et Vaugirard, contre Biron, Genissac et d'Auchie, et demeurerent morts sur la place.

Le 15 mars, l'evêque de Paris revint de Rome, où il étoit allé par commission du Roy et du clergé; mais mal venu du clergé, parce qu'il avoit demandé et impétré l'aliénation de cent mil écus de rente, quoiqu'il n'eût commission que pour cinquante mil. Sur quoy :

> Philosophes souffleurs, vous êtes tous vaincus :
> L'elixir est trouvé par Henry et par Sixte.
> L'un a soufflé le feu ; l'autre, bon alchimiste,
> A fait d'un peu de plomb deux millions d'écus.

Le 25 mars, fête de l'Annonciation de Notre-Dame, le Roy ne fit point aller par la ville la procession des pénitens, comme on avoit accoutumé, et le porte l'institution ; mais le lendemain matin il partit des Chartreux, accompagné d'environ soixante de ses confreres en habit de pénitens, et avec eux s'en alla à Notre-Dame de Chartres, dont il revint à pied et en même habit en deux jours, et arriva à Paris le dernier mars. La nuit du jeudy absolu, fit la procession accoutumée par les rues et eglises de Paris, accompagné d'environ deux cens desdits pénitens ; et depuis la veille jusqu'au mardy de Pâques, ne bougea des Capucins à y faire prieres et pénitences.

Le 8 d'avril, près la ville de Xaintes, le prince de Condé chargea le régiment du capitaine Tiercelin ; en laquelle charge les huguenots perdirent plus de leurs chefs qu'en une bataille rangée, entr'autres de Laval, de Rieux et de Tanlay.

En ce mois d'avril, à Paris, un garçon de treize ans, un écolier de dix-huit du college de Boncourt, et un gentilhomme de cinquante du fauxbourg de Saint-Germain de Paris, se pendirent et étranglerent.

Le 28 may, le duc de Guise sortit de Paris pour Châlons (¹), après y avoir séjourné trois mois, où il

---

(¹) *Pour Châlons :* Châlons étoit une des villes de sûreté que le duc ne s'attacha à autre chose, pendant tout ce tems, qu'à renverser les colomnes qui soutiennent un prince, sçavoir son autorité et la bienveillance de ses sujets.

En ce mois de may, le septier de froment fut vendu sept et huit écus aux halles de Paris; où il y eut si grande affluence de pauvres mandians par les ruës, même des païs étrangers, qu'on fut contraint de lever des bourgeois une aumône pour leur subvenir. Deux députés de chaque paroisse alloient quêter par les maisons, où chacun donnoit ce que bon lui sembloit.

Au commencement de juin, à Aix en Provence, le bâtard d'Angoulême (1), grand prieur de France, averti que Philippe Altoviti, italien, baron de Castelanes, capitaine de galeres, mary de la belle Châteauneuf (2), avoit écrit de Marseille en cour contre lui, demanda à ce capitaine qui l'avoit mû de le blâmer ainsi par sa lettre. A quoy Altoviti ayant répondu qu'il n'en étoit rien, le grand-prieur, qui prit cette parole pour un démenty, tira son épée et en perça Altoviti, lequel tomba du coup à genoux aux pieds du grand-prieur, et mourut sur la place. Mais, avant mourir, il donna un coup de daguet dans le ventre dudit seigneur, qui en mourut sept ou huit heures après. Le Roy donna le grand-prieuré et tous les biens et bénéfices du deffunt au fils que Charles ix avoit eu de Marie Touchet (3), et le gouvernement de Provence au duc d'Espernon.

de Guise avoit obtenues de Henri iii. Ce fut dans ce voyage que se tint un grand conseil des chefs de la Ligue.

(1) *Le bâtard d'Angoulême:* Henri d'Angoulême, fils de Henri ii et de l'écossaise Leviston, l'une des filles d'honneur de la reine Marie Stuart. — (2) *Mary de la belle Châteauneuf:* Il n'étoit que son second mari; elle avoit épousé auparavant un autre italien nommé Antinotti, qu'elle avoit tué en 1577. —(3) *Au fils que Charles* ix *avoit eu de Marie*

Le lundy 16 juin, le Roy vint en sa cour de parlement tenir son lit de justice, et fit publier en sa présence vingt-sept edits bursaux par son chancelier, [qu'il avoit long-tems auparavant envoyé en ladite cour;] lesquels la cour avoit toujours différé d'homologuer, à cause de la nécessité du pauvre peuple, lequel en rejettoit toute la faute sur son Roy, encor que la vérité fût que c'étoient ceux de la Ligue qui étoient les inventeurs de ces vilains edits, ausquels ils avoient bonne part: Aussi furent-ils appelés les edits guisards.

Depuis le 18 de ce mois jusqu'au 12 juillet, les procureurs de la cour et du châtelet s'abstinrent tous unanimement [et comme par une commune communication et intelligence] d'aller au parlement et au châtelet, à cause de l'edit qui leur deffendoit de faire exercice de leur état, s'ils n'avoient pris de Sa Majesté ou de Scipion Sardini (1) qui en avoit le parti, lettres de confirmation, en payant cent ou deux cents écus de finance.

Le 25 juin, le Roy envoya le comte de Soissons (2), accompagné du sieur de Lansac et autres chevaliers de l'ordre du Saint-Esprit, en la chambre des comptes, pour y faire publier l'edit des survivances ou successions des offices vénaux, en finançant la moitié du

---

Touchet: Charles de Valois, duc d'Angoulême, fils naturel du roi Charles IX et de Marie Touchet, dame de Belleville, fille du lieutenant particulier d'Orléans. Il quitta l'ordre de Malte et le grand prieuré de France, et épousa Charlotte, fille aînée de Henri I, duc de Montmorency, qu'on verra connétable de France; et fut père de Louis de Valois, duc d'Angoulême.

(1) *Sardini:* On le considéroit comme le plus habile financier de cette époque. — (2) *Le comte de Soissons:* Louis de Bourbon-Soissons.

prix commun d'iceux; auquel ceux de la chambre firent réponse qu'ils ne pouvoient admettre ni ne devoient consentir la publication de cet edit. Revinrent le lendemain 26 en la chambre les dessusdits, par même commandement du Roy; et firent entendre que la volonté et la résolution du Roy étoit que l'edit fût publié et registré, voussissent ou non ceux de la chambre des comptes. Lors se leverent présidents, maîtres et autres officiers des comptes étans en la chambre, et s'en allerent, fors le président Nicolai, l'avocat du Roy maître Estienne Pasquier, et Danès le greffier, en presence desquels ledit comte de Soissons fit publier et registrer ledit edit; et le vendredy 27, le Roy envoya à ladite chambre lettres d'interdiction par les sieurs de Lansac et de Rostain (1).

Le 27 juin, Lansac et Rostain allerent pareillement en la chambre des généraux des aides, pour y faire publier les edits du doublement des anciens impôts, et ceux des nouveaux mis sur les toiles et autres denrées; lesquels seigneurs on fit entrer après les avoir fait longuement attendre. Mais ne trouvant que trois ou quatre desdits généraux, les autres s'étans secrettement retirés, furent contraints s'en retourner sans rien faire, pour ce que les restans leur dirent qu'ils n'étoient nombre suffisant.

Le 28, les procureurs de la cour assemblés aux Augustins, après avoir vû les lettres patentes du Roy, par lesquelles il déclaroit que, faisant et continuant l'exercice de leurs etats, ils ne s'obligeassent en rien au contenu de l'edit qu'il avoit publié contr'eux; et que de

(1) *Rostain* : Tristan Rostain.

grace il leur donnoit encor un mois de délay pour opter ou prendre de lui lettres de confirmation de leurs états, en payant la finance qu'il entendoit exiger d'eux, ou quitter tout-à-fait leurs états, si le Roy ne leur vouloit permettre d'iceux exercer sans payer aucune finance; [résolurent de n'aller plus au Palais, et de quitter dès-lors leurs états, si le Roy ne leur vouloit permettre d'iceux exercer sans payer aucune finance.] De quoy la cour de parlement troublée, parce que les plaidoyers et autres exercices de la justice deffailloient à raison de leur absence, les manda le lundy suivant 30 dudit mois, où ils firent la même déclaration, et demanderent acte: lequel la cour leur permit; et leur promit d'abondant le premier président de tant faire dans le mois de juillet, qui leur restoit encor. Surquoy ils s'assemblerent l'après-dîner de rechef aux Augustins, où, par l'avis des plus anciens, fut arrêté que le lendemain premier juillet ils iroient au Palais faire leurs charges comme devant. Mais le jour ensuivant ils changerent d'opinion, au moins les jeunes, qui firent retirer comme par force trois ou quatre des anciens, qui le matin vinrent au Palais; et s'étans assemblés l'après-dîner, prirent résolution de n'y plus aller, et d'y molester ceux qui s'y transporteroient pour y faire exercice. Autant en firent ceux du châtelet, où les anciens procureurs furent empêchés par les jeunes en l'exercice de leurs états.

Le 4 juillet, le Roy, par lettres patentes en forme de commission, nomma trois presidens, douze maîtres des comptes, et quelques auditeurs et correcteurs, pour l'exercice de la justice en la chambre des comptes durant l'interdiction; et ce, par commission. Ce qu'ils ne voulurent faire, disans qu'ils étoient officiers du Roy en titre, et qu'il n'étoit honnête qu'on les fist vacquer à leurs charges comme commissaires.

Le samedy 12 juillet, les procureurs de la cour, par l'exhortement de quelques-uns des plus grands d'icelle, allerent au Louvre en grand nombre se jetter à genoux devant le Roy, lui demandans, par l'organe de l'avocat Louis Buisson, pardon de la faute qu'ils avoient faite d'avoir délaissé l'exercice de leurs etats; très-humblement supplierent Sa Majesté d'avoir pitié d'eux et de leur pauvreté. A quoi le Roy leur répondit que si plutôt lui avoient fait telle remontrance, le cours de la justice ne fût pas demeuré si long-tems interrompu; qu'ils se levassent, et s'en allassent faire l'exercice de leurs états, [comme ils faisoient avant la publication de leur edit,] et qu'ils s'y comportassent en gens de bien; qu'ayant d'eux la pitié dont ils lui avoient fait requête, il révoquoit l'edit. Ce que fit le Roy pour ce qu'à l'exemple de Paris le cours de la justice ordinaire avoit cessé par tous les sieges des jurisdictions du royaume de France.

[En ce même tems, et le 14 juillet, fut publié en la cour de parlement l'edit révocatoire des procureurs; auquel le procureur géneral La Guesle ayant consenty, comme à l'edit qui étoit révoqué, fut dit au Palais que, comme mineur, il se feroit relever; qu'il pourroit être restitué, n'ayant encor vingt-cinq ans.]

Le mardy 15 juillet, le Roy fit venir au Louvre, chez le chancelier, les presidens et conseillers du grand conseil, et leur remontra qu'il sçavoit bien que contre droit et raison il avoit fait l'edit de la création de deux nouveaux presidens, et huit nouveaux conseillers en leur compagnie : lequel il leur avoit des pieça envoyé pour le publier; mais qu'à ce faire il avoit été forcé par la nécessité de ses affaires. Partant, les prioit de ne plus tant faire les rétifs à publier cet edit, leur promettant que, la nécessité passée, il les réduiroit tous à l'ancien nombre. Louis Chandon, president dudit conseil, quoy que le plus jeune, toutesfois, chargé par les presidens Bouchet et Barjot, porta la parole, et supplia très-respectueusement le Roy de leur pardonner; mais vertueusement remontrant [que, ce qu'ils avoient si longuement differé de publier cet edit n'étoit procedé d'aucun mépris de ses commandemens, car ils lui avoient toujours été et étoient très-humbles et obéissans serviteurs : mais de ce qu'ils ne voyoient aucune apparence d'augmenter leur nombre, vû] qu'ils étoient en nombre plus que suffisant pour satisfaire à leurs charges, dont ils s'étoient acquittés le mieux qu'ils avoient pû; [et de fait, qu'ils ne s'étoient point encore apperçus qu'aucun, ni même Sa Majesté, eût oncques reçû mécontentement de faute qu'ils eussent faite.] Mais que, pour assouvir l'avarice de ceux qui aboïoient après ces etats de nouveau erigés, librement et liberalement ils remettoient leurs offices entre les mains de Sa Majesté, [le priant très-humblement de disposer d'iceux à sa volonté.] Et ce dit, tous mirent leurs cornettes sur la table. A quoy le Roy fit réponse que cette remise ne luy étoit aucunement agréable, et que son intention étoit qu'ils continuassent l'exercice de leurs etats comme ils avoient commencé; et qu'il se contentoit bien de leur service.

Sur la fin de ce mois de juillet, l'edit de création de douze substituts au parlement, du 16 juin, se réveilla; et furent envoyés à Longuejouë, à Breton, Loisel et

Pithou, lettres de provision de l'etat de substitut gratis, pour faciliter l'exécution de cet edit. Mais pour ce qu'ils furent longs à se faire recevoir, le chancelier ayant opinion qu'ils ne s'en vouloient aider, comme il étoit vrai, il renvoya querir lesdites lettres, et les rompit. Du depuis, Spifame, de Beauvais et Benoît, jeunes avocats, furent au parquet reçûs à faire l'exercice de cet etat, quelque résistance que fissent les gens du Roy. On disoit qu'ils en avoient chacun payé deux mil cinq cents écus.

En ce mois de juillet, fut apporté chez frere Poncet, par un homme à longue robe qu'on ne put reconnoître, une lettre qui exhortoit ledit Poncet d'avertir le Roy que s'il ne mettoit fin à l'oppression de son peuple, ils étoient deux cents qui avoient conspiré et juré sa mort. Cette lettre fut trouvée écrite de la même main que plusieurs placards affichés au Louvre et autres endroits de Paris, contenans injures atroces et menaces contre le Roy, la Reine mere et Chiverny; dont voicy un échantillon :

Qui pater esse cupis patriæ, populique fuisses
   Jam pater, heu! mater si tibi nulla foret.

Les quatre vers suivans sont sur les trois Roys, fils de la Reine.

Occidit quamvis Nero dignam morte parentem,
   Admisit nullum grandius ille nefas :
Quilibet istorum multo crudelius egit,
   Tollere quod matrem non voluere suam.

Le 5 d'août, les ambassadeurs d'Espagne [1] arri-

---

[1] *Les ambassadeurs d'Espagne :* Ces ambassadeurs étoient envoyés par les princes protestans d'Allemagne, et non par le roi d'Espagne.

verent à Paris, dont les chefs étoient le comte de Montbeliard, le duc de Wirtemberg, le comte de Bavieres, le comte de La Pierre et le comte d'Isembourg, pour lesquels bien traiter le Roy fit bailler à maistre Innocent, cuisinier, deux cents écus par jour.

En ce mois d'août, presque par toute la France, les pauvres gens mourans de faim alloient par troupes couper les épis à demy murs, qu'ils mangeoient sur le champ, menaçans les laboureurs de les manger eux-mêmes, s'ils ne leur permettoient de prendre ces épis.

Au commencement de septembre arriverent à Paris les nouvelles de Castillon rendu, où il n'y avoit plus que deux femmes pour secourir les pestiférés. La ville fut donnée au pillage, mais on n'y trouva que quelques haillons pestiferés : en quoy se remarqua la bonne affection du duc de Mayenne à l'endroit de l'armée du Roy, à laquelle il donna liberalement la peste au pillage; et icy finirent les trophées de ce grand duc, lequel, comme Chicot disoit au Roy : « S'il ne prend « tous les ans que trois villes, il sera encor long-tems « en peine. »

Le 19 septembre, on apporta nouvelle au Roy que la reine d'Ecosse avoit été tirée de Foteringhen, sa prison ordinaire, et avoit été conduite dans la grosse tour de Londres; et peu après arriva un mylord, qui apporta à Sa Majesté le procès fait à ladite Reine sur la conjuration contre la reine d'Angleterre. Sur lesquelles nouvelles le Roy dépêcha Believre vers la reine d'Angleterre, pour empêcher l'exécution de l'arrêt contre la reine d'Ecosse. Toutesfois ceux de la Ligue eurent opinion que ce voyage étoit pour la hâter.

Sur la fin d'octobre, le duc de Mayenne revenant de

Gascogne, où il n'avoit fait qu'accroître la réputation du roy de Navarre, enleva de force la demoiselle de Caumont, fille de la maréchale de Saint-André, veuve du fils aîné du seigneur de La Vauguyon, en intention de la marier à son aîné, encore qu'elle fût instruite en la religion, eût à peine douze ans, et son fils dix; mais parce qu'après la mort de sa mere elle devoit être dame de Caumont, Fronssac, Lustrac, et autres belles terres estimées en revenu à plus de quatre-vingt mil livres de rente, et par conséquent très-catholique. Cela fit entreprendre au duc de Mayenne cette violence. Sur quoy les huguenots dirent que n'ayant pû prendre la Guyenne, il avoit pris une fille.

Le samedy 22 novembre, François Le Breton, avocat au parlement, natif de Poitiers, fut pendu dans la cour du Palais devant le may, comme séditieux et criminel de léze majesté, à raison d'un livre plein de propos injurieux (1) contre le Roy, le chancelier et le parlement. Gilles Du Carroy, imprimeur, et son correcteur, fustigés et bannis. Il étoit homme de lettres, bien vivant et bon catholique, mais entêté comme un ligueur; et soutint en la prison toujours n'avoir rien écrit que de véritable. M. Chartier, doyen de la grand-chambre, homme de bien et juge entier, fut son raporteur; lequel ceux de la Ligue déchirerent, comme politique et hérétique.

Le dimanche 23, mourut à Paris frere Maurice

---

(1) *Propos injurieux* : A la fin d'une copie de l'arrêt qui se trouve au volume 137 des manuscrits de Dupuy, il y a quelques extraits de ce livre, qui rouloit sur trois points : 1° sur l'hypocrisie de Henri III ; 2° sur le peu de justice qui se rendoit sous lui ; 3° sur son peu d'autorité comme roi.

Poncet, grandement estimé, parce que dans ses sermons il n'épargnoit personne, et étoit d'une bonne vie. Il étoit religieux de Saint-Pere de Melun, curé de Saint-Pierre des Arcis, et bon amy de Breton, qu'il suivit de bien près.

Environ le my-décembre, le Roy fit saisir tous les revenus temporels des bénéfices du cardinal de Pellevé, à cause des mauvais offices qu'il avoit rendus à Sa Majesté dans Rome [envers le Pape et les cardinaux;] dont le cardinal d'Est (1) avoit donné avis. Les huguenots l'appelloient le cardinal Pellé, comme les royalistes nommoient Asne rouge le cardinal de Bourbon.

Le mercredy des quatre tems, le Pape créa huit cardinaux, dont le huitiéme étoit Philippe de Lenoncourt, françois.

Sur la fin de cet an, le sieur de Bellievre arriva à Londres, où il fut par la Reine bien reçû et patiemment ouy en ses remontrances (2); ausquelles elle répondit, séante en son conseil, en ces mots extraits fidellement de l'original envoyé à l'ambassadeur : « Messieurs les ambassadeurs, je me fie tant de la bonté du Roy mon bon frere, que je m'asseure qu'après avoir entendu et connu comme toutes choses se sont passées, il ne prendra en mauvaise part la procédure que j'ai faite contre celle qui a tant de fois conspiré contre ma personne et contre mon Etat; et suis très-fâchée qu'un tel personnage que vous, M. de Bellievre, ayez pris la peine de passer en ce royaume

---

(1) *Le cardinal d'Est :* Il étoit fils d'Hercule II, duc de Ferrare, et de Renée de France. Né en 1538, cardinal en 1561, mort en décembre 1586. — (2) *En ses remontrances :* Ces remontrances se trouvent dans le trente-troisième volume des manuscrits de Dupuy.

« pour une affaire de laquelle il n'y a aucun honneur
« de parler, ayant eu connoissance des choses desquelles
« avez reçu toutes louanges, même en un sujet si clair,
« que chacun peut juger de mon innocence. J'appelle
« icy devant vous Dieu à témoin, si jamais j'ai eu vo-
« lonté de lui donner aucun mécontentement. Un cha-
« cun connoît combien de fois elle m'a offensée, et
« comme je l'ai porté patiemment. On doit peser com-
« bien est précieuse la dignité royale et le rang que je
« tiens, étant mon inférieure, puisqu'elle est en mon
« royaume. Je lui ai démontré beaucoup d'offices d'a-
« mitié : ce qui ne l'a divertie de sa mauvaise volonté
« en mon endroit. Jamais quelques afflictions et fâche-
« ries que j'aye eûës, comme de la mort du Roy mon
« pere, de celle du Roy mon frere, et de la Reine ma
« sœur, ne m'ont tant touché au cœur comme le sujet
« dont nous traitons maintenant. J'appelle Dieu à té-
« moin encor un coup, si j'ai voulu user en son endroit
« comme elle a fait au mien; et prenez le tout sur ma
« salvation ou damnation. J'ai vû beaucoup d'histoires,
« et lû possible autant que prince ou princesse de la
« chrétienté; mais je n'y ai jamais trouvé chose sem-
« blable à celle-cy. Il me souvient bien, M. de Bellievre,
« de tout votre discours : je l'ai si bien compris, que
« je n'en ai pas perdu un mot. Mais tout cela ne peut
« m'inciter à changer de volonté : car le sang des
« princes est trop précieux, et de l'inférieur au supé-
« rieur il n'y a apparence de droit. Je suis toujours en
« peine pour n'être en sûreté dans ma maison et dans
« mon royaume : [ains je suis assaillie et épiée de toutes
« parts;] je ne suis libre, mais captive; je suis sa pri-
« sonniere, au lieu qu'elle doit être la mienne. Elle m'a

« suscité de toutes parts tant d'ennemis, que je ne sçais
« de quel côté me tourner; mais j'espere que Dieu me
« conservera avec mon peuple, duquel je lui ai juré la
« protection, devant le thrône duquel j'en suis respon-
« sable; et n'y manquerai. Si je vous accordois ce que
« me demandez, je me parjurerois, et prendrois son
« saint nom en vain. Je ne voudrois faire pareille re-
« quête au Roy mon bon frere, votre maître, ni à au-
« cun prince et potentat de la chrétienté, là où il iroit
« de leur etat, comme il y va du mien en cette affaire :
« ains desire qu'ils soient préservés et gardés de tous
« leurs ennemis; et moy, qui ne suis qu'une pauvre
« femme, que je puisse résister à tant d'embûches et
« d'assauts! »

Suivant cette résolution, la pauvre reine d'Ecosse fut incontinent après resserrée en une chambre tenduë de noir, elle et tous ses gens vêtus de deuil, et son arrêt de mort à cry et à cor publié par toutes les villes d'Angleterre.

En cet an 1586 mourut Jeanne de Laval, dame de Senneterre, âgée seulement de trente-trois ans. Le Roy, qui l'aimoit à cause des belles qualités du corps et d'esprit, la fut voir étant malade proche sa fin; et elle lui dit, après l'avoir remercié de l'honneur qu'il lui faisoit, qu'elle ne songeoit plus qu'à la félicité du ciel, à laquelle les grandeurs de ce monde étant comparées, voire celles des plus grands princes tel qu'il étoit, n'étoient que songe. Lors le Roy sans lui répondre s'en alla, après lui avoir présenté la main, et les larmes aux yeux grosses comme des pois.

[1587] Le Roy, le premier jour de l'an, donna à soixante-deux tant chevaliers que commandeurs, qui se trouverent à la cérémonie de l'ordre, neuf cents écus chacun. Les autres cent écus, reservez pour la réparation de l'eglise des Cordeliers.

Le 8, en l'assemblée de la police, fut ordonné que les bourgeois de Paris aumosneroient, à la concurrence de trois années, de ce qu'ils avoient coutume de payer par chaque semaine pour la subvention des pauvres. Ce qui fut executé; et ce, pour purger la ville d'un grand nombre de mendiants par les rues, faire travailler les valides, et nourir les invalides.

Le 10, le Roy assembla au Louvre plusieurs presidens et conseillers, le prevost des marchands, les echevins, et plusieurs notables de Paris; et en la presence des cardinaux de Bourbon, de Vendosme, de Guise et de Lenoncourt, et de plusieurs seigneurs, leur fit entendre qu'il étoit en la résolution de faire la guerre à toute outrance à ceux de la nouvelle opinion, tant qu'il en eût le bout, qu'il esperoit avoir dans deux ans; et ajoute qu'il s'y vouloit trouver en personne, et mourir si besoin étoit. Surquoy Sa Majesté ayant fait une pause, sa harangue fut reçuë avec l'acclamation d'un chacun. Pourtant le Roy, se tournant vers le prevost des marchands et autres de Paris, leur demande, pour l'accomplissement de ses promesses, une subvention de six cens mil écus, qui seroient pris à rente, selon la taxe, sur les plus aisez bourgeois. A quoy ils perdirent la parole; et s'en retournans tous fâchés, dirent qu'ils voyoient bien qu'à la queue gisoit le venin. [Il demanda encore une autre imposition de cent vingt mille écus, et six cent mille écus sur tout le royaume.]

Le 20 janvier, le Roy fit venir pardevers lui au Louvre le president Le Fevre, et d'Angueschin son procureur en la cour des aides; les blâma aigrement de ce qu'ils avoient envoyé Sardini prisonnier en la Conciergerie, à cause que de son authorité il avoit fait imprimer l'edit du doublement des daces publié peu de jours auparavant en ladite cour, et fait mettre en l'arrest de publication qu'il avoit été publié et registré. Ce requerant et consentant le procureur général du Roy, combien que par ledit arrest eût été dit et fait écrire par le greffier qu'il avoit été publié de l'exprès commandement du Roy, et après plusieurs reiterées jussions. Et envoya Sa Majesté ledit president, entouré du grand prevost et de ses archers, retirer Sardini de la Conciergerie, et lui ramener par la main au Louvre; et puis lui ordonna d'aller en sa maison, qu'il lui donna pour prison, où le pauvre president demeura quinze jours (1).

Le mercredy 21 janvier, le samedy et mercredy suivans, furent pendus cinq faux monnoyeurs; et le samedy, dernier du mois, fut bouilly aux halles (2) celui qui étoit comme le maistre de ces ouvriers d'iniquité.

Le samedy 21 février, sur le soir, le Roy étant au Louvre fut averti de quelque sourde entreprise qu'on disoit se faire à Paris contre lui et la ville de Paris (3). Pour ce, fit-il renforcer ses gardes, et lever les ponts-levis; fit aussi faire la ronde par les ruës de la ville.

Le lundy ensuivant, le duc de Mayenne en parla en

(1) *Quinze jours :* La cour des aides avoit raison de faire arrêter Sardini. Mais Henri III avoit besoin de ce partisán, et le soutenoit. —
(2) *Bouilly aux halles :* Autrefois les faux monnoyeurs étoient condamnés à être jetés vivans dans une chaudière d'eau bouillante. —
(3) *Contre lui et la ville de Paris :* Cette entreprise est racontée avec détail dans un procès-verbal de Nicolas Poulain, qu'on trouvera à la suite du Journal de Henri III.

colere au Roy, disant que le comte de Maulevrier (1) et l'abbé d'Elbene avoient presté cette charité à lui et à ceux de la Ligue, et soutenant nulle cette prétendue entreprise. La verité est qu'il y en avoit une qui ne fut exécutée, pour l'irrésolution des chefs, et qui depuis a été confessée par un des six archi-ligueurs assemblez le vendredy au college de Forteret (2), qu'on nommoit le berceau de la Ligue. Les ligueurs déchargerent leur colere par des placards contre le Roy, et par des vers contre Achiles de Harlay, premier president, et contre Hector de Marle (3), prevost des marchands, tous deux bons serviteurs du Roy.

Le lundy 26 fevrier, Dominique Miraille, italien, âgé de soixante-dix ans, et une bourgeoise d'Estampes sa belle-mere, furent pendus, puis brûlés au parvis de Notre-Dame, après avoir fait amende honorable, pour magie et sorcellerie. On trouva cette exécution toute nouvelle à Paris, pour ce que cette sorte de vermine y étoit toujours demeurée libre et sans être recherchée, principalement à la cour, où sont appellez philosophes et astrologues ceux qui s'en meslent; et même du tems de Charles ix étoit parvenue à telle impunité, qu'il y en avoit jusqu'à trente mille, comme confessa leur chef en 1572.

(1) *Le comte de Maulevrier :* Charles-Robert de La Mark, comte de Maulevrier, l'un des ministres des plaisirs secrets de Henri III. — (2) *Au college de Forteret :* Ce collége étoit au haut de la montagne Sainte-Geneviève, près l'église de Saint-Etienne du Mont. Il est fort célèbre dans l'histoire de la Ligue. C'est là que dans les commencemens des troubles s'assembloient La Rocheblond, Jean Prévost, curé de Saint-Severin; Jean Boucher, curé de Saint-Benoît; Matthieu de Launoi, chanoine de Soissons, et autres chefs des ligueurs. — (3) *Hector de Marle :* Nicolas Hector, sieur de Pereuse et de Marle, maître des requêtes, et prévôt des marchands de la ville de Paris.

Le dimanche premier de mars, les nouvelles vinrent à Paris de l'exécution de la reine d'Ecosse (1), [de la droite descente de Henry VII,] le 18 fevrier, à huit heures du matin, sur un échaffaut, dans la grande salle du château de Fotheringhay. Elle ne voulut jamais permettre que le bourreau la dépouillât, disant qu'elle n'avoit coutume de se servir d'un tel gentilhomme : ains elle-même dépouilla sa robe, et présenta, avec une résolution plus que mâle, sa teste au bourreau, qui lui fit tenir les mains par son valet, pour donner le coup plus assurément; puis montra la teste séparée du corps. Et comme en cette montre la coeffure chut en terre, on vit que l'ennuy avoit rendu toute chenue cette pauvre reine de quarante-cinq ans, après une prison de dix-huit ans. La conjuration qui lui fit perdre la teste, et qui devoit estre exécutée le 27 aoust précédent, étoit de tuer la reine d'Angleterre, tous les gens de son conseil étroit, et exterminer tous les huguenots Les jésuites donnoient caution aux assassins d'aller en paradis sans passer par le purgatoire, mais non sans passer par la main du bourreau. Les ligueurs la firent canoniser par leurs prédicateurs (2).

Quæ fueram conjux, genitrix et filia regum,
Hîc Tamesis jaceo littore truncus iners.
Exoriare aliquis nostris ex ossibus ultor:
Fœmineis umbris ultio sola quies.

[Elle naquit le 7 décembre 1542, fut couronnée à dix-huit mois, sçavoir le 21 aoust; conduite en France à six ans, mariée à quinze ans au dauphin de France; après

---

(1) *La reine d'Ecosse :* Marie Stuart. — (2) *Leurs prédicateurs :* Non-seulement les prédicateurs canonisèrent cette reine ; mais les ligueurs allèrent jusques à accuser Henri III d'avoir contribué à sa perte.

sa mort, remariée à Henry d'Harley, gentilhomme, âgé de vingt-deux ans; épousa en troisièmes nôces le comte de Botuel; fut dix-huit ans prisonnière en Angleterre, puis fut décapitée.]

Après sa mort, lui fut fait un solemnel service (1) à Paris, où tous les princes assisterent, et toute la justice.

Le dimanche 5 avril, le Roy fit assembler aux Augustins tous les capitaines des dixaines de Paris, et renouveller l'ancienne assemblée qu'ils souloient faire auparavant, les premiers dimanches du mois. Il s'y trouva en personne, et fut à la procession le premier, portant le cierge allumé à l'offrande, où il donna vingt écus; et il assista à la messe en grande dévotion, durant laquelle il marmotta toujours son grand chapelet de testes de morts, que depuis quelque tems il portoit à la ceinture; [ouït la prédication tout du long, et fit en apparence tous actes d'un grand et dévot catholique. Je dis en apparence : car le bruit fut qu'au sortir de là il dit, comme se mocquant de toutes ses simagrées : « Voilà le fouet de mes ligueurs, » montrant son grand chapelet.]

Sur la fin d'avril, le duc d'Aumale, qui avec quelques troupes de chétifs soldats faisoit mille maux aux environs d'Abbeville, deffit une compagnie de gens de pied que Champignolle, sous l'authorité du Roy, conduisoit à Boulogne pour la renforcer contre la Ligue. De quoy le Roy averti dit : « Et deux, patience; »

---

(1) *Un solemnel service :* Ce service fut fait à Notre-Dame de Paris. Les ligueurs vouloient, dit-on, profiter de cette occasion pour faire tuer Henri III et tous les princes du sang; mais ce projet n'eut pas de suite.

voulant entendre le meurtre tout frais du capitaine La Pierre, par ce duc : ce prince ayant opinion que la temporisation qui a causé sa ruine lui étoit utile et nécessaire.

Le samedy 25, le duc de Nevers partit pour aller prendre possession du gouvernement de Picardie (1), que le Roy lui avoit nouvellement baillé.

En ce même mois d'avril, Castillon en Gascogne fut repris par le vicomte de Turenne, et remis sous l'obéissance de ceux de la religion, qui se vantoient d'avoir plus fait avec une livre de poudre, et en une heure, que le duc de Mayenne en trois mois avec toute son artillerie (2).

Le premier may, soixante tant presidents que conseillers allerent au Louvre, faire remontrances au Roy sur ce qu'il avoit déliberé de prendre les deniers destinez au payement des rentes de l'hostel de ville, pour le quartier échéant le dernier juin de cet an. Ils lui représenterent hautement que les veuves et orphelins, qui avoient tout leur bien sur la ville, crieroient contre lui, et demanderoient vengeance à Dieu [de ce qu'il leur retiendroit les moyens de vivre, et avoir du pain en un temps si sec et misérable;] que pour payer les cinq cent mil écus qu'il vouloit prendre, il y avoit bon moyen de les recouvrer ailleurs, en prenant le quart du bien de quelques-uns qui du commencement n'a-

---

(1) *Gouvernement de Picardie :* Le prince de Condé étoit gouverneur de cette province ; mais on ne lui permettoit pas d'en faire les fonctions. — (2) *Son artillerie :* Ce fut le 10 de mars que le vicomte de Turenne reprit Châtillon par escalade. Le siége fait par le duc de Mayenne avoit coûté au Roi quatre cent mille écus, et il n'en avoit coûté au vicomte qu'une échelle de quatre livres. Cela fit dire par raillerie que les huguenots étoient meilleurs marchands que le Roi.

voient pas vaillant cinq sols, et maintenant étoient riches de cinq ou six cent mil écus; qu'il y avoit à craindre une sédition, criant le peuple tout haut qu'on lui voloit son bien pour le donner à je ne sçay quels mignons, vrayes sangsues et pestes de la France; que lui seul avoit levé plus de deniers, depuis qu'il étoit Roy, que dix de ses prédécesseurs en deux cents ans : et ce qui étoit le pis, l'on ne sçavoit où le tout étoit allé, le peuple ne s'en étant senti soulagé ni amandé, et au contraire beaucoup pis, et en plus piteux et pauvre état qu'il n'avoit jamais été; que si les finances étoient bien dûement et loyaument administrées, il y auroit assez et trop pour subvenir à la nécessité de ses affaires; que ceux qui lui donnoient conseil de prendre les deniers des payemens des rentes de la ville étoient gens méchans, sans foy, sans loy, non vrais François, mais ennemis jurez de son Etat et de la France. Et plusieurs autres raisons qu'ils déduisirent hautement, avec beaucoup d'éloquence, de gravité et de liberté; nonobstant lesquelles le Roy, après les avoir ouy fort attentivement et patiemment, leur répondit, avec une grande majesté entremeslée toutesfois de colere, comme il parut à son visage : « Je connois aussibien et mieux que vous
« la nécessité de mon peuple, l'état de mes affaires et
« finances; et j'y sçaurai donner bon ordre, sans que
« vous en empeschiez plus avant. Rendez justice au
« peuple, qui crie et se plaint de vos injustices,
« [n'ayant les oreilles rebatuës d'autres choses.] Ma
« résolution est, quoy qu'à regret, de prendre sur les
« rentes les cinq cent mil écus dont j'ai nécessairement
« affaire, si vous n'avez quelques autres prompts
« moyens pour me les faire toucher. »

Le 3 may, au disner du Roy, il y eut prise et hautes paroles entre les comtes de Saint-Paul, second fils de la maison de Longueville, et le duc de Nemours, pour bailler la serviette au Roy, qui, craignant pis, les accorda sur le champ, en leur deffendant de passer outre; et commandant que dès-lors en avant un des gentilshommes servans lui baillât la serviette, et non autre.

Le 30 may, certain nombre de presidents et conseillers de la cour furent au Louvre, faire de rechef au Roy remontrance sur la saisie des deniers destinez au payement des rentes de la ville, et arrest de leurs gages; et lui dirent que s'il ne lui plaisoit d'en donner main-levée, ils étoient résolus de ne plus aller au Palais. A quoy le Roy tout fâché: « Faites ce que vous voudrez, « leur dit-il; je ne vous donnerai main-levée que vous « demandez, à moins que vous ne me donniez main- « levée de la guerre. Mais je vois bien que vous mar- « chandez à vous faire jetter en un sac dans la riviere. » Ce qu'il dit, pour ce que le jour de la Feste Dieu la pluspart des prédicateurs avoient declamé contre ceux de la justice, jusqu'à dire qu'il les falloit tous jetter dans un sac en l'eau.

En ce mois, le president Nicolai, après avoir bien soupé avec M. d'Amours, conseiller, se promenant avec lui, tomba mort sur la place. Il n'avoit que cinquante ans, et étoit de bonne corpulence.

Le mercredy 3 juin, le bled se vendit à Paris trente livres; et aux villes circonvoisines, jusqu'à quarante et quarante-cinq livres. On fut contraint d'envoyer deux mil pauvres en l'hospital de Grenelle vers Vaugirard, pour y estre nourris par le Roy, qui leur faisoit tous les jours distribuer à chacun cinq sols. Mais on les remit en l'état où ils étoient auparavant, pour ce que, se dérobans de-là, ils venoient encor mandier par la ville.

Le jeudi 4 juin, Roland, élu de Paris, un des arboutans de la Ligue, fut par ordre du Roy envoyé prisonnier en la Conciergerie de Paris, pour avoir, deux jours auparavant, en plein hostel de ville, opiné aigrement au desavantage du Roy. Cet homme étoit violent, et son naturel de mentir beaucoup en parlant, et ne rien faire en promettant. Fut le même jour constitué prisonnier le tolosain Belloy [1], pour avoir toujours bien parlé du Roy, et tenu son party contre les libelles de la Ligue. Elle montra toutesfois en ce fait qu'elle avoit plus de crédit pour ses serviteurs que le Roy n'en avoit pour les siens : car Roland, au bout de quelques jours, sortit de prison; et Belloy y demeura, sous un faux donner à entendre qu'il étoit hérétique, pour avoir écrit en faveur du roy de Navarre contre la bulle du Pape [2].

Le 27 juin, les chambres du parlement de Paris furent assemblées pour déliberer sur quatre edits dont le Roy pressoit l'homologation. Le premier, pour l'érection d'une sixiéme chambre au parlement; le deuxiéme, pour l'érection d'une troisiéme chambre aux requestes du Palais; le troisiéme, de l'aliénation du domaine de la couronne jusqu'à la concurrence de trois cent mil écus, sans reversion; le quatriéme, de l'érection d'une chambre de domaine au bureau des généraux. La cour rejetta ces edits, et mit dessus : *Neant*.

---

[1] *Le tolosain Belloy :* Pierre de Belloy, avocat général au parlement de Toulouse. — [2] *Contre la bulle du Pape :* Cet ouvrage a pour titre : *Moyens d'abus et nullitez des bulles de Sixte* v *contre Henry roy de Navarre, et Henry prince de Condé*; in-12. Cologne, 1586. Belloy fit plusieurs autres ouvrages contre la Ligue.

Le dimanche 28, arriverent à Paris nouvelles de la deffaite de quatre à cinq cens huguenots près Saint-Maixant, par le duc de Joyeuse (1); auquel s'étant rendus, il leur fit couper la gorge, contre la composition.

> *Dedita gens ultro veniamque precata, ferocem*
> *Immitem haud potuit flectere Joiosium.*
> *Sic lictor, non victor ovans incedit; ovantes*
> *Vidit Roma duces, Gallia carnifices.*

Le jeudy 9 juillet, fut ôté du cimetiere de Saint-Severin un tableau que les politiques appelloient le tableau de madame de Montpensier, pour ce que de son invention, comme l'on disoit, il y avoit été mis par Jean Prevost, curé de Saint-Severin, le jour de Saint-Jean précédent, de l'avis de ceux de la Ligue, et principalement de quelques pédants de la Sorbonne, mangeurs des pauvres novices de la théologie; entre lesquels on nommoit Rose (2), Boucher (3), Pelletier (4), Hamilton (5), Cœuilly (6). En ce tableau étoient représentées au vif plusieurs étranges inhumanités exercées par la reine d'Angleterre contre les bons catholiques; et ce, pour animer le peuple à la guerre contre les huguenots. De fait, alloit ce sot peuple de Paris voir tous les jours ce tableau, et en le voyant crioit qu'il falloit exter-

---

(1) *Par le duc de Joyeuse :* Henri III avoit commencé à se dégoûter du duc de Joyeuse, et lui avoit même reproché de manquer de courage. Joyeuse demanda le commandement d'une armée contre les huguenots, et on lui donna celle du Poitou. Il périt honorablement à la bataille de Coutras, le 20 octobre de cette année. — (2) *Rose :* Guillaume Rose, évêque de Senlis. — (3) *Boucher :* Jean Boucher, curé de Saint-Benoit. — (4) *Pelletier :* Julien Le Pelletier, curé de Saint-Jacques de la Boucherie. — (5) *Hamilton :* Jean Hamilton, écossais, curé de Saint-Côme. — (6) *Cœuilly :* Jacques Cueuilly, curé de Saint-Germain-l'Auxerrois.

miner tous ces méchans politiques et hérétiques. De quoi le Roy averti manda à ceux du parlement de le faire ôter, mais secrettement : ce qui fut exécuté de nuit par Anroux, conseiller du parlement, et pour-lors marguillier de Saint-Severin.

Ce jour mourut à Paris, en la fleur de son âge, Mangot, avocat du Roy en la cour du parlement, qui fut nommé la perle du Palais, à cause de sa singuliere probité et rare doctrine.

Mourut aussi en ce mois, à Sucy près Paris, Pierre de Fitte, conseiller d'Etat et des finances, un des plus hommes de bien, et des plus dignes d'une telle charge.

Mourut incontinent après lui Olivier de Fontenay, conseiller en la cour, homme des plus suffisans pour son âge, qui n'étoit que de trente ans.

Ce jour même 9 juillet, les soixante-deux bernardins que le Roy avoit fait venir de l'abbaye de Feuillans près Toulouse, arrivérent à Paris avec leur abbé [1], Et les logea le Roy premiérement au bois de Vincennes, puis leur fit construire un couvent au fauxbourg Saint-Honoré, attenant les Capucins, où ils se sont habitués, faisans un bien dévot service, et y vivans fort austerement : même s'y fit le Roy accommoder un logis pour lui et ses favoris. Quelques-uns de ces feuillans se firent suivre et admirer en leurs prédications, surtout frere Bernard Gascon [2], âgé de vingt-un à vingt-deux ans, vivant, selon le bruit, fort austerement, et disant bien, jusqu'à miracle. Ce qui fut si agréable aux dames,

(1) *Leur abbé :* Jean de La Barrière. Le Roi les reçut à Vincennes, où ils demeurèrent jusqu'au 7 septembre 1587. — (2) *Bernard Gascon :* connu sous le nom de Petit Feuillant.

écueil des moines, qu'elles l'alloient voir, et lui firent presens de si bonnes confitures qu'il y prit apetit, ce disoit-on.

Le mardy 21 juillet, le cardinal de Bourbon, abbé de Saint-Germain des Prez, fit faire une solemnelle procession, à laquelle il fit marcher tous les enfans, fils et filles du fauxbourg Saint-Germain, pour la pluspart vestus de blanc, et pieds nuds : portans les garçons un chapeau de fleurs; et tous, tant masles que femelles, un cierge de cire blanche ardant en la main. Les capucins, augustins, les pénitens blancs, les prêtres de Saint-Sulpice et les religieux de Saint-Germain portoient les reliques, et y avoit une musique très-harmonieuse : même y étoient portées les sept chasses de saint Germain par des hommes nuds en chemises, assistés d'autres qui portoient des flambeaux. A icelle, le Roy assista en habit de pénitent blanc, marchant en la troupe des autres; et les cardinaux de Bourbon et de Vendosme en leurs habits rouges, suivis d'une grande multitude de peuple [de l'un et l'autre sexe.] Le Roy, à son disner, loua cette procession, et dit [qu'il n'en avoit vû de long-temps une mieux ordonnée, ni plus dévote que celle-là; et] que son cousin le cardinal y avoit honneur. [A quoy chacun, qui étoit près de lui, va répondre que c'étoit la dévotion même que M. le cardinal.] « Ouy, dit le Roy, c'est un bon homme; je desireroïs « que tous les catholiques de mon royaume lui ressem- « blassent : nous ne serions en peine de monter à cheval « pour combattre les reistres. »

Le mercredy 22 juillet, aux halles de Paris, le peuple se mutina contre les boulengers, vendans leurs pains trop cher à son gré; et ravit leurs pains. Deux bourgeois passants par-là furent tuez, et les hottes et charettes des boulengers bruslées.

En ce mois de juillet, Grillon, gouverneur de Boulogne sur mer, comme lieutenant du duc d'Espernon, faillit à être tué par un soldat de la Ligue qui avoit promis sa mort, sur la promesse que le duc d'Aumale, selon le bruit commun, lui avoit faite de lui donner pour cet assassinat quatre mil écus.

Le dimanche 2 aoust, le Roy fit recevoir et reconnoistre, par tous les chevaliers de Saint-Jean-de-Jérusalem qui se trouverent lors à Paris, Charles (1), Monsieur, bastard de Charles IX, pour grand-prieur de France, et lui bailler la croix blanche; et le fit demeurer à la cour.

Le mercredy 12 aoust, fut enterrée en grande pompe, aux Cordeliers de Paris, la comtesse de Bouchage, sœur du duc d'Espernon, et femme du comte de Bouchage, frere du duc de Joyeuse. Elle n'étoit âgée que de vingt ans, et avoit été toute sa vie fort dévotieuse, assistant jour et nuit au service divin, principalement aux Capucins. Tost après sa mort, son mary se rendit moine capucin.

[Le 23 aoust, Jean-Louis de Nogaret, duc d'Espernon, premier mignon du Roy, et qu'il appelloit son fils aîné, fut marié à petit bruit au château de Vincennes. Le bruit étoit que le Roy lui avoit donné, en faveur de mariage, la somme de quatre cents mille écus.]

Le 25 aoust, la ville de Montelimar en Dauphiné fut surprise par les catholiques, et tost après reprise

---

(1) *Charles*: c'est le duc d'Angoulême.

par les huguenots, qui y tuerent sept à huit cents catholiques. Y demeurerent les seigneurs de Suze pere et fils.

Le jour même, Alphonse Corse (1) surprit et deffit, entre les détroits des montagnes du Dauphiné, quelques compagnies de Suisses qui venoient pour joindre M. de Montmorency en Languedoc; et y en demeura jusqu'à trois ou quatre cents hommes, que le Roy fit monter à trois à quatre mille, pour mettre plus librement la main dans la bourse des badauds de Paris. Envoya une cornette et onze enseignes, la pluspart faites à Paris, appendre en la nef de la grande eglise; fit chanter le *Te Deum*, et tirer force canonade pour une victoire si signallée, de laquelle se mocquant en derriere, il disoit: « Nous avons perdu un perroquet, et pris une « allouette. »

Le dimanche 30 aoust, le duc d'Espernon (2), qui s'étoit marié à la comtesse de Candale le dimanche précédent au bois de Vincennes, à petit bruit, fit un festin magnifique en l'hostel neuf de Montmorency, près Saincte Avoye (3). Le Roy, les Reines, les princesses et les dames de la cour et de la ville y assisterent; et y balla le Roy en grande allegresse, ayant néanmoins à sa ceinture son gros chapelet de testes de morts, [tant que le bal dura.] En ce jour, le Roy donna à la mariée un collier de cent perles, estimé à cent

---

(1) *Alphonse Corse*: Il se nommoit Ornano: il étoit né dans l'île de Corse, et s'étoit retiré en France. — (2) *Le duc d'Espernon*: Jean-Louis de Nogaret de La Valette, duc d'Epernon. Il avoit épousé Marguerite de Foix, comtesse de Candale, fille et héritière de Henri de Foix, comte de Candale. — (3) *Près Saincte Avoye*: Cette maison avoit été bâtie par le connétable Anne de Montmorency.

mille écus. Le bruit étoit tout commun qu'il avoit donné au duc, qu'il nommoit son fils aîné, quatre cent mil écus en faveur de ce mariage.

Le mercredy 2 septembre, s'émut une grande rumeur en la rue Saint-Jacques sur les six heures du soir, quelques hommes étant sortis en rue armez, et criants : « Aux armes ! Mes amis, qui est bon catholique, il est « heure qu'il le montre ; les huguenots veulent tuer les « prédicateurs et les catholiques. » Et sur ce fut sonné le tocsain à Saint-Benoist. Cette émeute fut fondée sur ce qu'on disoit Rapin [1] avoir commandement du Roy de lui amener un théologien qui avoit prêché séditieusement à Saint-Germain de l'Auxerrois, et les curez de Saint-Severin et de Saint-Benoist, autres prédicateurs insolens. Le nottaire Hatte, impudent ligueur, fut tenu comme autheur de cette sédition : ce qui fit que Lugoli alla pour le prendre prisonnier sur les neuf heures du soir ; le lieutenant Seguier y alla aussi. Mais ce séditieux ne se trouva pas en sa maison. Il voulut depuis se venger de la maison dudit Seguier, menaçant de la ruiner, et disant hautement que ledit Seguier ne mourroit d'autres mains que des siennes.

Le vendredy 4 septembre, Henry de Joyeuse, comte de Bouchage, se rendit de l'ordre des Freres mineurs, nommés capucins.

Le samedy 26, fut rompu à Paris [et mis sur la rouë, à la Croix du Tiroir,] un nommé Chantepié, normand, qui avoit envoyé au seigneur de Millaud d'Allegre une boette artificieusement par lui composée, dans laquelle étoient arrangez trente-six canons de pisto-

---

[1] *Rapin* : C'étoit le lieutenant du grand prévôt de l'hôtel.

lets, chargez chacun de deux bales; et y étoit un ressort accommodé de façon qu'ouvrant la boette, ce ressort [se laschant faisoit feu : lequel prenant à l'amorce de ce préparé,] faisoit jouer à l'instant les trente-six canons, dont se pouvoient à peine sauver ceux qui se trouvoient à l'environ. Cette boette fut envoyée par un laquais sous le nom de la demoiselle de Coupigny (1), sœur dudit Millaud, avec une missive par laquelle elle lui mandoit qu'elle lui envoyoit une boette de rare artifice. Or avoit Chantepié montré au laquais comment il falloit ouvrir la boette, lequel de fait l'ouvrit en présence dudit Millaud, et soudain se laschèrent tous les canons : dont Millaud ne fut que peu ou point offensé. Le laquais fut fort blessé, et toutesfois n'en mourut pas. [Chantepié fut appréhendé, confessa avoir fait l'instrument, et fut exécuté.]

Au commencement d'octobre, le duc d'Espernon, en la présence du Roy, fit un rude affront à M. de Villeroy, secrétaire d'Etat, l'appelant petit coquin, et le menaça de lui donner cent coups d'éperons, comme à un cheval rétif; lui reprocha même quelque intelligence avec la Ligue et le roy d'Espagne, auquel il révéloit les secrets du Roy, sous ombre d'une pension de doubles pistoles qu'il en tiroit. On eut opinion, et non sans cause, que le duc lui avoit fait cet affront par l'ordre du Roy (2).

Le vendredy 3 de ce mois, Maillard, maître des requestes, fut condamné par contumace à avoir la teste trenchée.

(1) *La demoiselle de Coupigny :* Isabelle d'Alègre, épouse de Gabriel Du Quesnel, seigneur de Coupigny, sœur d'Yves, baron de Millau.
— (2) *Par l'ordre du Roy :* Voyez les Mémoires de Villeroy.

En ce tems, les Allemands et Suisses passans par la Champagne, brulerent l'abbaye de Saint-Urbin, appartenante au cardinal de Guise; lequel pour s'en venger fit bruler en sa presence le château de Breme, scis à trois ou quatre lieuës de Château-Thierry, appartenant au duc de Bouillon; et n'en partit qu'il ne fût réduit en cendre.

Le mardy 20 octobre, advint la journée de Coutras. Avant qu'entrer au combat, le roy de Navarre avec ceux de la religion s'étans prosternez en terre pour prier Dieu, le duc de Joyeuse les regardans comme gens qui déja étoient tout humiliez et abbatus, dit à M. de Lavardin : « Ils sont à nous! Voyez-vous comme ils « sont à demy battus et défaits? A voir leur contenance, « ce sont gens qui tremblent. — Ne le prenez pas là, « répondit M. de Lavardin; je les connois mieux que « vous. Ils font les doux et les chatemites; mais que ce « vienne à la charge, vous les trouverez diables et lions; « et vous souvenez que je vous l'ai dit. » Et en effet l'armée du duc de Joyeuse fut entierement défaite; lui et le petit Saint-Sauveur (1) son frere furent tués, la victoire poursuivie trois grandes lieuës par le roy de Navarre. La Reine mere dit tout haut qu'en toutes les batailles depuis vingt-cinq ans, il n'étoit mort autant de gentilshommes françois qu'en cette malheureuse journée. Le Roy regretta la noblesse, peu le chef, pour avoir reconnu qu'il étoit de la Ligue. Le cardinal de Bourbon pleura comme un veau; et poussé d'un zele catholique, *id est* ligueur, dit qu'il eût voulu que le roy de Navarre son neveu eût été en la place du duc de Joyeuse,

---

(1) *Le petit Saint Sauveur :* troisième frère du duc de Joyeuse.

[et qu'il n'y eût eû tant de perte de lui que dudit duc.]
Ce qu'ayant été rapporté au Roy : « Cette parole, dit-il,
« est digne de ce qu'est le bon homme. »

Le jeudy 29, à Vimory près Montargis, furent défaits
les reistres par les ducs de Guise et du Mayne; laquelle
deffaite fut aussitost publiée et imprimée à Paris avec
les adjonctions accoustumées, faisans monter les cent
aux mil. Et de fait, par les supputations, le nombre
des reistres deffaits se monte à près de deux mil davantage qu'il n'en est entré en France.

Le mardy 24 novembre, le duc de Guyse, qui avec
si peu de forces qu'il avoit toujours talonnoit les reistres
et lansquenets, les surprit deslogeans du bourg d'Auneau,
en tua grand nombre, print leurs chefs prisonniers (1),
et remporta un grand butin. Après cette deffaite signalée, il n'y eût prédicateur à Paris qui ne criast que
Saul en avoit tué mil, et David dix mil. Dont le Roy
fut fort mal content.

Ce qui fut gravé en l'église de Saint Claude lorsque le duc de Guise y fut payer son vœu, après la
déroute des reistres à Auneau :

IN VICTORIÆ FELICITER REPORTATÆ MEMORIAM.

*Victis, fractis, fusis, fugatis orthodoxæ catholicæ
religionis hostibus. Qui, cum Germanicæ, Helveticæ
et Gallicæ gentis* XLV *millia collegissent, Galliam ingressi, claves è D. Petri manibus evellere, eumque de
cœlo ac sede apostolicâ avellere fortiter minarentur, ab
Henrico Guisiæ duce cum tribus tantummodo fortium*

---

(1) *Print leurs chefs prisonniers :* L'auteur se trompe ici : le baron de Donaw, qui étoit le chef des reîtres, ne fut pas fait prisonnier.

virorum millibus, antequam Ligerim attigissent, confossi, attriti, deleti, et tandem ad Annœum oppidum sunt prostrati. Dux igitur ille, dux Guisius, quum reliquias tantæ multitudinis, quæ tota à catholicâ fide desciverat, Gebennas usque persequeretur, tantam et tam insperatam victoriam Deo referens, D. Claudio gratias et vota persolvit. Laureati vero principes, duces, comites et milites, qui tantùm et tam bene meritum de Christi republicâ ducem hac in expeditione sunt secuti, in perpetuam rei à Deo feliciter gestæ memoriam, hoc æs posuerunt et victricibus manibus inciderunt, anno reparatæ salutis 1587.

Au commencement de décembre, les Suisses s'étans retirés, après que le Roy eût fait fournir des vivres tant qu'ils fussent hors de France, et donné pour cinquante mil écus de draps, tant de soye que de laine, pour remonter eux et leurs officiers; le Roy commença de traiter avec les reistres, étonnez du départ des Suisses, jusqu'au 14 de ce mois, [et fit une capitulation avec lesdits reistres : ce que les ligueurs trouverent fort mauvais.] Et d'Allincourt, fils de Villeroy, apporta aux Reines à Paris lettres du Roy, par lesquelles il leur mandoit l'accord fait avec les reistres; dont fut chanté un second *Te Deum*, et furent faits feux de joye, mais sans grande réjouissance. Cependant les prédicateurs crioient que, sans la prouesse et constance du duc de Guyse, l'arche seroit tombée entre les mains des Philistins, et que l'hérésie eût triomphé de la religion. Là-dessus la Sorbonne, c'est-à-dire trente ou quarante pédans, maistres ès arts crottés, qui après graces traitent des sceptres et couronnes, firent en leur college, le 16 du present mois, un résultat secret, qu'on pouvoit oster le gouvernement aux princes qu'on ne trouvoit pas tels qu'il falloit : comme l'administration au tuteur qu'on avoit pour suspect. Ce sont les propres termes de l'arresté de la Sorbonne, fait en leur college.

Le mercredy 16 du present mois, Scevole de Sainte-Marthe (1), un des plus gentils poetes de nostre tems, comme bon serviteur du Roy, composa les vers suivans, par lesquels il lui donne tout l'honneur de la deffaite de cette grande armée étrangere :

Unde armata virum fusis tot millia turmis,
Fugere ad vultus lumina prima tui ?
Ista quidem laus tota tua est, Henrice; nec illam
Qui sibi jure suo vindicet ullus erit.
Quum Superos vani bello petiere gigantes,
Ambigua haud medio tempore palma fuit.
At simul irati micuerunt rubra Tonantis
Fulmina, sacrilegi procubuere duces :
Scilicet in regum vultu quædam insita vis est,
Quæ tenuem in populum fulminis instar habet.

Le 30 décembre, le Roy manda venir au Louvre sa cour de parlement et la faculté de théologie, et fit aux docteurs une âpre réprimande, en la présence de la cour, sur leur licence effrenée et insolente de prêcher contre lui [et contre toutes ses actions, même touchant les affaires de son Etat.] Et s'adressant particulierement à Boucher, curé de Saint-Benoist, l'appella méchant, et plus méchant que deffunt Jean Poisle son oncle, qui avoit été indigne conseiller de sa cour; et que ses com-

(1) *Sainte-Marthe :* président des trésoriers de France dans la généralité de Poitiers : c'est de lui que sont sortis les Sainte-Marthe qui se sont distingués par leur érudition. Il mourut en 1623, à l'âge de soixante-dix-huit ans.

pagnons, qui avoient osé prêcher contre lui plusieurs calomnies, ne valoient gueres mieux. Mais qu'il s'adressoit particulierement à lui pour ce qu'il avoit été si impudent que de dire en un sermon qu'il avoit fait jetter en un sac en l'eau Burlat, théologal d'Orléans, combien que ledit Burlat fût tous les jours avec lui et ses compagnons, [bûvant, mangeant et se gaussant;] leur disant d'avantage : « Vous ne pouvez nier que vous ne « soyez notoirement malheureux et damnez par deux « moyens : 1° pour avoir publiquement, et en la chaire « de vérité, avancé plusieurs calomnies contre moy, « qui suis votre légitime Roy : » [ce qui leur est deffendu par l'Ecriture sainte]. « 2° Pour ce que sortans de « chaire, après avoir bien menty et mesdit de moy, « vous vous en allez droit à l'autel dire la messe, sans « vous reconcilier et confesser desdits mensonges et « mesdisances, combien que tous les jours vous pres- « chiez que quand on a menty ou parlé mal de quel- « qu'un, qui que ce soit, suivant le texte de l'Evangile « se faut aller reconcilier avec lui avant de se presenter « à l'autel. » Il ajouta : « Je sçais votre belle résolution « de Sorbonne du 16 de ce mois, à laquelle j'ai été « prié de n'avoir égard, pour ce qu'elle avoit été faite « après déjeuner. Je ne veux pas au reste me venger de « ces outrages, comme j'en ai la puissance, et comme « a fait le pape Sixte v, qui a envoyé aux galeres cer- « tains prédicateurs cordeliers qui en leurs prédications « avoient osé médire de lui. Il n'y a pas un de vous « qui n'en mérite autant et d'avantage; mais je veux « bien tout oublier et vous pardonner, à la charge de « n'y retourner plus. Que s'il vous advenoit, je prie ma « cour de parlement, là presente, d'en faire une justice

« exemplaire, si bonne que les séditieux comme vous y
« puissent prendre exemple pour se contenir en leur de-
« voir. » Elle étoit lors nécessaire, l'audace de ces gens
croissant par la patience du Roy; mais il en demeuroit
là, *habens quidem animum, sed non satis animi.*

Sur la fin de ce mois, les Allemands et Suisses retournans en leur pays, après que les François qui leur
avoient été donnés pour escorte les eurent laissés sur
les frontieres de France, furent, contre la foi promise,
devers la Bresse, chargez en queue par le marquis Du
Pont (1), et sur les confins de Savoye par le duc de
Guyse, et cruellement battus. Et avoit Chicot raison
de dire : « Il n'y a pas d'allouette de Beausse qui n'ait
« coûté aux huguenots un reistre armé à cheval. »

En ce même tems vinrent à Paris les nouvelles de la
mort du capitaine Sacremore (2), tué à Dijon par le
duc de Mayenne son bon maistre, à cause de quelques
fâcheux propos que ledit Sacremore avoit tenus audit
duc touchant le mariage d'entre ledit Sacremore et mademoiselle de Villars, fille aisnée de madame du Mayne,
qu'il étoit en propos de marier à un autre, et que Sacremore maintenoit lui avoir été promise par le duc de
Mayenne et sa femme; et bien davantage, ladite fille
s'estre obligée par un plus fort lien de l'épouser. [Sur
quoy ledit duc le tua.]

Sur la fin de cet an, le Roy fut averti, par une
dame que je connois, que le duc de Guyse avoit fait le

---

(1) *Le marquis Du Pont :* Le marquis de Pont-à-Mousson. Il devint
duc de Lorraine en 1608. — (2) *Le capitaine Sacremore :* Ce capitaine
se nommoit Charles de Birague, et étoit bâtard de cette maison. La
fille aînée de la duchesse de Mayenne, qu'il soutenoit lui avoir été
promise, s'appeloit Madeleine Desprez, et fut depuis mariée à Rostan
de La Baume, comte de La Suze.

voyage de Rome lui sixiéme ⁽¹⁾, tellement déguisé qu'il n'avoit pû être reconnu ; et qu'ayant été à Rome trois jours seulement, il s'étoit découvert au seul cardinal de Pelvé, avec lequel il avoit communiqué jour et nuict. Lequel avis le Roy trouva très-certain.

En même tems le Roy eut avis que le Pape avoit envoyé au duc de Guyse l'épée gravée de flammes, et que le prince de Parme lui avoit envoyé ses armes : lui mandant qu'entre tous les princes de l'Europe, il n'appartenoit qu'à Henry de Lorraine de porter les armes, et d'être chef de guerre de l'Eglise.

En cet an 1587, parurent divers écrits satyriques, entr'autres un sous le titre : *Bibliotheque de madame de Montpensier.*

Le Pot Pourry des affaires de France, traduit d'italien en françois par la Reine mere.

L'Oisonnerie génerale, par le cardinal de Bourbon.

Métaphysique de menteries, par le maréchal de Retz.

La douce et civile Conversation, par le maréchal de Biron, imprimée nouvellement chez Du Haillan. (*Il fut bien battu par ledit maréchal.*)

Moyens subtils pour trouver les choses perdues, par des Pruneaux le jeune, larron.

L'Art de ne pas croire en Dieu, par M. de Bourges.

Moyens subtils de crocheter les finances, par Milon, fils de serrurier.

Le Miroir des larrons, du sieur Molan, tresorier de l'espargne.

---

(1) *Lui sixième :* Ce voyage se fit sans doute après que le duc de Guise eut poursuivi les reîtres jusque dans le comté de Montbelliard ; et ce fut peu après qu'il fut revenu de ce voyage que se fit l'assemblée de Nancy, le premier janvier 1588.

Le Dénombrement des veaux de la Ligue, et le moyen de les garder de baisler; par M. de Rennes.

Les Grimaces racourcies du pere Commelet, mises en tablature par deux dévotes d'Amiens.

Traité de l'altération du Cerveau, à M. Roze.

Sermons de M. de Cœuilly, curé de Saint-Germain, recueillis par les crocheteurs.

Discours sur le tableau du parquet des gens du Roy, representant la Nativité de J. C. (De Thou, l'asne; d'Espesses, le bœuf; La Guesle, l'enfant.)

De la Sainte Ambition, par M. Seguier, avocat du Roy; augmentée par les jésuites.

Cette bibliotheque a depuis paru plus ample sous le titre suivant:

Bibliotheque de madame de Montpensier, mise en lumiere par l'avis de Cornac, avec le consentement du sieur de Beaulieu son ecuyer.

Le Pot Poury des affaires de France, traduit d'italien en françois par la Reine mere.

Les épouventables Menaces du duc de Mercure contre le roy de Navarre et les hérétiques de Poitou; imprimé à Nantes.

L'Oisonnerie génerale, en trois volumes, par M. le cardinal de Bourbon; illustrée et mise en lumiere par Cornac et Le Clerc, son medecin.

Cent quatrains de la Vanité, par le duc de Joyeuse; traduits de nouveau par le sieur Lavardin.

Le Mirouer de bonne grace, par messieurs les cardinaux de Vaudemont et de Joyeuse.

Les Querelles amoureuses du comte de Soissons, avec les observances de madame de Roussoy.

Duel mémorable des ducs du Maine et d'Espernon, à la derniere conjuration de Paris; mis de lorrain en françois.

La grande Cassade du duc de Guise, avec la prise de Sedan et de Jamets, par ledit sieur. Imprimé à Reims.

Le Combat civil de messire de Nevers, trouvé dans une serviette.

La Patience des princes du sang contre l'insolence des pédans, par M. le cardinal de Vendôme, et l'abbé de Bellozence son maître.

Invective contre la Jalousie, imprimée de nouveau à Saint-Jean, par le prince de Condé.

Continuation du grand Lugubre des pages de madame de Mercure, sur l'inégalité du fouet de Monsieur à la troupe de leur maîtresse.

L'Art de ne point croire en Dieu, par M. de Bourges.

Le Jouet du cocuage, par Combault, premier maistre d'hostel du Roy; avec une Lamentation de n'y estre plus employé, par le même.

La douce et civile Conversation du maréchal de Biron, nouvellement imprimée par Du Haillan.

La nouvelle Façon de faire le jaquet auprès des grands, par le sieur de La Guiche.

La nouvelle Façon d'entretenir les vieilles lisses et trouver moyen d'avoir argent, par le maréchal d'Aumont, commentée par madame de La Bourdaisiere.

La Réparation des pucelages perdus, par madame de Simiers; avec les apparitions des Lunettes de l'abbé de Gadaignes, par Gravel.

Les diverses Assiettes d'amour, traduit d'espagnol en françois par madame la maréchale de Rets; imprimé par Pelage, avec privilege du sieur de Dimé.

La maniere d'Arpenter les prés briévement, par madame de Nevers.

La Révélation des secrets de la Ligue, mise d'espagnol en françois par M. de Nevers, à la louange de la Reine mere.

Les reformidables Regrets des amoureux, par madame d'Estrées; revûs et augmentés par le sieur d'Alegre.

Traité de la nourriture des Poulets, par le sieur de Rouzille, ecuyer du Roy.

La Rethorique des maquerelles, par madame de La Chatre.

Almanach des Assignations d'amour, par madame de Ragny.

Le J'en veux des filles de la Reine mere, en musique par madame de Saint-Martin.

L'Esperance perdue du royaume de Picardie, adressée à M. d'Aumale; avec les Regrets de Madame, imprimés à Dourlens.

L'Histoire véritable de Jeanne la Pucelle, par madame de Bourdeilles.

La Grandmontine, pastoralle par le sieur de Neufvy.

Les Ribauderies de la cour, recueillies par le sieur de Rancourt, à l'instance de La Capoche.

Le grand Tripier d'Etat, selon la regle d'Epicure, composé par M. de Villequier.

Métaphysique de mensonges, par M. le maréchal de Rets.

Le Routier géneral pour naviger en toutes mers, par Simier et l'abbé d'Elbene.

Le Foutiquet des demoiselles, de l'invention du petit La Roche, chevaucheur ordinaire de la paix.

La Chronique des Capucins, en vers héroïques, par M. le comte Du Bouchage.

Le Sommelier de cour, illustré par le sieur de Mahou.

Confabulations des sieurs Pieme (ou Pienne) et d'Allincourt, montans à la somme de trente; mises en rime par la demoiselle de Verthamont, imprimées en la rue de Saint Thomas.

L'Espérance de la Réunion de madame de Martigues avec l'evesque de Nantes, mise en tablature.

Les Regrets de madame de Beuil sur la mort de madame de Torcy, sa deffunte compagne.

Moyen subtil pour trouver les choses perdues, par le sieur des Pruneaux le jeune, en faveur des dames.

L'Esta in Avuelle des courtisans, extrait du manuscrit de M. le chancelier.

L'Entitude des plaisantes comedies, par le sieur de Bellievre; imprimé à Londres.

Le grand Patinotrier, traduit de flamen en basque par madame Du Bouchage, avec les illustrations du pere Bernard.

Les Lamentations de saint Lazare, par M. de Rhostein.

L'Oriflame des pucelles, par mademoiselle de La Mirande.

Remede souverain contre la fiévre stanyene, éprouvé par le duc de Longueville.

Copie du Mariage du maréchal d'Haumont et de madame de La Bourdaisiere, écrit à la main.

Les Couches avant le terme de la fille du president de Neully; mises en rimes spirituelles par M. Rose, evesque de Senlis.

Le *Vade-Mecum* de madame de Rendan, dédié au sieur d'Alconac.

Les Miracles de la Ligue, composés par le baron de Senezé.

L'Esperance du comte de Brissac sur le recouvrement de l'Estinguer, sa licorne.

Les Avis du sieur de La Forest, maître d'hôtel du Roy.

Nouvelle et presomptueuse façon de Cabinets secrets à plusieurs étages, par le sieur de Gyvry; imprimé à Malte.

L'Equipage du jeune La Chatre pour son voyage de Poitou, fait en biscain par madame Du Haler.

Les Proportions demesurées de Goliat, pour presenter en perspective par le petit d'Elbene.

Pitoyables Regrets de la Lune sur les annonces de l'ange Gabriel, en vers gascons, par Sambole, ecuyer de M. d'Espernon.

Traités de l'Innocence, extraits du latin de M. Lugolis par M. le grand prevost, pour la consolation des martyrs.

Les Apprehensions du mariage, en langue piémontoise; dédiés à M. de Nevers par le duc de Lorraine.

Le Trébuchet des filles de la cour, tiré de l'exemplaire de la demoiselle Du Tiers; avec les Lamentations amoureuses de Neptune.

Unique Recette pour guérir de la punaisie, envoyée de Calicut à madame de La Rochepot.

Les Rodomontades de l'ambassadeur d'Espagne, envoyées en poste aux capitaines Verdiers et Drac, et à madame de Montpensier.

Invention très-subtile de madame de Brissac pour

recouvrer des cornes perdues; avec l'augmentation du sieur de Lavardin.

Les grands Exploits et périlleuses Avantures des Quarante-Cinq, recueillis par le sieur de Challabre, leur compagnon.

Admirable Dessein pour fortifier Brouage, extrait d'un vieil bouquin du sieur de Saint-Marc par madame de Saint-Luc.

Avant Propos de l'Espérance de trois beaux livres contre Le Plessis, par le sieur Du Perron, avec la forclusion de ladite Esperance.

Pseaumes mis en rimes par Philippe Desportes, revûs et corrigés par madame Patu, avec les annotations et sonnets de madame d'Aigrontin.

La peinture du Jugement de toutes choses, par Barthault.

Lieux communs des consultations et extraits politiques, par Jean de Bajance.

Un Indice très-ample des maltotes.

Subtil Moyen pour réunir les affaires de France et la mettre en paix, par l'ambassadeur Jamet.

Les Remedes contre toutes tentations d'amour, par madame de Mereglise.

L'Histoire mémorable et Ouys du roy Herodes, par le sieur de Larchant, capitaine des gardes.

Les Rufianeries de la cour, par le comte de Maulevrier, avec les apostilles du pere Hemond.

[Moyens subtils de crocheter les finances, par Milon.

Le Dénombrement des veaux de la Ligue, et le moyen de les garder de baisler, par M. de Rennes.

Les Grimaces raccourcies du pere Commele, mises en tablature par deux dévotes d'Amiens.

Traité de l'Alteration du Cerveau, à M. Roze.

De la Sainte Ambition, par M. Seguier, augmentée par les jesuites.

Sermons de M. Cœuilly, curé de Saint-Germain, recueillis par les crocheteurs.

Discours sur le Tableau du parquet des gens du Roy, représentant la nativité de Jesus-Christ.]

Les Regrets du comte de Torigny sur l'absence de son protecteur, enregistrés en l'admirande.

L'Enclûme d'ignorance du Châtelet, par madame la prevôte de Paris, subrogé à Champlinault.

Second tome du Cocuage volontaire, par messieurs de Simirax et de Villequier.

Complainte et Lamentations des poulets du duc d'Espernon, sur la blessure du sieur d'Escoublieres.

L'Apologie des Rabins sur l'avenement du Messie, composée par Forget.

[1588] Le premier jour de l'an, le Roy fit la solemnité ordinaire de son ordre; mais il ne bailla point les mil écus qu'il souloit bailler à chaque chevalier, leur faisant entendre qu'il les avoit baillez aux Suisses.

Le 12 janvier, le duc d'Espernon fut au parlement reçu admiral, et par le premier president de Harlay installé au siege de la table de marbre.

L'avocat Marion le presenta, et harangua en sa faveur avec magnifiques louanges. Faye, avocat du Roy, harangua hautement et un peu flatteusement à la louange du Roy : car il l'appella le saint des saints, disant qu'il meritoit d'estre canonisé autant et plus qu'un de ses prédécesseurs rois de France que nous adorons pour saint; et louant le duc d'Espernon, dit que le feu amiral de Chastillon avoit fait tout ce qu'il avoit pu pour ruiner l'Eglise catholique, apostolique et romaine; mais que celui-cy la maintiendroit et rétabliroit en sa propre splendeur et dignité. Sur ce nouveau sainct de roy de M. de Faye, on sema au Palais le distique suivant :

> *Quis neget Henricum miracula prodere mundo,*
> *Qui fecit montem qui modo vallis erat?*

Ce même jour, on sema à Paris plusieurs vers, parmy lesquels sont ces quatre, qui font allusion au nom de Valette :

> Chacun dit : Je voudrois estre
> Maintenant auprès des rois,
> Possible que je pourrois
> De valet devenir maistre.

Ce même jour, mourut à Geneve le duc de Bouillon (1), pareil jour de sa naissance, et la vingt-cinquiéme année de son âge.

En même-tems, et en la même ville, moururent Clairvaut Du Vau et plusieurs autres de qualité, soit de fatigue à la conduite des reistres, soit de poison, selon l'opinion de beaucoup.

En ce tems, le Roy averti de tout ce que faisoit la duchesse de Montpensier (2) contre lui et son Etat, lui

---

(1) *Le duc de Bouillon* : Guillaume-Robert de La Marck, duc de Bouillon et souverain de Sedan; il ne laissa pour héritière que Charlotte de La Marck sa sœur. Par son testament, il ordonna qu'elle ne pourroit se marier que du consentement du roi de Navarre, du prince de Condé et du duc de Montpensier. En octobre 1591, elle épousa Henri de La Tour, qui devint duc de Bouillon. — (2) *La duchesse de Montpensier* : Catherine de Lorraine, fille de François de Lorraine, duc de Guise, tué par Poltrot en 1563. Elle étoit sœur du duc et du cardinal de Guise, et du duc de Mayenne. Elle avoit épousé en 1570 Louis II de Bourbon, duc de Montpensier.

commanda de vuider de sa ville de Paris. Mais elle n'en fit rien, s'en étant exemtée avec ses menées ordinaires. Elle fut même si eshontée de dire, à trois jours de-là, qu'elle portoit à sa ceinture les cizeaux qui donneroient la troisiéme couronne à frere Henry de Valois.

Le dimanche 24, s'éleva sur Paris et ès environs un si épais brouillard, principalement depuis midy jusqu'au lendemain, [qu'il ne s'en est vû de mémoire d'homme un si grand : car il étoit tellement noir et épais,] que deux personnes cheminans ensemble ne se pouvoient voir; et étoit-on contraint de se pourvoir de torches, quoiqu'il ne fût pas trois heures. Furent trouvées tout plein d'oyes sauvages, et autres animaux volans en l'air, tombés en des cours tout étourdis, pour s'être frappés contre des cheminées et maisons; [et en a été pris plusieurs, en cette ville de Paris, de cette façon.]

Le 25 janvier, le duc de Rets fit en la salle de l'evêché de Paris les nopces de ses deux filles, l'une (1) mariée au marquis de Maignelers, aisné de Piennes, un des plus beaux et adroits gentilshommes de France; l'autre (2) au seigneur de Vassé.

Le dimanche, dernier jour de ce mois, le Roy visita les prisonniers, accompagné des curez de Saint-Eustache et de Saint-Severin. Etant au petit châtelet, il se fit amener deux pauvres filles de la religion, qu'on nommoit *les Foucaudes* (3), prisonnieres, pour n'avoir voulu aller à la messe. Mais ni ses exhortemens, ni ses

---

(1) *L'une :* Marguerite-Claude de Gondy épousa Florimond de Halluin, marquis de Maignelers. — (2) *L'autre :* Françoise de Gondy épousa Lancelot Grognet de Vassé, baron de La Roche-Mabille. — (3) *Les Foucaudes :* Elles étoient filles de Jacques Foucaud, procureur en parlement.

prieres, menaces et promesses, ni les argumens de nos docteurs, ne purent seulement leur faire promettre d'aller à la messe; et convinrent qu'on n'avoit jamais vû femmes se deffendre si bien que celles-là, et de mieux instruites en leur religion.

Au commencement de février, au pays d'Armaignac, un gentilhomme huguenot du pays, et partisan du roy de Navarre, bien armé et accompagné, entra de force en la maison d'un sien voisin gentilhomme qui marioit sa fille, le tua, et tous les gentilshommes, au nombre de trente-cinq, qui étoient au festin. On disoit que ce carnage avoit été fait du consentement du roy de Navarre, qui étoit bien averti que sous couleur de nopces on y brassoit une entreprise contre sa vie. La vérité est que tous ceux qui y avoient été appellés étoient de la Ligue.

Le dimanche 21 février, le Roy, en la grande église de Paris, mit sur la teste de Pierre de Gondy, evêque de Paris, le bonnet rouge de cardinal que le Pape lui avoit envoyé.

Le lundy gras, dernier de ce mois, le Roy envoya en l'Université oster les armes aux ecoliers qui avoient à la foire Saint-Germain fait infinies insolences.

En ce jour, le bonhomme de Halluin, sieur de Piennes (1), fut, en la cour de parlement, déclaré duc de Meignelers.

Le premier mars, le marquis de Belisle (2), fils aisné

---

(1) *Sieur de Piennes* : Charles de Halluin, seigneur de Piennes. Sa terre de Maignelais ou Maignelers, qui avoit titre de marquisat, avoit été érigée en duché sous le nom de Halluin, par lettres patentes du mois de mars 1587. — (2) *Le marquis de Belisle* : Charles de Gondy, marquis de Belle-Isle. Après sa mort, sa femme, Antoinette d'Orléans de Longueville, se fit feuillantine à Toulouse.

du maréchal de Rets, fut marié avec la troisiéme fille de madame de Longueville. On disoit que ledit maréchal, qui trente ans auparavant n'avoit pas cent livres de rente, en avoit donné cent mil à son fils. La nopce fut faite en la maison de la Reine mere, aux Bons Hommes de Nigeon lez Paris.

Le jeudy 3 mars, un jeune garçon normand, âgé de dix-neuf à vingt ans, ayant été surpris coupant à l'entrée du parquet de l'audience la montre d'horloge d'un gentilhomme, qu'il portoit à son col, fut sur l'heure condamné à être pendu; et il le fut sur le champ en la cour du Palais.

Le vendredy 4 de ce mois, le corps du duc de Joyeuse fut apporté à Paris, et mis à Saint-Jacques-de-Hault-Pas. Le Roy lui fit faire des honneurs funebres quasi aussi pompeux que ceux qu'il avoit fait au duc d'Alençon. Quand un mary a perdu ce qu'il vouloit perdre, il fait faire un beau service.

Le samedy 5, Henry de Bourbon, prince de Condé, mourut à Saint-Jean-d'Angely, le second jour de sa maladie, ayant été, selon le bruit commun, empoisonné par un page, à la sollicitation de madame de La Trimouille sa femme, qui fut constituée prisonniere.

Le page se sauva, et fut défait en effigie; et Brillaud (1), domestique du prince, tiré à quatre chevaux en la place publique de Saint-Jean d'Angely, et plusieurs autres emprisonnés, ausquels on commença de faire le procès. Ce prince étoit homme de bien en sa religion, et avoit un cœur royal. Le cardinal de Bourbon son oncle en ayant appris les nouvelles, vint trouver

---

(1) *Brillaud :* Jean-Ancelin Brillaud. Il avoit été procureur au parlement de Bordeaux, et étoit contrôleur de la maison du prince.

le Roy, et lui dit avec une grande exclamation : « Voilà, « sire, que c'est d'être excommunié ! [Quant à moi, je « n'attribuë sa mort à autre chose qu'au foudre d'ex-« communication dont il a été frappé.] » Auquel le Roy dit en riant : « Il est vrai, dit-il, que le foudre d'ex-« communication est dangereux; mais si n'est-il point « besoin que tous ceux qui en sont frappés en meurent : « il en mourroit beaucoup. Je crois que cela ne lui a « pas servi, mais autre chose lui a bien aidé. »

En ce mois, le duc d'Aumale se saisit de l'un des fauxbourgs d'Abbeville, et fit fortifier Pont-Dormy; et répondit à Chemerault, envoyé de la part du Roy pour sçavoir ce qu'il vouloit dire par ces remuemens, que ce faisoit-il parce que les villes de Picardie ne vouloient pas de garnisons, et que la noblesse ne vouloit pas de gouverneurs gascons. Ce qui ayant été rapporté au Roy : « Je vois bien, dit-il, que si je laisse faire ces gens, je « ne les aurai pas seulement pour compagnons, mais « pour maîtres. Il est bien tems d'y donner. » Ce qui étoit vrai; le pis étoit que tout se passoit en paroles.

Sur la fin de ce mois, on imposa cent sols d'augmentation sur un minot de sel, tellement qu'il coutoit treize livres tant de sols.

Le dimanche 24 d'avril, le Roy eut avis d'une entreprise qui se devoit exécuter par ceux de la Ligue le jour de Saint-Marc. Pour ce, furent renforcées les gardes du Louvre, et les quarante-cinq y couchérent; et le Roy fit venir au fauxbourg Saint-Denis les quatre mil Suisses qui étoient à Lagny.

Le lundy 9 may, le duc de Guise arriva sur le midy à Paris avec huit gentilshommes des siens, et Brigard, courier de l'Union, qui lui avoit été envoyé par les Parisiens pour le presser de venir à leur secours. A sa venuë, on cria dans les ruës de Saint-Denis et de Saint-Honoré : *vive le duc de Guyse! vive le pilier de l'Eglise!* Même une demoiselle qui étoit sur une boutique, baissant son masque, lui dit tout haut : « Bon prince, puisque tu « es icy, nous sommes tous sauvés. » Cette venue étant annoncée au Roy, qui étoit en son cabinet avec Alphonse Corse, il lui dit : « Voilà M. de Guyse qui vient d'ar- « river contre ma deffense; si vous étiez en ma place, « que feriez-vous? — Sire, répondit Alphonse, il n'y « a qu'un mot en cela. Tenez-vous le duc de Guyse « pour amy ou pour ennemy? » Surquoy le Roy, sans parler, fit un geste qui faisoit bien connoître ce qu'il pensoit. « Sire, dit Alphonse, il me semble que je vois « à peu près le jugement qu'en fait Votre Majesté. Cela « étant, s'il vous plaist de m'honorer de cette charge, « sans vous en donner autrement en peine, j'apporterai « aujourd'hui à vos pieds la teste du duc de Guyse, ou « je vous le rendrai en lieu où il vous plaira, sans « qu'aucun bouge, sinon à sa ruine. » A quoy le Roy répondit qu'il espéroit de donner ordre à tout par autre moyen.

Le jeudy 12 may, le Roy fit placer des soldats dans plusieurs endroits de Paris. Son intention étoit de se saisir de quelques bourgeois des plus apparents de la Ligue, et de quelques partisans du duc de Guyse, et de les faire mourir par la main du bourreau, pour servir d'exemple aux autres. Le peuple voyant toutes ces forces disposées par les ruës, commença à s'émouvoir; et se firent les barricades, en la manière que tous sçavent. Plusieurs Suisses furent tués, qui furent enterrés en une fosse faite au parvis de Notre-Dame. Le duc de

Guyse, qui étoit resté jusqu'à quatre heures du soir en son logis, en sortit à la priere du maréchal de Biron, que le Roy lui avoit envoyé pour sauver les troupes de Sa Majesté de la furie du peuple. Passant par les ruës, c'étoit à qui crieroit le plus haut : *vive Guyse!* Et lui, baissant son grand chapeau, leur dit : « Mes amis, c'est « assez ; messieurs, c'est trop ; criez *vive le Roy!* »

Le lendemain, le Roy averti par la Reine sa mere de l'opiniastreté du duc de Guyse en sa résolution ; voyant d'ailleurs le peuple continuer en sa furie ; averti aussi que le comte de Brissac et les prédicateurs qui marchoient en teste, et ne tenoient autre langage sinon qu'il falloit aller prendre frere Henry de Vallois dans son Louvre, avoient fait armer sept ou huit cents écoliers et trois ou quatre cents moines ; et ceux qui étoient près de lui ayans sur les cinq heures du soir reçu avis par un de ses bons serviteurs, qui déguisé se coula dans le Louvre, qu'il eût à en sortir plutôt tout seul, sinon qu'il étoit perdu, sortit du Louvre à pied, tenant une baguette à la main, selon sa coutume, comme s'allant promener aux Thuilleries. Il n'étoit encor sorti la porte, qu'un bourgeois, qui le jour de devant avoit sauvé le maréchal de Biron, l'avertit de sortir en diligence, pour ce que le duc de Guyse étoit après pour l'aller prendre avec douze cents hommes, dont étoit Boursier, capitaine de la rue Saint-Denis. Etant arrivé aux Thuilleries, où étoit son écurie, il monta à cheval avec ceux de sa suite, qui eurent moyen d'y monter. Du Halde le botta ; et lui mettant son éperon à l'envers : « C'est tout un, dit le Roy ; je ne vais « pas voir ma maîtresse, j'ai un plus long chemin à « faire. » Etant à cheval, il se retourna vers la ville, et jura de n'y rentrer que par la breche. Il prit le chemin de Saint-Cloud, coucha tout botté à Rambouillet, et alla disner le lendemain à Chartres, où il séjourna jusqu'au dernier de may. Un quidam ne rencontra point mal, quant il dit que les deux Henry avoient bien fait les asnes : l'un pour n'avoir pas sçu se servir du moyen qu'il avoit eu, jusques à onze heures du matin du jour des barricades, d'exécuter ce qu'il avoit résolu dans le cœur; et l'autre, pour avoir le lendemain laissé échapper sa proye des filets.

Le samedy 14 may, la Bastille fut rendue (1) au duc de Guyse; et en établit gouverneur Jean Le Clerc (2), procureur au parlement, et capitaine de la dixaine de la ruë des Juifs.

Ce jour, le duc de Guyse fit offrir par le comte de Brissac à l'ambassadeur d'Angleterre (3) une sauvegarde

---

(1) *La Bastille fut rendue* : Laurent Testu, chevalier du guet, y commandoit, et la rendit lâchement. — (2) *Jean Le Clerc* : Il avoit été prévôt de salle avant d'être procureur; il entra dans la Ligue en 1587, et fut fait lieutenant de la Bastille sous La Chapelle Marteau, maître des comptes, que la Ligue fit prévôt des marchands de Paris, après les barricades. Ce prévôt des marchands ayant été député aux Etats de Blois, y fut retenu prisonnier après la mort du duc et du cardinal de Guise. — (3) *A l'ambassadeur d'Angleterre* : L'entretien du duc de Brissac et de l'ambassadeur d'Angleterre a été conservé. Comme il est fort curieux, nous croyons devoir le rapporter ici.

« Le duc de Guise n'oublia rien des courtoisies et honnêtes offres
« qu'il fit à l'ambassadeur d'Angleterre, vers lequel il envoya le sieur
« de Brissac, accompagné de quelques autres, pour lui offrir une sau-
« vegarde, et le prier de ne se point étonner et de ne bouger, avec
« assurance de le bien conserver.

« L'ambassadeur fit réponse que s'il eust esté comme homme parti-
« culier à Paris, il se fust allé jetter aux pieds de M. de Guise, pour
« le remercier très-humblement de ses courtoisies et honnestes offres ;
« mais qu'estant là près du Roy pour la Royne sa maistresse (et qui

pour sa sûreté parmy ces insolences populaires. Auquel ledit ambassadeur répondit résolument qu'étant à Paris pour la Reine sa maîtresse, qui avoit avec le Roy alliance, il ne vouloit et ne pouvoit prendre sauvegarde que du Roy.

Le dimanche 15, Hector de Perreuse, maistre des requestes et prevost des marchands, fut mis prisonnier en la Bastille, où fut aussi mené le fils d'Andreas et Favereau le boiteux, et quelques autres, suspects d'être

« avoit avec le Roy alliance et confédération d'amitié), il ne vouloit
« ny ne pouvoit avoir sauvegarde que du Roy.
« Le sieur de Brissac lui remontra que M. de Guise n'estoit venu à
« Paris pour entreprendre aucune chose contre le Roy ou son service;
« qu'il s'estoit seulement mis sur la défensive; qu'il y avoit une grande
« conjuration contre lui et la ville de Paris; que la maison de ville et
« autres lieux étoient pleins de gibets, ausquels le Roy avoit délibéré
« de faire pendre plusieurs de la ville et autres; que M. de Guise le
« prioit d'avertir la Royne sa maîtresse de toutes ces choses, afin que
« tout le monde en fût bien informé.
« L'ambassadeur respondit qu'il vouloit bien croire qu'il lui disoit
« cela; que les hautes et hardies entreprises souvent demeurent in-
« communicables en l'estomach de ceux qui les entreprennent, et qui,
« quand bon leur semble, les mettent en évidence avec telle couleur,
« qu'ils jugent le meilleur pour eux. Que bien lui vouloit-il dire libre-
« ment que ce qui se passoit à Paris seroit trouvé très-étrange et très-
« mauvais par tous les princes de la chretienté, qui y avoient interest.
« Que nul habit (diapré qu'il fust) ne le pourroit faire trouver beau,
« estant le simple devoir du sujet de demeurer en la juste obéissance
« de son souverain. Que s'il y avoit tant de gibets préparez, on le
« pourroit plus facilement croire quand M. de Guise les feroit mettre
« en montre. Et bien qu'ainsi fust, c'estoit chose odieuse et intolerable
« qu'un sujet voulût empescher par force la justice que son souverain
« vouloit faire avec main forte. Qu'il lui promettoit au reste, fort vo-
« lontiers, qu'il tiendroit au plutost la Royne sa maîtresse advertie de
« tout ce qu'il lui disoit. Mais de lui servir d'interprete des conceptions
« de M. de Guise et ceux de son parti, ce n'estoit chose qui fût de sa
« charge, estant la Royne sa maîtresse plus sage que lui, pour, sur ce
« qu'il lui en escriroit, croire et juger ce qu'il lui plairoit.

politiques ou hérétiques, c'est-à-dire bons serviteurs du Roy. Mais dès le lendemain ils furent tous renvoyés en leurs maisons, fors le prevost des marchands, qui étoit mal voulu du peuple. Et sur ce que la Reine mere pria le duc de Guyse de le faire mettre dehors, il lui répondit : « S'il vous plaît, je l'irai querir, et vous le « ramenerai par la main; mais il est mieux là qu'en sa « maison. »

En ce jour fut semé le suivant quatrain, bien ren-

« Le sieur de Brissac voyant que ni par honnestes offres, ni par sa « priere, il n'esbranloit l'ambassadeur, termina ses harangues par me-« naces, lui disant que le peuple de Paris lui en vouloit, pour la « cruauté dont la royne d'Angleterre avoit usé envers la royne d'E-« cosse. A ce mot de cruauté, l'ambassadeur lui dit : Tout beau, « monsieur, je vous arreste sur ce seul mot de cruauté : on ne nomma « jamais bien cruauté une justice bien qualifiée. Je ne crois pas, au sur-« plus, que le peuple m'en veüille comme vous dites; sur quel sujet, « veu que je suis icy personne publique qui n'ay jamais fasché per-« sonne ?

« Avez-vous pas des armes, dit le sieur de Brissac ? — Si vous me « le demandiez, respondit l'ambassadeur, comme à celui qui a esté « autrefois amy et familier de M. de Cossé vostre oncle, peut-estre « que je vous le dirois ; mais estant ce que je suis, je ne vous en diray « rien. — Vous serez tantost visité ceans : car on croit qu'il y en a, « et y a danger qu'on ne vous force. — J'ai deux portes en ce logis, ré-« pliqua l'ambassadeur ; je les feray fermer, et les deffendray tant que « je pourray, pour faire au moins paroistre à tout le monde qu'in-« justement on aura en ma personne violé le droit des gens. A cela « M. de Brissac : Mais dites-moi en amy, je vous prie, avez-vous des « armes ?

« Puisque le me demandez en amy, dit l'ambassadeur, je vous le « diray en amy. Si j'étois ici homme privé, j'en aurois; mais y estant « ambassadeur, je n'en ay point d'autres que le droit et la foy pu-« blique. — Je vous prie, faites fermer vos portes, dit le sieur de « Brissac. — Je ne le dois pas faire, respond l'ambassadeur; la mai-« son d'un ambassadeur doit estre ouverte à tous les allans et venans : « joint que je ne suis pas en France pour demeurer à Paris seulement, « mais près du Roy, où qu'il soit. »

contré, sur le jeu de prime, auquel le duc jouoit souvent:

> La fortune a jouant le Guisard bien traité :
> Car ayant un valet (¹) et un roy écarté,
> Une et une autre reine en sa main retenuë
> (O trois fois heureux sort!), prime lui est venuë.

Ce même jour, on écrivit en grosses lettres sur la porte de la presidente Seguier, avec laquelle demeuroit l'avocat du Roy son fils : *Valet à louer.* Et fut effacé et récrit plusieurs fois.

Le mardy 17, les bourgeois, catholiques zelés qu'on appelloit, firent une assemblée en l'hostel de ville, en laquelle ils nommèrent Clausse, seigneur de Marchaumont, prevôt des marchands, au lieu de Perreuse; et Compans, Cotteblanche et Robert des Prés, echevins, au lieu de Lugoli, Sainctyon et Bonnard; et Brigard, procureur du Roy en l'hôtel de ville, au lieu de Perrot. Le sieur de Marchaumont ne voulut jamais accepter la charge de prevôt des marchands : tellement que La Chapelle Marteau, gendre du président de Neuilly, fut nommé, et l'accepta.

Ledit jour, trente-cinq capucins, précédés par frere Ange de Joyeuse qui portoit la croix, s'en allérent pieds nuds à Chartres trouver le Roy.

Le jeudy 19, le president La Guesle, le procureur général son fils, et les conseillers de la cour qui, le dimanche précédent, députés par icelle, étoient allés trouver le Roy à Chartres pour recevoir ses commandemens, revinrent à Paris, et rapportérent que son intention étoit que ladite cour et autres jurisdictions de

---

(¹) *Un valet :* d'Espernon. Il se nommoit La Valette.

ladite ville continuassent l'exercice de la justice. Entr'autres propos notables que le Roy leur tint, il leur dit : « Il y en a en ce fait qui se couvrent du manteau « de la religion, mais méchamment et faussement ; ils « eussent mieux fait de prendre un autre chemin, car « mes actions et ma vie les démentent assés : [et veux « bien qu'ils entendent qu']il n'y a au monde prince plus « catholique que moy, et voudrois qu'il m'en eût couté « un bras, et que le dernier hérétique fût en peinture en « cette chambre. » Autant en dit-il aux autres compagnies députées pour le venir trouver; au president de Neuilly, député de la cour des aides, qui, faisant sa harangue, pleuroit comme un veau, et s'excusoit de ce qui étoit avenu : « Hé! pauvre sot que vous êtes, lui « dit-il, pensez-vous que si j'eusse eu quelque mau- « vaise volonté contre vous et ceux de vostre faction, « que je ne l'eusse pas bien pû exécuter? Non, j'aime « les Parisiens en dépit d'eux, combien qu'ils m'en « donnent fort peu d'occasion. Retournez-vous-en, « faites votre état comme de coutume, et vous montrez « aussi bons sujets comme je me suis montré bon Roy; « en quoy je désire continuer, pourvû que vous vous « en monstriez digne. »

Le 27 may, furent en parlement publiées lettres patentes du Roy, par lesquelles furent revoqués trentecinq ou quarante edits publiés ès années précédentes.

En ces jours, Mercier, pédagogue, fut pris à neuf heures du soir en sa maison, poignardé et jetté en la riviere par deux coquins nommés Pocard, potier d'estain, et La Ruë, tailleur. Le prétexte étoit l'hérésie, dont ils disoient que cet homme faisoit profession, encor qu'il eût reçu la communion dans l'eglise de Saint-

André-des-Arts, de la main du curé. Ce que la presidente Seguier, qui étoit près de lui à la communion, ayant remontré audit curé : « Je m'en souviens bien, « lui répondit-il; mais pour cela il ne laisse pas d'être « huguenot. » Aussi disoit-on qu'il l'avoit fait comme hypocrite, et non comme catholique; et quand sa pauvre femme en cuida demander justice, on ne lui fit autre réponse sinon que son mary étoit un chien de ministre; et que si elle en parloit davantage, on la jetteroit à l'eau.

Le mercredy dernier jour de may, par les bourgeois de Paris gardans la porte Saint-Jacques, furent arrestés treize mulets portans chacun deux bahuts pleins, ce disoit-on, de la vaisselle du duc d'Espernon, et de ses autres principaux meubles; et furent menés en l'hostel de ville, nonobstant le passeport de la main de la Reine mere, et les couvertures de ses mulets, dont elle les avoit fait couvrir pour mieux faire croire qu'ils étoient à elle; et combien qu'elle fit ce qu'elle put pour les avoir, jamais n'en sceut-elle venir à bout.

Le 23 juin, le prevost des marchands et echevins firent mettre sur l'arbre [1] la représentation d'une grande furie qu'ils nommerent Hérésie, pleine de feux artificiels dont elle fut toute bruslée; et sur le portail de l'hostel de ville, un tableau où étoit representé le Roy séant sur son throsne, et tenant sur ses genoux un crucifix, sur lequel mettoient la main les trois Etats. Au bas du tableau étoit écrit :

Relligio nobis divina hæc fœdera sanxit.

Le mardy 28 juin, furent penduës et puis bruslées

---

[1] *L'arbre :* C'est l'arbre qui servoit au feu de la veille de la Saint-Jean.

deux sœurs parisiennes, filles de Jacques Foucaud, procureur en parlement, comme huguenotes obstinées. Partant, furent billonnées quand on les mena au supplice, qu'elles endurerent fort constamment; une des deux fut brulée vive, par la fureur du peuple, qui coupa la corde avant qu'elle fût étranglée.

En ce tems, madame de Montpensier, contente à merveille des heureux succès de son frere, se vint loger comme de bravade en l'hostel de Montmorency. De quoy étant reprise par la Reine mere : « Que voulez-« vous, madame? lui répondit-elle. Je ressemble à ces « braves soldats qui ont le cœur gros de leurs vic-« toires. »

Les quatre premiers jours de juillet, les prevost des marchands et echevins de Paris firent assembler les bourgeois par dixaines, pour procéder à la déposition des chefs d'icelle suspects; ce qu'ils firent, et déposerent singulierement les gens de longue robe, et ceux qui étoient officiers du Roy, pour ce qu'ils étoient, à leur dire, tous hérétiques: tellement qu'au lieu de gens de qualité et d'honneur qui commandoient à la ville, furent établis de petits mercadans, et un tas de faquins ligueurs.

Le samedy 9 juillet, un nombre de bourgeois se trouva au Palais dès six heures du matin. Un desquels s'adressant au premier president, lui dit insolemment que la cour advisast de faire justice de Du Belloy, huguenot, prisonnier depuis long-tems dans la Conciergerie: autrement qu'il y avoit danger que le peuple ne la fist. Le president Potier, avec deux conseillers, fut député vers le Roy pour lui faire entendre la forme des requêtes de ceux de la Ligue à sa cour.

En ce tems, Rapin, prevost de l'hostel, fut chassé de Paris pour être bon serviteur du Roy, et dépouillé de son état, duquel la Ligue investit un larron nommé La Morliere (¹); de laquelle injustice il s'en revengea sur le papier par des vers, n'en pouvant avoir autre raison.

> *Ergone post longos provectâ ætate labores,*
> *Navatæ hæc referam præmia militiæ?*
> *Nec poterit prodesse fides, multosque per annos*
> *Obsequium, et studii tot monimenta mei?*
> *Quo fugiam extorris sine munere, privus et exspes,*
> *Conjuge cum chara, pignoribusque novem?*

Le jeudy 21 juillet, l'edit de l'Union (²) fait, non tant contre la religion du roy de Navarre que pour le forclorre de tout ce qu'autre que Dieu ne lui pouvoit oster, fut publié en la cour de parlement séant en robes rouges. Après cette publication fut chanté un solemnel *Te Deum*, où toutes les cours des compagnies, reines, princes et princesses assisterent; et le lendemain le feu d'allegresse en fut fait.

Ce jour arriva à Mante, où le Roy étoit, le comte de Soissons; auquel le Roy fit dire qu'il se retirast jusqu'à ce qu'il le mandast : car les deux Reines et madame

---

(¹) *La Morliere :* Il étoit notaire au châtelet, et l'un des Seize. Il fut fait lieutenant criminel de robe courte, et non pas prévôt de l'hôtel. —
(²) *L'edit de l'Union :* Les articles arrêtés entre la Reine mère et le cardinal de Bourbon et duc de Guise, le 11 juillet 1588, portent qu'il sera fait un édit de réunion pour extirper entièrement toute hérésie dans le royaume. Mais, sans attendre cet édit, les articles furent publiés dès le même jour à Paris, avant même que le Roy l'eût ordonné : car son ordre pour la publication est du 21 juillet. Ces articles, qui sont en apparence contre la religion prétendue réformée, ne tendent qu'à exclure de la couronne le roi de Navarre et les princes de la maison de Bourbon.

de Joyeuse disoient ne le pouvoir voir de bon cœur que premierement il ne fût purgé de la mort du duc de Joyeuse (¹), qu'on disoit avoir fait tuer de sang froid en la journée de Coutras.

Le samedy 23, la Reine mere alla trouver le Roy à Mante, où, à la priere du duc de Guyse et de ses partisans, elle le supplia, avec beaucoup d'humilité et d'affection, de revenir pour l'amour d'elle à Paris. De quoy elle fut refusée tout à plat, et revint-elle à Paris fort mécontente le 27.

Le mercredy 29, le prevost des marchands, accompagné de Compans (²), Bussy et autres, allerent, par le conseil de la Reine mere, trouver le Roy à Chartres pour recevoir ses commandemens, et le supplier de revenir à Paris.

Le samedy 30, la Reine mere, le duc de Guyse accompagné de quatre-vingt chevaux, le cardinal de Bourbon précédé de cinquante archers de sa garde, vestus de casaques de velours cramoisy, bordées de passements d'or; l'archevêque de Lyon et plusieurs autres, partirent de Paris, et arriverent le lundy à Chartres, et furent bien recueillis par le Roy. Icy la Reine mere, interpellée du duc de Guyse et de ceux de son party d'interposer de rechef son crédit pour persuader le Roy de retourner à Paris, lui en fit une fort affectionnée supplication. Mais le Roy luy répondit qu'elle ne l'obtiendroit jamais, et la pria de ne l'en importuner davantage. Alors ayant recours aux larmes, qu'elle

---

(¹) *La mort du duc de Joyeuse :* Il fut tué par deux capitaines, officiers du roi de Navarre. — (²) *Compans :* Jean Compans ou Compan, marchand qui avoit été huguenot. Il se fit catholique et ligueur, et fut échevin de Paris après les barricades.

avoit toujours en commandement : « Comment, mon
« fils, lui dit-elle, que dira-t-on plus de moy, et quel
« compte pensez-vous qu'on en fasse? Seroit-il bien
« possible qu'eussiez changé tout d'un coup votre na-
« turel, que j'ai toujours connu si aisé à pardonner?
« — Il est vrai, madame, ce que vous dites, répondit
« le Roy; mais que voulez-vous que j'y fasse? C'est ce
« méchant d'Espernon qui m'a gasté, et m'a tout changé
« mon naturel bon. »

Le mardy 2 d'aoust, Sa Majesté, entretenuë du duc
de Guyse pendant son disner, lui demanda à boire,
puis lui dit : « A qui boirons-nous? — A qui vous plaira,
« sire, répondit le duc; c'est à Votre Majesté d'en or-
« donner. — Mon cousin, dit le Roy, bûvons à nos
« bons amys les huguenots. — C'est bien dit, sire, ré-
« pondit le duc. — Et à nos bons barricadeurs, va dire
« le Roy; ne les oublions pas. » A quoi le duc se prit à
sourire, mais d'un rys qui ne passoit pas le nœud de
la gorge : mal content de l'union nouvelle que le Roy
vouloit faire des huguenots avec les barricadeurs.

Le vendredy 26 d'août, furent publiées au parlement de Paris les lettres patentes du Roy expédiées à
Chartres le 4 d'août, par lesquelles il déclaroit le duc
de Guise son lieutenant géneral en toutes ses armées.

Par autres patentes, fut donné au cardinal de Bourbon, comme au plus proche parent de son sang, la
faculté de faire un maître de chacun métier en chacune
des villes de son royaume; et à ses officiers, mêmes
privileges (1) qu'ont ceux de sa maison.

---

(1) *Mêmes privileges* : Matthieu Zampini fit en ce temps-là un Traité
du droit et des prérogatives de premier prince du sang, déférés au
cardinal Charles de Bourbon, comme plus proche du sang royal par

En ce tems y eut une entreprise et faillie contre le duc d'Espernon à Engoulesme, laquelle on disoit avoir été conduite sous main par la Reine mere et par Villeroy, tous deux ennemis de ce duc.

Le mercredy premier septembre, le Roy arriva à Blois, où quelques jours après il envoya par Benoise, secrétaire de son cabinet, à Hurault, chancelier, Bellievre, Villeroy, Bruslard et Pinard, lettre particuliere à chacun, par laquelle il leur mandoit de se retirer en leurs maisons; dont tout le monde fut fort esbahy, mesme de ce qu'il avoit envoyé querir François de Montholon, avocat du parlement de Paris, pour lui donner les sceaux : car il étoit à la vérité des plus anciens, des plus doctes, des plus hommes de bien, et des plus zelés catholiques du Palais; mais peu versé aux affaires d'Etat et des finances.

Le 6 de septembre, les prevost des marchands et echevins de Paris envoyerent querir et prier l'avocat du Roy Seguier, lequel on avoit chassé de Paris le jour de Saint-Barthelemy précédent, par des placards attachés à sa porte, fort séditieux et comminatoires, de revenir à Paris exercer son état; et qu'ils le tiendroient en leur protection et sauvegarde. De fait il revint, et assista à la prononciation des arrêts, le mercredy 7. On disoit à Paris que ledit Seguier leur avoit promis de faire publier et recevoir au parlement le concile de Trente, et qu'à cette occasion ils l'avoient rappellé.

Le 25 septembre, mourut à Paris Jean de Ferrieres, curé de Saint-Nicolas-des-Champs. Le Geay, théologien de Navarre, auquel peu auparavant il avoit résigné sa

---

le décès de François, duc d'Anjou. Il a été imprimé in-8° à Paris, en françaís et en latin, en 1588.

cure, fut troublé, par nombre de gens se disans de la paroisse, en la prise de possession d'icelle, disans pour toutes raisons qu'ils vouloient un curé qui prêchât à leur dévotion pour la Ligue. De fait, ils chasserent ledit Le Geay, l'appellant huguenot, comme leur feu curé; et nommerent Pigenat, un des six prédicateurs gagés de la Ligue, qui en demeura paisible possesseur. Autant en firent-ils à Saint-Gervais, rejettans Michel Du Buisson, à qui la cure avoit été résignée par le petit curé Chauveau vivant : y installant sans autre formalité Lincestre, théologien gascon, qui ne fit conscience de l'accepter, se montrant aussi homme de bien que Pigenat. Le Roy ayant entendu tous ces beaux ménages, dit que les Parisiens étoient roys et papes; et que qui les voudroit croire, ils disposeroient de tout le spirituel et temporel de son royaume.

Le dimanche 16 d'octobre, le Roy à Blois ouvrit la premiere séance des Etats (1). Après lui, parla le garde des sceaux de Montholon, puis l'archevêque de Bourges pour le clergé; le seigneur de Senneçay pour la

(1) *La premiere séance des Etats :* Estienne Pasquier (lettre 1 du livre 13), qui étoit aux Etats, s'exprime ainsi qu'il suit sur la harangue du Roy : « Le Roy a fait une belle harangue au peuple, pour lui faire
« paroître de quelle dévotion il entendoit besoigner à ce rétablisse-
« ment des affaires de son royaume; mais il ne s'est pû garder de don-
« ner une atteinte fort rude à M. de Guise, qui lors étoit séant à ses
« pieds, en sa qualité de grand maître : car il a dit que s'il n'eût été
« prévenu et empêché par l'ambition démesurée de quelques siens
« subjets, il s'asseuroit que la religion nouvelle eust esté lors tout-à-
« fait exterminée de la France. M. de Guise s'en est depuis plaint à lui;
« de sorte que la harangue étant mise en lumière, cette clause a été
« biffée : qui est aucunement guérir la playe qu'il lui avoit faite, mais
« non ôter la cicatrice. Quant à moi, toute cette premiere démarche
« ne me plaist. Je ne sçai quelle sera désormais leur escrime. Adieu.
« De Blois, ce 21 novembre 1588. »

noblesse, et La Chapelle Marteau (1) pour le tiers État.

La harangue du Roy, prononcée avec une grande éloquence et majesté, ne fut guéres agréable à ceux de la Ligue (2). Le duc de Guyse en changea de couleur, et perdit contenance; et le cardinal encore plus, qui suscita le clergé à en aller faire le lendemain grande plainte à Sa Majesté. Le Roy fut si retenu, qu'il souffrit d'estre tancé et comme menacé d'eux, et principalement du cardinal de Guyse, auquel il permit de la corriger et imprimer, suivant les termes de la rétractation qu'ils firent faire à ce pauvre prince en leur présence; et si fut ce cardinal si eshonté de dire à son frere qu'il ne faisoit jamais les choses qu'à demy, et que s'il l'avoit voulu croire on n'eût été en la peine où on étoit. Lesquelles paroles, rapportées au Roy, n'amenderent pas le marché des Lorrains; et fut notté que pendant cette rétractation il survint une si grande obscurité, par un orage, qu'il falut allumer la chandelle pour lire et écrire. Ce qui fit dire que c'estoit le testament du Roy et de la France qu'on écrivoit, et qu'on avoit allumé la chandelle pour lui voir jetter le dernier soupir.

Le 18 d'octobre, à la requeste des Etats, le Roy jura solemnellement l'observation de l'edit de l'Union, pour l'extirpation de l'hérésie et extermination des hérétiques; et le 20, envoya Pierre Senault (3), archiligueur, pour en faire chanter le *Te Deum* à Paris.

---

(1) *La Chapelle Marteau*: Il étoit maître des comptes, et fut élu prévôt des marchands de Paris après les barricades. — (2) *De la Ligue*: Les harangues et les remontrances prononcées aux Etats de Blois ont été imprimées. — (3) *Pierre Senault*: clerc du greffe du parlement, du conseil des quarante et des seize, et greffier de la Ligue.

Le jeudy 10 novembre, sur les quatre heures du soir, un jeune homme monta en la chambre de la femme d'Antoine Du Prat, prevost de Paris, sœur du sieur de Cani en Picardie, séparée d'avec son mary par arrest, comme elle se deshabilloit auprès du feu avec une ou deux de ses femmes, et lui donna un coup de dague dans la gorge; et après ce coup donné se retira, sans être vû ne retenu par aucun de la maison. On eut opinion que ce avoit fait faire son mary pour le procès de séparation, dans lequel elle le chargeoit de plusieurs crimes.

Le mercredy 24 novembre, mourut à Lyon Mandelot, gouverneur de cette ville. Le gouvernement fut donné au duc de Nemours, à l'instante priere de madame de Nemours sa mere.

[Le 30 de ce mois, un de mes amis s'étant adressé à Pericart, secrétaire du duc de Guyse, pour avoir un passeport, Pericart lui dit qu'il patientât encore un peu, et que bientôt ils changeroient de qualité.]

Le 4 décembre, le Roy donna congé à d'O, et à Miron son premier medecin : se disant fort importuné de ce faire par les députés des Etats, c'est-à-dire par le duc de Guyse. Enfin, après la soumission de d'O et de Miron audit duc, à qui ils promirent d'estre fideles serviteurs, ils rentrerent au service du Roy.

Cela fait, on fit promettre et jurer au Roy, sur le Saint Sacrement de l'autel, parfaite reconciliation et amitié avec le duc de Guyse, [et oubliance de toutes querelles et simultés passées :] ce que Sa Majesté fit fort franchement en apparence; mais il songeoit bien à autre chose, comme l'issue le montra. Même, pour les contenter et amuser, déclara qu'il s'étoit résolu de remettre sur son cousin de Guyse et la Reine sa mere le gouvernement et conduite des affaires de son royaume, ne se voulant plus empêcher que de prier Dieu et faire pénitence.

Quelques jours après, le Roy reçut de tous côtés avis qu'il y avoit conspiration contre sa personne. Le duc d'Espernon, par lettres, l'en assure; le duc du Mayne lui envoye dire, par un gentilhomme, que l'exécution de son frere étoit proche; le duc d'Aumale envoye sa femme pour lui donner pareil avis. Là-dessus, le Roy se résout de faire mourir le duc de Guyse : sur quoy, ayant assemblé quelques-uns de ses plus confidens, il leur proposa sa résolution. Un ou deux voulurent lui conseiller l'emprisonnement, pour lui faire son procès; mais tous les autres furent de contraire opinion, disans qu'en matiere de crime de leze-majesté il falloit que la punition précédât le jugement. Cet avis fut suivi du Roy, qui dit : « Mettre le Guisard en prison seroit « tirer le sanglier aux filets, qui seroit peut-estre plus « puissant que nos cordes. Là, ou quand il sera tué, « il ne nous fera plus de peine; » et arrêta lui-même, avant que de sortir du conseil, de le faire tuer au souper que l'archevêque de Lyon lui donnoit et au cardinal, le dimanche avant saint Thomas; laquelle exécution, pour quelque avis qu'on lui donna, il differa au mercredy suivant, jour de saint Thomas, lequel jour il fut encor conseillé de laisser passer.

Le jeudy 22, le duc de Guisé se mettant à table pour dîner, trouva sous sa serviette un billet dans lequel étoit écrit : *Donnez-vous de garde; on est sur le point de vous jouer un mauvais tour.* L'ayant lû, il écrivit au bas : *On n'oseroit*, et le rejetta sous la table. Ce jour même, il fut assuré par son cousin le duc d'Elbeuf que le lendemain on entreprendroit sur sa vie. A qui il répondit : « Je voy bien que vous avez regardé votre al-« manach, car tous les almanachs de cette année sont « farcis de telles menaces. »

Le vendredy 23, le Roy manda de bon matin au duc et au cardinal de Guise qu'ils vinssent au conseil, et qu'il avoit à leur communiquer affaires d'importance. Entrans au château, ils trouverent les gardes renforcées, qui prierent le duc de les faire payer; mais d'une maniere moins respectueuse qu'à l'ordinaire. A quoy ne prenant aucunement garde, ils passerent outre. Ce matin il avoit reçu de divers endroits neuf avertissemens, et dit tout haut en mettant le neuviéme billet en sa pochette : « Voilà le neuviéme d'aujourd'hui. » Etant entré au conseil, il saigna du nez deux ou trois gouttes, et vit-on un œil pleurer; après il eut mal au cœur, et un affoiblissement qu'on attribua plutôt à une débauche qu'à un pressentiment. Sur ce, le Roy le manda par Revol, qui le trouva comme il resserroit dans son drageoir quelques raisins et prunes apportées pour son mal de cœur. Comme il entroit en la chambre du Roy, un garde lui marcha sur le pied; et cependant continua de marcher vers le cabinet, et soudain, par dix ou douze des quarante-cinq, fut saisi aux bras et aux jambes, et par eux massacré, jettant entr'autres cris et paroles celles-cy, qui furent clairement entendues : « Mon Dieu, je suis mort, ayez pitié de moi! ce sont « mes péchés qui en sont cause. » Sur ce pauvre corps fut jetté un méchant tapis; et là, laissé quelque tems exposé aux mocqueries des courtisans, qui l'appelloient le beau roy de Paris, nom que lui avoit donné Sa Majesté, lequel étant en son cabinet, leur ayant demandé s'ils avoient fait, en sortit, et donna un coup de pied par le visage à ce pauvre mort, tout ainsi que ledit duc de Guise en avoit donné au feu amiral : chose véritable et remarquable avec une, que le Roy l'ayant un peu contemplé, dit tout haut : « Mon Dieu, qu'il « est grand ! il paroît encor plus grand mort que vi- « vant. »

Le cardinal de Guise, qui étoit assis avec M. l'archevêque de Lyon au conseil, entendant la voix de son frere qui crioit mercy à Dieu, remua sa chaire pour se lever, disant : « Voila mon frere qu'on tue. » Lors se leverent les maréchaux d'Aumont et de Rets; et l'épée nuë en la main crierent : « Qu'homme ne bouge, s'il ne veut mou- « rir. » Incontinent après, lesdits cardinal et archevêque furent conduits en un galetas bâty peu de jours auparavant pour y loger des feuillans et capucins. Ainsi finit le regne de Nembrot le lorrain.

Le samedy 24, le Roy, averti par Claude d'Angennes, evêque du Mans (1), que les députés du clergé avoient résolu en l'assemblée du matin de venir prier le Roy de leur rendre le cardinal de Guise leur president; Sa Majesté, qui avoit résolu de le faire suivre son frere, sçachant qu'il succederoit à sa créance, et qu'il étoit autant et plus mauvais garçon que lui, se trouvant néanmoins empêché sur l'exécution, à cause de la qualité du prelat, en voulut avoir un mot de conseil, dont le résultat fut : Que le Roy n'avoit rien fait, s'il ne se

---

(1) *Evéque du Mans :* Claude d'Angennes de Rambouillet, né en 1538. De l'évêché de Noyon il avoit passé en 1588 à celui du Mans. Il mourut en 1601. Homme de bien, bon évêque, et fort attaché aux intérêts des deux rois Henri III et Henri IV.

deffaisoit du cardinal comme du duc. Ainsi l'exécution fut résoluë; on trouva pour quatre cents écus quatre instrumens de cette exécution (1).

Après cette exécution, le Roy sortit pour aller à la messe, et rencontra à ses pieds le baron de Luz, qui lui offroit sa tête pour sauver la vie de l'archevêque de Lyon son oncle; et il l'assura de sa vie, mais non de sa liberté, parce qu'il vouloit, disoit-il, tirer de ce prelat la quintessence de la Ligue, dont il étoit l'intellect agent.

Le soir de ce jour, les deux corps du duc et du cardinal de Guise furent mis en pieces, [par le commandement du Roy, en une salle basse du château;] puis brûlés et mis en cendres, lesquelles furent jettées au vent, [afin qu'il n'en restât ni relique ni mémoire.]

Les nouvelles de ces meurtres et des emprisonnemens, arrivées à Paris le 24, veille de Noël, troublerent bien la fête, et échaufferent les ligueurs, qui ne garderent plus aucune mesure. Le duc d'Aumale se trouvant lors à Paris, en fut créé gouverneur, qui, commençant la guerre par les bourses, envoya fouiller les maisons des royaux et politiques par les Seize, comme fut la mienne la premiere du quartier par Senault et La Rue, le jour des Innocens; et tout plein d'autres emprisonnés, entre les autres un nommé Quatrehommes, conseiller au châtelet, qui, ayant entendu la nouvelle de la mort des deux freres, avoit dit : « Je vois bien que « la Ligue a ch.. au lict. » Les Seize, pour ces mots, l'envoyerent à la Bastille, disans qu'il en laveroit les draps.

(1) *De cette exécution :* Voyez, à la suite du Journal de Henri III, la Relation de la mort du duc et du cardinal de Guise, par Miron.

Comme de fait il y trempa long-tems, et en fit Bussy Le Clerc une bonne lessive.

Pierre Versoris, avocat, ayant entendu les nouvelles de la mort de ces deux princes, se saisit si fort qu'il en mourut le lendemain de Noël. Il étoit tellement ligueur et amateur du duc de Guise, qu'il voulut embrasser son portrait avant que de mourir, l'appellant bon prince; et ayant pris celui du Roy, qu'il appella tyran, le rompit et mit en pieces.

Le jeudi 29, le peuple sortant l'après-dînée du sermon que le docteur Lincestre avoit fait à Saint-Barthelemy, où étoient les prieres, arracha de furie les armoiries du Roy, qui étoient au portail de l'eglise, [entre les festons de lierre;] les brisa, jetta dans le ruisseau, et foula aux pieds, animés de ce que le prédicateur qu'il venoit d'ouir avoit dit que ce vilain Hérodes (ainsi les prédicateurs avoient anagrammatizé le nom de Henry de Valois (1)) n'étoit plus leur roy, eu égard au parjure, déloyautés et tueries par lui commises envers les catholiques. Les gens de bien manquans de courage, les mutins prirent le dessus.

[1589] Le premier de janvier, Lincestre, après son sermon dans l'eglise de Saint-Barthelemy, exigea de tous les assistans le serment, en leur faisant lever la main, d'employer jusqu'à la derniere goutte de leur sang et jusqu'au dernier denier de leur bourse, pour venger la mort des deux princes lorrains massacrés par le tyran dans le château de Blois, à la face des Etats.

---

(1) *Henry de Valois :* Les deux mots *vilain Hérodes* se rencontroient dans ceux de Henri de Valois. On imprima en 1589 un recueil des anagrammes satiriques faites sur le nom du roi Henri III, et chaque anagramme étoit accompagnée de quatre vers.

Il exigea un serment particulier du premier président de Harlay, qui, assis devant lui dans l'œuvre, avoit ouy sa prédication, l'interpellant par deux fois en ces mots : « Levez la main, M. le président! levez-la bien « haut, encor plus haut, afin que le peuple le voye. » Ce qu'il fut contraint de faire, mais non sans scandale et danger du peuple, auquel on avoit fait entendre que ledit président avoit sçu et consenti la mort des deux princes lorrains, que Paris adoroit comme ses dieux tutelaires.

Le 2 janvier, le peuple continuant ses furies et insolences, ausquelles les animoient leurs curés et prédicateurs, abbatit les sépulchres et figures de marbre que le Roy avoit fait ériger auprès du grand autel de l'eglise de Saint-Paul à Paris, pour Saint-Maigrin, Quelus et Maugiron, ses mignons; disans qu'il n'appartenoit pas à ces méchans, morts en reniant Dieu; sangsues du peuple et mignons du tyran, d'avoir si braves monumens et si superbes en l'eglise de Dieu; et que leurs corps n'etoient dignes d'autre parement que d'un gibet.

Le jeudy 5, la mere du Roy décéda au château de Blois, âgée de soixante-onze ans; et portoit bien l'âge, pour une femme pleine et grasse comme elle étoit. Elle mangeoit et se nourrissoit bien, et n'apprehendoit pas les affaires, combien que depuis trente ans que son mary étoit mort, elle en eût eu d'aussi grandes et importantes qu'oncques eût reine du monde.

Elle mourut endettée de huit cent mil écus, étant liberale et prodigue pardelà la liberalité, plus que prince et princesse de la chretienté : ce qu'elle tenoit de ceux de sa maison [de Medicis, étant niéce du pape Clement vii.] Elle étoit déjà malade lorsque les deux freres

furent occis. Et l'allant voir le Roy, et lui disant : « Ma-
« dame, je suis maintenant seul roy, je n'ai plus de
« compagnon. — Que pensez-vous avoir fait? lui ré-
« pondit-elle. Dieu veuille que vous en trouviez bien!
« Mais au moins, mon fils, avez-vous donné ordre
« à l'assurance des villes, principalement d'Orleans?
« Si ne l'avez fait, faites-le au plutôt : sinon il vous
« en prendra mal; et ne faillez d'en avertir le légat
« du Pape, par M. le cardinal de Gondi. » Elle se fit
porter ensuite, toute malade qu'elle étoit, au cardinal
de Bourbon, qui étoit malade et prisonnier, qui, dès
qu'il la vit : « Ah! madame, dit-il la larme à l'œil, ce
« sont de vos faits, ce sont de vos tours, madame;
« vous nous faites tous mourir. » Desquelles paroles
elle se mût fort; et lui ayant répondu qu'elle prioit
Dieu de la damner si elle y avoit jamais donné ni sa
pensée ni son avis, sortit incontinent, disant : « Je n'en
« puis plus, il faut que je me mette au lit. » Comme de
ce pas elle fit, et n'en releva; ains mourut la veille des
Roys, jour fatal à ceux de sa maison : car Alexandre
de Medicis fut tué à ce jour, et Laurent de Medicis et
autres moururent.

Ceux qui l'approchoient de plus près eurent opinion
que le déplaisir de ce que son fils avoit fait lui avoit
avancé ses jours, non pour amitié qu'elle portât aux
deux freres, qu'elle aimoit à la florentine, c'est-à-dire
pour s'en servir, mais parce qu'elle voyoit par ce moyen
le roy de Navarre son gendre établi; [qui étoit tout ce
qu'elle craignoit plus au monde,] comme celle qui avoit
juré sa ruine. Toutesfois les Parisiens crurent qu'elle
avoit donné occasion et consentement à la mort des
princes lorrains; et disoient les Seize que si on appor-

toit son corps à Paris, pour l'enterrer à Saint-Denis dans le sépulchre magnifique de la chapelle de Vallois, que de son vivant elle y avoit bâti pour elle et le feu Roy son mary, ils le jetteroient à la voirie ou dans la riviere. Voila pour le regard de Paris. Quant à Blois, où elle étoit adorée et réverée comme la Junon de la cour, elle n'eut pas plutôt rendu le dernier soupir, qu'on n'en fit non plus de compte que d'une chevre morte. Quant au particulier de sa mort, le désespoir et la violence y ont été remarqués, comme en une fin très-miserable, conforme à sa vie. Basile, florentin, mathématicien très-renommé, a fait la révolution de la nativité de cette princesse, qui s'est trouvée très-véritable, en ce qu'il prédit qu'elle seroit cause de la ruine du lieu où elle seroit mariée.

On publia contre sa mémoire plusieurs pasquils et vers, dont voicy les meilleurs, faits pour lui servir d'épitaphe (1):

> La Reine qui cy gît fut un diable et un ange,
> Toute pleine de blâme et pleine de louange :
> Elle soutint l'Etat, et l'Etat mit à bas ;
> Elle fit maints accords et pas moins de debats ;
> Elle enfanta trois rois et cinq guerres civiles,
> Fit bâtir des châteaux et ruiner des villes,
> Fit bien de bonnes loix et de mauvais édits.
> Souhaite-lui, passant, enfer et paradis.

Le dimanche 8 janvier, Lincestre fit entendre au peuple la mort de la Reine mere : « laquelle, dit-il, a « fait beaucoup de bien et de mal, et crois qu'il y a « encor plus de mal que de bien. Aujourd'hui se pré-

---

(1) *Pour lui servir d'épitaphe :* Ces vers ne sont pas de la main de l'auteur de ces Mémoires, dans son manuscrit.

« sente une difficulté : sçavoir si l'Eglise catholique
« doit prier pour elle, qui a vécu si mal et soutenu
« souvent l'hérésie, encor que sur la fin elle ait tenu,
« dit-on, pour notre droite Union, et n'ait consenti à
« la mort de nos bons princes. Surquoy je vous dirai
« que si vous voulez lui donner à l'avanture, par cha-
« rité, un *pater* et un *ave*, il lui servira de ce qu'il
« pourra ; je vous le laisse à votre liberté. »

Ce même jour, le petit Feuillant, en son sermon, fit cet apostrophe pour le duc de Guise, en se tournant vers madame de Nemours sa mere, qui étoit vis-à-vis de lui : « O saint et glorieux martir de Dieu, benit est
« le ventre qui t'a porté, et les mammelles qui t'ont
« allaitté ! »

Le lundy 16 janvier, Jean Le Clerc, nagueres procureur en la cour de parlement, lors capitaine de son quartier, et gouverneur de la bastille de Paris, accompagné de vingt-cinq ou trente coquins comme lui, armés de cuirasses, ayant le pistolet à la main, étant les chambres assemblées, dit haut et clair : « Vous tels et
« tels (qu'il nomma), suivez-moi ; venez en l'hôtel de
« ville, où l'on a quelque chose à vous dire. » Et au premier president et autres qui lui voulurent demander de par qui il vouloit faire cet exploit, il répondit qu'ils se hâtassent seulement, et se contentassent d'aller avec lui ; et que s'ils le contraignoient d'user de sa puissance, quelqu'un pourroit s'en mal trouver. Lors le premier president, et les presidens Potier et de Thou, s'acheminerent pour le suivre ; et après eux marcherent volontairement cinquante ou soixante conseillers de toutes les chambres du parlement, mêmes des requêtes du Palais, qui ne se trouverent point sur la liste, disans

qu'ils ne pouvoient moins faire que de suivre leurs capitaines.

Marchant le premier, il les mena sur les dix heures du matin [par le pont aux Changes] comme en triomphe, jusqu'en la place de Greve, où voulans s'arrêter pour entrer en l'hôtel de ville, [suivant la proposition de maître Jean Le Clerc, en furent empêchés;] et par lui contraints de passer outre, et menés à la bastille Saint-Antoine tout au travers des ruës pleines de peuple qui, épandu par icelles, les armes au poing, et les boutiques fermées pour les voir, les lardoit de mille brocards et villenies. Il en alla encor ce jour prendre quelques-uns en leurs maisons qui ne s'étoient point trouvés à la cour, et même de la cour des aides, chambre des comptes et autres compagnies; dont il y en eut quelques-uns serrés en la Conciergerie et aux autres prisons de la ville. Mais les uns furent élargis dès l'après dînée, d'autres les jours ensuivans, parce qu'ils n'étoient pas sur la liste de Jean Le Clerc, où étoient estimés être des zelés catholiques. Et à la vérité la face de Paris étoit miserable : car l'on eût vû un Le Clerc, un Louchard, un Senault, un Morliere, un Olivier et autres, qui, avec main armée, fourageoient les meilleures maisons de la ville, principalement où ils sçavoient qu'il y avoit des écus; et ce, sous un masque digne de tels voleurs : pour ce, disoient-ils, qu'ils étoient royaux et de bonne prise. Mais par-dessus tous les autres brigans, avoit ce M. Bussy Le Clerc (car ainsi se faisoit-il appeler) la grande puissance : car encor que par la ville ou par le conseil quelques-uns des prisonniers eussent ordonnance de sortir, ils ne sortoient pas toutesfois que quand il plaisoit à monseigneur de Bussy, auquel, outre les trois, quatre et cinq écus qu'il exigeoit par jour de chaque tête pour la dépense, quoique fort maigre, il faloit encor faire quelques presens de perles ou de chaînes d'or à madame, et de vaisselle d'argent et deniers comptans à monsieur, avant qu'en sortir. Lui et ses compagnons fourageoient les meilleures maisons de la ville, où ils cherchoient les écus, qu'ils disoient de bonne prise, parce qu'ils étoient royaux.

Ce même jour, les Etats de Blois furent clos; et le Roy, au lieu de monter à cheval et de se fortifier d'hommes et d'argent, va si nonchalamment qu'il laissa perdre Orleans, qu'il eût sauvé, et beaucoup de ses bons serviteurs, en se montrant seulement : ceux de Paris n'ayant jamais entrepris ce qu'ils ont fait que sur l'assurance de la reddition de cette place.

Le mardy 17 janvier, on plaida à la grande chambre à huis ouverts, nonobstant l'emprisonnement des plus saines et meilleures parties de la cour; et fut tenuë l'audience par le president Brisson, qui, combien qu'il fût des plus suspects, par quelque poictevine ruse et promesse aux Seize, qui disoient tout haut qu'il leur avoit promis d'être homme de bien, se garantit de la prison, et de fait exerçant état de premier président, demeurant toujours depuis en la cour.

Le jeudy 19, la cour assemblée ordonna par arrêt qu'elle se joindroit au corps de la ville de Paris, pour lui adhérer et l'assister en toutes choses, même contribuer aux frais de la guerre résoluë pour le bien public.

Par autre arrêt du 20, est dit que Compans et Cotteblanche, echevins que le Roy avoit sur leur foy envoyés à Paris pour retourner à Blois dans quinzaine, n'y retourneroient point; et que du serment de retour qu'ils avoient fait seroient admonestés l'evêque de Paris et ses vicaires de leur donner l'absolution.

Le samedy 21, furent nommés par la cour et par Senault, greffier en chef d'icelle : M. Molé, conseiller en la cour, pour exercer l'état de procureur général, qu'il accepta enfin, à son grand regret et à son corps deffendant, étant vaincu de la voix et multitude de peuple échauffé, qui crioit : *Molé! Molé!* Et aussi de la crainte de mort ou prison, où il s'assuroit bien de rentrer au cas qu'il le refusât.

Furent aussi nommés Jean Le Maistre et Louis d'Orleans, avocats du Roy, qui auparavant étoient en parlement. Le matin dudit jour, le commissaire Louchard et Esmonnet avoient été chez M. Molé le prier d'en rapporter lui-même la requête; et le consolans sur sa prison, lui dirent que c'étoient des probations que Notre-Seigneur envoyoit souvent aux siens.

Ce jour, M. Barnabé Brisson, premier president de la Ligue, craignant une catastrophe de tragedie à la ruine de lui et de sa maison, et qui étoit forcé et violenté en son ame de faire et passer tous les jours choses iniques contre le service de son Roy; desirant qu'à l'avenir rien ne lui fût imputé, comme ayant toujours les fleurs de lys bien avant gravées dans le cœur, et qu'au contraire on connût qu'il faisoit contre son gré, y étant induit par [la terreur des armes et] la violence d'un peuple mutiné qui l'empêchoit de sortir, et dont il craignoit avec sujet la fureur, fit une protestation écrite et signée de sa main, et reconnuë le lendemain pardevant deux notaires, en forme de disposition et ordonnance de derniere volonté; de laquelle la teneur s'ensuit, extraite fidellement mot à mot de l'original :

« Je soussigné déclare qu'ayant consulté et tenté tous les moyens à moy possibles pour sortir de cette ville, afin de m'exempter de faire ou dire chose qui pût offenser mon Roy et souverain seigneur, lequel je veux servir, obéir, respecter et reconnoître toute ma vie, et persévérer en la fidélité que je dois, détestant toute rebellion contre lui : il m'a été impossible de me pouvoir retirer et sauver, pour être mes pas observés de toutes personnes, guettés et gardés; et que plusieurs, qui en habit déguisé ont tâché de sortir, ont été surpris et emprisonnés : et d'ailleurs on a emprisonné le géneral Le Comte mon gendre, saisi sa maison, et dénié l'entrée d'icelle à ma fille, qui a été contrainte de se refugier chez ses amis. A raison de quoy étant contraint de demeurer en cette ville, et adherer ès délibérations ausquelles le peuple nous force d'entrer, je proteste devant Dieu que tout ce que j'ai fait, dit et déliberé en la cour de parlement, et ce que je ferai, dirai et délibererai, jugerai et signerai cy-après, a été et sera contre mon gré et volonté, et par force et contrainte; y étant violenté par la terreur des armes et licence populaire qui regne à present en cette ville, et aussi par le conseil des gens de bien et d'honneur, bons et fidels serviteurs du Roy, exposés à mêmes perils et injures, qui me conseillent et exhortent de temporiser, et m'accommoder au desir et vouloir d'un peuple, quoiqu'ils soient injustes et déraisonnables, et contre le devoir de sujets; et ce, tant pour sauver ma vie, et à ma femme et enfans, qui seroient en péril et danger indubitable, et nos biens en proye, que pour tâcher avec le tems de profiter quelque chose pour la reconciliation et réduction dudit peuple avec le Roy, quand l'occasion se pourra presenter d'en palrer : dont à present on n'oseroit ouvrir la bouche à peine de hazarder sa vie, et afin qu'à l'avenir ma demeure et residence en cette ville, et mes actions et déportemens, ne me soient imputés à blâme; dont j'appelle Dieu à témoin, qui connoit la pureté de mon cœur, et la candeur, interieur et sincérité de ma conscience. J'ai écrit et signé la presente protestation, en continuant la précédente ja par moy faite, voulant que la presente serve une fois pour toutes pour tout le tems futur. Fait à Paris le 21 janvier 1589. *Signé* BRISSON.

« Aujourd'hui messire Barnabé Brisson, seigneur de Gravelle, conseiller du Roy et president en sa cour de parlement, a reconnu et déclaré avoir écrit et signé de sa main la disposition et ordonnance de dernieré volonté cy-dessus et de l'autre part contenuë, qu'il veut et entend sortir son plein et entier effet, selon sa forme et teneur; dont il a requis le present acte à lui délivré. Ce fut fait après midy en la maison dudit sieur president, l'an 1589, le vingt-deuxieme jour de janvier; et a signé BRISSON. Signé aussi *Lusson* et *Le Noir*, notaires. »

Le jeudy 26, le herault nommé Auvergne, envoyé de la part du Roy, arriva à Paris, portant au duc d'Aumale, qui s'en disoit gouverneur, mandement d'en vuider; et interdiction à la cour de parlement, à la chambre des comptes, à la cour des aides, au prevôt de Paris, et à toutes les compagnies, officiers et juges royaux, de plus exercer aucune jurisdiction. Il ne fut ouy ni son pacquet vû, ains emprisonné, en grand danger d'être pendu ; finallement renvoyé sans réponse, avec injures et contumelie : tant étoient les Parisiens animés contre leur Roy, duquel le nom étoit si odieux entre le peuple, que qui l'eût proferé seulement étoit en grand danger de sa vie.

En ce même tems, la Sorbonne et la Faculté de théologie, c'est-à-dire huit ou dix soupiers et marmitons, comme porte-enseignes et trompettes de la sédition, déclarerent tous les sujets de ce royaume absous du serment de fidélité et obéissance qu'ils avoient jurée à Henri de Valois, n'agueres leur roy; rayerent son nom des prieres de l'Eglise, composérent les suivantes pour les princes catholiques, et firent entendre qu'on pouvoit en conscience prendre les armes contre ce tyran exécrable Henri de Valois, qui avoit violé la foi publique, au notoire préjudice et contemnement de leur sainte foy catholique *romaine*, et de l'assemblée des Etats du royaume.

Pone, te Domine, signaculum super famulos tuos principes nostros christianos, ut qui pro tui nominis defensione et communi salute accincti sunt gladio, cœlestis auxilii virtute muniti, hostium tuorum comprimant feritatem, contumaciam prosternant, et à cunctis eorumdem protegantur insidiis. Per Dominum.

SECRETA.

Oblatis quæsumus, Domine, placare muneribus; et ut omni pravitate devicta, errantium corda ad Ecclesiæ tuæ redeant unitatem, opportunum christianis nostris principibus tribue benignus auxilium. Per Dominum.

POST-COMMUNIO.

Hæc, Domine, salutaris sacramenti perceptio famulos tuos principes nostros, populo in afflictione clamanti divina tua miseratione concessos, ab omnibus tueatur adversis : quatenus ecclesiasticæ pacis obtineant tranquillitatem, et post hujus vitæ decursum ad æternam perveniant hereditatem. Per Dominum.

Furent faites à Paris force images de cire qu'ils tenoient sur l'autel, et les piquoient à chacune des quarante messes qu'ils faisoient dire durant les quarante heures en plusieurs paroisses de Paris; et à la quarantiéme, piquoient l'image à l'endroit du cœur, disans à chaque picqueure quelque parole de magie, pour essayer à faire mourir le Roy. Aux processions pareillement, et pour le même effet, ils portoient certains cierges magiques qu'ils appelloient par mocqueries cierges benits, qu'ils faisoient éteindre au lieu où ils alloient, renversans la lumiere contre bas, disans je ne sçais quelles paroles que des sorciers leur avoient appris.

Le lundy 30 janvier, on fit en la grande eglise de Paris un solemnel et magnifique service pour les deffunts duc et cardinal de Guise, encor qu'étans martyrs, comme les prédicateurs et ligueurs le publioient, ils n'en eussent pas beaucoup affaire. Il y eut aussi grand concours que si c'eussent été les funerailles d'un roy. L'evêque de Rennes (1) fit le service, et Pigenat (2)

---

(1) *L'evêque de Rennes* : Aimar Hennequin, abbé d'Epernay, évêque de Rennes. C'étoit un des plus zélés ligueurs, quoique sa famille eût beaucoup d'obligations au roi Henri III. — (2) *Pigenat* : François Pigenat, curé de Saint-Nicolas-des-Champs.

l'oraison funebre. La ville fit les frais de la cire, et le chapitre de Paris le surplus des autres frais.

Sur la fin de ce mois se firent plusieurs processions par la ville, premierement des enfans, puis des religieux, et ensuite de toutes les paroisses de Paris, de tous âges, sexes et qualités, la plûpart en chemises et nuds pieds, quoiqu'il fist bien froid.

Le premier de février, sur les dix heures du soir, le duc de Nemours, échapé par subtil moyen du château de Blois, où il étoit prisonnier, arriva à Paris.

Le 7 février, le posthume fils du duc de Guise fut porté de l'hôtel de Guise à Saint-Jean-en-Greve, où il fut tenu sur les fonds par la ville de Paris, qui le nomma François (1), et par la duchesse d'Aumale. La ceremonie fut magnifique : car la plûpart des capitaines des dixaines de Paris marchoient deux à deux, portans flambeaux de cire blanche; et étoient suivis des archers, arquebusiers et arbalestriers de la ville, portans semblables flambeaux. Fut donnée en l'hôtel de ville une belle collation, et l'artillerie tirée.

Le 14 février, jour du mardy-gras, se firent de dévotes processions, au lieu des dissolutions et mascarades : entr'autres s'en fit une de six cents ecoliers pris de tous les colleges, dont la plûpart avoient au plus douze ans, qui marchoient nuds en chemises, portans un cierge de cire blanche, et chantans bien dévotement.

Le peuple étoit si enragé, s'il faut parler ainsi, qu'après ces dévotions processionnaires il se levoit

---

(1) *Qui le nomma François* : Il fut nommé Alexandre Paris, et non pas François. Il a été chevalier de Malte, et gouverneur de Provence. Il est mort le premier juin 1614.

souvent de nuit, et faisoit lever leurs curés et prêtres de la paroisse pour les mener en procession : comme ils firent en ces jours au curé de Saint-Eustache (¹), lequel, pensant leur faire quelque remontrance, fut appellé politique et heretique, et enfin contraint de les mener promener. Ce bon curé, avec deux ou trois autres de Paris, condamnoient avec raison ces processions nocturnes, où hommes et femmes, garçons et' filles, marchoient pesle mesle, et où tout étoit de carême prenant : c'est assés dire qu'on en vit des fruits.

Ce bon religieux de chevalier d'Aumale, qui en faisoit ses jours gras, s'y trouvoit ordinairement; et même aux grandes ruës et aux eglises jettoit au travers d'une sarbacanne des dragées musquées aux demoiselles par lui reconnuës, ausquelles il donnoit ensuite des collations, où la *Sainte Veuve* (²) n'étoit oubliée, qui, seulement couverte d'une fine toille, et d'un point coupé à la gorge, se laissa une fois mener par-dessous le bras au travers de l'eglise de Saint-Jean, et muguetter et attoucher, au scandale de plusieurs qui alloient de bonne foy à ces processions.

Les prédicateurs en leurs sermons disoient mille injures du Roy. « Ce teigneux, disoit Boucher, est tou-
« jours coëffé à la turque d'un turban, lequel on ne
« lui a jamais vû ôter, même en communiant, pour
« faire honneur à Jesus-Christ; et quand ce malheu-
« reux hipocrite faisoit semblant d'aller contre les reis-
« tres, il avoit un habit d'Allemand fourré, et des cro-

(¹) *Curé de Saint-Eustache :* Il se nommoit René Benoist. — (²) *La Sainte Veuve :* La dame de Sainte-Beuve, cousine du chevalier d'Aumale.

« chets d'argent, qui signifioient la bonne intelligence
« et accord qui étoit entre lui et ces diables noirs em-
« pistolés. Bref, c'est, dit-il, un Turc par la tête, un
« Allemand par le corps, une harpie par les mains, un
« Anglois par la jarretiere, un Polonois par les pieds,
« et un vrai diable en l'ame. »

Le mercredy, jour des cendres, Lincestre dit en son sermon qu'il ne prêcheroit point l'Evangile, pour ce qu'il étoit commun, et que chacun le sçavoit; mais qu'il prêcheroit la vie, gestes et faits abominables de ce perfide tyran Henri de Valois, contre lequel il dégorgea une infinité de vilainies et injures, disant qu'il invoquoit les diables; et pour le faire ainsi croire à ce sot peuple, tira de sa manche un des chandeliers du Roy que les Seize avoient dérobés aux Capucins, et ausquels il y avoit des satyres engravés, [comme il y en a en beaucoup de chandeliers :] lesquels il affirmoit être les démons du Roy, que ce miserable tyran, disoit-il au peuple, adoroit pour ses dieux, et s'en servoit en ses incantations.

Le 17 février, les personnages choisis et nommés par les Seize pour tenir le conseil général de la sainte Union furent arrêtés. Sènault ne s'y faisoit nommer que secrétaire; mais en effet il en étoit le premier president : car quand au conseil s'il se proposoit quelque affaire qui ne lui plaisoit pas, et qu'il voyoit que d'un commun consentement elle étoit prête à passer, se levant il disoit tout haut : « Messieurs, je l'empêche, et
« je m'y oppose pour quarante mil hommes. » A laquelle voix ils baissoient la tête comme cannes, et ne disoient plus mot.

Le mardy 21 février, le chevalier d'Aumale sortit

de Paris pour quelque exploit de guerre, comme il disoit ; qui fut de passer premierement à Poissy, où il visita les religieuses, ausquelles entr'autres bons propos il dit et assura par serment que depuis trois ans il ne s'étoit confessé et n'avoit reçû son Créateur, et ne le recevroit qu'il n'eût executé un dessein qu'il avoit en tête, et qu'on a découvert depuis être de faire par toute la France une Saint-Barthelemy de tous les serviteurs du Roy. De Poissy, il alla à Fresnes, maison du seigneur d'O; fit tuer huit soldats en sa présence, et pilla toute la maison, des mieux meublées qu'il y eût en France. Etant entré en la chapelle enrichie de beaux ornemens, des armes du Roy et de tableaux exquis, il fit et aida à mettre tout en pieces; et après ces beaux exploits, lui et ses satellites firent leurs ordures en cette chapelle.

Le mercredy premier jour de mars, on apprit à Paris le transport des prisonniers (1) de Blois à Amboise; et fut en ce tems découverte la trahison de Longnac, qui, feignant d'être en la malegrace du Roy, avoit envoyé à Paris Bourbonne son oncle avec le frere du capitaine Le Gast, pour essayer à tromper les Parisiens, en tirant d'eux deux cent mil écus, et une ville forte pour leur retraite, sous promesse de leur rendre tous les prisonniers que le Roy tenoit. Mais les Parisiens ayant découvert la fourbe, les serrerent tous deux en la Bastille, d'où ils furent retirés quelque

---

(1) *Le transport des prisonniers :* Au moment de la mort des Guises, le Roi avoit fait arrêter le cardinal de Bourbon, le jeune duc de Guise, les ducs d'Elbœuf et de Nemours, l'archevêque de Lyon, le président de Neuilly, Marteau son gendre, maître des comptes et prévôt des marchands de Paris; et un jeune abbé nommé Cornac.

tems après, et rendus en échange avec La Chapelle-Marteau.

Le samedy 4 mars, le conseil d'Etat de l'Union envoya en la maison de Molan (1), tresorier de l'espargne, pour la fouiller, et découvrir les cachettes d'argent, joyaux et autres meubles précieux, decelées, à ce qu'on disoit, par les maçons qui les avoient faites. De fait, l'avis se trouva bon : car ils y trouverent des monceaux d'or et d'argent, de vaisselle d'or et d'argent, de bagues, et autres bonnes besongnes sans nombre, qui accommoderent fort les larrons de l'Union, ausquels il sembloit que la France eût exprès nourri d'autres larrons, pour faire un fonds qui leur pût servir à faire la guerre contre leur Roy.

En même tems les Seize, affriandés du gain de leurs recherches, firent l'inventaire, avant qu'ils fussent morts, des meubles et argent du docteur Amelot, prieur de Saint-Martin-des-Champs, du president Amelot son frere, et du president de Verdun, ausquelles maisons on disoit avoir eté trouvé par eux quarante mil écus et plus.

Le dimanche 12 mars, notre maistre Benedicti, cordelier, à l'issuë de son sermon dit : « Messieurs, nous « donnerons à Molan, ce grand larron du tyran, un « *ave*; et s'il s'en trouve un plus grand que lui, nous « lui donnerons la patenotre toute entiere. »

Le lundy 13, le duc de Mayenne fit à la cour le serment de lieutenant géneral de l'Etat royal et cou-

(1) *De Molan* : Pierre Molan, trésorier de l'épargne, avoit amassé de grands biens : son trésor fut découvert par les domestiques du duc de Mayenne. De Thou fait monter ce trésor à trois cent soixante mille écus.

ronne de France; laquelle qualité ridicule lui ayant été déferée par seize faquins, lui fut confirmée par le parlement imaginaire, le vrai parlement étant captif en diverses prisons de la ville. Et est à remarquer que, par les lettres de lieutenant géneral [octroyées au duc de Mayenne,] il fut ordonné qu'il y auroit deux sceaux nouveaux de differente grandeur aux armes de France : le grand pour le conseil, et le petit pour les parlemens et chancelleries, dont l'inscription seroit le scel du royaume de France.

Un sire de Paris fit peindre en ce tems le duc de Mayenne avec une couronne impériale sur la tête.

Le samedy 18, par ordonnance du duc de Mayenne et du conseil de l'Union, furent tirez des prisons du Louvre et de la Bastille le doyen Seguier, les conseillers Perrot, Jourdain, Du Puys, Turnebus; les presidens Amelot et Forget, le secretaire Mortier et l'avocat Beney; et remis en liberté, qui fut rachetée de la plupart par quelque somme. Combien qu'ils fussent seulement chargés du soupçon de favoriser le party du Roy, la réputation d'être riche étoit un des plus mauvais témoins qu'on eût sçû avoir. Les autres demeurent prisonniers, encor qu'ils ne fussent plus coupables que ceux qu'on avoit élargis. La *Sainte Veuve* se mocquoit des demoiselles et femmes de bien qui alloient voir leurs maris à la Bastille : « Je « prens, disoit-elle, un singulier plaisir à voir ces de- « moiselles crottées, qui vont à la Bastille raccoutrer « les hault de chausses de leurs maris. »

Le vendredy 24 de ce mois, le Roy, par un édit, transporta à Tours l'exercice de la justice, qui se souloit rendre en la cour de parlement de Paris; et là fut fait avocat du Roy maître Louis Servin, par démission de maître Jacques Faye, que le Roy honora de l'état de président en la cour; et pour le regard de Servin, Sa Majesté, en faisant difficulté audit de Faye pour la legereté de son esprit, et parce qu'on lui avoit dit que ledit Servin n'étoit pas bien sage, ledit de Faye lui repliqua que les sages avoient perdu son Etat, et qu'il falloit que les fols le rétablissent.

En ce même mois, le ministre d'Amours, frere du conseiller, ayant été découvert dans Paris, fut mené à la Bastille; et nonobstant sa profession, y fut mieux traité par Bussy Le Clerc que pas un des autres prisonniers: disant ledit Bussy, en jurant Dieu comme un zelé catholique, que d'Amours, tout huguenot qu'il étoit, valoit mieux que tous ces politiques de presidens et de conseillers, qui n'étoient que des hipocrites; et fit si bien que le ministre sortit.

En ce tems, les Tholosains tuerent Duranti, premier president, et d'Affis, avocat du Roy en ce parlement; et pendirent l'effigie de Sa Majesté, qu'ils trouverent en la maison de ville.

Le vendredy saint, dernier de mars, le maréchal d'Aumont s'empara d'Angers, sans autre perte que d'un homme. Il entroit par une porte, comme Brissac sortoit par une autre: ce heros quittant assez lâchement la place avant de mettre en exécution ce qu'il avoit protesté en cette semaine sainte, qui étoit de noyer les femmes et les filles de ceux qui ne voudroient pas signer la Ligue.

Lincestre, le vendredy saint, dit à un des premiers de l'Union, qui faisoit scrupule de faire ses pâques, pour la vengeance qu'il avoit empreinte dans le cœur contre Henri de Valois, qu'il s'arrêtoit en beau chemin, et faisoit conscience de rien : attendu qu'eux tous, et lui-même le premier, qui consacroit chacun jour en la messe le corps de Notre-Seigneur, n'eût fait scrupule de le tuer, ores qu'il eût été à l'autel, tenant en main le précieux corps de Dieu.

Le dimanche dernier d'avril, le roy de Navarre, après avoir été mandé du Roy et s'être acheminé avec petite troupe, passa la riviere pour venir trouver Sa Majesté au Plessis-lez-Tours. Au passage de la riviere, il dit à un des siens qui lui vouloit donner quelque ombrage pour ce qu'il alloit faire : « Dieu m'a dit que « je passe et que je voise. Il n'est en la puissance de « l'homme de m'en garder, car Dieu me guide et passe « avec moy. Je suis assuré de cela; et si me fera voir « mon Roy avec contentement, et trouver grace devant « luy : » comme il advint. Il est incroyable la joye que chacun montra dans cette entrevuë; et il s'y trouva telle foule de peuple, que nonobstant tout l'ordre qu'on essaya d'y donner, les deux Roys furent un grand quart d'heure dans l'allée du parc du Plessis à se tendre les bras l'un à l'autre sans se pouvoir joindre; pendant lequel temps tous crioient avec grande force et exaltation : *vive le Roy! vive le roy de Navarre! vivent les Roys!* Enfin s'étant joints, ils s'embrasserent très-amoureusement, même avec larmes. Le roy de Navarre se retirant le soir, dit : « Je mourrai content dés-« ormais, puisque Dieu m'a fait la grace de voir la « face de mon Roy. »

En ce temps, le Roy ayant reçu nouvelles que le Pape le vouloit excommunier, et en ayant reçu avis de Rome, assembla son conseil, et y proposa trois moyens possibles et faisables pour rompre ce coup et divertir l'orage qui le menaçoit, disant que qui voudroit se mocqueroit de ses foudres. Mais quant à lui, il les avoit toujours craints, et craignoit plus qu'il ne faisoit toutes les forces et canons de la Ligue.

Le 28 avril, le duc de Mayenne, qui s'étoit avancé jusques aux fauxbourgs d'Amboise et de Tours, chargea et deffit le comte de Brienne, qui avoit neuf enseignes, dont deux ou trois furent prises.

Le samedy 6 may, par sentence du prevôt de Paris confirmée par la cour, fut brûlée toute vive en Greve une pauvre femme huguenotte qui ne voulut jamais se dédire.

La nuit du lundy 8 de may, le duc de Mayenne enleva le fauxbourg de Saint-Simphorien de Tours à la barbe et vûë de son maître, qui eut telle peur qu'il fut sur le point de quitter la ville et s'en aller; et ne fut Sa Majesté bien rassurée (1), jusqu'à ce qu'il eût ouy des nouvelles du roÿ de Navarre, qui étoit parti de Tours pour aller à la guerre, et qui, étant averti du Roy de cette charge, y retourna tout court, jurant son ventre-sainct-gris que s'il y eût été, il en fût allé autrement. Mais c'en étoit fait quand il rentra dans Tours, la crainte du seul nom de ce prince ayant arrêté la plus grande fureur des ennemis, qui sans cela eussent passé outre. Ils mirent le feu dans le fauxbourg, après y avoir commis d'honteux et cruels excès. Le chef de la plupart de ces braves exploits étoit le

(1) *Ne fut Sa Majesté bien rassurée:* On croit que Henri III étoit trahi par un de ses courtisans, qui le vouloit livrer au duc de Mayenne; et peu s'en fallut que la chose ne réussît. Heureusement le roi de Navarre arriva avec quelques troupes, et délivra le Roy du danger où il étoit. Le duc de Mayenne abandonna précipitamment l'entreprise, dès qu'il sut que le roi de Navarre étoit à Tours.

chevalier d'Aumale. Ses gens ayant trouvé deux calices, l'un d'estain et l'autre d'argent, laisserent celui d'estain, pource, disoient-ils, qu'il étoit de la Ligue; et prirent celui d'argent, qui étoit hérétique et royal, et partant de bonne prise. Ces bons catholiques avoient coupé la corde qui tenoit le ciboire, pensans qu'il fût d'argent; mais trouvans qu'il étoit de cuivre, le jetterent à terre par dépit. Le chevalier d'Aumale eut pour butin une fille de Tours âgée de douze ans, qu'il força dans un grenier, le poignard sur la gorge.

Selon les Mémoires de l'Union imprimés à Paris, le duc de Mayenne eut le corps mort de Saint-Mallin, qu'on disoit avoir donné au duc de Guise le premier coup de poignard; lequel corps, par arrêt de son grand prevôt, eut le poing et la tête coupée, et pendu par les pieds; [et pour servir de témoignage de sa trahison,] un écriteau attaché, contenant que, [pour la punition exemplaire de sa damnable exécution,] la tête sera portée à Montfauçon, attendant qu'elle soit accompagnée de celle de Henri de Valois, [auteur de si lâche trahison. Ce sont les propres mots extraits du livre imprimé à Paris par Nivelle et Thierry, intitulé *Discours ample et véritable de la défaite obtenue au fauxbourg de Tours sur les troupes de Henri de Valois.*]

Est à noter que lorsque les écharpes blanches parurent en l'isle pour le secours du Roy, le duc de Mayenne et ses troupes commencerent à leur crier : « Retirez-« vous, écharpes blanches, retirez-vous, Chastillon! « Ce n'est pas à vous que nous en voulons : c'est aux « meurtriers de votre pere. » Voulans par-là faire entendre qu'ils n'en vouloient qu'au Roy et non pas aux

huguenots, et que la vengeance et l'attentat à la couronne étoit le vrai sujet de leurs armes. Mais Chastillon,
entre les autres, leur répondit : « Vous êtes tous des
« traîtres à votre patrie. Je mets sous les piéds toute ven-
« geance et tout intérêt particulier, où il y va du service
« de mon prince et de l'Etat. » Ce qu'il dit si haut, que
Sa Majesté même l'entendit, qui l'en loua et l'en aima.

Le Roy ne voulut poursuivre d'avantage le duc de
Mayenne, après cette chaufourée, dans un des fauxbourgs de Tours, ni que le roi de Navarre y allât,
disant qu'il n'étoit raisonnable de hazarder un double
Henri contre un Carolus (1).

Le vendredy 12, à Paris, on fit fête chommée, ce
jour étant l'an révolu du jour des barricades.

Le mercredy 17 de may, le duc de Longueville, La
Nouë, Givri et autres, qui tenoient Compiegne pour
le Roy, vinrent au secours de Senlis, que Thoré avoit
surpris par intelligence le 26 d'avril, et étoit assiegée
par les ligueurs; et mirent en déroute leur armée, qui
montoit de neuf à dix mil hommes. Maineville, que
le Roy nommoit Maineligue, et les hommes de Paris
qu'il conduisoit, firent beaucoup mieux que les Wa-
lons de Balagni et les soldats du duc d'Aumale, qui dès
le commencement de la charge prirent l'épouvente et
la fuite, comme ce duc, qui fuît jusqu'à Saint-Denis
sans regarder derriere lui (2); et abandonnerent canons;

(1) *Un double Henri contre un Carolus* : Allusion à la monnoie cou-
rante : un henri étoit une pièce d'or, et le carolus étoit une pièce de
billon, qui ne valoit pas plus de dix deniers tournois. —(2) *Sans regarder derriere lui :* Nous croyons devoir citer des vers très-spirituels et
très-piquans qui furent faits à cette époque sur la fuite du duc d'Aumale.

A chacun Nature donne
Des pieds pour le secourir;

bagages, et leurs compagnons, dont plusieurs furent tués. Maineville (¹) leur chef demeura mort sur la place.

> Les pieds sauvent la personne:
> Il n'est que de bien courir.
>
> Ce vaillant prince d'Aumale,
> Pour avoir fort bien couru,
> Quoiqu'il ait perdu sa male,
> N'a pas la mort encouru.
>
> Ceux qui étoient à sa suite
> Ne s'y endormirent point,
> Sauvant par heureuse fuite
> Le moule de leur pourpoint.
>
> Quand ouverte est la barriere,
> De peur de blâme encourir,
> Ne demeurez point derriere :
> Il n'est que de bien courir.
>
> Courir vaut un diadême :
> Les coureurs sont gens de bien;
> Tremon, et Balagny même,
> Et Congy le savent bien.
>
> Bien courir n'est pas un vice :
> On court pour gagner le prix;
> C'est un honnête exercice :
> Bon coureur n'est jamais pris.
>
> Qui bien court est homme habile,
> Et a Dieu pour son confort;
> Mais Chamois et Mayneville
> Ne coururent assez fort.
>
> Souvent celui qui demeure
> Est cause de son meschef :
> Celui qui fuit de bonne heure
> Peut combattre de rechef.
>
> Il vaut mieux des pieds combattre,
> En fendant l'air et le vent,
> Que se faire occire et battre
> Pour n'avoir pris le devant.
>
> Qui a de l'honneur envie
> Ne doit pourtant en mourir :
> Où il y va de la vie,
> Il n'est que de bien courir.

(1) *Maineville :* François de Roncherolles de Maineville étoit lieutenant du duc de Mayenne au gouvernement de Paris. Comme il avoit

Il faisoit lors à Paris fort dangereux de rire : car ceux qui portoient seulement le visage un peu gay étoient tenus pour politiques; et il y eut une maison honorable qui faillit d'être saccagée, pour ce que la servante avoit rapporté que son maître et sa maîtresse avoient ce jour-là ri de bon courage.

Le jeudy 18, les troupes de Saveuses et Forceville, seigneurs picards, furent deffaites à Bonneval par Chastillon. Saveuses, pris et blessé, fut mené à Baugency, où il mourut en catholique zelé, c'est-à-dire desesperé, sans vouloir demander pardon à Dieu, ni reconnoître le Roy. Il portoit en sa cornette la croix de Lorraine, avec ces paroles en lettres d'or : *Morir, ó mas contento*. Chastillon étant ensuite venu à Tours, Sa Majesté l'embrassa par deux fois, et le tint deux heures dans son cabinet.

Le mardy 20 juin, fut faite à Paris une solemnelle procession, en laquelle furent portés par les evêques les corps de saint Denis, de saint Rustic et de saint Eleuthere; et la chasse de saint Louis, son chef, et le chef de saint Denis, furent portés par des conseillers de la cour de parlement, vêtus en robes rouges.

En ce mois, deux honnêtes dames de Paris, de la religion, lesquelles, pour en faire ouverte profession et n'avoir obéy aux edits du Roy, étoient [depuis les barricades] toujours demeurées cachées en leurs maisons, et qui çà, qui là, tantôt en un endroit et tantôt en l'autre, ayant été finallement découvertes, tomberent entre les mains du peuple, qui, sans autre figure ni forme de procès, les vouloit saccager et traîner

---

une grande réputation parmi les ligueurs, ils firent d'horribles imprécations contre la ville de Senlis.

en la riviere, étant reconnuës de tout le monde pour huguenottes qui n'alloient point à la messe, d'où elles furent recouvrées et garanties miraculeusement par Lincestre, un des docteurs tirans gages de madame de Montpensier, et des plus séditieux et fendans prédicateurs de Paris qui ne prêchoient que le sang et le meurtre, principalement contre telles gens, au logis duquel à cette occasion ces deux dames furent traînées par cette populace furieuse, afin d'avoir plus de couverture de les faire mourir, après avoir parlé à ce docteur, qu'ils croyoient leur devoir servir de guide et porte-enseigne à l'exécution qu'ils se préparoient faire, comme aussi ces deux bonnes dames ne s'attendoient à guéres mieux, attendu la renommée et qualité du personnage, et le temps, et la religion dont elles faisoient profession; et toutesfois, comme si de loup en un instant cet homme eût été transformé en agneau, et devenu tout un autre homme, elles trouverent en lui tant de douceur et d'humanité, qu'après avoir conferé amiablement avec elles, remontré et disputé sur les points de leur religion, les ayant trouvées fermes, et résoluës d'y persister, et même ayant trouvé à une desdites dames une méditation de Théodore de Beze sur le pseaume quatrevingt, après lui avoir renduë, non-seulement les conduisit lui-même en lieu de sûreté, les tirant des mains de cette populace enragée, à laquelle il fit accroire qu'elles étoient toutes réduites et converties à retourner à la messe, encor qu'elles n'en eussent rien promis; mais aussi leur donna moyen d'évader et sortir de la ville, et leur aida en ce qu'il pût, Dieu les retirant du gouffre de la mort par les mains de cet homme leur capital ennemy, et se servant de lui en cet œuvre pour les conserver et mettre en liberté. Ce qui seroit mal-aisé à croire, s'il n'avoit été témoigné par la bouche de ces honnêtes dames, lesquelles, avec exaltation et louanges à Dieu, le conterent à une honnête demoiselle de mes amies, de laquelle je l'ai appris.

Le mercredy 5 juillet, les cordeliers ôterent la tête à la figure du Roy, qui étoit peint à genoux, priant Dieu auprès de sa femme, au-dessus du maître-autel de leur eglise; et les jacobins barbouillerent tout le visage d'une pareille figure du Roy en leur cloître. Belle occupation de gens qui n'ont que faire, et ouvrage digne de moines.

Le vendredy 7 juillet, quelques troupes de la Ligue entrerent par force dans Villeneuve Saint George, et firent mille brutalités et inhumanités. Il n'y avoit ni ordre ni discipline militaire en l'armée du duc de Mayenne, ni seulement apparence de religion : car quoiqu'ils se dissent catholiques, ils ne laissoient point de manger publiquement de la chair aux jours deffendus; et pour prouver leur impiété, ils contraignoient les prêtres, le poignard sur la gorge, de baptiser (car ils usoient de ce mot) les veaux, moutons, cochons, etc., et leur donner les noms de carpes, brochets, barbeaux; et sur les plaintes qu'on en faisoit au duc de Mayenne, qui ne le pouvoit ignorer, il répondoit : « Il faut pa- « tienter, j'ai besoin de toutes mes pieces pour vaincre « le tyran. »

Le Roy étant à Estampes [1] reçut les nouvelles de son excommunication, qui le fâcherent fort; et le dit au roy de Navarre son beau-frere, qui lui dit qu'il n'y avoit

[1] *Estampes* : Le Roy s'en étoit rendu maître peu de jours auparavant.

qu'un remede à cela, qui étoit de vaincre, car il seroit incontinent absous : et qu'il n'en doutât point ; mais s'ils étoient vaincus et battus, qu'ils demeureroient excommuniés, voire aggravés et réaggravés plus que jamais.

Le 20 juillet, l'archidiacre Fare et l'archidiacre Du Mesnil sortirent du Louvre, où ils avoient long-tems demeuré prisonniers; et ce, par la porte d'argent

Le jeudy 27, un gentilhomme envoyé de la part du Roy dit à madame de Montpensier qu'il avoit charge de Sa Majesté de lui dire qu'il étoit bien averti que c'étoit elle qui entretenoit le peuple dans sa rebellion; mais que s'il y pouvoit jamais entrer, il la feroit brûler toute vive. A quoy elle répondit, sans autrement s'étonner : « Le feu est pour les sodomites comme lui, et « non pas pour moy ; » et au surplus, qu'elle feroit tout ce qu'elle pourroit pour le garder d'entrer dans Paris.

Sur la fin de juillet, les deux Rois approcherent leur camp de Paris. Le Roy prit son logis à Saint-Cloud, en la maison de Gondi, d'où il voyoit tout à son aise sa ville de Paris, qu'il disoit être le cœur de la Ligue ; et que pour la faire mourir, il lui falloit donner le coup droit au cœur.

Le lundy dernier jour de juillet, les Parisiens étonnés de se voir si étroitement investis, entendans que le Roy se mettant par fois aux fenêtres, et regardant Paris, disoit : « Ce seroit grand dommage de ruiner une si « belle et bonne ville : toutesfois si faut-il que j'aye rai- « son des rebelles qui sont dedans, et m'en ont ignomi- « nieusement chassé ; » étant aussi avertis que le dimanche pénultieme de juillet le Roy s'étoit vanté d'entrer dans Paris le mardy ou mercredy suivant, firent resserrer dans les prisons trois cents bourgeois des plus notables de ceux qu'ils appelloient politiques ou huguenots.

Le mardy premier jour d'août, un jeune religieux, prêtre de l'ordre de saint Dominique, natif du village de Sorbonne, à quatre lieuës de Sens, des pieça persuadé et résolu de faire ce qu'il exécuta, étant parti le lundy précédent à cet effet, et pour lequel les politiques avoient été le même jour enfermés, se fit conduire chez le Roy, où il eut entrée par le procureur général La Guesle. Il étoit environ huit heures du matin, quand le Roy fut averti qu'un moine de Paris vouloit lui parler; et étoit sur sa chaise percée, ayant une robe de chambre sur ses épaules, lorsqu'il entendit que ses gardes faisoient difficulté de le laisser entrer : dont il se courrouça, et dit qu'on le fist entrer; et que si on le rebutoit on diroit qu'il chassoit les moines, et ne les vouloit voir. Incontinent le jacobin entra, ayant un couteau tout nud dans sa manche; et ayant fait une profonde révérence au Roy, qui venoit de se lever, et n'avoit encor ses chausses attachées, lui présenta des lettres de la part du comte de Brienne, et lui dit qu'outre le contenu des lettres, il étoit chargé de dire en secret à Sa Majesté quelque chose d'importance. Lors le Roy commanda à ceux qui étoient près de lui de se retirer, et commença à lire la lettre que le moine lui avoit apportée, pour l'entendre après en secret; lequel moine voyant le Roy attentif à lire, tira de sa manche son couteau, et lui en donna droit dans le petit ventre, au-dessous du nombril, si avant qu'il laissa le couteau dans le trou; lequel le Roy ayant retiré à grande force, en donna un coup de la pointe sur le sourcil gauche du moine, et s'écria : « Ha, le méchant moine ! Il m'a « tué, qu'on le tuë ! » Auquel cry étant vîtement accourus les gardes et autres, ceux qui se trouverent les plus près massacrerent cet assassin de jacobin aux pieds du Roy; et sur ce que plusieurs estimerent que ce fut quelque soldat déguisé, paroissant cet acte trop hardi pour un moine, ayant été incontinent tiré mort de la chambre du Roy, fut dépouillé nud jusqu'à la ceinture, couvert de son habit, et exposé au public.

Le mercredy 2 d'août, deux heures après minuit, le Roy mourut. Son corps embaumé et mis en plomb fut, par le roy de Navarre proclamé roy de France en l'armée, fait porter en l'abbaye de Saint-Cornille de Compiegne. Ses intestins furent enterrés au côté du maître-autel de l'eglise de Saint Cloud, avec cet epitaphe en lettres d'or (1).

D. O. M.
ÆTERNÆ MEMORIÆ HENRICI III, GALLIÆ ET POLONIÆ REGIS.

Adsta, viator, et dole regum vicem!
Cor Regis isto conditum est sub marmore
Qui jura Gallis, Sarmatis jura dedit:
Tectus cucullo hunc sustulit sicarius.
Abi, viator, et dole regum vicem!
[Quod ei optaveris, tibi eveniat.

C. BENOISE, *scriba regius, et magister ratiqnum, domino suo beneficentissimo, meritissimo.* P. A. 1594.

Ces dernieres paroles sont de la même inscription, au bas de laquelle dans une table de marbre noir sont ces vers françois :

Si tu n'as point le cœur de marbre composé,
Tu rendras cettui-cy de tes pleurs arrosé,
Passant dévotieux, et maudiras la rage
Dont l'enfer anima le barbare courage

(1) *En lettres d'or:* Cette inscription est de Benoise, secrétaire du cabinet de Henri III, et qui fut depuis maître des comptes.

Du meurtrier insensé qui plongea sans effroy
Son parricide bras dans le flanc de son Roy,
Quand ces vers t'apprendront que dans du plomb enclose
La cendre de son cœur sous ce tombeau repose :
Car comment pourrois-tu ramentevoir sans pleurs
Ce lamentable coup, source de nos malheurs,
Qui fit que le ciel même, ensanglantant ces larmes,
Maudit l'impiété de nos civiles armes.
Helas ! il est bien tigre ou tient bien du rocher,
Qui d'un coup si cruel ne se sent point toucher !
Mais ne rentamons point cette inhumaine playe,
Puisque la France même en soupirant essaye
D'en cacher la douleur et d'en feindre l'oubli ;
Ains, d'un cœur gémissant et de larmes rempli,
Contentons-nous de dire, au milieu de nos plaintes,
Que cent rares vertus icy gissent éteintes :
Et que si tous les morts se trouvoient inhumés
Dans les lieux qu'en vivant ils ont le plus aimés,
Le cœur que cette tombe en son giron enserre
Reposeroit au ciel, et non pas en la terre.]

Ce Roy étoit un bon prince, s'il eût rencontré un meilleur siécle. Il étoit né à Fontainebleau le samedy 20 septembre 1551, et fut appellé Alexandre Edouard (1). Son parain fut Edouard VI, roy d'Angleterre, et Antoine de Bourbon ; la maraine, la princesse de Navarre sa femme. On a observé qu'au lieu même, au logis même, à l'heure même et au jour même de sa blessure mortelle, le massacre de la Saint-Barthelemy avoit été conclu : ce pauvre Roy, qu'on appelloit lors Monsieur, présidant au conseil en 1572, à sçavoir au bourg de Saint-Cloud, dans le logis de Gondy (2), en la même

(1) *Alexandre Edouard :* Ces noms furent changés, à la confirmation, en celui de Henri. Il étoit né le 19 septembre. — (2) *Dans le logis de Gondy :* Le massacre de la Saint-Barthelemy avoit été arrêté au Louvre, et non pas à Saint-Cloud. Il paroît certain que Henri III, avant son retour de Pologne, n'étoit jamais entré dans la chambre où il a été assassiné.

chambre et à la même heure, qui étoit huit heures du matin; le déjeuner, qui étoit trois brochées de perdreaux, attendant en bas les conspirateurs.

Le roy de Navarre, après sa mort, laquelle il ne pleura pas beaucoup, bien qu'il protesta de la venger, prenant titre de roy de France et de Navarre, retint les forces du camp et de l'armée comme elle étoit à Saint-Cloud. Au contraire, la ville de Paris et les autres villes liguées baillerent au cardinal de Bourbon, prisonnier, le titre de roy de France, et en firent des images qui le représentoient roy en papier.

Le corps mort de frere Jacques Clement fut tiré à quatre chevaux, et mis en quatre quartiers; puis brûlé en la place qui est devant l'eglise dudit bourg de Saint-Cloud, par le commandement de Henri de Bourbon, quatrieme du nom, roy de France et de Navarre, duquel le regne commença le mercredy 2 août 1589, et prit fin celui des Valois, qui avoient regné en France depuis l'an 1515, par la mort de Henri, troisieme du nom, roy de France et de Pologne, dernier de ladite race des Valois.

Non audet stygius Pluto tentare quod audet
Effrenis monachus, plenaque fraudis anus (1).

liberè, sed verè.

(1) *Plenaque fraudis anus :* Madame de Montpensier.

LE PROCEZ VERBAL

DU NOMMÉ

NICOLAS POULAIN,

LIEUTENANT DE LA PREVOSTÉ DE L'ISLE DE FRANCE;

Qui contient l'histoire de la Ligue, depuis le 2 janvier 1585 jusques au jour des Barricades, escheues le 12 may 1588.

L'AN 1585, le deuxieme jour de janvier, furent à moi Nicolas Poulain, lieutenant de la prevôté de l'isle de France, natif de Saint-Denys en France, envoyez, de la part du parti de messieurs de la Ligue de Paris, maître Jean Le Clerc, procureur en la cour de parlement, et Georges Michelet, sergent à verge au châtelet de Paris, qui me connoissoient de vingt ans et plus, et avec lesquels j'avois ordinairement fréquenté. Et après m'avoir parlé de plusieurs affaires, me firent entendre qu'il se présentoit une belle occasion où, si je voulois, il y avoit moyen de gagner une bonne somme de deniers pour se mettre à son aise, avec la faveur de plusieurs grands seigneurs et personnages de la ville de Paris et d'ailleurs, qui avoient moyen de me faire avancer, pourveu que je leur fusse fidelle en ce qui me seroit donné par eux en charge, qui n'étoit sinon pour la conservation de la foi catholique, apostolique et romaine. Ce que je leur jurai et promis faire; et sur cette assurance, il me fut donné jour par ledit Le Clerc le lendemain en son logis. Et ledit jour du lendemain 3 dudit mois, sur les huit heures du matin, me serois transporté au logis dudit Le Clerc, où étoient aucuns des habitans de la dite ville qui étoient du parti, et avec eux un gentilhomme nommé le seigneur de Mayneville, qui leur étoit envoyé (comme ils disoient) par le duc de Guyse, pour leur communiquer de leurs affaires et entreprises. En la présence duquel me fut dit par ledit Le Clerc que la religion catholique étoit perdue si on n'y donnoit ordre et prompt secours, pour empêcher ce qui se préparoit pour la ruiner; et qu'il y avoit plus de dix mil huguenots au fauxbourg Saint-Germain qui vouloient couper la gorge aux catholiques, pour faire avoir la couronne au roy de Navarre; et qu'il y en avoit plusieurs, tant aux fauxbourgs que dans la ville, atitrez, qui tenoient son parti, moitié huguenots, moitié politiques. Que plusieurs du conseil et de la cour de parlement favorisoient le roy de Navarre : à quoi il étoit besoin de pourvoir; mais aussi qu'il étoit très-nécessaire que les bons catholiques prissent les armes secretement, pour se rendre les plus forts et empêcher telles entreprises; qu'ils avoient de bons princes et grands seigneurs pour les soutenir, à sçavoir les ducs de Guyse, de Mayenne, d'Aumale, et toute la maison de Lorraine; et qu'en leur faveur le Pape, cardinaux, evêques, abbés, et tout le clergé, joint avec messieurs de la Sorbonne, les assisteroient, pour être portez et soutenus par le roy d'Espagne, le prince de Parme, et le duc de Savoye. Qu'ils connoissoient qu'à la vérité le Roy favorisoit le roy de Navarre, et qu'à cet effet il lui avoit envoyé d'Espernon, pour lui faire toucher par prest ou autrement la somme de deux cent mil écus, pour faire sous main la guerre aux catholiques ; mais qu'il y avoit déja un bon nombre d'hommes secretement pratiquez dans Paris, qui avoient tous juré de mourir plûtôt que de l'endurer : ce qui leur seroit facile, car ils n'avoient affaire qu'à rompre et ruiner les forces que le Roy avoit dans Paris, qui étoient foibles et en petit nombre, à sçavoir deux ou trois cents de ses gardes qu'on mettoit en garde au Louvre, le prevôt de l'hôtel et ses archers, et le prevôt Hardy, qui étoient toutes les forces dont le Roy se pouvoit aider dans Paris. Et quant au prevôt Hardy, qui étoit vieil, ils sçavoient qu'il ne faisoit les exécutions des mandemens qui lui étoient donnez, et qu'il les renvoyoit à moi : et que si je voulois être de leur parti, auquel je pouvois beaucoup servir, je ne manquerois de moyens. Ce que leur jurai et promis. Eux aussi me jurerent que le premier d'entre eux, fût-ce moi ou un autre, qui seroit mis prisonnier pour cette querelle, qu'on employeroit la vie et les moyens pour le secourir, même par les armes, si autrement faire ne se pouvoit; et qu'il ne falloit rien craindre : car à la premiere occasion le duc de Guyse seroit prêt pour les secourir, qui avoit des forces levées secretement en Champagne et Picardie, jusques au nombre de quatre mil hommes, soudoyez par beaucoup de gens de bien : ce qu'ils me firent confirmer par le sieur de Mayneville, et remirent au lendemain pour me faire connoître aux principaux de Paris qui avoient cette affaire en main.

Le lendemain 4 janvier, me transportai au logis dudit Le Clerc, où étoit Michelet, lequel il avoit prié me mener au logis de La Chapelle-Marteau, où il y avoit plusieurs des principaux de la Ligue, pour me présenter à eux et leur faire entendre que j'étois le lieutenant du prevôt Hardy, dont il leur avoit parlé : ce que ledit Michelet auroit fait, et m'auroit mené au logis dudit de La Chapelle, où étoient assemblez les sieurs de Bray, Hotteman, qui étoit receveur de M. de Paris; Le Turc, Rolland, général des monnoyes; le pere La Bruyere, de Santeuil, près Saint-Gervais; Drouart, avocat; Crucé, procureur au châtelet; Michel, procureur en parlement, et plusieurs autres. Et leur dit ledit Michelet qui j'étois, et l'assurance que Le Clerc lui donnoit de moi; et lors me firent entendre ce que ledit Le Clerc et eux m'avoient le jour précédent proposé avec le seigneur de Mayneville : après lesquels le propos fut conclu entre eux qu'il falloit que les armes fussent achetées par moi, afin qu'ils ne fussent découverts, d'autant que le Roy avoit fait défenses à tous quinqualliers et armuriers de Paris de vendre aucunes armes ou cuirasses sans sçavoir à qui; et me donnerent un prétexte pour acheter lesdites armes : à sçavoir de dire, au cas que je vinsse à être découvert, que c'étoit pour aller en une commission secrete, en une maison forte, où il étoit besoin de mener quantité d'hommes; et me donnerent des memoires, où eux-mêmes sçavoient qu'il y avoit des armes et gens atitrez par eux, qui faisoient semblant de les vendre secretement. Et toutesfois je faisois le prix desdites armes sans dispute, et les faisois payer sous main par un autre, et les faisois porter la nuit en certaines maisons, qui étoient l'hôtel de Guyse, du Clerc, Compan, commissaire de Bar; Rolland, Crucé, et autres lieux, en tous les quartiers de la ville. Et en fut par moi acheté en six mois pour six mil écus, suivant l'arrêt qu'ils en avoient fait. Et comme je m'enquerois un jour dudit Le Clerc, qui bailloit l'argent pour payer lesdites armes, il me répondit que c'étoient tous gens de bien qui ne se vouloient déclarer qu'au besoin, crainte d'être découverts; et toutesfois il m'en nomma plusieurs, entre autres un seigneur de Paris duquel je tairai le nom, qui avoit baillé des premiers dix mil livres, avec d'autres encore qu'il ne voulut déclarer : pendant lequel temps et achapt desdites armes je serois entré plus avant en connoissance de leur affaire, voyant tous les jours pratiquer plusieurs personnes à leur dévotion, sous les prétextes dessus déclarez; et se pratiquoient de la façon suivante : ceux de la chambre des comptes, par La Chapelle Marteau; ceux de la cour, par le président Le Maistre; les procureurs d'icelle, par Le Clerc et Michel, procureurs; les clercs du greffe de la cour, par Senaut; les huissiers, par Le Leu, huissier en ladite cour, voisin de Louchart; la cour des aydes, par le président de Nully; les clercs, par Choulier, voisin du Clerc; les généraux des monnoyes, par Rolland. Les commissaires ont aussi pratiqué la plus grand part des sergens à cheval et à verge, comme aussi la plûpart des voisins et habitans de leurs quartiers, sur lesquels ils avoient quelque puissance. Le lieutenant particulier La Bruyere avoit charge de pratiquer ce qu'il pourroit des conseillers du siege du châtelet; comme aussi Crucé, qui a pratiqué la plûpart des procureurs, et une grande partie de l'Université de Paris. De Bar et Michelet ont aussi pratiqué tous les mariniers et garçons de rivieres du côté de deçà, qui font nombre de plus de cinq cents, tous mauvais garçons. Toussaint Poccart, potier d'étain, avec un nommé Gilbert, chaircutier, ont pratiqué tous les bouchers et chaircutiers de la ville et fauxbourgs, qui font nombre de plus de quinze cents hommes. Louchart, commissaire, a pratiqué tous les marchands et courtiers de chevaux, qui montent à plus de six cents hommes; à tous lesquels l'on faisoit entendre que les huguenots vouloient couper la gorge aux catholiques, et faire venir le roy de Navarre à la couronne : ce qu'il étoit besoin d'empêcher; et s'ils n'avoient des armes, que l'on leur en fourniroit : ce qu'ils avoient tous juré, et promis se tenir prêts quand l'occasion se présenteroit.

Quelque temps après, Le Clerc m'auroit mené au logis de Hotteman, qui étoit ou avoit été receveur de M. de Paris, demeurant ruë Michel-le-Comte, devant les étuves Saint-Martin, qui étoit celui qui avoit la bourse des deniers de la Ligue, qu'ils tenoient fort homme de bien et fort zélé au parti; où étant, seroit venu La chapelle, La Bruyere, le pere Drouard, avocat au Châtelet, Ameline et Santeuil, lesquels furent d'avis que suivant la lettre qu'ils avoient reçuë du duc de Guyse, qu'il étoit nécessaire de pratiquer le plus qu'ils pourroient les meilleures villes de ce royaume, et leur faire entendre ce que dessus, afin de se ranger de leur parti. Et pour ce faire, prierent ledit Ameline de vouloir prendre cette charge, et aller par la Beausse, Touraine, Anjou et le Maine, et autres provinces dont il lui fut baillé memoire, avec les noms de ceux à qui il se devoit adresser : afin de leur faire entendre, mais principalement aux plus zelez, sous le prétexté dessus déclaré, la volonté et intention du duc de Guyse, et la grande diligence qu'il avoit faite d'assembler des forces secretement, tant en Picardie qu'en Champagne et ailleurs, avec la grande provision de grains qu'il avoit faite pour nourrir ladite armée, qu'il promettoit mettre sus jusques au nombre de quatre-vingt mil hommes et plus, pour l'exécution de cette entreprise; que le duc de Guyse avoit juré et promis que dans trois ans il n'y auroit qu'une religion en France : sur laquelle promesse il avoit tiré de messieurs de Paris trois cents mil écus par plusieurs fois. Fut baillé par ledit Hotteman trois mil écus audit Ameline, et deux bons chevaux pour faire son voyage. Lui firent aussi entendre que si-tôt qu'il auroit été en quelques villes, qu'il leur mandât incontinent ce qu'il y auroit fait, et la disposition en laquelle il auroit trouvé les affaires; et quant aux lettres qu'il écriroit, qu'il les fît tenir en mon logis, de moi, dis-je, qui parle : ce que fit ledit Ameline, et s'en alla de Paris droit à Chartres, où il se seroit adressé au receveur Bon-Homme, receveur du domaine, et qui avoit été commis de M. de Bray, parent de madame de Grand-Rue : et de Chartres seroit allé droit à Orléans, Blois, Tours et plusieurs autres villes, où si-tôt qu'il avoit fait ses pratiques il écrivoit incontinent à Paris, et adressoit ses lettres en mon logis, lesquelles je portois incontinent à messieurs de la Ligue, au lieu où ils tenoient le conseil, lequel j'apprenois d'un nommé Merigot, graveur, tenant sa boutique aux pieds des degrez du Palais, qui sçavoit toujours le lieu où se tenoit le conseil : où si-tôt que j'étois entré, faisoient en ma présence lecture desdites lettres, par lesquelles il leur manda en somme qu'il avoit pratiqué pour le parti tous ceux qu'il avoit pû; et qu'ayant parlé aux plus zelez, il les avoit trouvez en disposition et résolution de suivre ceux de Paris en tout et partout, et d'être toujours prêts de bien faire quand ils le seroient.

Ledit Ameline étoit homme d'affaires et grand négociateur.

Pendant ces menées, je me trouvai un jour aux jésuites près Saint-Paul, où se tenoit le conseil; et là un d'entre eux fit une ouverture pour la ville de Boulogne, qu'ils disoient leur être fort nécessaire pour faire aborder et descendre l'armée qu'ils attendoient d'Espagne; et de fait leur fit entendre que le prevôt Vetus avoit accoutumé d'aller de trois mois en trois mois à Boulogne pour faire sa chevauchée, et qu'en y allant il pourroit avec cinquante bons hommes se saisir de l'une des portes, attendant que M. d'Aumale, qui avoit des forces près la ville, et qui seroit averti du fait, lui donnât secours; et que par ce moyen ils se pourroient rendre maîtres de la ville de Boulogne, qui ne se doutoit en rien dudit prevôt Vetus : lequel avis fut trouvé fort bon de messieurs du conseil, tellement qu'au même instant fut écrite une lettre audit prevôt, narrative de tout leur fait. Ce qu'étant par moi entendu, j'en avertis aussitôt Sa Majesté, qui en écrivit incontinent au sieur de Bernay, gouverneur de la ville, qui étant averti, se tint si bien préparé, qu'il reçut fort honorablement ledit prevôt Vetus entre les deux portes, et le fit mettre prisonnier avec une bonne partie des siens. Cependant le duc d'Aumale, qui pensoit que ledit prevôt eût gagné l'une des portes, s'avança assez près de la ville pour soutenir ledit prevôt; mais il fut salué de coups de canon qu'on lui tira tout à travers de ses troupes : ce qui fut cause de les faire écarter; et faillit ledit d'Aumale à être prisonnier, par une embuscade d'arquebusiers que lui avoit dressée le sieur de Bernay, qui tailla en sa présence quelques-uns de ses gens; et demeura ledit prevôt Vetus prisonnier audit Boulogne quatre mois et plus, et n'en sortit que par la priere qu'en fit le duc de Guyse au Roy. Au sortir de la prison, il vint à Paris, où il fut bien reçû et caressé de tous ceux de la Ligue; et me fut commandé de le mener par les meilleures maisons, et les plus honorables de la ligue. Ce que je fis, et demeurâmes huit jours à faire nos visites : car plusieurs étoient bien-aise de le revoir, pour l'appréhension qu'ils avoient conçûë de l'issuë de sa prison.

Cependant une infinité de menu peuple qui avoient envie de mener les mains, et de piller sous ce beau prétexte qu'on lui avoit fait entendre, étant impatient de la longueur de cette entreprise, murmuroit fort : tant qu'il fallut aller par les quartiers leur remontrer qu'ils eussent patience, autrement qu'ils se perdroient tous; que les chefs n'étoient encore prêts, et que cette entreprise étoit de grande conséquence. Nonobstant lesquelles raisons, desquelles ils ne se payoient gueres, ils disoient qu'ils craignoient d'être découverts si on ne se hâtoit, et que le Roy les feroit tous pendre (ce qu'ils m'ont dit à moi-même), et qu'il s'entendoit avec les huguenots : et là-dessus bâtissoient eux-mêmes des entreprises pour commencer le jeu de se défaire du Roy, sans parler ni à prince, ni à chef, ni à conseil, qu'à eux-mêmes. Les uns disoient qu'il se falloit jetter sur lui et le tuer; les autres disoient que non, et qu'il le falloit seulement prendre, et le mettre en un monastere. De fait, ils furent un jour, qui ne se peut cotter, en déliberation de le surprendre en la ruë Saint-

Antoine, revenant du bois de Vincennes, et n'avoit lors avec lui que deux hommes de cheval et quatre laquais; proposerent de tuer son cocher et quelques-uns d'autour de lui, et incontinent devoient crier au Roy : « Sire, ce sont les huguenots qui vous veulent « prendre. » A laquelle parole il seroit tellement effrayé qu'il sortiroit de son carosse, et lors ils s'en saisiroient et le meneroient où bon leur sembleroit; que s'il ne vouloit sortir, ils l'en tireroient de force, et le meneroient en l'eglise Saint-Antoine, en une petite tour qui est fort près du clocher, en attendant que le commun peuple s'assemblât pour y venir. Mais sur l'exécution de cette entreprise, leur fut remontré par un plus sage qu'eux qu'un roy ne se prenoit pas ainsi, que cela ne se pouvoit faire sans murmure; et quand il se fût pû faire, qu'il eût fallu avoir un prince de marque pour la conduite : ce qu'ils n'avoient pas, et n'étoient assurez d'être secourus, au cas qu'ils se trouvassent foibles; bref, que telles entreprises étoient trop grandes pour eux, et trop hazardeuses : dont ils demeurerent tous réfroidis, et ne fut exécutée ladite entreprise. Or attendoient-ils toujours le duc de Guyse, qui promettoit les venir voir de jour à autre. Mais sur ces entrefaites arriva le duc de Mayenne de son voyage de Guyenne, où ils disoient qu'il avoit fait de grands faits d'armes contre les hérétiques; et n'étoit aucun bien venu envers la Ligue, s'il ne tenoit ce langage. Etant arrivé à Paris, les principaux de la Ligue le furent trouver à dix heures du soir en l'hôtel de Saint-Denis, où il étoit logé, mais en petite compagnie; lui communiquerent leurs desseins, et comme le duc de Guyse son frere leur avoit promis de les assister et ne les abandonner point; mais qu'ils craignoient en cela la longueur, et d'être découverts par le Roy, qui les pourroit surprendre si on n'y donnoit ordre promptement. Lequel duc de Mayenne trouva bon, et leur promit assistance de sa vie et de ses moyens mêmes, sur la plainte qu'ils lui firent d'un des leurs, nommé La Morliere, prisonnier en l'hôtel de ville par le commandement du Roy, pour avoir usé de quelques menaces; et fut lui-même chez le prevôt des marchands Perreuse, et l'intimida tellement qu'il fut contraint le même jour mettre La Morliere en liberté. Depuis ce temps, fut avisé entre eux du moyen qu'ils devoient tenir pour se saisir des places fortes de la ville. En premier lieu, pour avoir la Bastille ils devoient aller sur la minuit au logis du chevalier du guet, à la Culture Sainte-Catherine, lieu fort écarté; et là faire heurter un homme à la porte, qui demanderoit à parler à lui de la part du Roy : ce qui lui seroit rapporté par un de ses archers pratiqué de leur intelligence, qui lui diroit que le Roy le mandoit, comme il faisoit souvent; et leur feroit ouvrir la porte, où étans entrez au nombre de cent ou six vingt, monteroient et se la feroient ouvrir, sous esperance de grande récompense et d'avoir la vie sauve : ce qu'étant accompli, ils lui couperoient la gorge. Autant en devoient-ils faire à M. le premier président, au chancelier, au procureur général, à messieurs de La Guesle, d'Espesses et plusieurs autres, lesquels ils devoient faire mourir, et piller tout leur bien. Pour le regard de l'Arsénal, ils s'en assureroient par le moyen d'un fondeur qui étoit dedans, et quelques autres pour eux. Touchant le grand et petit châtelet, qui leur étoit nécessaire, ils les devoient surprendre par des commissaires et sergens, qui feindroient y mener de nuit des prisonniers. Quant au Palais, ils trouvoient aisé de le prendre à l'ouverture d'icelui. Le Temple et l'hôtel de ville, de même façon. Mais quant au Louvre, qu'ils trouvoient un peu plus malaisé, ils le devoient assiéger et bloquer par les avenuës des ruës; puis défaire les gardes du Roy ou les affamer, afin de se saisir de Sa Majesté et de ceux qui seroient dedans le Louvre. Surquoi il leur fut remontré qu'il y avoit dans la ville une grande quantité de voleurs et gens méchaniques, qui passoient le nombre de six, voire de sept mille, qui n'étoient avertis de l'entreprise : lesquels il seroit malaisé de retenir, s'étans une fois mis à piller; que leur bande seroit une pelotte de neige qui grossiroit toujours, et apporteroit enfin ruine et confusion totale à l'entreprise et aux entrepreneurs. Sur cet avis, qui sembla considérable et très-pertinent, fut proposée l'invention des barricades, suivies et approuvées, finalement concluës : assavoir que, joignant chacune chaîne, il seroit mis des tonneaux pleins de terre pour empêcher le passage; et que si-tôt que le mot seroit donné, nul ne pourroit passer par les ruës que ceux qui auroient le mot et la marque pour passer, et que chacun en son quartier feroit la barricade, suivant les memoires qu'on leur envoyeroit. Seulement quatre mil hommes passeroient par lesdites barricades, tant pour aller au Louvre rompre les gardes du Roy, qu'ès autres lieux où il y auroit des forces pour Sa Majesté : par le moyen desquelles barricades ils empêcheroient aussi que la noblesse, qui étoit logée en divers quartiers, ne lui pourroit donner secours; ausquels on devoit couper la gorge, et à tous les politiques qui tenoient le parti du

Roy, spécialement aux suspects de la religion. Cela fait, on devoit crier par les ruës : *vive la messe!* et ce, afin d'inviter tous les bons catholiques à prendre les armes; aussi qu'au même jour toutes les villes du parti seroient averties de faire le semblable. Qu'aussitôt qu'ils se seroient rendus maîtres du Roy et du Louvre, ils tuëroient son conseil, et lui en donneroient un autre à leur dévotion, sauvant sa personne, à la charge qu'il ne se mêleroit d'aucunes affaires. Et quant à l'armée qui venoit d'Espagne, elle seroit envoyée avec autres forces en Gascogne, pour faire la guerre au roy de Navarre et aux hérétiques, jusques à ce qu'ils les eussent ruinez et exterminez du tout. Bref, chacun se déliberoit de meurtrir, piller et se vanger à toutes restes, et s'enrichir du bien de son voisin. Les principaux se promettoient les premiers etats et dignitez de la république, au moyen des confiscations qui proviendroient des massacres des premiers officiers du Roy.

Moy, après avoir longuement consideré cette méchante et damnable entreprise (je dis moy qui parle), et que ce n'étoit qu'une pure volerie; aussi que les princes et les grands faisoient jouer ce jeu par le petit peuple, pour déposseder le Roy de sa couronne et en investir ceux de Lorraine, après avoir coupé la gorge aux vrais héritiers d'icelle, et aux principaux membres et officiers de cette couronne : l'horreur de cette entreprise m'étonna; et tant de sang qui se devoit espandre se représentant continuellement à mes yeux, et mêmes quand je pensois prendre mon repos, m'effraya tellement, et me donna une si grande appréhension, inquiétude et remords de conscience, que je pensois dèslors à bon escient de me tirer de la ligue et compagnie conjurée de tels méchans : me proposant en moi-même que si je pouvois, avec la grace de Dieu, être cause d'empêcher un si grand carnage de gens de bien, qui étoit la ruine et dissipation de cet etat, je ferois une bonne œuvre; aussi bien que les grandes richesses qui m'étoient promises par tels voleurs et rébelles ne profiteroient en rien; que je pouvois mourir, et au partir de là aller droit en enfer, qui étoit le grand chemin de la Ligue. Je me remettois après devant les yeux que moi qui étois françois naturel, de la première ville de France, où mon Roy souverain avoit pris sa couronne, et que je lui avois prêté le serment de fidélité, mêmes lorsque je fus reçû en l'etat de lieutenant général en la prevôté de l'Isle de France : tellement que s'il se brassoit quelque chose contre son etat, j'étois tenu, sous peine de crime de leze-majesté, l'en avertir; joint que je vivois des gages et profits que me donnoit Sa Majesté : toutes ces considerations, dis-je, jointes ensemble, me toucherent tellement le cœur, qu'après avoir invoqué Dieu à mon aide, je pris résolution d'en avertir le Roy. Mais m'en proposant la maniere, je me trouvai si fort perpleix et troublé sur les difficultez qui s'y présentoient, outre la peur que j'avois d'être découvert par les conspirateurs, que je demeurai tout court : car, premierement, je n'avois personne auquel je pûsse, ou osasse me découvrir. Je n'avois jamais parlé au Roy, et ne me connoissoit aucunement, sinon peut-être par l'avis que je lui avois fait donner de Boulogne par M. le chancelier, depuis lequel temps s'étoit passé beaucoup de choses de grandes conséquences dont je ne l'avois averti : qui seroit cause qu'il ne me croiroit pas de ce que je lui dirois. Il me souvenoit d'ailleurs qu'on en avoit fait mourir tout plein pour avoir dit la vérité, et que j'avois affaire à des princes et à une maison de Guise, contre laquelle les plus grands n'osoient parler; et ainsi je demeurois entre deux selles le cul à terre, ne sçachant à quoi me résoudre. Mais enfin une nuit que je me mis à prier Dieu, le priant de me vouloir bien conseiller et fortifier, je me sentis tellement résolu en mon esprit, qu'il me tardoit grandement qu'il ne fût jour pour en avertir Sa Majesté. Le jour donc venu, je fus trouver M. le chancelier, auquel je fis entendre que j'avois affaire de conséquence à lui dire, qui concernoit l'etat et la personne du Roy, la vie de lui et de tous les siens, et de plusieurs autres; lequel ne pouvant lors m'entendre secretement, pource qu'il lui falloit aller au conseil, me donna heure au lendemain. Mais le jour même, comme je revenois de son logis, il me survint un accident, à la suscitation d'un nommé Ratier, et d'un autre nommé Faizelier, et fus mené prisonnier au grand châtelet : ce qui me fit penser qu'il y avoit quelque malin esprit qui vouloit empêcher mon dessein. Toutefois je me résolus de passer outre, et faire entendre par écrit à M. le chancelier ce dont je lui avois fait ouverture le jour précédent, lequel auroit incontinent commandé à M. le lieutenant civil Seguier me venir prendre en la prison et me mener le soir en son logis, et m'auroit mis entre les mains du commissaire Chambon, qui m'auroit mené avec cinq ou six sergens à M. le chancelier; où étant, comme il me vouloit tirer à part, je lui fis entendre que je ne pouvois parler sûrement devant ledit Chambon, que je ne fusse découvert. Lors il me fit entrer dans son cabinet, où je lui fis entendre bien au long tout ce qui se passoit; et afin de n'être découvert, je le priai que, me remettant ès mains dudit Chambon, il me donnât devant lui quelques réprimendes. Ce qu'il trouva bon, et me dit en sa présence que j'avois fait une grande faute en mon état, et que je devois informer du fait de la commission qui m'avoit été baillée, ou bien faire bons et suffisans procès verbaux; que le Roy étoit courroucé contre moy, et que résoluëment il falloit que je me défisse de mon office, ou autrement qu'on me le feroit perdre. Auquel je fis réponse qu'il me falloit faire premierement mon procès; et à l'instant (ce jeu ayant été assez bien joué) commanda audit Chambon de me remener prisonnier : ce qu'il auroit fait. Le lendemain, Le Clerc, La Chapelle et quelques autres vinrent au châtelet me visiter et sçavoir les causes de mon emprisonnement, et pourquoi on m'avoit mené au logis du chancelier : dont ils étoient fort étonnez et bien empêchez. Mais la grace de Dieu, qui ne me laissa jamais dépourvû de réponse, je leur fis entendre que le commissaire Chambon m'auroit mené audit chancelier, qui m'auroit bien crié, mêmes en présence dudit Chambon, jusques à me vouloir contraindre de résigner mon etat; et qu'il en avoit charge du Roy, qui me vouloit beaucoup de mal : auquel j'avois fait réponse qu'il me falloit faire devant mon procès. Ce qui leur fut confirmé par ledit Chambon, duquel ils furent sçavoir la vérité; et ajoutant foi à ces paroles, me dirent qu'il falloit patienter et avoir courage : et que devant qu'il fût quatre ou cinq jours, qu'ils l'en empêcheroient bien, et me viendroient querir en bonne compagnie, voulant parler de l'exécution de leur entreprise. Ce qu'incontinent je fis entendre par une lettre à M. le chancelier; dont ayant été incontinent avertie Sa Majesté, il m'auroit envoyé querir derechef par le commissaire Colletet, qui m'avoit mené au soir bien tard au logis de M. le chancelier, où je fis entendre incontinent au Roy tout ce qui se passoit, et les places desquelles ils prétendoient se saisir pour effectuer leur entreprise : et commanda Sa Majesté à M. le chancelier m'envoyer au logis de M. de Villeroy. Ce qu'il fit; et m'y mena Colletet, entre les mains duquel ledit chancelier me mettant (toujours pour couvrir cette affaire), dit tout haut qu'il ne falloit point faire le rétif, qu'il y falloit aller; et me disoit que c'étoit pour mon etat, lequel il falloit résigner, et qu'on n'en parlât plus. Etant arrivé au logis de M. de Villeroy, ledit seigneur me tira tout aussitôt à part : auquel je discourus sommairement de toute l'entreprise, laquelle il rédigea par écrit; et quant et quant me demanda si je voulois sortir de prison, et qu'il m'en tireroit de puissance absoluë. Auquel je fis réponse que si je sortois par la puissance du Roy, que je serois découvert : mais qu'il y avoit autre bon moyen, dont je lui ferois ouverture quand il seroit temps.

Cependant le Roy, sur mes avis, commanda la garde étroite des portes de la ville, mit des forces au grand châtelet et au petit : à sçavoir M. Lugoli et M. Rapin, au Temple; pareillement à l'Arsénal, pont Saint-Cloud, Charenton et Saint-Denys; et si fit venir forces troupes, dont ceux de la Ligue se trouverent étonnez, et craignoient fort que le Roy ne les fît prendre et punir, ne sçachans le moyen par lequel ils avoient été découverts. Or avoient-ils opinion sur La Bruyere le pere, pource que le Roy l'avoit envoyé querir.

Sur ces entrefaites je sortis de prison, sur une simple

requête que je présentai à M. le lieutenant civil, pour être mené par la ville à mes affaires, à la charge de retourner coucher chacun jour à la prison : et par ce moyen je demeurai libre jusques à ce que je sortis de Paris.

Or M. de Mayenne voyant cette entreprise découverte, fut au Louvre voir le Roy, où il n'avoit été qu'une fois depuis un mois ou six semaines qu'il étoit arrivé de Castillon; et prenant congé de Sa Majesté, le Roy lui dit ces mots : « Comment, cousin, quittez-« vous le parti de la Ligue? » Auquel il fit réponse qu'il ne sçavoit que c'étoit : comme lui-même le conta à messieurs de la Ligue, desquels prenant congé, leur promit de voir le duc de Guyse son frere, et lui communiquer de leurs affaires; leur promettant cependant de ne les abandonner point, au cas que le Roy ou autre, quel qu'il fût, s'en voulût fâcher : et pour cet effet, qu'il ne s'éloigneroit pas fort loin d'eux. Dont ils le remercierent; et ne pouvant faire pis, semerent force pasquils et autres libelles diffamatoires contre Sa Majesté, desquels ils remplirent Paris, pour de plus en plus le rendre odieux au peuple.

Le duc de Mayenne d'autre côté, qui ne dormoit pas, bâtit une autre entreprise qui tourna à néant, comme les précédentes : à sçavoir à soixante capitaines, tant à lui qu'au cardinal de Guyse son frere, qu'à son départ il laissa et logea au faubourg Saint-Germain, espérant surprendre le Roy à la foire, auquel on devoit donner à dîner pour cet effet en l'Abbaye. Mais Sa Majesté en fut par moi avertie, et ne fut ni à l'Abbaye ni à la foire, mais y envoya le duc d'Espernon, où on lui dressa une querelle d'Alemand qui commença par les écoliers : ce que voyant, ledit duc se retira.

Les conspirateurs se sentant frustrés, furent contraints renvoyer leurs capitaines, ausquels fut à chacun d'eux baillé argent pour se retirer secretement et à petit bruit; et fut la levée faite sur les plus affectionnez de certaines grandes sommes de deniers, et un rôle fait d'iceux, qui étoit intitulé *Pour boues*. Ceux qui étoient taxez à trente sous, c'étoit trente écus; et ceux de six sous six écus : de laquelle invention ils tirerent une bonne somme de deniers de toutes les paroisses, tant de la ville que des fauxbourgs.

M. de Guyse étant averti de l'entreprise du duc de Mayenne, en fut fort courroucé contre ceux de la Ligue. De fait il leur envoya le sieur de Mayneville, pour sçavoir qui les avoit mûs de ce faire : s'ils avoient été pressez du Roy en quelque chose, et pourquoi ils ne lui avoient fait entendre; qu'ils sçavoient ce qu'il leur avoit promis : s'ils ne s'assuroient pas assez sur sa foi; et finalement qu'ils eussent à dire s'ils étoient entrez en quelque soupçon et défiance de lui. A quoi ceux de la Ligue ne sçavoient bonnement que répondre ni comment s'excuser, sinon qu'ils avoient eu peur que le Roy leur jouât un mauvais tour, voyant qu'il avoit fait emprisonner La Morliere, supplians ledit de Mayneville de prier pour eux le duc de Guyse de ne le trouver mauvais, et l'assûrer qu'ils avoient plus d'esperance en lui que jamais; qu'ils n'y retourneroient plus. Et pour faire leur accord, donnerent à Mayneville une chaîne d'or de quatre ou cinq cents écus.

En l'an 1587, Sa Majesté partit de Paris pour aller au devant des reistres, et laissa à Paris la Reine sa mere et la Reine sa femme pour gouverner en son absence. Et lors messieurs de la Ligue furent en délibération de se saisir de la ville de Paris en l'absence du Roy, selon les memoires que leur en avoit dressé le duc de Guyse, qui pensoit se saisir de la personne du Roy en la campagne. De fait, ils envoyerent le commissaire Louchart, avec dix ou douze courtiers de chevaux, à Estampes, où étoit logé le duc de Guyse, pour sçavoir si cette entreprise réussiroit. Etoit venu aussi à Paris le chevalier d'Aumale, et s'étoit logé à la Roze rouge, près Saint-Germain l'Auxerrois, qui attendoit les nouvelles de Louchart, qui ne furent pas telles qu'il desiroit, ni la Ligue aussi : car le duc de Guyse ne trouva pas cette entreprise sûre, voyant une si grosse et forte armée près la ville, tellement qu'il la rompit.

En ce même temps M. de Villequier m'envoya querir pour parler à lui; où étant, il me demanda si j'avois parlé au Roy, et de quelles affaires je l'avois entretenu. Je lui fis réponse que je n'avois point vû le Roy, et ne sçavois de quoi il me vouloit parler. Mais il me répliqua, en reniant Dieu et blasphêmant, qu'il sçavoit le contraire, et que je lui avois rapporté des mensonges; mais que s'il m'advenoit jamais plus, qu'il m'apprendroit à me mêler de mes affaires, et non de celles de l'Etat. Et me fit toutes lesdites menaces en la présence d'un nommé La Croix, capitaine de ses gardes, lesquelles toutefois m'étonnerent si peu, que je ne laissai, suivant le commandement que m'en avoit laissé le Roy, d'avertir journellement M. le chancelier de tout ce qui se passoit à Paris en l'absence de Sa Majesté, laquelle étant de retour à Paris, m'en fit remercier, avec grandes promesses de récompense.

S'ensuivent les préparatifs de la Ligue pour les barricades, afin de tuer ou prendre le Roy.

Messieurs de la Ligue continuant leurs mauvais desseins, écrivirent au duc de Guyse, le prians de leur tenir promesse, et qu'ils étoient en bon nombre pour exécuter leur entreprise. Ausquels il fit réponse qu'ils regardassent de s'accroître en plus grand nombre d'hommes qu'ils pourroient; et du surplus, qu'ils l'en laissassent faire : qu'il falloit attendre la commodité, laquelle il ne lairroit passer quand elle se présenteroit. Cette lettre fut apportée par le sieur de Mayneville, et fut lûë en ma présence au logis de Hotteman, ruë Michel-le-Comte, où il y avoit plusieurs du parti : et lors ils commencerent à pratiquer le plus de peuple qu'ils pûrent, sous le prétexte de la religion; et les prédicateurs se chargerent en leurs sermons de parler fort et ferme contre le Roy, le dénigrer envers le peuple plus qu'ils n'avoient jamais fait : et ce, pour provoquer le Roy à faire prendre quelqu'un d'eux, afin d'avoir sujet de s'élever contre lui. Ce qui advint enfin par la séditieuse prédication d'un des leurs à Saint Severin, auquel ils firent vomir en chaire tant de vilaines injures contre le Roy, que Sa Majesté fut contrainte de l'envoyer querir pour parler à lui. Incontinent ils firent courir le bruit qu'on le vouloit prendre, et se saisir de tous les prédicateurs; et là-dessus Le Clerc avec sa compagnie s'arme secretement, et se met en embuscade au logis d'un notaire près Saint Severin, nommé Hatte, pour empêcher ledit prédicateur d'être pris. De quoi le Roy averti, envoya le lieutenant civil Seguier au logis dudit Hatte, pour sçavoir que vouloient faire ces gens armez là-dedans : mais ils ne le voulurent laisser entrer, et retinrent un valet de chambre du Roy qu'il leur avoit envoyé, sans vouloir parler à lui. Adonc le lieutenant civil envoya querir force sergens et commissaires pour la forcer; mais voyant que la commune s'élevoit, et que la plûpart de ceux qu'il avoit envoyé querir étoient gagnez du côté des mutins, fut contraint de se retirer, pour aller le tout faire entendre à messieurs le chancelier et de Villeroy. Que si lors Sa Majesté eût suivi leur conseil et celui du duc d'Espernon, Le Clerc et ses complices eussent été pris prisonniers, n'y ayant rien plus aisé; et le même jour eussent été pendus et étranglez, qui eût été un grand coup d'Etat. Mais il en fut empêché par Villequier et autres, qui lui firent croire que le peuple de Paris l'aimoit trop pour attenter jamais quelque chose contre Sa Majesté: et par ainsi Le Clerc et ses complices, avertis par lui et quelques autres du conseil, s'absenterent pour quelque temps. Continuans donc en leur rebellion, ils dresserent une nouvelle entreprise : que si Sa Majesté, le jour de carême-prenant, alloit en masque par la ville, comme de coutume, ils se jetteroient sur lui, et sur le duc d'Espernon et sa troupe : ce qu'ils trouvoient plus aisé en un tel jour qu'en un autre. De quoi je fis avertir incontinent Sa Majesté (pource qu'il ne m'étoit possible ce jour-là d'aller au Louvre) qu'il ne sortît point ce jour-là.

Voyans à la fin que toutes leurs entreprises ne pouvoient sortir à effet, et craignans d'être prévenus par le Roy, messieurs les cardinaux de Bourbon étans allez à Soissons par commandement de Sa Majesté, ils penserent se servir de cette occasion pour exécuter leur entreprise : laquelle ils résolurent mettre à fin à quelque prix que ce fût, soit que le duc de Guyse le trouvast bon ou non, étans extrêmement ennuyez de sa longueur; et toutesfois, crainte de l'offenser, ils lui écrivirent une lettre par laquelle ils le prioient de leur tenir promesse, et ne differer davantage; que leurs gens étoient prêts, forts et en bon nombre, et que rien ne leur manquoit que sa présence. A laquelle lettre ledit duc de Guyse fit répondre qu'ils eussent à établir secretement leur quartier, et voir quel nombre ils pourroient faire; qu'ils lui mandassent, et ne se souciassent du demeurant, car tout iroit bien. Suivant laquelle réponse, assemblée fut faite entre eux au logis de Santeuil devant Saint-Gervais, où étoient La Bruyere, La Chapelle, Rolland, Le Clerc, Crucé, Compan et plusieurs autres; et si j'y étois aussi. Après la lecture bien au long de la lettre dudit de Guyse, et des belles offres et favorables recommandations qu'il faisoit, La Chapelle auroit pris la parole, et remontré que, suivant l'avis du duc de Guyse, il étoit nécessaire d'établir les quartiers ; assavoir secretement quel nombre ils pourroient être en chacun quartier, y établir un colonel, et sous chaque colonel quatre capitaines, afin qu'en l'exécution de leur entreprise il n'y eût aucune confusion. Et à l'instant ledit La Chapelle auroit déployé une grande carte de gros papier, où étoit peinte la ville de Paris et ses fauxbourgs, qui fut tout aussitôt, au lieu de seize quartiers qu'il y avoit à Paris, partie et séparée en cinq quartiers, et à chacun quartier établi un colonel. Depuis, sous chacun desdits colonels furent établis nombre de capitaines; à chacun d'eux baillé un memoire de ce qu'ils avoient à faire, et le lieu où devoient trouver des armes ceux qui n'en avoient point.

Après ledit établissement, ils firent la revûë secrete de leurs forces, selon le mandement du duc de Guyse, et trouverent qu'ils faisoient le nombre de trente mil hommes. Ce qu'ils firent entendre audit duc, qui leur manda là dessus ce qu'ils avoient à faire.

Le quinziéme jour d'avril 1588, étant au logis du Clerc, il me commença à dire des nouvelles qui étoient venuës de la part du duc de Guyse, qui étoit en bonne déliberation de les assister bien-tôt, et que c'étoit à ce coup qu'il falloit combattre pour la foi catholique; qu'avant qu'il fût le jour de quasimodo, il y auroit bien de la besogne; que M. de Guise avoit déjà envoyé un nombre de capitaines bien experimentez à la guerre, logez en tous les quartiers de Paris : dont Sa Majesté ne sçavoit rien; et qu'il y en devoit venir encore un plus grand nombre. Toutesfois, qu'il connoissoit bien que M. de Guyse se vouloit assûrer premier que de venir à Paris, et qu'il y vouloit avoir des forces à sa dévotion, pour ce qu'il ne s'assuroit du tout sur les parisiens et sur leurs gens : qui étoit la cause qu'il leur avoit mandé qu'il envoyeroit cinquante chevaux qui seroient conduits par M. d'Aumale, qui devoient loger à Aubervilliers, Saint-Denys, La Villette, Saint-Ouin et autres lieux; qu'ils devoient entrer la nuit du dimanche de quasimodo en la ville, et qu'ils tenoient déja les clefs de la porte Saint-Denys. Mais de Saint-Martin, que Le Comte, l'echevin, ne les leur avoit voulu bailler, et que c'étoit un méchant homme. Toutesfois, qu'ils ne lairroient de faire entrer leurs forces par la porte Saint-Denys, qui étoit à leur dévotion : qu'étans entrez, ils devoient défaire le duc d'Espernon, qui faisoit la ronde à Paris depuis dix heures du soir jusques à quatre heures du matin; et qu'ils avoient gagné deux hommes des siens qui le devoient tuer : qu'ils étoient bien assurez que si-tôt qu'il entendroit le bruit des chevaux, il ne faudroit d'y courir, et que c'étoit là où ils le vouloient avoir; que de là ils iroient droit au Louvre rompre les gardes du Roy et se saisir dudit Louvre, et que les capitaines de la ville se tiendroient chacun en son quartier à garder et faire barricades, hormis trois mil hommes que ledit Le Clerc devoit mener par la ville pour aller aux bonnes et fortes maisons; et me pria de tenir la compagnie prête que je leur avois promise pour marcher avec lui, et que je le suivrois par tout où il iroit; que la promesse qu'il m'avoit faite ne manqueroit point, et qu'il auroit le moyen, par la grace de Dieu, de l'effectuer : car il me feroit gagner ce jour-là, pour ma part, vingt mil écus. Et après avoir été si longuement avec lui, où il me tardoit beaucoup, je pris congé, sans toutesfois oublier rien de tout ce qu'il m'avoit dit.

Etant retourné à mon logis, songeant aux moyens que je pourrois tenir pour empêcher cet abominable dessein, et comme je pourrois parler au Roy secretement, sans être apperçu et découvert : après avoir fait ma priere à Dieu, sortant de ma maison, je trouvai un mien ami nommé Pinguer, à présent huissier du conseil, que je connoissois pour politique, auquel je demandai s'il sçavoit point quelqu'un qui me pût faire parler au Roy secretement. Il me fit réponse que oui, et fut incontinent trouver le seigneur de Petremol, qui a depuis été gouverneur d'Estampes, où il fut pris prisonnier par la Ligue, et amené à Paris aux prisons, où ils le firent mourir : lequel Petremol fut, le jeudy douziéme avril après dîner, trouver le Roy, pour lui dire que je voulois parler à lui. Si-tôt qu'il en eût ouvert la bouche, le Roy lui demanda où j'étois, et me faisoit chercher, commandant audit Petremol de me mener le lendemain matin en son cabinet, à cinq heures du matin.

Le vendredy donc vingt-deuxiéme avril 1588, je fus trouver de grand matin ledit Petremol, qui m'attendoit en la salle du Louvre, et me fit entrer au cabinet de Sa Majesté par une petite montée, où je ne fûs vû de personne. Si-tôt que le Roy m'apperçut, il appella M. d'O, et lui dit : « Voilà celui qui m'a donné tous « les avis de ce que ceux de la Ligue font contre moi, « et mêmes lorsque M. de Mayenne me voulut sur- « prendre revenant de Castillon. » Ledit sieur d'O lui fit réponse : « Vrayment, sire, il merite bien une bonne « récompense. » Le Roy lui dit qu'il m'avoit promis vingt-mil écus, et qu'il me les feroit bailler avec le temps; puis me demanda ce qui se passoit. Incontinent je lui fis entendre tout ce que Le Clerc m'avoit dit, et qu'il n'y avoit rien de plus certain. Après lui avoir fait tout entendre, il me commanda de le rédiger par écrit, et le bailler à M. d'O le plus promptement qu'il me seroit possible; commanda au sieur de Petremol de sçavoir mon logis; et après m'avoir licentié, je sortis dudit cabinet sans être apperçû d'aucun. Mais étant dans la cour du Louvre, je trouvai cinq ou six espions de la Ligue qui me demanderent d'où je venois. Je leur fis réponse que je venois de voir si je pourrois donner une requête à cet homme de bien d'O, pour présenter au conseil, afin d'avoir mes gages qu'on avoit saisi, comme on avoit fait tous ceux des prevôts des maréchaux : laquelle requête j'avois toute prête en main pour excuse, leur disant que ledit d'O étoit entré au cabinet, et qu'il me faudroit retourner après dîner. Ce que j'aurois fait, et aurois baillé le memoire à M. d'O, que le Roy m'avoit commandé le matin, en la présence de quatre ou cinq de la Ligue qui étoient là. Ce que j'avois fait tout exprès : car baillant ledit memoire, ils pensoient que ce fût ma requête. Aussi je dis à M. d'O (qui entendit incontinent mon jargon) que c'étoit une petite requête pour avoir mes gages, et que je le suppliois d'avoir pitié de moi. Il me fit réponse qu'on me feroit justice.

Le lendemain, qui étoit le samedy vingt-troisième avril, Sa Majesté envoya querir cent ou six vingt cuirasses au Louvre, à la vûë d'un chacun, car elles furent apportées dans des paniers et hottes : ce qui étonna fort ceux de la Ligue; et incontinent j'envoyai un desdits espions que j'avois trouvé le jour précédent au Louvre, dire à M. Le Clerc que j'avois vû porter des cuirasses, et que j'étois demeuré pour prendre langue. De fait, je demeurai audit Louvre jusques à six heures du soir que Le Clerc y vint, et me trouva encore aux écoutes, faisant bien l'empêché. Il me demanda si j'avois vû entrer lesdites cuirasses. Je lui dis que oui, et qu'il y avoit encore autres nouvelles par les champs, que j'étois après à découvrir. Après nous être promenez environ demie heure, arriva le sieur de La Chapelle, qui nous dit qu'il avoit entendu du conseil que l'entreprise étoit découverte, et que le Roy avoit envoyé querir ses quatre mil Suisses à Lagny, et qu'il les faisoit loger le lendemain, qui étoit le dimanche de quasimodo, aux fauxbourgs Saint-Martin et Saint-Denys. Mais il ne sçavoit rien des cuirasses. Après ces propos il se retira, et Le Clerc incontinent après, que j'accompagnai jusques à son logis, où il me voulut faire souper; et m'en étant excusé, me fit promettre de l'aller voir le lendemain de grand matin.

Ce que je fis; et ne l'ayant trouvé chez lui, je fus au petit Saint-Antoine, où il oyoit la messe. Il me dit que tout étoit découvert, et qu'il y avoit quelque traître qui avoit tout décelé; qu'il n'en pouvoit soupçonner que Le Comte, lequel avoit refusé les clefs de la porte Saint-Martin; qu'il s'en alloit au conseil, au logis de La Chapelle, aviser ce qu'ils auroient à faire, et qu'il me prioit le vouloir venir voir après dîner. Ils furent au conseil depuis onze heures du matin jusques à trois heures après midy; de quoy j'avertis Sa Majesté, esperant que là elle les feroit prendre, comme elle pouvoit faire aisément, et l'eût fait si elle eût été bien conseillée. Toutesfois elle m'envoya dire que j'eusse à découvrir seulement ce qu'ils auroient arrêté en leur conseil : ce que je pourrois apprendre aisément du Clerc, et que je lui en donnasse promptement avis. Ce que je fis, attendant que Le Clerc fût sorti dudit lieu; et me promenant toujours là auprès, afin qu'au sortir il m'y trouvât, et ses compagnons m'y vissent : car s'ils me voyoient par les ruës, proche où ils s'étoient assemblez, ils croiroient que c'étoit pour eux, et m'en porteroient davantage d'amitié, pour ce qu'ils croiroient que je me rendrois sujet et affectionné à leur parti : ce qu'il falloit faire pour n'être découvert.

Ledit Le Clerc donc étant sorti du conseil, comme

je le conduisois en son logis, me dit que tout étoit découvert, et que ce pauvre prince étoit venu jusques à Gonnesse, et ses troupes jusques à Saint-Denys et La Villette, jusques-là même qu'il y en avoit de logez aux fauxbourgs Saint-Laurent et Saint-Denys; mais qu'il les avoit fait retirer, et que de là il s'en étoit allé à Dampmartin. Me dit davantage qu'ils avoient avisé de lui envoyer La Chapelle, et devoit partir à cinq heures pour l'aller trouver en poste, et qu'il alloit monter à la porte Saint-Martin; que le Roy faisoit venir quatre mil Suisses, qui arriverent incontinent; et que de tout il alloit avertir le duc de Guyse, pour le supplier de ne les abandonner au besoin : car ils sçavoient que le Roy étoit grandement animé contre eux.

Etant retiré d'avec Le Clerc, j'entrai au soir bien tard au cabinet du Roy, pour lui faire entendre ce que j'avois appris; et sur ce que je lui dis que La Chapelle s'en alloit vers le duc de Guise, il me répondit qu'il avoit bien fait, et qu'il le vouloit envoyer voir cette nuit.

Le lundy vingt-cinquiéme avril, La Chapelle revint de son voyage sur les quatre à cinq heures du soir, que ledit Le Clerc fut incontinent voir, et m'y mena avec lui. Il nous dit qu'il avoit trouvé et laissé M. de Guyse en bonne déliberation de bien faire; que si l'affaire n'eût été découverte, il nous eût ja fait paroître des effets de sa promesse et bonne volonté : mais que pour cela il ne nous abandonneroit point; qu'il étoit trop homme de bien pour nous faillir : même qu'il nous verroit plûtôt que nous ne pensions. «Et pour vous en assurer, me
« dit-il, j'envoye avec vous Chamois et Boisdauphin,
« qui vous assisteront, et ne manqueront à leur devoir

« si on vous veut forcer; et d'ailleurs je ne serai loin de
« vous, et me verrez possible plûtôt que ne pensez. »

Or les seigneurs de Chamois et Boisdauphin furent passer au bas des Thuilleries, et vinrent loger au fauxbourg Saint-Germain, à l'Arbalêtre, où je les fus voir le lendemain avec Le Clerc, qui y alla faire la cour.

Le lendemain vingt-sixiéme avril, Sa Majesté m'envoya querir par le sieur Petremol, environ sur les deux heures après midy, en son cabinet, où étoient lors messieurs d'Espernon, d'O et de La Guiche; et fis entendre à Sa Majesté ce que La Chapelle avoit exploité vers le duc de Guyse, et comme il avoit envoyé à Paris les sieurs de Boisdauphin et Chamois pour assurer ses amis de sa bonne volonté, lui faisant entendre particulierement tout ce qui a été ci-devant déclaré. Je vis lors Sa Majesté comme étonnée, et quasi en doute de ce qu'on lui faisoit voir à l'œil : car il me demanda si je lui pourrois fournir memoires assurez de ce que je lui avois baillé par écrit, si je n'étois point de la religion, persuadé par quelques-uns d'eux de me mettre entre les mains lesdits mémoires. Ce qu'ayant entendu, je suppliai Sa Majesté de me faire prisonnier, et envoyer querir quatre des principaux de la Ligue que je lui nommerois, dont je m'assurois qu'il sçauroit la vérité; et que je vérifierois mes memoires, voire plus que je n'en avois écrit, à peine de ma vie : suppliant Sa Majesté de croire que je n'avois dit ni écrit que la pure vérité, sans aucun fard ni dissimulation; que je n'avois jamais hanté la cour, et étois un très-mauvais courtisan, n'ayant jamais eu cet honneur de parler à Sa Majesté; que le seul zele de son service et l'assurance que j'avois de la parole véritable que je portois m'avoit donné la hardiesse de comparoître devant Sa Majesté; que je n'étois ni n'avois jamais été de la religion, ni persuadé par aucunes personnes d'icelle.

Lors Sa Majesté me fit réponse qu'elle n'étoit en doute de ce que je lui avois dit. Mais la preuve qu'il en desiroit étoit pour y besogner d'autre façon que je ne pensois; et cependant me pria de continuer, usant de ce mot, et me disant que bien-tôt il me dégageroit d'où j'étois engagé; qu'il s'en alloit à Saint-Germain-en-Laye, où il seroit sept ou huit jours. Ce qui se passeroit pendant son absence, que j'en avertisse M. d'O, et que je n'y faillisse pas; et quant à ce qu'il m'avoit promis, qu'il étoit tout assuré, et qu'il n'y manqueroit point. Et ce même jour sortit de Paris pour aller à Saint-Germain conduire M. d'Espernon. Je crois qu'il avoit bonne envie pour lors, de ce que j'en pouvois juger, de donner ordre à ses affaires; et que pour cela en partie le duc d'Espernon sortit de Paris. Mais quand il fut de retour, en ayant communiqué avec la Reine sa mere et Villequier, il fut intimidé d'un côté et détourné de l'autre : si que son intention demeura d'être exécutée lorsqu'il le pouvoit faire; et depuis quand il l'a voulu, il n'a pas pu.

Le mercredy vingt-septiéme avril, je me trouvai au logis du Clerc, où plusieurs étoient assemblez : entre autres y étoit le commissaire de Bar et Santeuil, tous étonnez d'où étoit parti cet avertissement qu'on avoit donné au Roy de leur entreprise. Les uns en soupçonnoient Compan, pour ce qu'autrefois il avoit été hérétique; les autres, Le Comte, echevin; les autres, le pere de La Bruyere; et étoient fort divisez en opinion, s'en empêchans fort, pour ce qu'ils disoient que jamais ils ne pourroient rien faire qui valût, tant qu'ils eussent découvert les traîtres de leur compagnie.

Sur ces entrefaites, madame de Montpensier leur donna avis que le Roy leur en vouloit fort, et qu'ils y pensassent s'ils vouloient, voire plûtôt que plus tard; qu'elle avoit parlé à lui pour le duc de Guise son frere, et supplié très-humblement Sa Majesté lui permettre de venir à Paris pour se justifier des faux bruits et calomnies qu'on lui avoit mis à sus; qu'il y viendroit en pourpoint, tout seul, pour y perdre la vie, au cas qu'il se trouvât en rien coupable de ce qu'on l'accusoit. Mais qu'il n'avoit pas fait grand compte de toutes ces paroles, et avoit bien découvert, parlant à lui, qu'il avoit du dessein contre eux, qu'il falloit prévenir s'il étoit possible. Ce qui donna un grand courage à la Ligue d'exécuter à tous hazards leurs entreprises. De fait, ils envoyerent incontinent un homme en diligence vers le duc de Guyse, avec lettres par lesquelles ils lui mandoient que s'il ne venoit à ce coup les secourir à leur besoin, qu'ils ne le tenoient plus pour prince de foi : laquelle lettre fut cause que ledit duc envoya en diligence, sous main, plusieurs capitaines à Paris, que la Ligue logea en divers quartiers de la ville, avec charge de leur dire qu'il venoit après. De quoi je donnai avis à Sa Majesté, qui me fit réponse qu'elle avoit envoyé Bellievre lui dire qu'il ne vinst à Paris pour émouvoir son peuple.

Le jeudy cinquieme may, huit jours avant les barricades, se dressa une entreprise contre le Roy de madame de Montpensier, qui donna ce jour à dîner à cinq ou six cuirasses en une maison nommée Bel-Esbat, hors la porte Saint-Antoine, à main gauche, qui devoient surprendre le Roy venant du bois de Vincennes, accompagné seulement de quatre ou cinq grands laquais, et un gentilhomme ou deux. Ils devoient faire rebrousser son carosse en toute diligence vers Soissons, et incontinent donner l'allarme à Paris et par tout, disants que les huguenots avoient pris le Roy et l'avoient emmené, et lui vouloient couper la gorge, afin d'avoir occasion de se ruer chaudement sur les politiques : comme ils eussent fait, les massacrans et tous ceux du parti du Roy, non-seulement à Paris, mais par toutes les villes liguées, ausquelles on avoit donné le mot. Mais Le Clerc m'ayant revelé en grand secret cette entreprise, je fus trouver Sa Majesté au bois de Vincennes, qui en étant averti envoya incontinent querir cent ou six vingt chevaux à Paris, qui l'accompagnerent, qui fut le vendredy au soir auparavant les barricades; et si-tôt qu'ils virent partir lesdites troupes pour aller querir le Roy, chacun desdits hommes qui étoient en ladite maison de Bel-Esbat se retirerent tout doucement chacun en son quartier.

Le samedy ensuivant, je fus avertir Sa Majesté que M. de Guyse venoit; laquelle me fit réponse qu'il y avoit envoyé le sieur de La Guiche lui dire qu'il ne vînt pas.

Le dimanche ensuivant, je fus averti que la Reine mere et Villequier me faisoient chercher pour parler à moi : mais je n'y voulus aller, craignant être découvert; et n'attendois que quelque mauvaise récompense de mes services.

Le jeudy neuvieme may, le duc de Guyse arriva à Paris; et aussi-tôt m'envoya querir le prevôt Hardy, qui étoit fait de la main de Villequier. Me voyant, il

demanda si j'étois encore à Paris, et que je serois pendu devant qu'il fût trois jours; que M. de Guyse étoit venu pour se justifier, et qu'on avoit trouvé mes memoires. Mais je vis bien qu'il parloit à la traverse et par la bouche de Villequier, qui lui faisoit tenir ce langage afin de me faire prendre la fuite. Ce qu'étant, ledit de Villequier diroit au Roy que celui qui lui avoit baillé les memoires s'en étoit fui dès qu'il avoit sçu la venuë de M. de Guyse : laquelle faute je ne voulois faire. Au contraire, je niay le tout assurément. Après, je fus trouver le sieur de Petremol, auquel je fis entendre que je voulois parler au Roy. Il me dit que M. de Guyse y étoit, et qu'il me falloit attendre, comme je fis, jusques à cinq heures du soir, que ledit Petremol me fit entrer dans son cabinet. Incontinent Sa Majesté me demanda ce qu'il y avoit. Je lui dis : « Sire, j'ai
« été averti que M. de Guyse est venu ici se justifier.
« S'il plaît à Votre Majesté me faire mettre prisonnier,
« et en envoyer querir quatre ou cinq que je vous nom-
« merai, ils vous confirmeront ce que je vous ai dit,
« et le soutiendrai à peine de ma vie devant qui il
« vous plaira. » Lors il me demanda si j'étois découvert; auquel je répondis que je ne sçavois. Il me dit que je me tinsse sur mes gardes. Pour m'en retourner chez moi, je trouvai que l'on mettoit les Suisses en bataille devant la chapelle de Bourbon. Ce jour, ni le lendemain, je ne fus point voir Le Clerc; mais le mardy au soir, sur les six à sept heures, je trouvai un memoire par lequel il me mandoit que je ne fisse faute le lendemain au soir, qui étoit le mercredy veille des barricades, de le venir trouver avec la compagnie que je leur avois promise.

Ce même jour, comme je revenois du Louvre, je trouvai La Chapelle qui me voulut mener faire la réverence au duc de Guyse : de quoi je m'excusai fort bien, craignant un coup de poignard. Et le lendemain voyant que je ne pouvois satisfaire à la demande du Clerc, et par ce moyen je demeurois tout-à-fait découvert, je fus trouver M. d'O, auquel je fis sçavoir tout ce que je sçavois; qui me fit réponse qu'il y donneroit bon ordre. Après laquelle réponse je sortis de la ville et gagnai les champs, attendant les nouvelles qui demeureroit le plus fort.

Les barricades achevées, qui réussirent à la fin que chacun sçait, ceux de la Ligue voyans que je n'avois satisfait à ma promesse, ils se douterent que je les avois découverts, et furent à mon logis saisir mes papiers, et y pillerent ce que bon leur sembla; mais ils ne trouverent rien des memoires qu'ils cherchoient. En vengeance de quoi ils mirent ma femme prisonniere; de sorte que depuis mon départ de la ville de Paris j'ai toujours suivi Sa Majesté, selon son commandement.

Mais je loue Dieu et lui rends graces de ce qu'il m'a toujours assisté en une si bonne œuvre, préservé des mains de tous ces meurtriers et voleurs, et m'a fait la grace d'avoir donné des avis si à propos à Sa Majesté, qu'ils ont sauvé la vie à beaucoup de gens de bien de ses serviteurs et sujets : m'estimant plus heureux d'être pauvre pour le service de mon Roy et du public, que le premier et le plus riche de la terre, en donnant consentement à une si malheureuse entreprise; et ne désespere point que quelque jour mes services ne soient reconnus par le Roy et les gens de bien.

Le samedy d'après les barricades, ayant sçu les nouvelles que Sa Majesté étoit sortie de Paris, et qu'elle avoit pris le chemin de Chartres, je commençai à suivre sa piste, et l'y fus trouver le lundy ensuivant, où je me présentai à lui. Il me demanda quel jour j'étois sorti. Je lui dis que ç'avoit été la veille des barricades, suppliant Sa Majesté avoir pitié de moi ; que j'étois le premier de ses serviteurs qui, pour son service, avoit été contraint d'abandonner Paris ; que je n'avois pas un sol, et cependant avois été forcé de laisser à l'abandon de la Ligue ma femme et mes enfans. Sa Majesté dit lors tout haut qu'il étoit fâché de ce qu'il n'avoit mieux crû mes avis et plutôt, et qu'il en avoit reconnu la vérité, mais trop tard ; que les traîtres l'avoient abusé. Je lui fis réponse que c'étoit à mon grand regret, et qu'il n'avoit tenu à moi. Il me commanda lors de le suivre, et d'avoir l'œil sur ceux que je verrois autour de lui : qu'ils ne fussent du parti de la Ligue ; et commanda à Richelieu de me donner forces quand je lui en demanderois, pour les prendre prisonniers. Et ai toujours suivi Sa Majesté, jusqu'à ce qu'il plust à Dieu l'appeller, qui a été trop tôt pour moi et pour plusieurs : pour quoi je prie la divine bonté lui faire paix. *Amen.*

Il y en a beaucoup qui quitterent le parti de la Ligue lorsqu'ils virent qu'on avoit failli à prendre Sa Majesté le jour des barricades, qui étoit le premier et principal dessein des ligueurs, et une de leurs fautes remarquables, qu'ils penserent recouvrer aux Etats de Blois. Mais ils firent encore plus mal leurs affaires.

Je ne mettrai ici les autres signalez services que j'ai faits à Sa Majesté depuis son départ de Paris, tant à

Blois, Tours, qu'autres lieux, pour ce que je ne puis écrire au vrai sans en toucher quelques-uns qui n'en seroient pas contens; d'ailleurs que j'ai assez d'ennemis pour avoir servi fidellement le Roy, au contentement des gens de bien, et grand mécontentement des ennemis de cette couronne.

RELATION

DE

LA MORT DE MM. LE DUC ET CARDINAL DE GUISE;

PAR LE SIEUR MIRON[1],

MEDECIN DU ROY HENRI III.

D'AUTANT que plusieurs ont raconté ou laissé par écrit et à l'avanture, hors des termes de la vérité, la procédure et l'exécution du dessein du roy Henri III sur la personne du feu duc de Guise; et l'entreprise étant si remarquable pour la conduite, pour la fin et pour la suite : j'estime que chacun est obligé de contribuer ce qu'il en a pour en faire sçavoir la vérité à la postérité, par où les sujets puissent apprendre que c'est chose très dangereuse que d'entreprendre contre son roy ; et à un roy de lâcher si bas les rênes de son autorité à qui que ce soit, que l'envie en puisse venir à ses sujets ambitieux d'élever la leur sur telle occasion, aux dépens de la sienne.

Autrefois je vous ai fait entendre ce que j'en sçavois,

---

[1] *Par le sieur Miron*: Cette Relation, imprimée dans l'Histoire des cardinaux par Aubery, in-4., tome v, a été collationnée sur l'exemplaire manuscrit qui vient de la bibliothèque du chancelier Seguier, et qui est aujourd'hui à la bibliothèque du Roi.

l'ayant appris sur les lieux mêmes où j'étois alors, servant mon quartier chez le Roy. Depuis, vous avez desiré de le voir par écrit. De façon que me laissant emporter à votre desir et à celui que j'ai de vous complaire, pour le respect que je dois à notre ancienne et étroite amitié, je vous dirai sans fard et sans passion ce qui en est venu à ma connoissance, reçuë par la propre bouche de quelques-uns de ceux qui ont vû joüer, et par celle de quelques autres d'entre ceux qui ont été du nombre des joüeurs de cette tragédie; et spécialement par le recit d'un personnage de mes amis intimes, en qui le Roy se confioit entierement de ses affaires plus secrettes; et en un tems où la fidélité des hommes étoit tellement débauchée, que celle de quelques-uns ses plus obligés, non sans sujet, ce disoit-on, lui étoit fort suspecte : voire celle de mon ami (1) le fut à la fin non par aucune faute, mais par les artifices et les feintes caresses que le duc de Guise lui faisoit en presence du Roy, à dessein de le perdre, comme il le fit par cette voie, puisqu'il n'avoit pû le gagner à soi par tout autre moyen. Ce qui parut en ce que Sa Majesté ayant pris ombrage de telles privautés, lui commanda d'aller à Paris sur une affaire simulée; où étant arrivé, il reçut peu de jours après un billet de la part du Roy, portant congé pareil à d'autres, qui furent envoyés à quelques-uns de ceux dont il s'étoit toujours auparavant servi en la conduite de ses affaires. Cependant arriva la mort du duc de Guise, et lui (2) peu de tems après revint à Blois. L'ayant sçû, je le fus saluer en son logis, où, après quelques discours tenus sur les choses passées durant

---

(1) *Celle de mon ami* : Cet ami étoit Miron lui-même. — (2) *Lui* : Miron.

son absence, et particuliérement sur les motifs du funeste accident, je le priai de m'en dire ce qu'il lui plairoit, étant vraisemblable qu'il en sçavoit, pour avoir si longuement participé au secret de ces affaires. « Je vous estime trop discret et de mes amis, dit-il, pour vous refuser et vous celer ce que j'en ai pû sçavoir ou par science ou par conjecture, sur quelques propos tenus à diverses fois en certains lieux où je me suis trouvé. Il n'y a plus de danger, puisque par les effets les résolutions secrettes sont manifestées.

« Vous sçaurez donc que le duc de Guise étant à Soissons, le Roy fut averti qu'il avoit résolu de venir à Paris, appellé et pressé de ce faire par quelques-uns des principaux de ses conjurés, qui lui faisoient entendre que, sans son assistance et le secours de sa propre personne, ils étoient en danger d'être tous ou pendus ou perdus. Sur cet avis, Sa Majesté, par le conseil de la Reine mere, dépêcha le sieur de Bellievre pour lui faire très-exprès commandement de n'entreprendre ce voyage, sur peine de désobéissance. Le duc s'étant plaint de cette rigueur, le prie de supplier de sa part très-humblement Sa Majesté de lui pardonner s'il désobéissoit en cette occasion, où désiroit très-ardemment de Sa Majesté qu'il lui fût permis d'accomplir son voyage, qui n'avoit autre but que pour lui donner assurance de sa fidélité, et l'informer au vrai de la droiture de ses actions, que les mauvaises volontés de ses ennemis avoient eu le pouvoir de lui rendre douteuses.

« Le sieur de Bellievre étant de retour, assura le Roy que le duc obéiroit, bien qu'il sçût tout le contraire, ayant vû premierement et dit la vérité à la Reine mere du Roy, laquelle disoit ou jouoit le double sur le dessein de ce voyage, d'autant qu'elle desiroit ce duc auprès du Roy, pour s'en servir à reprendre et à maintenir l'autorité qu'elle avoit euë auparavant au maniement des affaires, et pour s'en fortifier contre les insolences et les dédains insupportables du duc d'Espernon, qui l'avoit réduite à telle extrêmité que, quoiqu'il en pût arriver, elle étoit résoluë à sa ruine, s'aidant de l'occasion présente, en ce que peu de jours auparavant il étoit parti de Paris et de la cour pour aller en Normandie (1). Or, comme vous sçavez (vous y étiez le lendemain), après le retour de M. de Bellievre, le duc de Guise, lui neuviéme, arriva dans Paris sur le midy, et alla descendre en l'hôtel de la Reine mere. Un gentilhomme qui l'avoit vû part aussi-tôt pour en donner avis à M. de Villeroy, qu'il trouva à table n'ayant qu'à demi dîné; et il lui dit à l'oreille : « M. de Guise est ar- « rivé ; je l'ai vû descendre chez la Reine mere du Roy. » Le sieur de Villeroy tout ébahi : « Cela ne peut être, « dit-il. — Monsieur, dit le gentilhomme, je l'ai vû ; et « s'il est vrai que vous me voyez, il est véritable que « je l'ai vû. » Il se leve soudain de table, va au Louvre, trouve le Roy dans son cabinet, qui n'en sçavoit rien, et n'avoit lors auprès de lui que le sieur Du Halde, l'un de ses premiers valets de chambre; et voyant arriver le sieur de Villeroy à heure induë, comme tout étonné, lui demanda : « Qu'y a-t-il, M. de Villeroy ? « Sortez, Du Halde. — Sire, dit-il, M. de Guise est ar- « rivé : j'ai cru qu'il étoit important au service de Votre « Majesté de l'en avertir. — Il est arrivé, dit le Roy ! « Comment le sçavez-vous ? — Un gentilhomme de mes

---

(1) *En Normandie :* à Rouen. Il avoit été fait gouverneur de la province après la mort du duc de Joyeuse, tué à la journée de Coutras.

« amis me l'a dit, et l'avoir vû mettre pied à terre, lui
« neuvième, chez la Reine votre mere. — Il est venu,
« dit encore le Roy ! » Puis contre sa coutume jura, disant : « Par la mort D..., il en mourra. Où est logé le
« colonel Alphonse? — En la ruë Saint-Honoré, dit le
« sieur de Villeroy. — Envoyez-le querir, dit le Roy;
« et qu'on lui dise qu'il s'en vienne soudain parler à
« moi. »

« Le Roy donc étant ainsi averti de cette venuë contre
son espérance, sur l'assurance du contraire qu'on lui
avoit donnée, se résout toutefois de le recevoir et de
l'écouter. La Reine sa mere, laquelle depuis deux ans
et plus auparavant n'avoit point mis le pied dans le
Louvre, se fait mettre en sa chaise, s'y fait porter, le
duc de Guise marchant à pied à son côté. Elle le présenta au Roy, en la chambre de la Reine. D'abord le
Roy blêmit; et mordant ses lévres, le reçoit, et lui dit
qu'il trouvoit fort étrange qu'il eût entrepris de venir
en sa cour contre sa volonté et son commandement.
Il s'en excuse, et en demande pardon, fondé sur le
desir qu'il avoit de representer lui-même à Sa Majesté
la sincérité de ses actions, et de les défendre contre
les calomnies et les impostures de ses ennemis, qui par
divers moyens en avoient détourné la créance qu'en
devoit prendre Sa Majesté.

« La Reine mere s'entremet là-dessus, la Reine aussi;
il est reçû en grace. Le Roy se retire en sa chambre;
lui aussi, peu de tems après, accompagnant la Reine
mere jusqu'en son logis, s'en va à l'hôtel de Guise.
Cependant le Roy, merveilleusement outré en son courage de l'incroyable audace de ce duc, entre en soi-
même; puis après plusieurs inquiétudes de discours

faits sur ses menées et desseins, ayant jugé que sa venuë n'étoit que pour donner un chef au corps de sa conjuration, déjà bien avancée dedans Paris, se résout à le faire mourir avant cette union, et de l'effectuer le matin ensuivant dans la salle du Louvre, lorsqu'il viendroit à son lever, par le ministere de ses quarante-cinq gentilshommes ordinaires; et de faire aussi-tôt jetter le corps par les fenêtres dans la cour, l'exposant à la vuë d'un chacun, pour servir d'exemple à tout le monde, et de terreur à tous les conjurés.

« Mais le bon prince s'étant ouvert de son entreprise à deux seigneurs de ses plus obligés et plus confidens, en fut détourné par eux, lui ayant représenté le peu d'apparence que le duc de Guise fût si téméraire et dépourvû de sens d'être venu en si petite compagnie, et contre sa volonté, s'exposer à un danger tout apparent, sans être assuré de forces suffisantes pour l'en garantir, en cas que Sa Majesté voulût entreprendre sur sa personne. De façon que le matin venu, je partis de mon logis pour aller au lever du Roy, où trouvant d'entrée le sieur de Loignac : « Et bien, monsieur, lui
« dis-je, à quoi en sommes-nous ? — Mon ami, dit-il,
« tout est gâté : Villequier et La Guiche ont tellement
« intimidé le Roy, qu'il a changé d'avis; j'en crains une
« mauvaise issuë. » Voyant cela, je me retire chez moy; et, s'il vous souvient, je vous rencontrai en mon chemin, sous le charnier de Saint Innocent.

« Le duc, qui redoutoit extrêmement cette matinée, résolut toutefois, au péril de sa vie, d'aller trouver le Roy. Fut averti, par ces deux ingrats et malheureux perfides, qu'il le pouvoit sûrement entreprendre sans aucune crainte de danger, comme il advint. Or les affaires ayant pris un autre train par ce changement d'avis, survint cette malheureuse journée des barricades, qui mit le Roy hors de sa ville capitale, laissant dedans le duc de Guise maître absolu, sans y avoir pensé. Dès-lors le Roy, se representant d'avoir failli l'occasion de se venger et de se défaire d'un si hardi entrepreneur et pressant ennemi, prend en soi-même nouvelle résolution de le faire par un autre moyen. Ce fut en l'aveuglant par toute sorte de confiance que Sa Majesté lui faisoit paroître de vouloir prendre en lui pour l'entier maniement des affaires, joignant ses volontés à ses desseins; et mêmement en ce que sur toutes choses le duc desiroit la guerre contre les hérétiques : pour cet effet, demandoit l'assemblée générale des Etats, afin de les faire consentir à une si sainte entreprise. En somme, il se comporte en telle façon, comme chacun sçait, qu'il tâchoit à lui faire perdre toute sorte d'ombrage et défiance, par la confiance qu'il témoignoit d'avoir en ses bons conseils et en sa suffisance. Le Roy, au sortir de Paris, se retira à Rouën (1), où toutes ses affaires furent composées; et l'accord fait, Sa Majesté s'achemina à Chartres, où le duc le vint trouver. Le Roy lui pardonne, et le reçoit en sa bonne grace.

« Le terme approchant pour l'assemblée générale des Etats ordonnée à Blois, le Roy part de Chartres pour y aller, accompagné du duc de Guise, qui depuis cette heure-là ne l'abandonnoit plus. Or ce fut en ce lieu et sur ce théâtre qu'il fit paroître à découvert le vol de son ambition, si long-tems couvert du crêpe de la piété; et sous ce même voile va s'élevant de jour en jour si

---

(1) *Se retira à Rouen* : Le Roi n'alla à Rouen qu'après être resté quelque temps à Chartres.

haut, qu'il touche déja, ce lui semble, du bout du doigt la souveraine autorité, se voyant fortifié par l'accord précédent de la charge de lieutenant général pour Sa Majesté aux camps et armées de France, et de maître des Etats; ayant par ses menées disposé les affections de la plus grande partie de cette compagnie, composée de ses conjurés, à s'unir à soi, et à suivre étroitement les siennes.

« Mais ce qui lui donnoit plus d'assurance à la poursuite de ses desseins, ce fut l'opinion qu'il conçut de cette grande (bien que dissimulée) insensibilité de Sa Majesté contre les violences : qui paroissoit telle, que même elle avoit trouvé place dans la créance d'une grande partie de ses plus passionnés et meilleurs serviteurs, qui le tenoient entièrement perdu et eux enveloppés; comme ils étoient aussi tous résolus, plutôt que de faillir, de se perdre et de s'envelopper à la ruine de leur maître et de leur roy. Bref, il se laissa tellement piper à cette opinion, qu'il se mocquoit et faisoit litierre de tous les avis à ce qu'il eût à se donner de garde des entreprises de Sa Majesté; de telle sorte qu'il souloit dire qu'il étoit trop poltron, comme il le dit un jour à la princesse de Lorraine, maintenant grande-duchesse[1], et presque de même à la Reine, qui l'entendit, et l'exhorta d'y prendre garde, disant : « Ma« dame, il n'oseroit. » A laquelle toutefois ces mouvemens ne déplaisoient pas, d'autant qu'ils étoient entrepris pour la grandeur de la maison dont elle étoit issuë.

« Sur ces entrefaites, la Reine mere reconnoît mani-

---

[1] *Grande-duchesse*: Christine de Lorraine.

festement avoir failli et s'être abusée, en ce qu'elle avoit fait venir auprès de Sa Majesté un si rude joüeur, lequel, au lieu de la servir comme il avoit promis, s'étoit rendu le maître du Roy et d'elle, en telle sorte que ni l'un ni l'autre n'avoit plus de pouvoir; et s'en repent, et se met à penser comme elle pourra démêler cette fusée, et se sauver elle et le Roy du danger présent, où l'appétit de se venger d'un gentilhomme (1) l'avoit portée plus outre que son dessein et son espérance. Elle commença donc à ourdir cette toile à petit bruit, ayant affaire à un caut ennemi; continuë en cette façon jusqu'à ce qu'elle jugea être tems d'en trancher le fil, et de se préparer pour en venir aux mains. Comme en effet ce fut elle qui donna le coup sur la balance, et la fit pencher à l'exécution contre l'opinion commune, ainsi que vous pourrez conjecturer sur ce que je vous dirai ci-après.

Mais, avant que d'en venir là, il faut que vous sçachiez que le duc d'Aumale, à la naissance de la Ligue, s'étant emparé de quelques places sur la frontiere de Picardie, entre les autres se saisit de Crotoy en l'absence du sieur Du Belloy, maître d'hôtel du Roy et gouverneur du lieu. Le Roy, offensé de cette invasion, s'en remua assez vivement; mais peu après cette affaire s'accommoda sans restitution, par l'entremise de madame d'Aumale, laquelle dès cette heure-là s'obligea d'avertir le Roy de tout ce qui viendroit à sa connoissance des desseins de ceux de la Ligue. Et ne lui étant loisible d'approcher Sa Majesté à telles heures que possible il en seroit besoin, le Roy voulut qu'elle s'adressât à un personnage

(1) *D'un gentilhomme*: Ce gentilhomme étoit le duc d'Espernon, dont la Reine méditoit la perte.

qui, plus que nul autre de ce tems-là, sçavoit de ses secrets, par la bouche duquel il les entendroit comme de la sienne propre.

« Or il advint que, quelques mois auparavant le jour des barricades, elle reconnut que ce confident (¹) sentoit l'évent : en avertit le Roy, qui déjà s'en étoit, disoit-il, apperçu, et commençoit fort à se retirer de la grande créance qu'il avoit prise par plusieurs années en la suffisance et fidélité de ce serviteur. Il change donc les gardes, et lui commande de révéler dorénavant au sieur Du Belloy ce qu'elle auroit à lui faire entendre : faisant élection de ce gentilhomme pour ce qu'il la pouvoit voir sans soupçon à toute heure, sous prétexte de la recherche qu'il feroit envers elle à ce que par son moyen M. d'Aumale le voulût rétablir dans son gouvernement; et au défaut du sieur Du Belloy, le Roy lui commanda de s'en adresser et d'en avertir la Reine sa mere, de bouche ou par écrit.

« Vous ressouvient-il du jour que le duc de Guise, une après-dînée, se promena plus de deux heures avec les pages et les laquais sur la Perche au Breton (²) (c'est la terrasse du dongeon), agité d'une bouillante et merveilleuse impatience, ainsi qu'il paroissoit à ses mouvemens? — Il m'en souvient trés-bien, lui dis-je; j'y étois alors, et assis sur le parapet, en compagnie du sieur de Chalabre, l'un des ordinaires du Roy, et de mes grands amis, où nous entretenions le sieur de Tremont, capitaine des gardes, l'un des plus particuliers serviteurs du duc, essayant en toutes façons à découvrir ce qui se pouvoit pour le service du Roy. Ce fut

(¹) *Ce confident* : Ce traître étoit Villequier. — (²) *La Perche au Breton* : à Blois.

le dixiéme jour de novembre. — Or ce jour-là, dit-il, la Reine mere reçût des lettres de madame d'Aumale (1). Le sujet, je ne le sçai pas : bien sçais-je que tout aussi-tôt elle envoya un des siens au Roy, pour le prier d'envoyer vers elle un de ses confidens. Il me fit l'honneur de me donner cette charge, où arrivé, elle me commanda en ces mêmes termes : « Dites au Roy
« mon fils que je le prie de prendre la peine de des-
« cendre en mon cabinet, pour ce que j'ai chose à lui
« dire qui importe à sa vie, à son honneur et à son
« Etat. » Ayant fait ce rapport au Roy, il descend soudain, commandant à un de ses plus favoris et à moi de le suivre. La Reine mere y étoit déjà; et s'étant mis tous deux aux fenêtres, ce favori et moi nous nous rangeâmes au bout du cabinet.

« Ce conseil fut la cause des inquiétudes qui travailloient si fort le duc de Guise pendant qu'il dura. Je ne vous puis dire quels furent les propos qu'ils tinrent ensemble, pour n'en avoir entendu aucun; mais bien vous puis-je assurer que, sur leur séparation, elle proféra assez haut ces paroles : «Monsieur mon fils, il s'en
« faut dépêcher : c'est trop long-tems attendu. Mais
« donnez si bon ordre, que vous ne soyez plus trompé
« comme vous le fûtes aux barricades de Paris. »

Le Roy, se voyant confirmé en son premier dessein par l'avis de la Reine sa mere, fait son projet, et se dispose à l'exécuter. Et ayant déjà reconnu que le duc de Guise s'étoit pris à l'amorce de sa dévotion, à laquelle toutefois et à la solitude son humeur naturelle

---

(1) *Madame d'Aumale :* Elle donnoit avis d'une entreprise du duc de Guise contre la personne du Roy, et le duc de Mayenne même en avoit averti Sa Majesté.

ne se portoit que trop, il se délibere d'y continuer; fait à cette fin construire de petites cellules au-dessus de sa chambre, pour y loger, ce disoit-il, des peres capucins : et comme une personne qui ne veut plus avoir soin des affaires du monde, s'adonne à des occupations si foibles et éloignées des actions royales, et s'abandonne à telle nonchalance en la conduite de ses affaires, même en un tems où il s'agissoit de la conservation de sa vie et de sa couronne, qu'il paroissoit à vuë presque privé de mouvement et de sentiment.

« Là-dessus le duc s'endort : ensorte qu'il croit assurément le tenir déjà moine frocqué dans un monastere, comme c'étoit la résolution des conspirateurs. Vous sçavez qu'en ce tems-là j'étois merveilleusement travaillé pardevant messieurs des Etats pour l'evêché d'Angers, de laquelle mon fils (1) avoit été pourvû et mis en possession depuis peu d'années. M. de Guise essaya par tous moyens à me faire des siens, et à me forcer par ses artifices à recourir à sa faveur et à son assistance. Mais ayant vû qu'il ne me pouvoit fléchir, et moi tenant pour tout certain que si je l'eusse fait, le Roy l'eût sçû, je pouvois faire état de prendre congé de la compagnie. Un matin, au lever du Roy, il me donna un coup à mon désçu, témoignant au Roy le déplaisir qu'il recevoit de l'injuste poursuite qui se faisoit contre moi et mon fils; et se réjoüissoit de ce qu'à ma priere en cette occasion il auroit le moyen, comme il avoit la volonté, d'assister un personnage si cher à Sa Majesté pour ses services et sa fidélité. Ce coup porta sur mon innocence dans l'esprit du Roy. J'en ressentis les effets

---

(1) *Mon fils* : Charles Miron. Il fut évêque d'Angers en 1588, et en 1616 archevêque de Lyon.

quinze jours ou trois semaines après : car le Roy me commanda d'aller à Paris pour un sujet dont il eût pû donner la commission à faire par un autre. Je le vous dis, ce me semble, en passant, vous ayant rencontré le matin M. Rainard et vous en la cour du dongeon, m'en allant partir. C'étoit pour faire dépêcher des paremens d'autel et autres ornemens d'eglise aux Capucins, suivant le memoire écrit de sa main; où peu de jours après je reçûs mon congé par M. Benoise, de même qu'il l'avoit porté à quelques autres.

« Or voilà ce que j'en sçai. J'attens maintenant de vous la suite de ce qui s'est passé depuis mon départ, jusqu'à la fin de cette tragédie. »

Monsieur, lui dis-je alors, je vous remercie pour l'honneur qu'il vous a plû de me faire, m'ayant estimé capable d'être participant de ces particularités que vous avez sçûës sur un si grand et si signalé dessein; et outre plusieurs autres sujets dont je suis obligé à vous servir, je me ressens pour celui-ci de l'être fort étroitement à vous raconter ce que j'en sçai, pour en avoir oüi parler au Roy même et à quelques-uns des quarante-cinq gentilshommes ordinaires, et à d'autres qui ont été spectateurs de l'exécution, ou employés innocemment à cette menée.

Le Roy, depuis votre départ, ne se départant point des termes de sa dévotion, laquelle jusqu'à cette heure-là il lui sembloit avoir bien réussi, va continuant, et de jour à autre dispose ses affaires pour les conduire à chef; et d'autant qu'il ne se ressentoit pas moins importuné par le cardinal de Guise que par le duc son frere, il se délibere de les avoir tous deux en même-tems; et à cet effet le cardinal étant logé en la ville à l'hôtel d'Alluye, pour le faire venir à lui à toute heure il se sert du sieur de Marle, maître d'hôtel de Sa Majesté et créature du cardinal de Lorraine, qui mourut en Avignon en 1574. Le sujet des allées et venuës fut que le Roy vouloit maintenir en sa charge le maréchal de Matignon, son lieutenant général en Guienne : la révocation duquel le cardinal de Guise faisoit sous main demander par les Etats pour se faire substituer en sa place, avec l'autorité de commander l'armée déja ordonnée pour envoyer en ces païs-là contre les hérétiques.

Le Roy, feignant de ne sçavoir point la poursuite du cardinal, le prie de s'employer à détourner cette résolution, lui représentant les services faits par ledit maréchal de Matignon à cette couronne et à la religion, et que c'étoit un personnage sans reproche; et de s'y porter selon le desir qu'il a de conserver un si bon serviteur, et si capable de servir aux occasions de la guerre présente. Et à mesure que cette affaire se rendoit plus difficile aux Etats par les menées du cardinal, plus aussi le Roy, qui sçavoit tout, le pressoit de la faire résoudre à son contentement. Ainsi à toute heure, et sans ombrage, le cardinal mandé venoit trouver le Roy, qui avançoit fort peu par l'entremise de ce solliciteur; lequel toutefois feignoit d'avoir beaucoup de déplaisir pour la longueur et l'opiniâtreté de cette compagnie, et témoignoit au Roy le desir extrême qu'il avoit d'y servir fidélement Sa Majesté, et promettoit d'y travailler en telle sorte qu'elle reconnoîtroit à la fin la vérité de ses paroles et de son affection.

Le Roy, se sentant journellement pressé par la conjuration, ajoute encore cet artifice pour endormir ses conspirateurs : c'est que, parvenant à la semaine de Noël, comme au dernier période de ce jeu tragique, il fait écrire comme par forme de résultat et signé, qui fut sçû de toute la cour, ce qu'il vouloit faire par chacun jour jusqu'au lendemain de Noël. *Le lundy*, *le Roy*, *etc. Le mardy*, *etc. Le mercredy*, *etc. Le jeudy*, *etc. :* dont il ne me souvient pas, mais bien que vendredy le Roy iroit à Notre-Dame de Clery. Cet excès de dévotion à l'article de sa ruine frappa d'un grand étonnement tous ses pauvres serviteurs, qui jugeoient par-là n'y avoir plus d'espérance de salut pour leur Roy ; mais d'ailleurs aussi donna une telle assurance à ses ennemis, qu'ils ne voyoient plus d'obstacle qui les pût empêcher de joüir du souverain fruit de leur entreprise.

Ceci fit prendre résolution au cardinal de conseiller le duc de Guise de s'en aller à Orléans, et de le laisser auprès du Roy, disant qu'il étoit assez fort pour conduire l'œuvre à perfection : c'étoit pour enlever le Roy, et le mener à Paris. Ce qui fut sçû par un homme de cour, du sieur de Provenchere, domestique du duc de Guise, et de ses confidens aux affaires du tems, en discourant ensemble de la guerre résoluë, et lui ayant dit le desir qu'à cette occasion les courtisans avoient que M. de Guise conseillât le Roy d'aller à Paris, puisque Sa Majesté se confioit maintenant en lui de la conduite de ses affaires; que c'étoit aussi le lieu où il falloit faire un ventre à ce monstre-là, c'est-à-dire trouver le fond pour faire et continuer la guerre. Et ce fut le mardy au soir que ce confident le dit en ces mêmes termes : « C'est bien l'intention de Monsieur de « l'y mener. »

Soudain cet avis fut donné au Roy, qui répondit avoir eu le matin un pareil avertissement, et commanda au porteur de l'avis de continuer à le bien et fidélement servir. Vous sçavez que le Roy avoit accoutumé de reglément dîner à dix heures : il advint que le jeudi 22 décembre, Sa Majesté sortant de la messe, le duc de Guise, toujours colé à son côté, passa au grand jardin en attendant son heure, où étant arrivé, le Roy le tire à l'écart pour se promener eux deux; et en mêmetems que Sa Majesté commença de parler du dessein de leur guerre, le duc le tranche court, et change de discours. Ils furent si long-tems, que chacun de ceux qui étoient présens, et les absens, s'étonnoient de ce que le Roy outrepassoit ainsi l'heure accoutumée de son repas : car il étoit midi. Or de sçavoir ce qui se passa entr'eux durant ce tems-là, on ne l'eût sçû dire, n'y ayant vû que des gestes et des actions de contestation, et dont l'on ne pouvoit faire jugement que de sinistres conjectures.

Mais quelques jours après la mort du duc de Guise, madame la duchesse d'Angoulême [1] arrivant à Blois trouva le Roy au lit, malade d'une legere mais douloureuse indisposition [2], où je me trouvai lorsque Sa Majesté lui raconta particuliérement ce qui s'étoit passé cette matinée-là entre lui et le duc. Le Roy donc, après avoir sommairement touché les occasions que le duc de Guise lui avoit donné pour le porter à se ressentir

---

[1] *La duchesse d'Angoulême :* Diane, légitimée de France, fille naturelle du roi Henri II; mariée d'abord à Horace Farnèse, mort au siége de Hesdin en 1553; et en secondes noces à François, duc et maréchal de Montmorency, fils aîné du connétable. — [2] *Douloureuse indisposition :* Cette indisposition étoit causée par des hémorroïdes.

de ses insolentes et criminelles entreprises, vint au discours du jeudi, qui fut en somme que le duc rompant son discours, lui dit que depuis le tems que Sa Majesté lui avoit fait l'honneur de le recevoir en ses bonnes graces, oubliant le passé qui l'en avoit éloigné, il auroit essayé en diverses façons à lui faire paroître par infinies actions le ressentiment de ce bienfait, et l'affection dont il desiroit se porter à tout ce qui seroit de ses volontés; mais que par son malheur il éprouvoit journellement ses actions plus pures être prises tout à rebours de Sa Majesté, par la malice et les artifices de ses ennemis : chose qui lui étoit dorénavant du tout insupportable; et partant, qu'il avoit résolu de plier contre leurs calomnies, et s'en venger par son éloignement, se faisant accroire que par son absence il en ôteroit l'objet et le sujet à ses calomniateurs, et par même moyen que Sa Majesté demeureroit plus satisfaite de ses déportemens. Et par ainsi, la supplioit très-humblement d'avoir agréable la démission que présentement il lui faisoit de la charge de son lieutenant général aux camps et armées de France dont il l'avoit honoré, et de lui permettre de se retirer en son gouvernement, lui en octroyant la survivance pour son fils, et celle aussi de sa charge de grand-maître.

Le Roy fut fort étonné de ses demandes, lui disant qu'elles étoient éloignées de son intention et de sa volonté, qui n'étoit autre que de continuer en cette grande résolution qu'ils avoient prise ensemble contre les hérétiques, où il vouloit entiérement se confier en lui, et se servir de sa personne. Et tant s'en faut qu'il voulût accepter cette démission, qu'au contraire il desiroit plutôt de l'accroître selon les occasions, et ne crût point qu'il fût entré en aucune méfiance dont il dût prendre prétexte pour vouloir s'éloigner d'auprès de lui, bien qu'il fût vrai qu'au préjudice de ses promesses par tant de fois réiterées de se départir de toutes intelligences, factions et menées, tant dedans que dehors le royaume, il continuoit et tenoit même dans la ville, en divers lieux et divers tems, de jour et de nuit, de petits conseils; que cela lui déplaisoit, et donnoit ombre à la créance qu'il devoit prendre de ses actions. Puisqu'il venoit à propos, il avoit bien voulu lui en ouvrir son cœur, afin qu'à l'avenir il n'y eût plus de sujet d'entrer en ces défiances; et que pour cet effet il se comportât d'une autre façon, s'il desiroit qu'il ajoutât foi à ce qu'il lui promettoit.

Ce discours, qui dura long-tems, fut entremêlé de plusieurs propos de pareille nature, avec beaucoup de contestations, de démissions et de refus : tant qu'à la fin étant près de midy, le Roy reprenant son chemin vers le château pour aller dîner, le duc de Guise lui dit derechef que résolument il remettroit entre ses mains la charge de lieutenant général de ses camps et armées, à la réserve de celle de grand-maître et de son gouvernement, dont il lui demanda les survivances pour son fils. « Non, dit le Roy, je ne le veux pas; la nuit vous
« donnera conseil. Et je sçavois bien ce que j'avois à
« faire le lendemain matin. Il me vouloit rendre cette
« charge, pour ce que les Etats lui avoient promis de
« le faire connétable; et ne m'en vouloit pas avoir l'o-
« bligation. » Voilà les propres termes du Roy.

Cette action, bien que la cause en fût alors inconnuë, nous étourdit d'un tel étonnement, que nous n'attendions rien moins pour toute grace que de nous voir avant le jour mis à la cadene (1) par cet usurpateur. Et le Roy ayant bien reconnu, par cette derniere attaque du duc de Guise, qu'il étoit tems de jouer le dernier acte de la tragédie, et sans pouvoir plus différer, disposa sa partie en cette façon. Après avoir soupé, se retire en sa chambre sur les sept heures; commande au sieur de Liancourt, premier ecuyer, de faire tenir un carosse prêt à la porte de la gallerie des Cerfs le matin à quatre heures, pour ce qu'il vouloit aller à La Nouë, maison au bout de la grande allée sur le bord de la forêt, pour revenir de bonne heure en son conseil; commande au sieur de Marle d'aller vers le cardinal de Guise le prier de se trouver dans sa chambre à six heures, d'autant qu'il desiroit parler à lui avant que de partir pour aller à La Nouë (ce ne fut plus le voyage à Notre-Dame-de-Clery); commande aussi au sieur d'Aumont, maréchal de France, aux sieurs de Ramboüillet, de Maintenon, d'O, au colonel Alphonse d'Ornano, et à quelques autres seigneurs et gens de son conseil, de se trouver à six heures du matin en son cabinet, avant son partement pour aller au même lieu. Puis il fit même commandement aux quarante-cinq gentilshommes ordinaires, à ce qu'ils eussent à se trouver en sa chambre au matin à cinq heures pour même effet..

Sur les neuf heures, le Roy mande le sieur de Larchant, capitaine des gardes du corps, logé au pied de la montée; et bien qu'il fût malade d'une dissenterie, va vers Sa Majesté, qui lui commanda de se trouver à sept heures du matin, assisté de ses compagnons, pour

---

(1) *A la cadene :* à la chaîne, réduits en esclavage par le duc de Guise.

se présenter au duc de Guise lorsqu'il monteroit au conseil, avec une requête pour le prier de faire ensorte qu'il fût pourvû à leur payement, craignant que la nécessité ne les forçât à quitter le service; et que le duc entré dedans la chambre du conseil, qui étoit l'antichambre du Roy, il se saisît de la montée et de la porte, en telle sorte que quiconque ce fût ne pût entrer ni sortir, ne passer; qu'en même-tems il logeât vingt de ses compagnons à la montée du vieux cabinet, par où l'on descend à la gallerie des Cerfs, avec pareil commandement. Cela fait, chacun se retire; et le Roy sur les dix à onze heures entre en son cabinet, accompagné du sieur de Termes (1) seulement, où ayant demeuré jusqu'à minuit: « Mon fils, lui dit-il, allez vous cou-
« cher, et dites à Du Halde qu'il ne faille pas de m'é-
« veiller à quatre heures; et vous trouvez ici à pareille
« heure. » Le Roy prend son bougeoir, et s'en va coucher avec la Reine; le sieur de Termes se retire aussi, et en passant fait entendre la volonté du Roy au sieur Du Halde, qui le supplia de lui éclairer pour mettre son réveille-matin à quatre heures.

Ainsi chacun se va reposer; et pendant ce repos, l'on dit que le duc de Guise prenoit le sien auprès d'une des plus belles dames de la cour, d'où il se retira sur les trois heures après minuit, comme depuis son décès je l'ai appris du sieur Le Jeune son chirurgien, qui se trouva à son coucher avec d'autres de ses domestiques, et le vit lisant cinq billets portant avis à ce qu'il eût à penser à soi, et à se donner garde des entreprises du Roy; qu'il y avoit quelque chose à se douter, et que

---

(1) *De Termes* : Roger de Saint-Lary de Bellegarde, mort en 1646.

Le Gast, capitaine aux gardes, étoit en garde. Le duc leur ayant dit le sujet de ces avertissemens, ils le supplièrent de ne les vouloir point mépriser. Il les mit sous le chevet, et se couchant leur dit : « Ce ne seroit « jamais fait, si je voulois m'arrêter à tous ces avis ; il « n'oseroit. Dormons, et vous allez coucher. »

Quatre heures sonnent; Du Halde s'éveille, se leve, et heurte à la chambre de la Reine. Damoiselle Louise Dubois, dame de Piolans, sa premiere femme de chambre, vient au bruit, demande qui c'étoit. « C'est Du « Halde, dit-il; dites au Roy qu'il est quatre heures. « — Il dort, et la Reine aussi, dit-elle. — Eveillez-le, « dit Du Halde, il me l'a commandé; ou je heurterai « si fort que je les éveillerai tous deux. » Le Roy, qui ne dormoit pas, ayant passé la nuit en telles inquiétudes d'esprit que vous pouvez imaginer, entendant parler, demande à la demoiselle de Piolans qui c'étoit. «. Sire, dit-elle, c'est M. Du Halde, qui dit qu'il est « quatre heures. — Piolans, dit le Roy, ça, mes bot-« tines; ma robbe et mon bougeoir! » Se leve; et laissant la Reine dans une grande perplexité, va en son cabinet, où étoit déja le sieur de Termes et Du Halde, auquel le Roy demande les clefs de ses petites cellules qu'il avoit fait dresser pour des capucins. Les ayant, il monte; le sieur de Termes portant le bougeoir. Le Roy en ouvre l'une, et y enferme dedans Du Halde à la clef, lequel, nous le racontant, disoit n'avoir jamais été en pareille peine, ne sçachant de quelle humeur le Roy étoit poussé. Le Roy descend, et de fois à autre alloit lui-même regarder en sa chambre si les quarante-cinq y étoient arrivés; et à mesure qu'il y en trouvoit, les faisoit monter, et les enfermoit en la même façon qu'il avoit enfermé Du Halde, tant qu'à diverses fois et en diverses cellules il les eût ainsi logés.

Cependant les seigneurs et autres du conseil commençoient d'arriver au cabinet, où il falloit passer de côté pour y entrer, le passage étant étroit et de ligne oblique, que le Roy avoit fait faire exprès au coin de sa chambre, et fait boucher la porte ordinaire. Comme ils furent entrés, et ne sçachant rien de sa procédure, il met en liberté ses prisonniers en la même façon qu'il les avoit enfermés; et le plus doucement qu'il se peut faire les fait descendre en sa chambre, leur commandant de ne point faire de bruit, à cause de la Reine sa mere qui étoit malade, et logée au dessous.

Cela fait, il rentre en son cabinet, où il parle ainsi à ceux de son conseil : « Vous sçavez tous de quelle fa-
« çon le duc de Guise s'est porté envers moi depuis l'an
« 1585, que ses premiéres armes furent découvertes.
« Ce que j'ai fait pour détourner ses mauvaises inten-
« tions, l'ayant avantagé en toutes sortes autant qu'il
« m'a été possible, et toutefois en vain, pour n'avoir
« pû ramener, non pas même fléchir à son devoir cette
« ame ingratte et déloyale; mais au contraire la vanité
« et la présomption y prenoient accroissement des fa-
« veurs, des honneurs et des libéralités, à mesure qu'il
« les recevoit de moi. Je n'en veux point de meilleurs
« ni de plus véritables témoins que vous, et particu-
« liérement de ce que j'ai fait pour lui depuis le jour
« qu'il fut si téméraire de venir à Paris contre ma vo-
« lonté et mon exprès commandement. Mais, au lieu
« de reconnoître tant de bienfaits reçus, il s'est si fort
« oublié, qu'à l'heure que je parle à vous, l'ambition
« démesurée dont il est possédé l'a tellement aveuglé,

« qu'il est à la veille d'oser entreprendre sur ma cou-
« ronne et sur ma vie : si bien qu'il m'a réduit en cette
« extrêmité, qu'il faut que je meure ou qu'il meure, et
« que ce soit ce matin. » Et leur ayant demandé s'ils ne
vouloient pas l'assister pour avoir raison de cet ennemy, et fait entendre aussi l'ordre qu'il vouloit tenir
pour l'exécution, chacun d'iceux approuve son dessein et sa procédure, et font tous offre de leur très-
humble service et de leur propre vie.

Cela fait, il va en la chambre où étoient ses quarante-cinq gentilshommes ordinaires, ou la plus grande
partie, ausquels il parle en cette sorte : « Il n'y a au-
« cun de vous qui ne soit obligé de reconnoître combien
« est grand l'honneur qu'il a reçû de moi, ayant fait
« choix de vos personnes sur toute la noblesse de mon
« royaume pour confier la mienne à votre valeur, vi-
« gilance et fidélité, la voyant abboyée et de près par
« ceux que mes bienfaits ont obligés en toute façon à sa
« conservation : par cette affection faisant connoître à
« tout le monde l'estime que j'ai faite de votre vertu.
« Vous avez éprouvé quand vous avez voulu les effets
« de mes bonnes graces et de ma volonté, ne m'ayant
« jamais demandé aucune chose dont vous ayez été re-
« fusé, et bien souvent ai-je prévenu vos demandes par
« mes libéralités : de façon que c'est à vous à confes-
« ser que vous êtes mes obligés pardessus toute ma no-
« blesse. Mais maintenant je veux être le vôtre en une
« urgente occasion où il y va de mon honneur, de mon
« Etat et de ma vie. Vous sçavez tous les insolences et
« les injures que j'ai reçuës du duc de Guise depuis
« quelques années, lesquelles j'ai souffertes jusqu'à faire
« douter de ma puissance et de mon courage, pour ne

« châtier point l'orgueil et la témérité de cet ambi-
« tieux. Vous avez vû en combien de façons je l'ai
« obligé, pensant par ma douceur allentir ou arrêter
« le cours de cette violente et furieuse ambition, en at-
« tiédir ou éteindre le feu : de peur qu'en y procédant
« par des voies contraires, celui des guerres civiles ne
« se prît derechef en mon Etat d'un tel embrasement,
« qu'après tant de rechutes il ne fût à la fin par ce der-
« nier réduit totalement en cendres. C'est son but prin-
« cipal et son intention de tout bouleverser, pour
« prendre ses avantages dans le trouble, ne les pou-
« vant trouver au milieu d'une ferme paix; et résolu
« de faire son dernier effort sur ma personne, pour dis-
« poser après de ma couronne et de ma vie. J'en suis
« réduit à telle extrémité, qu'il faut que ce matin il
« meure ou que je meure. Ne voulez-vous pas me pro-
« mettre de me servir, et m'en venger en lui ôtant la
« vie? »

Lors tous ensemble, d'une voix, lui promirent de le faire mourir; et l'un d'entr'eux, nommé Sariac, frappant sa main contre la poitrine du Roy, dit en son langage gascon : « *Cap de Diou*, sire, *iou lou bous* « *rendis mort.* » Là dessus Sa Majesté ayant commandé de cesser les offres de leur service et les révérences, de peur d'éveiller la Reine sa mere : « Voyons, dit-il, qui « de vous a des poignards. » Il s'en trouva huit, dont celui de Sariac étoit d'Ecosse. Ceux-cy sont ordonnés pour demeurer en la chambre, et le tuer. Le sieur de Loignac s'y arrêta avec son epée; il en met douze de leurs compagnons dans le vieil cabinet qui a vûë sur la cour. Ceux-ci devoient aussi être de la partie, pour le tuer à coups d'epée comme il viendroit à hausser la portière de velours pour y entrer. C'est en ce cabinet où le Roy le vouloit mander de venir parler à lui. Il met les autres à la montée par où l'on descend de ce cabinet à la gallerie des Cerfs; commande au sieur de Nambu, huissier de la chambre, de ne laisser sortir ni entrer personne, qui que ce fût, que lui-même ne l'eût commandé.

Cet ordre ainsi donné, rentre en son cabinet qui a vûë sur les jardins, et envoye M. le maréchal d'Aumont au conseil pour le faire tenir, et s'assurer du cardinal de Guise et de l'archevêque de Lyon, après le coup de la mort du duc. Cependant le Roy, après avoir ainsi parachevé l'ordre qu'il vouloit être suivi pour cette exécution, vivoit en grande inquiétude pour les incertitudes qui se rencontrent bien souvent aux grands desseins. En attendant que les deux freres fussent arrivés au conseil, il alloit, il venoit, il ne pouvoit durer en place, contre son naturel. Par fois il se présentoit à la porte de son cabinet, et exhortoit les ordinaires demeurés en la chambre à se bien donner garde de se laisser endommager par le duc de Guise. « Il est grand « et puissant; j'en serois marry, disoit-il. » On lui vient dire que le cardinal étoit au conseil. Mais l'absence du duc le travailloit surtout.

Il étoit près de huit heures quand le duc de Guise fut éveillé par ses valets de chambre, lui disant que le Roy étoit prêt à partir. Il se leve soudain, et s'habille d'un habit de satin gris, part pour aller au conseil, trouve au pied de l'escalier le sieur de Larchant qui lui présente la requête pour le payement de ses compagnons, le supplie de le favoriser. Le duc lui en promet du contentement. Il entre en la chambre du conseil; et le sieur de Larchant, selon le commandement du Roy, envoye le sieur de Rouvroy son lieutenant, et le sieur de Montclar, exempt des gardes, à la montée du vieux cabinet, avec vingt de ses compagnons; et peu après que le duc de Guise fut assis : « J'ai froid, dit-il, le « cœur me fait mal; que l'on fasse du feu. » Et s'adressant au sieur de Morfontaine, trésorier de l'espargne : « M. de Morfontaine, je vous prie de dire à M. de Saint-« Prix, premier valet de chambre du Roy, que je le « prie de me donner des raisins de Damas, ou de la « conserve de roses. » Et ne s'en étant point trouvé, il lui apporte à la place des prunes de Brignolles, qu'il donna au duc.

Là-dessus Sa Majesté ayant sçu que le duc de Guise étoit au conseil, commanda à M. de Revol, secrétaire d'Etat : « Revol, allez dire à M. de Guise qu'il vienne « parler à moi en mon vieux cabinet. » Le sieur de Nambu lui ayant refusé le passage, il revient au cabinet avec un visage effrayé (c'étoit un grand personnage, mais timide.) « Mon Dieu, dit le Roy, Revol, qu'avez-« vous, qu'y a-t-il? Que vous êtes pâle! Vous me gâte-« rez tout. Frottez vos joues, frottez vos joues, Revol. « — Il n'y a point de mal, sire, dit-il; c'est que M. de « Nambu ne m'a pas voulu ouvrir, que Votre Majesté « ne lui commande. » Le Roy le fait de la porte de son cabinet; et de le laisser rentrer, et M. de Guise aussi. Le sieur de Marillac, maître des requêtes, rapportoit une affaire des gabelles quand le sieur de Revol entra, qui trouva le duc de Guise mangeant des prunes de Brignolles; et lui ayant dit : « Monsieur, le Roy vous de-« mande; il est en son vieux cabinet; » se retire, et rentre comme un éclair, et va trouver le Roy.

Le duc de Guise met de ces prunes dans son drageoir, jette le demeurant sur le tapis. «Messieurs, dit-il, « qui en veut?» se leve, trousse son manteau, et met ses gants et son drageoir sur la main du même côté. « Adieu, dit-il, messieurs. » Il heurte. Le sieur de Nambu lui ayant ouvert la porte, sort, tire et ferme la porte après soi. Le duc entre, saluë ceux qui étoient en la chambre, qui se levent, le saluënt en même-tems, et le suivent comme par respect. Mais ainsi qu'il est à deux pas près de la porte du vieux cabinet, prend sa barbe avec la main droite, et tourne le corps et la face à demi pour regarder ceux qui le suivoient, fut tout soudain saisi au bras par le sieur de Montsery l'aîné, qui étoit près de la cheminée, sur l'opinion qu'il eut que le duc voulut reculer pour se mettre en défense; et tout d'un tems est par lui-même frappé d'un coup de poignard dans le sein, disant : «Ha! traître, tu en « mourras. » Et en même-tems le sieur des Effranats se jette à ses jambes, et le sieur de Saint-Malines lui porte par le derriere un grand coup de poignard près de la gorge dans la poitrine, et le sieur de Loignac un coup d'épée dans les reins. Le duc criant à tous ces coups : « Hé, mes amis! hé, mes amis! » Et lorsqu'il se sentit frappé d'un poignard sur le croupion par le sieur Sariac, il s'écria fort haut : «Misericorde!» Et bien qu'il eût son épée engagée de son manteau, et les jambes saisies, il ne laissa pourtant pas (tant il étoit puissant!) de les entraîner d'un bout de la chambre à l'autre, jusqu'aux pieds du lit du Roy, où il tomba.

Les dernieres paroles furent entenduës par son frere le cardinal, n'y ayant qu'une muraille de cloison entre deux. «Ha, dit-il, on tuë mon frere!» Et se voulant lever, est arrêté par M. le maréchal d'Aumont, qui, mettant la main sur son épée : « Ne bougez, dit-il! « Mort-D..., monsieur, le Roy a affaire de vous. » D'autre part aussi l'archevêque de Lyon fort effrayé, joignant les mains : « Nos vies, dit-il, sont entre les « mains de Dieu et du Roy. » Après que le Roy eût sçû que c'en étoit fait, va à la porte du cabinet, hausse la portiere, et l'ayant vû étendu sur la place, rentre dedans, et commande au sieur de Beaulieu, l'un de ses secrétaires d'Etat, de visiter ce qu'il auroit sur lui. Il trouve autour du bras une petite clef attachée à un chaînon d'or, et dedans la pochette des chausses il s'y trouva une petite bourse où il y avoit douze écus d'or, et un billet de papier où étoient écrits de la main du duc ces mots : *Pour entretenir la guerre en France, il faut sept cent mille livres tous les mois.* Un cœur de diamant fut pris, ce dit-on, en son doigt par le sieur d'Entragues. Cependant que le sieur de Beaulieu faisoit cette recherche, et appercevant en ce corps quelque petit mouvement, il lui dit : « Monsieur, cependant qu'il « vous reste quelque peu de vie, demandez pardon à « Dieu et au Roy. » Alors sans pouvoir parler, jettant un grand et profond soupir, comme d'une voix enrouée, il rendit l'ame, fut couvert d'un manteau gris, et au-dessus mis une croix de paille. Il demeura bien deux heures durant en cette façon, puis fut livré entre les mains du sieur de Richelieu, grand prevôt de France, lequel par le commandement du Roy fit brûler le corps par son exécuteur, en cette premiere salle qui est en bas à la main droite entrant dans le château, et à la fin jetter les cendres en la riviere.

Quant au cardinal de Guise, le Roy commanda que

lui et l'archevêque de Lyon fussent menés et gardés dedans la tour de Moulins, Sa Majesté n'ayant aucune volonté de punir le cardinal que de la prison, pour le respect qu'il portoit à ceux de cet ordre.

Mais lui en ayant été dit par quelquesuns de condition notable que c'étoit le plus dangereux de tous, et quelques jours auparavant il avoit tenu des propos très-insolens et pleins d'extrême mépris au désavantage de Sa Majesté, et entr'autres celui-ci : qu'il ne vouloit pas mourir qu'auparavant il n'eût mis et tenu la tête de ce tyran entre ses jambes, pour lui faire la couronne avec la pointe d'un poignard ; ces paroles, soit qu'elles fussent véritables ou supposées, émûrent tellement le courage du Roy, que tout-à-l'heure il se résolut de s'en dépêcher : ce qui fut fait le lendemain matin. Mandé par le sieur Du Gast, capitaine aux gardes, de venir trouver le Roy : sur ce commandement étant entré en défiance de ce qui lui devoit peu après advenir, il prie l'archevêque de Lyon de le confesser, voyant bien qu'il falloit se disposer à recevoir la mort. Cela fait, ils s'embrassent, et se disent adieu. Et comme le cardinal approche de la porte de la chambre, et prêt à sortir, il se trouve assailli à coups de halebardes par deux hommes apostés et commandés pour cette exécution : après laquelle il fut fait de son corps de même qu'on avoit fait de celui de son frere.

Voilà ce que j'ai pû apprendre de plus véritable sur ce sujet, si les yeux et les oreilles de ceux qui ont vû et entendu ne les ont point trompés ; outre ce que j'en ai vû de presence. Au demeurant, la longue et misérable suite de ces funestes actions étant du gros de l'histoire, je m'en tairai, pour vous supplier de croire et de vous assurer que si en ceci je n'ai pû satisfaire à votre curiosité, j'ai satisfait aucunement à moi-même et à mon desir, qui sera toujours de faire chose qui vous plaise, et puisse aider à tenir en état le bien dont nos humeurs et nos amitiés sont fermement estraintes; et que je desire qu'elles le soient inséparablement, jusqu'au dernier mouvement et soupir de notre vie.

FIN DU JOURNAL DE HENRI III.

TABLE DES MATIERES

CONTENUES

DANS LE QUARANTE-CINQUIÈME VOLUME.

MÉMOIRES POUR SERVIR A L'HISTOIRE DE FRANCE.
ET JOURNAL DE HENRI III ET HENRI IV.

Notice sur Pierre de L'Estoile et sur ses ouvrages. Pag. 3

Mémoires pour servir à l'Histoire de France. 47

Journal de Henri III. 91

Le Procez-Verbal du nommé Nicolas Poulain, qui contient l'histoire de la Ligue jusques au jour des Barricades. 411

Relation de la mort de messieurs les duc et cardinal de Guise, par le sieur Miron. 448

FIN DU QUARANTE-CINQUIÈME VOLUME.

www.ingramcontent.com/pod-product-compliance
Lightning Source LLC
Chambersburg PA
CBHW051619230426
43669CB00013B/2105